KB100671

항균잉크란?

# 코로나19 바이러스
# "친환경 99.9% 항균잉크 인쇄"
# 전격 도입

언제 끝날지 모를 코로나19 바이러스

99.9% 항균잉크(V-CLEAN99)를 도입하여 「**안심도서**」로

독자분들의 건강과 안전을 위해 노력하겠습니다.

Clean Zone

본 도서는 항균잉크로 인쇄하였습니다.

항균 **+**
99.9%
안심도서

## 항균잉크(V-CLEAN99)의 특징

◉ 바이러스, 박테리아, 곰팡이 등에 항균효과가 있는 산화아연을 적용

◉ 산화아연은 한국의 식약처와 미국의 FDA에서 식품첨가물로 인증받아 **강력한 항균력을** 구현하는 소재

◉ 황색포도상구균과 대장균에 대한 테스트를 완료하여 **99.9%의 강력한 항균효과** 확인

◉ 잉크 내 중금속, 잔류성 오염물질 등 **유해 물질 저감**

## TEST REPORT

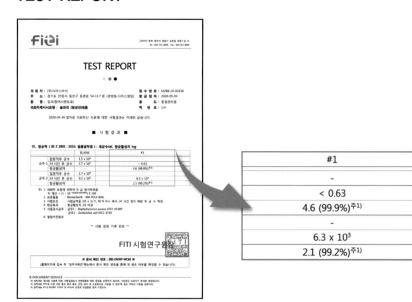

| #1 |
|---|
| – |
| < 0.63 |
| 4.6 (99.9%)주1) |
| – |
| 6.3 x 10³ |
| 2.1 (99.2%)주1) |

Clean Zone

SD에듀
(주)시대고시기획

# 국어능력인증시험

2주 만에 끝내는
## 초단기완성

(주)시대고시기획

# Always **with you**

사람이 길에서 우연하게 만나거나 함께 살아가는 것만이 인연은 아니라고 생각합니다.
책을 펴내는 출판사와 그 책을 읽는 독자의 만남도 소중한 인연입니다.
**(주)시대고시기획**은 항상 독자의 마음을 헤아리기 위해 노력하고 있습니다.
늘 독자와 함께하겠습니다.

# PREFACE ···머/리/말···

국어능력인증시험은 한국어를 모국어로 하는 학생과 일반인을 대상으로 듣기, 말하기, 읽기, 쓰기 등 여러 측면의 국어 사용 능력을 종합적으로 평가하는 시험으로서 다방면에서 폭넓게 활용됩니다.

우선 국어능력인증시험은 대학, 대학원, 기업체 등에서 활용됩니다. 대학의 교양 국어 강좌 및 대학원 입학 자격시험을 대체하기도 하고, 기업체의 입사 및 승진 시에 가산점이 부여되는 항목이 되기도 합니다. 그러므로 국어능력인증시험은 대학생 및 취업 준비생, 직장인에게 유용한 시험이라 할 수 있습니다.

또 어휘, 어법, 읽기, 쓰기 등의 영역으로 구성된 국어능력인증시험의 문제 유형은 수능 국어 영역과 유사한 면이 상당히 많습니다. 따라서 중 · 고등학생들이 국어능력인증시험을 위해 공부한다면 수능 국어 영역 대비에도 많은 도움이 될 것입니다.

한편, 지금은 세계 각지에서 한류 열풍이 불면서 우리 한국어가 그 어느 때보다 많은 관심을 받고 있는 시기입니다. 한국 문화에 대한 사랑이 한국어에 대한 관심으로 이어지고, 한국어를 체계적으로 배우고자 하는 외국인들의 수가 나날이 증가하고 있습니다. 이러한 때에, 국어능력인증시험을 대비하며 체득한 종합적인 한국어 사용 능력은 여러분의 든든한 경쟁력이 될 것입니다.

본서는 국어능력인증시험 단기완성을 목표로 한 책입니다. 국어능력인증시험의 문제 유형을 분석하여 시험을 치르는 데 꼭 필요한 핵심이론을 정리하고, 모의고사를 풀면서 실전 감각을 기르도록 구성되어 있습니다. 이 책에 정리된 핵심이론을 익히고 모의고사 문제를 풀어나가되, 한 번에 많은 양을 공부하려 하기보다는 조금씩이라도 매일 꾸준히 공부하여 문제 유형에 친숙해지고 문제 푸는 감각을 길러 간다면 충분히 좋은 성과를 거둘 수 있을 것입니다.

모쪼록 이 책을 활용하여 국어능력인증시험에 대비하는 여러분들이 아름다운 열매를 맺을 수 있기를 기원합니다.

저자 박소영 씀

# ToKL 시험 안내 INTRODUCTION

## ○ 시행 목적

변화하는 국어 생활의 환경에 발맞추어 기존의 국어 교육 내용이나 방법의 한계를 극복하고, 체계적인 사고 과정의 결과로 나타나는 총체적인 언어 능력의 평가를 통해 국민의 국어 능력을 신장시키며, 나아가 국어 교육을 학교 교육의 단계를 넘어 평생 학습의 단계로 인식하도록 하고자 함.

**❶ 활동 국어 중심 국어 능력의 총체적 향상 추진**
⋯ 모국어 화자로서 갖추어야 할 소양이나 능력 함양 측정

**❷ 국어 교수–학습 및 평가 방법 쇄신**
⋯ 교육 현장에서 실제적인 효과를 발휘할 수 있는 능력 검증

**❸ 체계적이고 창의적인 국어 활동의 생활화 고취**
⋯ 이해와 표현의 모든 과정에서 체계적으로 사고하고 문화적 감수성을 심화함으로써 개인적 창의로 나아갈 수 있는 능력 성취

**❹ 광범위하고 심도 있는 독서와 사고의 태도를 함양하는 평생 교육 지향**
⋯ 이해와 표현의 모든 과정에서 체계적으로 사고하고 문화적 감수성을 심화함으로써 개인적 창의로 나아갈 수 있는 능력 성취

## ○ 특징

- 언어 기능 영역과 함께 이해, 추론, 비판, 창의의 모든 사고 영역을 종합 평가하는 문항 구성
- 서술형 주관식 평가 도입과 지문 유형의 다양화, 신규 문제 유형 개발을 통해 언어 사고력을 평가
- 종합적 사고력 평가로 기존의 언어 평가에 효율적으로 대비 가능

## ○ 평가 목표

- 말하기, 듣기, 읽기, 쓰기에 관한 종합적인 국어 사용 능력 평가
- 일상적 언어생활과 밀접하게 연관된 실질적인 국어 사용 능력 측정
- 합리적 의사소통 능력, 창조적 표현 능력, 유연한 언어 상황 적응력 평가

## ○ 시험 시간

1교시 60분, 2교시 70분(총 130분, 듣기 평가 30분), 중간 휴식 시간 없음.

| 시험 시간 | 진행 내용 | 문항 구성 |
|---|---|---|
| 09:00 ~ 09:30 (30분) | 수험자 입실 | |
| 09:30 ~ 09:45 (15분) | 감독관 입실<br>수험자 주의사항(신분증) 안내 | |
| 09:45 ~ 10:00 (15분) | 1교시 답안지 작성<br>1교시 문제지 배부 및 파본 검사 | |
| 10:00 ~ 11:00 (60분) | 1교시 시험(읽기, 어문 규정, 어휘) | 객관식 57문항 |
| 11:00 ~ 11:10 (10분) | 2교시 답안지 작성<br>2교시 문제지 배부 및 파본 검사 | |
| 11:10 ~ 12:20 (70분) | 2교시 시험(듣기, 어법, 쓰기 등) | 객관식 23문항<br>주관식 10문항 |
| 12:20 ~ 12:30 (10분) | 시험 종료 및 수험자 퇴실 | |

※ 위 내용은 시행처 홈페이지(www.tokl.or.kr)에서 발췌한 것입니다. 시험 관련 내용은 변경될 수 있으니 반드시 시행처 홈페이지에서
확인하시기 바랍니다.

## ○ 활용처

- **고등학교** ➡ 논술&서술형 대비
- **학점은행제 · 독학사 학점 획득** ➡ 1급(10학점), 2급(8학점), 3급(5학점), 4급(3학점)
- **대학교 및 대학원** ➡ 졸업 자격 / 졸업 인증 / 언어 추론 영역 대체
- **공사 / 공기업 / 정부 기관** ➡ 채용&승진 가산점
- **언론사 및 기업** ➡ 채용 가산점

※ 실제 입시요강과 채용전형은 유동적이므로 반드시 각 학교 홈페이지와 해당 기관의 채용공고를 직접 확인하시기 바랍니다.

# ToKL 시험 안내 INTRODUCTION

## O 평가 영역 및 문항 구성

- **평가 영역**: 언어 기초, 언어 기능, 사고력
- **문항 구성**: 총 90문항(객관식 80문항[5지 택일형] + 주관식 10문항)
- **문항 배점**: 총점 200점(객관식 2점[동일 배점] / 주관식[차등 배점])

| 영역 | | 총 문항 수(주관식) | 평가 내용 |
|---|---|---|---|
| 언어 기초 | 어휘 | 15(2) | 실생활에서 자주 사용하는 어휘의 활용 능력 평가(수행기반 능력) |
| | 어법 | 5 | 정확하고도 경제적인 문장을 구사할 수 있는 능력 평가(언어규범 능력) |
| | 어문 규정 | 5 | 효율적인 의사소통을 위한 규범 평가(언어규범 능력) |
| 언어 기능 | 듣기 | 15(2) | 다양한 상황 설정을 통한 듣기 능력의 종합 평가(청해 능력) |
| | 읽기 | 40(1) | 매체 환경의 다양성을 반영하는 지문 선택을 통한 읽기 능력의 실질 평가 (독해 능력) |
| | 쓰기 | 10(5) | 문장 생성 능력, 단락 전개 능력 등 실질적인 글쓰기 능력 중심의 평가 (작문 능력) |
| 합계 | | 90(10) | 총 200점(객관식 160점 + 주관식 40점) |

사고력 영역은 사고 능력을 측정하기 위한 영역으로, 언어 기초 영역, 언어 기능 영역과는 별도의 방식으로 점수를 산출합니다.

| 영역 | 평가 내용 |
|---|---|
| 사고력 | • **이해**: 독해 또는 청해 과정에서 중심 내용을 확인하고, 글 또는 말의 구조를 파악하는 능력<br>• **추론**: 글의 구조 및 주어진 내용을 활용하여 필요한 정보를 추론하는 능력<br>• **비판**: 정보를 종합하여 비교·분석하고, 글 전체의 내용과 표현을 평가하는 능력<br>• **창의**: 정보를 재창출함은 물론 글쓴이의 의도를 파악하여 능동적으로 반응하고, 적절한 대안을 찾는 능력 |

※ 시험 관련 내용은 변경될 수 있으니 시행처 홈페이지(www.tokl.or.kr)에서 확인하시기 바랍니다.

## ○ 성적과 급수

국어능력인증시험(ToKL)의 성적은 절대 평가 방식으로서, 점수에 따라 1급에서 5급까지의 급수를 부여하며, 121점 미만은 급수를 부여하지 않습니다. 또한, 각 급수에 따른 인증서를 발부하며, 인증서의 유효 기간은 발행일로부터 2년입니다.

| 급수 | 총점 |
| --- | --- |
| 1급 | 200점 ~ 185점 |
| 2급 | 185점 미만 ~ 169점 |
| 3급 | 169점 미만 ~ 153점 |
| 4급 | 153점 미만 ~ 137점 |
| 5급 | 137점 미만 ~ 121점 |

※ 총점 121점 미만은 급수가 부여되지 않습니다.

**ToKL 성적표 예시**

### 국어능력인증시험 개인별 성적표

| 회차 | 종류 | 언어 기초 영역 | | | 언어 기능 영역 | | | 사고력 영역 | | | | 종합 석차 백분율 | 종합 점수 | 급수 |
| --- | --- | --- | --- | --- | --- | --- | --- | --- | --- | --- | --- | --- | --- | --- |
| | | 어휘 | 어문 규정 | 어법 | 듣기 | 읽기 | 쓰기 | 이해 | 추론 | 비판 | 창의 | | | |
| 103회 | 점수 | | | | | | | | | | | | | |
| | 석차 백분율 | | | | | | | | | | | | | |
| | 성취도 | | | | | | | | | | | | | |

발 행 일 : 20○○년 ○월 ○일 ○요일

- **석차 백분율(%)**: 해당 회차의 전체 응시자를 100으로 환산했을 때 응시자 본인의 영역별 성적이 어디에 위치하는지 보여 주는 지표

  예 석차 백분율 1은 상위 1%를 의미합니다. 즉, 숫자가 낮을수록 성적이 높은 것입니다.

- **성취도(백분위 환산 점수)**: 각 영역에서 본인이 획득한 총점을 100점 만점으로 환산한 점수
- **종합 석차 백분율(%)**: 해당 회차의 전체 응시자를 100으로 환산했을 때 본인의 종합 성적이 어디에 위치하는지 보여 주는 지표

  예 종합 석차 백분율 1은 상위 1%를 의미합니다. 즉, 숫자가 낮을수록 성적이 높은 것입니다.

- **종합 점수**: 시험에서 본인이 취득한 총 점수

# 이 책의 구성과 특징 STRUCTURES

## 영역별 핵심이론

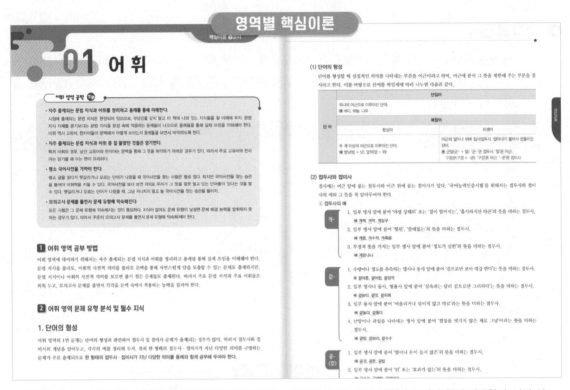

출제 영역별로 꼭 알아야 할 핵심이론과 영역별 공략 TIP을 수록하였습니다. 해당 영역의 문제 유형이 어떠한지, 어떤 식으로 공부하면 되는지 확인하며 학습하시기 바랍니다.

## 기출 유형 핵심예제

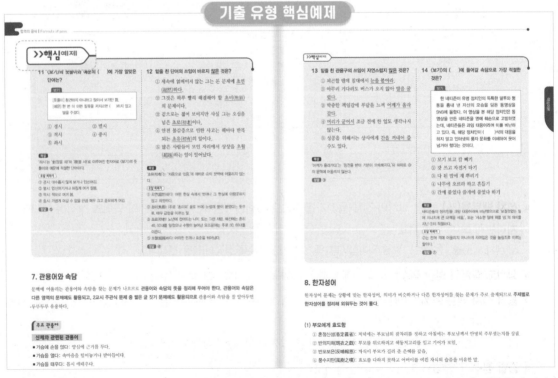

공부한 이론을 기출 형식의 핵심예제로 바로 확인할 수 있도록 하였습니다. 쉬운 내용도 그냥 넘어가지 말고 확실하게 정리하시기 바랍니다.

## 기출 동형 모의고사

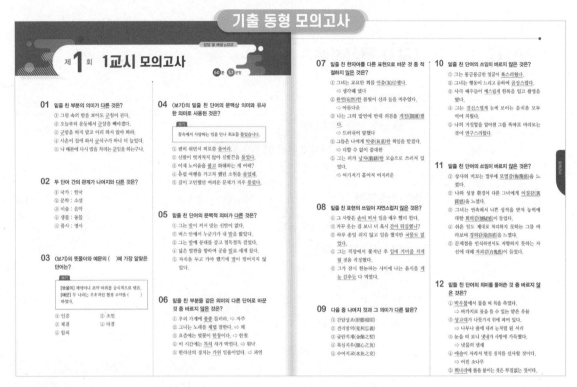

정답 및 해설

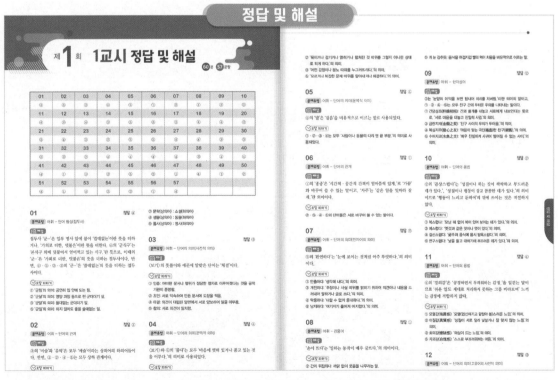

문제 순서부터 문제 · 제시문 유형, 특징 등 실제 시험과 동일하게 구성하였습니다. 1교시, 2교시로 나누어 주어진 시간 안에 문제를 풀어 보며 실전 감각을 익히시기 바랍니다.

정답에 대한 설명뿐만 아니라 오답에 대해서도 자세하게 설명하였습니다. 문제의 선택지가 왜 정답이고, 정답이 아닌지 확인하면서 학습하시기 바랍니다.

# 이 책의 차례 CONTENTS

## [ PART 3 ] 모의고사

## [ PART 4 ] 정답 및 해설

## [ PART 5 ] 듣기대본

# 학습 플래너 STUDY PLANNER

## 2주 만에 완성하기

| | 1일 | 2일 | 3일 | 4일 | 5일 | 6일 | 7일 |
|---|---|---|---|---|---|---|---|
| **1주차** | 1교시<br>어휘<br>p2~18 | 1교시<br>어휘<br>p19~40 | 1교시<br>어문 규정<br>p41~56 | 1교시<br>어문 규정<br>p56~73 | 1교시 읽기<br>2교시 듣기<br>p74~91 | 2교시<br>어법, 쓰기<br>p92~116 | 핵심이론<br>총정리 |
| | **8일** | **9일** | **10일** | **11일** | **12일** | **13일** | **14일** |
| **2주차** | | 제1회<br>모의고사 | | | 제2회<br>모의고사 | | 제3회<br>모의고사 | 모의고사<br>총정리 |

## 4주 만에 완성하기

| | 1일 | 2일 | 3일 | 4일 | 5일 | 6일 | 7일 |
|---|---|---|---|---|---|---|---|
| **1주차** | 1교시<br>어휘<br>p2~10 | 1교시<br>어휘<br>p10~18 | 1교시<br>어휘<br>p19~25 | 1교시<br>어휘<br>p25~33 | 1교시<br>어휘<br>p33~40 | 복습<br>p2~40 | 1교시<br>어문 규정<br>p41~51 |
| | **8일** | **9일** | **10일** | **11일** | **12일** | **13일** | **14일** |
| **2주차** | 1교시<br>어문 규정<br>p51~56 | 1교시<br>어문 규정<br>p56~65 | 1교시<br>어문 규정<br>p65~68 | 1교시<br>어문 규정<br>p68~73 | 복습<br>p41~73 | 1교시<br>읽기<br>p74~83 | 1교시<br>총정리 |
| | **15일** | **16일** | **17일** | **18일** | **19일** | **20일** | **21일** |
| **3주차** | 2교시<br>듣기<br>p86~91 | 복습<br>p86~91 | 2교시<br>어법<br>p92~100 | 2교시<br>어법<br>p101~105 | 복습<br>p92~105 | 2교시<br>쓰기<br>p106~116 | 2교시<br>총정리 |
| | **22일** | **23일** | **24일** | **25일** | **26일** | **27일** | **28일** |
| **4주차** | | 제1회<br>모의고사 | | | 제2회<br>모의고사 | | 제3회<br>모의고사 | 모의고사<br>총정리 |

PART

# 1

## 핵심이론(1교시)

1교시는 어휘, 어문 규정, 읽기 영역의 문제들로 구성되어 있으며, 총 57
문제가 모두 객관식으로 출제된다. 1교시 각 영역의 비중을 살펴보면,
어휘가 13문제(1~13번), 어문 규정이 5문제(14~18번), 읽기가 39문
제(19~57번)를 차지하고 있다. 매회 각 영역별로 비슷한 문제 유형이
반복되어 출제되기 때문에, 각 영역의 문제 유형을 분석하고 출제 경향
을 파악하여, 각 영역에 알맞은 공부 전략을 세워 시험에 대비해야 한다.

# 01 어 휘

- **자주 출제되는 문법 지식과 어휘를 정리하고 용례를 통해 이해한다.**

  시험에 출제되는 문법 지식은 한정되어 있으므로, 부담감을 갖지 말고 이 책에 나와 있는 지식들을 잘 이해해 두자. 문법 지식 자체를 묻기보다는 문법 지식을 문장 속에 적용하는 문제들이 나오므로 용례들을 통해 실제 쓰임을 이해해야 한다. 어휘 역시 고유어, 한자어들이 문맥에서 어떻게 쓰이는지 용례들을 보면서 파악하도록 한다.

- **자주 출제되는 문법 지식과 어휘 중 잘 몰랐던 것들은 암기한다.**

  특히 어휘의 경우, 낯선 고유어와 한자어는 문맥을 통해 그 뜻을 파악하기 어려운 경우가 있다. 따라서 주요 고유어와 한자어는 암기를 해 두는 편이 유리하다.

- **평소 국어사전을 가까이 한다.**

  평소 글을 읽다가 헷갈리거나 모르는 단어가 나왔을 때 국어사전을 찾는 사람은 별로 없다. 하지만 국어사전을 찾는 습관을 들여야 어휘력을 키울 수 있다. 국어사전을 보다 보면 의외로 우리가 그 뜻을 잘못 알고 있는 단어들이 있다는 것을 알 수 있다. 헷갈리거나 모르는 단어가 나왔을 때, 그냥 지나치지 말고 늘 국어사전을 찾는 습관을 들이자.

- **모의고사 문제를 풀면서 문제 유형에 익숙해진다.**

  모든 시험은 그 문제 유형에 익숙해지는 것이 중요하다. 지식이 많아도 문제 유형이 낯설면 문제 해결 능력을 발휘하지 못하는 경우가 많다. 따라서 꾸준히 모의고사 문제를 풀면서 문제 유형에 익숙해져야 한다.

## 1 어휘 영역 공부 방법

어휘 영역에 대비하기 위해서는 자주 출제되는 문법 지식과 어휘를 정리하고 용례를 통해 실제 쓰임을 이해해야 한다. 문법 지식을 몰라도, 어휘의 사전적 의미를 몰라도 문맥을 통해 자연스럽게 답을 도출할 수 있는 문제도 출제되지만, 문법 지식이나 어휘의 사전적 의미를 모르면 풀기 힘든 문제들도 출제된다. 따라서 주요 문법 지식과 주요 어휘들은 외워 두고, 모의고사 문제를 풀면서 각각을 문맥 속에서 적용하는 능력을 길러야 한다.

## 2 어휘 영역 문제 유형 분석 및 필수 지식

## 1. 단어의 형성

어휘 영역의 1번 문제는 단어의 형성과 관련하여 접두사 및 접미사 문제가 출제되는 경우가 많다. 따라서 접두사와 접미사의 개념을 알아두고, 각각의 예를 정리해 두자. 특히 한 형태의 접두사·접미사가 지닌 다양한 의미를 구별하는 문제가 주로 출제되므로 한 형태의 접두사·접미사가 지닌 다양한 의미를 용례와 함께 공부해 두어야 한다.

## (1) 단어의 형성

단어를 형성할 때 실질적인 의미를 나타내는 부분을 어근이라고 하며, 어근에 붙어 그 뜻을 제한해 주는 부분을 접사라고 한다. 이를 바탕으로 단어를 짜임새에 따라 나누면 다음과 같다.

<table>
<tr><th colspan="3">단일어</th></tr>
<tr><td rowspan="5">단 어</td><td colspan="2">하나의 어근으로 이루어진 단어.<br>예 바다, 하늘, 나무</td></tr>
<tr><td colspan="2">복합어</td></tr>
<tr><td>합성어</td><td>파생어</td></tr>
<tr><td>두 개 이상의 어근으로 이루어진 단어.<br>예 밤낮(밤 + 낮), 앞뒤(앞 + 뒤)</td><td>어근의 앞이나 뒤에 접사(접두사, 접미사)가 붙어서 만들어진 단어.<br>예 군말(군– + 말): '군–'은 접두사, '말'은 어근.<br>　　구경꾼(구경 + –꾼): '구경'은 어근, '–꾼'은 접미사.</td></tr>
</table>

## (2) 접두사와 접미사

접사에는 어근 앞에 붙는 접두사와 어근 뒤에 붙는 접미사가 있다. '국어능력인증시험'을 위해서는 접두사와 접미사의 예와 그 뜻을 꼭 알아두어야 한다.

### ① 접두사의 예

**개–**

1. 일부 명사 앞에 붙어 '야생 상태의' 또는 '질이 떨어지는', '흡사하지만 다른'의 뜻을 더하는 접두사.
   예 개떡, 개먹, 개살구
2. 일부 명사 앞에 붙어 '헛된', '쓸데없는'의 뜻을 더하는 접두사.
   예 개꿈, 개수작, 개죽음
3. 부정적 뜻을 가지는 일부 명사 앞에 붙어 '정도가 심한'의 뜻을 더하는 접두사.
   예 개망나니

**겉–**

1. 수량이나 정도를 추측하는 명사나 동사 앞에 붙어 '겉으로만 보아 대강 한다'는 뜻을 더하는 접두사.
   예 겉대중, 겉어림, 겉짐작
2. 일부 명사나 동사, 형용사 앞에 붙어 '실속과는 달리 겉으로만 그러하다'는 뜻을 더하는 접두사.
   예 겉늙다, 겉멋, 겉치레
3. 일부 동사 앞에 붙어 '어울리거나 섞이지 않고 따로'라는 뜻을 더하는 접두사.
   예 겉놀다, 겉돌다
4. 낱알이나 과일을 나타내는 명사 앞에 붙어 '껍질을 벗기지 않은 채로 그냥'이라는 뜻을 더하는 접두사.
   예 겉밤, 겉보리, 겉수수

**공–**
**(空)**

1. 일부 명사 앞에 붙어 '힘이나 돈이 들지 않은'의 뜻을 더하는 접두사.
   예 공것, 공돈, 공밥
2. 일부 명사 앞에 붙어 '빈' 또는 '효과가 없는'의 뜻을 더하는 접두사.
   예 공수표, 공염불, 공테이프
3. 몇몇 동사 앞에 붙어 '쓸모없이'의 뜻을 더하는 접두사.
   예 공돌다, 공치다

**군-**

1. 일부 명사 앞에 붙어 '쓸데없는'의 뜻을 더하는 접두사.
   예 군글자, 군기침, 군말, 군살, 군침

2. 일부 명사 앞에 붙어 '가외로 더한', '덧붙은'의 뜻을 더하는 접두사.
   예 군사람, 군식구

**덧-**

1. 일부 명사 앞에 붙어 '거듭된' 또는 '겹쳐 신거나 입는'의 뜻을 더하는 접두사.
   예 덧니, 덧버선, 덧신

2. 일부 동사 앞에 붙어 '거듭' 또는 '겹쳐'의 뜻을 더하는 접두사.
   예 덧대다, 덧붙이다

**들-**

1. 동식물을 나타내는 일부 명사 앞에 붙어 '야생으로 자라는'의 뜻을 더하는 접두사.
   예 들개, 들국화, 들깨, 들장미

2. 일부 동사 앞에 붙어 '무리하게 힘을 들여', '마구', '몹시'의 뜻을 더하는 접두사.
   예 들끓다, 들볶다

**맨-**

일부 명사 앞에 붙어 '다른 것이 없는'의 뜻을 더하는 접두사.
예 맨눈, 맨다리, 맨땅, 맨발

**새-**

어두음이 된소리나 거센소리 또는 'ㅎ'이고 첫음절의 모음이 'ㅏ, ㅗ'인 색채를 나타내는 일부 형용사 앞에 붙어 '매우 짙고 선명하게'의 뜻을 더하는 접두사.
예 새까맣다, 새파랗다, 새하얗다

**생-(生)**

1. 음식물을 나타내는 일부 명사 앞에 붙어 '익지 아니한'의 뜻을 더하는 접두사.
   예 생김치, 생쌀

2. 몇몇 명사 앞에 붙어 '물기가 아직 마르지 아니한'의 뜻을 더하는 접두사.
   예 생가지, 생장작

3. 몇몇 명사 앞에 붙어 '가공하지 아니한'의 뜻을 더하는 접두사.
   예 생가죽, 생맥주

4. 몇몇 명사 앞에 붙어 '직접적인 혈연관계인'의 뜻을 더하는 접두사.
   예 생부모, 생어머니

5. 일부 명사 앞에 붙어 '억지스러운' 또는 '공연한'의 뜻을 더하는 접두사.
   예 생고생, 생과부, 생떼, 생이별, 생트집

6. 몇몇 명사 앞에 붙어 '지독한' 또는 '혹독한'의 뜻을 더하는 접두사.
   예 생지옥

7. 고기를 나타내는 일부 명사 앞에 붙어 '얼리지 아니한'의 뜻을 더하는 접두사.
   예 생고기

**설-**

일부 동사 앞에 붙어 '충분하지 못하게'의 뜻을 더하는 접두사.
예 설깨다, 설듣다, 설익다

**알-**

1. 일부 명사 앞에 붙어 '겉을 덮어 싼 것이나 딸린 것을 다 제거한'의 뜻을 더하는 접두사.
   예 <u>알</u>몸, <u>알</u>밤, <u>알</u>토란
2. 일부 명사 앞에 붙어 '작은'의 뜻을 더하는 접두사.
   예 <u>알</u>바가지, <u>알</u>항아리
3. 일부 명사 앞에 붙어 '진짜', '알짜'의 뜻을 더하는 접두사.
   예 <u>알</u>거지, <u>알</u>건달, <u>알</u>부자

**엿-**

몇몇 동사 앞에 붙어 '몰래'의 뜻을 더하는 접두사.
예 <u>엿</u>듣다, <u>엿</u>보다

**중-<br>(重)**

1. 일부 명사 앞에 붙어 '무거운'의 뜻을 더하는 접두사.
   예 <u>중</u>공업, <u>중</u>장비
2. 일부 명사 앞에 붙어 '심한'의 뜻을 더하는 접두사.
   예 <u>중</u>노동, <u>중</u>환자
3. 일부 명사 앞에 붙어 '겹친'의 뜻을 더하는 접두사.
   예 <u>중</u>모음, <u>중</u>탄산나트륨

**짓-**

1. 일부 동사 앞에 붙어 '마구', '함부로', '몹시'의 뜻을 더하는 접두사.
   예 <u>짓</u>누르다, <u>짓</u>두들기다, <u>짓</u>밟다
2. 몇몇 명사 앞에 붙어 '심한'의 뜻을 더하는 접두사.
   예 <u>짓</u>고생, <u>짓</u>망신

**참-**

1. 일부 명사 앞에 붙어 '진짜' 또는 '진실하고 올바른'의 뜻을 더하는 접두사.
   예 <u>참</u>뜻, <u>참</u>사랑
2. 일부 명사 앞에 붙어 '품질이 우수한'의 뜻을 더하는 접두사.
   예 <u>참</u>먹, <u>참</u>숯

**치-**

일부 동사 앞에 붙어 '위로 향하게' 또는 '위로 올려'의 뜻을 더하는 접두사.
예 <u>치</u>닫다, <u>치</u>뜨다, <u>치</u>솟다

**풋-**

1. 일부 명사 앞에 붙어 '처음 나온' 또는 '덜 익은'의 뜻을 더하는 접두사.
   예 <u>풋</u>고추, <u>풋</u>과실
2. 몇몇 명사 앞에 붙어 '미숙한', '깊지 않은'의 뜻을 더하는 접두사.
   예 <u>풋</u>사랑, <u>풋</u>잠

**헛-**

1. 일부 명사 앞에 붙어 '이유 없는', '보람 없는'의 뜻을 더하는 접두사.
   예 <u>헛</u>걸음, <u>헛</u>소문, <u>헛</u>수고
2. 일부 동사 앞에 붙어 '보람 없이', '잘못'의 뜻을 더하는 접두사.
   예 <u>헛</u>디디다, <u>헛</u>살다

② 접미사의 예

**-가 (家)**

1. 일부 명사 뒤에 붙어 '그것을 전문적으로 하는 사람' 또는 '그것을 직업으로 하는 사람'의 뜻을 더하는 접미사.

   예 건축가, 교육가, 평론가

2. 일부 명사 뒤에 붙어 '그것에 능한 사람'의 뜻을 더하는 접미사.

   예 외교가, 이론가, 전략가

3. 일부 명사 뒤에 붙어 '그것을 많이 가진 사람'의 뜻을 더하는 접미사.

   예 자본가, 장서가

4. 일부 명사 뒤에 붙어 '그 특성을 지닌 사람'의 뜻을 더하는 접미사.

   예 대식가, 애연가

**-개**

일부 동사 뒤에 붙어 '사람' 또는 '간단한 도구'의 뜻을 더하고 명사를 만드는 접미사.

예 오줌싸개, 지우개, 코흘리개

**-거리**

1. 몇몇 명사 뒤에 붙어 '비하'의 뜻을 더하는 접미사.

   예 떼거리, 패거리

2. 하루 이상의 기간을 나타내는 명사 뒤에 붙어 '주기적으로 일어나는 동안'의 뜻을 더하는 접미사.

   예 이틀거리, 달거리

**-기 (器)**

1. 일부 명사 뒤에 붙어 '도구' 또는 '기구'의 뜻을 더하는 접미사.

   예 녹음기, 주사기

2. 생물체의 활동을 나타내는 몇몇 명사 뒤에 붙어 '그러한 활동을 위한 기관'의 뜻을 더하는 접미사.

   예 생식기, 소화기, 호흡기

**-기 (機)**

일부 명사 뒤에 붙어 '그런 기능을 하는 기계 장비'의 뜻을 더하는 접미사.

예 비행기, 이앙기, 전투기, 탈곡기

**-껏**

1. 몇몇 명사 뒤에 붙어 '그것이 닿는 데까지'의 뜻을 더하고 부사를 만드는 접미사.

   예 마음껏, 정성껏

2. 때를 나타내는 몇몇 부사 뒤에 붙어 '그때까지 내내'의 뜻을 더하는 접미사.

   예 지금껏, 여태껏, 이제껏

**-꾸러기**

일부 명사 뒤에 붙어 '그것이 심하거나 많은 사람'의 뜻을 더하는 접미사.

예 욕심꾸러기, 잠꾸러기, 장난꾸러기

**-꾼**

1. '어떤 일을 전문적으로 하는 사람' 또는 '어떤 일을 잘하는 사람'의 뜻을 더하는 접미사.

   예 살림꾼, 소리꾼, 심부름꾼

2. '어떤 일을 습관적으로 하는 사람' 또는 '어떤 일을 즐겨 하는 사람'의 뜻을 더하는 접미사.

   예 낚시꾼, 난봉꾼, 노름꾼

3. '어떤 일 때문에 모인 사람'의 뜻을 더하는 접미사.
   예 구경꾼, 일꾼
4. '어떤 일을 하는 사람'에 낮잡는 뜻을 더하는 접미사.
   예 건달꾼, 도망꾼, 뜨내기꾼
5. '어떤 사물이나 특성을 많이 가진 사람'의 뜻을 더하는 접미사.
   예 건성꾼, 꾀꾼, 재주꾼

**-내기**
1. 일부 명사 뒤에 붙어 '그 지역에서 태어나고 자라서 그 지역 특성을 지니고 있는 사람'의 뜻을 더하는 접미사.
   예 서울내기, 시골내기
2. 일부 어근이나 접두사 뒤에 붙어 '그런 특성을 지닌 사람'의 뜻을 더하는 접미사. 흔히 그런 사람을 낮잡아 이를 때 쓴다.
   예 신출내기, 여간내기

**-뜨기**
몇몇 명사 뒤에 붙어 '부정적 속성을 가진 사람'의 뜻을 더하는 접미사.
예 사팔뜨기, 시골뜨기

**-료 (料)**
1. '요금'의 뜻을 더하는 접미사.
   예 관람료, 수업료, 원고료
2. '재료'의 뜻을 더하는 접미사.
   예 조미료, 향신료

**-발**
1. 몇몇 명사 뒤에 붙어 '기세' 또는 '힘'의 뜻을 더하는 접미사.
   예 끗발, 말발
2. 일부 명사 뒤에 붙어 '효과'의 뜻을 더하는 접미사.
   예 약발, 화장발

**-배기**
1. 어린아이의 나이를 나타내는 명사구 뒤에 붙어 '그 나이를 먹은 아이'의 뜻을 더하는 접미사.
   예 두 살배기
2. 몇몇 명사 뒤에 붙어 '그것이 들어 있거나 차 있음'의 뜻을 더하는 접미사.
   예 나이배기
3. 몇몇 명사 뒤에 붙어 '그런 물건'의 뜻을 더하는 접미사.
   예 공짜배기, 진짜배기

**-분 (分)**
1. 수사 뒤에 붙어 '전체를 그 수만큼 나눈 부분'의 뜻을 더하는 접미사.
   예 3분의 2
2. 일부 명사 또는 수량, 기간을 나타내는 명사구 뒤에 붙어 '분량'의 뜻을 더하는 접미사.
   예 감소분, 초과분
3. 몇몇 명사 뒤에 붙어 '성분'의 뜻을 더하는 접미사.
   예 당분, 영양분

**-새**

일부 명사 또는 용언의 명사형 뒤에 붙어 '모양', '상태', '정도'의 뜻을 더하는 접미사.

예 걸음새, 모양새, 생김새

**-스럽다**

일부 명사 뒤에 붙어 '그러한 성질이 있음'의 뜻을 더하고 형용사를 만드는 접미사.

예 걱정스럽다, 복스럽다

**-음**

어간 말음이 자음인 동사 어간 뒤에 붙어 명사를 만드는 접미사.

예 믿음, 웃음, 죽음

**-이**

1. 몇몇 형용사, 동사 어간 뒤에 붙어 명사를 만드는 접미사.

   예 길이, 높이

2. 몇몇 명사와 동사 어간의 결합형 뒤에 붙어 '사람', '사물', '일'의 뜻을 더하고 명사를 만드는 접미사.

   예 때밀이, 재떨이, 젖먹이

3. 몇몇 명사, 어근, 의성·의태어 뒤에 붙어 '사람' 또는 '사물'의 뜻을 더하고 명사를 만드는 접미사.

   예 멍청이, 애꾸눈이, 절름발이

**-자 (子)**

1. 몇몇 명사 뒤에 붙어 '크기가 매우 작은 요소'의 뜻을 더하는 접미사.

   예 미립자, 유전자

2. 일부 명사 뒤에 붙어 '기계 장치' 또는 '도구'의 뜻을 더하는 접미사.

   예 연산자, 진동자

**-장**

1. '얇고 넓적한 조각'의 뜻을 더하는 접미사. (張)

   예 구름장, 얼음장

2. '증서' 또는 '편지'의 뜻을 더하는 접미사. (狀)

   예 도전장, 소개장

3. '어른'의 뜻을 더하는 접미사. (丈)

   예 노인장, 주인장

4. '책임자', '우두머리'의 뜻을 더하는 접미사. (長)

   예 공장장, 위원장

5. '장부'의 뜻을 더하는 접미사. (帳)

   예 매입장, 매출장

6. '공책'의 뜻을 더하는 접미사. (帳)

   예 단어장, 연습장

7. '장례'의 뜻을 더하는 접미사. (葬)

   예 고려장, 삼일장

8. '장소'의 뜻을 더하는 접미사. (場)

   예 경기장, 공사장

**-장이**

'수공업적인 기술을 가진 사람'의 뜻을 더하는 접미사.

〔예〕 대장장이, 미장이, 옹기장이

**-쟁이**

'그것이 나타내는 속성을 많이 가진 사람'의 뜻을 더하는 접미사.

〔예〕 겁쟁이, 고집쟁이, 멋쟁이

**-질**

1. 도구를 나타내는 일부 명사 뒤에 붙어 '그 도구를 가지고 하는 일'의 뜻을 더하는 접미사.

   〔예〕 가위질, 걸레질

2. 신체 부위를 나타내는 일부 명사 뒤에 붙어 '그 신체 부위를 이용한 어떤 행위'의 뜻을 더하는 접미사.

   〔예〕 곁눈질, 손가락질

3. 일부 명사 뒤에 붙어 직업이나 직책에 비하하는 뜻을 더하는 접미사.

   〔예〕 선생질, 회장질

4. 일부 명사 뒤에 붙어 주로 좋지 않은 행위에 비하하는 뜻을 더하는 접미사.

   〔예〕 계집질, 노름질, 싸움질

5. 물질을 나타내는 몇몇 명사 뒤에 붙어 '그것을 가지고 하는 일' 또는 '그것과 관계된 일'의 뜻을 더하는 접미사.

   〔예〕 물질, 풀질

6. 몇몇 의성어 또는 어근 뒤에 붙어 '그런 소리를 내는 행위'의 뜻을 더하는 접미사.

   〔예〕 딸꾹질, 수군덕질

**-층 (層)**

1. 사람을 나타내는 명사 뒤에 붙어 '어떤 능력이나 수준이 비슷한 무리'의 뜻을 더하는 접미사.

   〔예〕 고객층, 노년층

2. 퇴적물을 나타내는 명사 뒤에 붙어 '지층'의 뜻을 더하는 접미사.

   〔예〕 석탄층, 화강암층

3. 일부 명사 뒤에 붙어 '켜켜이 쌓인 상태' 또는 '그중 한 겹'의 뜻을 더하는 접미사.

   〔예〕 구름층, 대기층, 오존층

**-치**

1. 일부 동사 어간 뒤에 붙어 '강조'의 뜻을 더하는 접미사.

   〔예〕 넘치다, 밀치다

2. 일부 명사 또는 명사형 뒤에 붙어 '물건'의 뜻을 더하는 접미사.

   〔예〕 날림치, 버림치, 중간치

3. 일부 명사 뒤에 붙어 '값'의 뜻을 더하는 접미사.

   〔예〕 기대치, 최고치, 평균치

>>핵심예제

**01 밑줄 친 부분의 의미가 다른 것은?**

① 어제 우연히 공돈이 생겼다.
② 공차 타는 재미가 쏠쏠하다.
③ 공것을 바라면 이마가 벗어진다.
④ 그가 하는 말은 공염불에 불과하다.
⑤ 농땡이만 부리면서 공밥을 먹으려 하다니.

**해설**

①·②·③·⑤는 '힘이나 돈이 들지 않은'의 뜻을 더하는 접두사. ④는 '빈' 또는 '효과가 없는'의 뜻을 더하는 접두사로, '공염불'은 실천이나 내용이 따르지 않는 주장이나 말을 비유적으로 이르는 말.

**오답 피하기**

① 공돈: 노력의 대가로 생긴 것이 아닌, 거저 얻거나 생긴 돈.
② 공차: 돈을 내지 않고 거저 타는 차.
③ 공것: 힘이나 돈을 들이지 않고 얻은 물건.
⑤ 공밥: 제값을 치르지 않거나 일을 하지 아니하고 거저먹는 밥.

**정답** ④

**02 밑줄 친 부분의 의미가 다른 것은?**

① 그는 걸핏하면 주먹질을 했다.
② 그녀는 곁눈질로 나를 보았다.
③ 그는 싸움질을 일삼는 망나니였다.
④ 미끼를 던지자 바로 입질이 있었다.
⑤ 친절한 사람이 손가락질을 하여 길을 알려 주었다.

**해설**

①·②·④·⑤는 신체 부위를 나타내는 일부 명사 뒤에 붙어 '그 신체 부위를 이용한 어떤 행위'의 뜻을 더하는 접미사. ③은 일부 명사 뒤에 붙어 주로 좋지 않은 행위에 비하하는 뜻을 더하는 접미사로, '싸움질'은 싸우는 짓을 의미하는 말.

**오답 피하기**

① 주먹질: 주먹을 휘둘러 위압하거나 때리는 짓.
② 곁눈질: 곁눈으로 보는 일.
④ 입질: 낚시질할 때 물고기가 낚싯밥을 건드리는 일.
⑤ 손가락질: 손가락으로 가리키는 짓.

**정답** ③

# 2. 단어의 관계

단어의 관계는 크게 유의 관계, 반의 관계, 상하 관계, 전체와 부분의 관계로 나눌 수 있다. 단어의 관계와 관련된 문제는 대체로 해결하기가 어렵지 않다. 단어의 관계를 분류하는 기준을 이해하고, 그 기준을 적용하여 제시된 단어들의 관계를 파악하는 연습을 하면 쉽게 해결할 수 있도록 출제되기 때문이다.

단, 유의 관계를 묻는 문제는 다소 까다로울 수 있다. 한자어 간의 유의 관계, 고유어끼리의 유의 관계, 한자어와 고유어 간의 유의 관계를 묻는 문제들이 출제되는데, 한쪽의 의미를 확실하게 알지 못할 때 유의어를 찾아내기가 쉽지 않은 경우가 종종 있기 때문이다. 따라서 단어의 관계와 관련된 문제에 대비하기 위해서는 단어의 관계를 분류하는 기준을 잘 이해해 두되, 특히 유의 관계에 있는 단어들은 눈여겨 봐두자.

## (1) 유의 관계

말소리는 다르지만 의미가 서로 비슷한 단어들의 관계를 유의 관계라고 하며, 이때 각각의 단어를 상대 단어에 대한 '유의어'라고 한다.

**유의 관계의 예**

1. **지도(指導)** : 교육(敎育)
2. **손해(損害)** : 손실(損失)
3. **성인(聖人)** : 성철(聖哲)
4. **접경(接境)** : 경계(境界)

5. **식구(食口)** : 식솔(食率)

6. **견책(譴責)** : 질책(叱責)

7. **가정(家庭)** : 실가(室家)

8. **산출(産出)** : 생산(生産)

9. **인격(人格)** : 인품(人品)

10. **언급(言及)** : 언송(言送)

11. **골자(骨子)** : 골간(骨幹)

12. **보유(保有)** : 소유(所有)

13. **서거(逝去)** : 별세(別世) : 하직(下直)

14. **칭찬(稱讚)** : 칭상(稱賞)

15. **책망(責望)** : 힐책(詰責)

16. **첨부(添附)** : 부첨(附添)

17. **즐비(櫛比)** : 지천(至賤)

18. **삭제(削除)** : 소거(掃去)

19. **갈망(渴望)** : 열망(熱望)

20. **명료(明瞭)** : 명백(明白)

21. **배타(排他)** : 배척(排斥) : 배제(排除)

22. **임용(任用)** : 채용(採用)

23. **유여(裕餘)** : 유족(裕足)

24. **언변(言辯)** : 변설(辯舌)

25. **요점(要點)** : 요체(要諦)

26. **복종(服從)** : 순종(順從)

27. **성인(聖人)** : 성자(聖者)

28. **정확(正確)** : 명확(明確)

29. **조건(條件)** : 조항(條項) : 요건(要件)

30. **수긍(首肯)** : 인정(認定) : 납득(納得)

31. **모국어(母國語)** : 자국어(自國語) : 고국어(故國語)

32. **모순(矛盾)** : 당착(撞着)

33. **간예(干預)** : 참견(參見)

34. **요소(要素)** : 핵심(核心)

35. **수하(手下)** : 부하(部下)

36. **오만(傲慢)** : 거만(倨慢)

37. **소망(所望)** : 소원(所願)

38. **소유(所有)** : 소지(所持)

39. **명확(明確)** : 확연(確然)

40. **선발(選拔)** : 선출(選出)

41. **의중(意中)** : 심중(心中)

42. **풍족(豊足)** : 풍요(豊饒)

43. **측은(惻隱)** : 가련(可憐)

44. **종단(終端)** : 종말(終末)

45. **공부(工夫)** : 학습(學習)

46. **거주(居住)** : 거처(居處)

47. **나태(懶怠)** : 태만(怠慢)

48. **방해(妨害)** : 훼방(毁謗)

49. **참** : 진리(眞理)

50. **거짓** : 허위(虛僞)

51. **바꾸다** : 전환(轉換)하다

52. **돌다** : 순찰(巡察)하다

53. **옮기다** : 번역(飜譯)하다

54. **꾸미다** : 도모(圖謀)하다

55. **보다** : 간주(看做)하다

56. **지키다** : 견지(堅持)하다

57. **고치다** : 치료(治療)하다

58. **들다** : 입주(入住)하다

59. **가깝다** : 유사(類似)하다

60. **힘쓰다** : 매진(邁進)하다

61. **가난하다** : 빈곤(貧困)하다

62. **닦다** : 수련(修練)하다

63. **받다** : 수리(受理)하다

64. **맞다** : 적당(適當)하다

65. **끝내다** : 완성(完成)하다

66. **모으다** : 집중(集中)하다

67. **옹골차다** : 실하다 : 튼실하다

68. **버겁다** : 벅차다 : 힘겹다 : 부치다

69. **가끔** : 이따금

70. **조금** : 약간

## (2) 반의 관계

둘 이상의 단어에서 의미가 서로 짝을 이루어 대립하는 경우 반의 관계라고 하며, 각각의 단어를 짝이 되는 단어의 '반의어'라고 한다.

### 반의 관계의 예

1. **남자(男子)** : 여자(女子)
2. **착공(着工)** : 준공(竣工)
3. **위법(違法)** : 준법(遵法)
4. **보수(保守)** : 진보(進步)
5. **우둔(愚鈍)** : 영민(英敏)
6. **자연(自然)** : 인공(人工)
7. **팽창(膨脹)** : 수축(收縮)
8. **미개(未開)** : 문명(文明)
9. **여명(黎明)** : 황혼(黃昏)
10. **분리(分離)** : 연결(連結)
11. **비관(悲觀)** : 낙관(樂觀)
12. **합의(合意)** : 결렬(決裂)
13. **성인(聖人)** : 범인(凡人)
14. **본명(本名)** : 가명(假名)
15. **객관(客觀)** : 주관(主觀)
16. **익명(匿名)** : 실명(實名)
17. **길다** : 짧다
18. **곱다** : 거칠다
19. **성기다** : 빽빽하다
20. **뜨겁다** : 차갑다
21. **오다** : 가다
22. **무르다** : 야무지다
23. **높다** : 낮다
24. **느슨하다** : 팽팽하다
25. **뛰다** : 걷다 : 내리다
26. **열다** : 닫다 : 잠그다 : 채우다
27. **벗다** : 입다 : 쓰다 : 신다 : 끼다
28. **멀다** : 가깝다
29. **굵다** : 가늘다
30. **밝다** : 어둡다

## (3) 상하 관계

두 개의 단어 중 한쪽이 의미상 다른 쪽을 포함하거나 다른 쪽에 포함되는 관계를 상하 관계라고 한다. 이때 포함하는 단어를 '상의어', 포함되는 단어를 '하의어'라고 한다.

### 상하 관계의 예

1. **예술** : 미술, 음악
2. **꽃** : 장미, 진달래, 해바라기
3. **문학** : 시, 소설, 수필
4. **직업** : 성악가, 건축가, 공무원, 어부, 농부
5. **언어** : 한국어, 영어, 중국어, 일본어
6. **생물** : 동물, 식물
7. **학용품** : 연필, 지우개, 공책
8. **악기** : 관악기, 타악기, 현악기, 건반악기

## (4) 전체와 부분의 관계

한쪽의 의미가 다른 쪽 의미의 구성 요소가 되는 관계를 말한다.

> **전체와 부분 관계의 예**
>
> 1. **옷** : 단추, 소매
> 2. **꽃** : 꽃잎, 암술, 수술
> 3. **자전거** : 바퀴, 안장, 바구니
> 4. **몸** : 손, 발, 팔
> 5. **회사** : 사장, 직원
> 6. **시계** : 시침, 분침

>> **핵심예제**

**03** 두 단어 간의 의미 관계가 나머지와 <u>다른</u> 것은?

① 객관(客觀) : 주관(主觀)
② 미개(未開) : 문명(文明)
③ 분리(分離) : 연결(連結)
④ 비관(悲觀) : 낙관(樂觀)
⑤ 익명(匿名) : 무명(無名)

**해설**
⑤를 제외한 나머지는 반의 관계이다.

**정답** ⑤

**04** 두 단어 간의 의미 관계가 나머지와 <u>다른</u> 것은?

① 악기 : 피리
② 예술 : 미술
③ 직업 : 어부
④ 품사 : 부사
⑤ 후각 : 청각

**해설**
⑤를 제외한 나머지는 상하 관계이다.

**정답** ⑤

# 3. 단어의 문맥적 의미

단어의 문맥적 의미를 묻는 문제도 어김없이 출제되는데, 이 문제에 대비하기 위해서는 다의어와 동음이의어의 예를 정리하고, 용례를 보면서 각 단어의 문맥적 의미를 파악하는 연습을 해야 한다.

## (1) 다의어와 동음이의어

① 다의어 : 여러 개의 의미를 지니고 있는 단어.
② 동음이의어 : 소리는 같으나 뜻이 다른 단어.

## (2) 다의어와 동음이의어의 예

### ① 다의어

**가다**

1. 한 곳에서 다른 곳으로 장소를 이동하다.

   예 주빈이는 매일 산에 갔다.

2. 수레, 배, 자동차, 비행기 따위가 운행하거나 다니다.

   예 그 비행기는 유럽으로 간다.

3. 일정한 목적을 가진 모임에 참석하기 위하여 이동하다.

   예 진석이는 주말마다 봉사 단체 모임에 갔다.

4. 직업이나 학업, 복무 따위로 해서 다른 곳으로 옮기다.

   예 하늘이는 다음 달에 외국 지사로 가게 되었다.

5. 관심이나 눈길 따위가 쏠리다.

   예 현강이는 그 친구에게 호감이 갔다.

6. ('손해' 따위의 명사와 함께 쓰여) 그러한 상태가 생기거나 일어나다.

   예 도현이는 은인에게 피해가 가지 않도록 신중하게 처신했다.

7. 기계 따위가 제대로 작동하다.

   예 진우가 새로 산 시계는 탈 없이 잘 갔다.

**길**

1. 사람이나 동물 또는 자동차 따위가 지나갈 수 있게 땅 위에 낸 일정한 너비의 공간.

   예 은진이는 급히 길을 건넜다.

2. 걷거나 탈것을 타고 어느 곳으로 가는 노정(路程).

   예 민정이가 고향으로 가는 길은 순조로웠다.

3. 시간의 흐름에 따라 개인의 삶이나 사회적 · 역사적 발전 따위가 전개되는 과정.

   예 유림이는 자신이 살아온 길을 되돌아보았다.

4. 사람이 삶을 살아가거나 사회가 발전해 가는 데에 지향하는 방향, 지침, 목적이나 전문 분야.

   예 다영이는 배움의 길이 험난해도 기꺼이 걸으리라 마음먹었다.

5. 어떤 자격이나 신분으로서 주어진 도리나 임무.

   예 학생들을 위하는 것이 스승의 길이다.

6. (주로 '-는/을 길' 구성으로 쓰여) 방법이나 수단.

   예 지은이는 현지를 설득하는 길을 찾아보았다.

**꿈**

1. 잠자는 동안에 깨어 있을 때와 마찬가지로 여러 가지 사물을 보고 듣는 정신 현상.

   예 도연이는 어젯밤에 재미있는 꿈을 꾸었다.

2. 실현하고 싶은 희망이나 이상.

   예 꿈 많던 어린 시절.

3. 실현될 가능성이 아주 적거나 전혀 없는 헛된 기대나 생각.

   예 헛된 꿈은 버리고 현실을 직시해야 한다.

**눈**

1. 빛의 자극을 받아 물체를 볼 수 있는 감각 기관.
   예 눈이 초롱초롱하다.

2. 시력.
   예 눈이 좋다.

3. 사물을 보고 판단하는 힘.
   예 그는 사람 보는 눈이 정확하다.

4. 무엇을 보는 표정이나 태도.
   예 그녀는 나를 동경하는 눈으로 보았다.

5. 사람들의 눈길.
   예 타인의 눈을 의식할 필요는 없다.

6. 태풍에서, 중심을 이루는 부분.
   예 태풍의 눈.

**들다**

1. 밖에서 속이나 안으로 향해 가거나 오거나 하다.
   예 수연이가 방에 들었다.

2. 어떤 일에 돈, 시간, 노력, 물자 따위가 쓰이다.
   예 집을 수리하는 데 돈이 많이 들었다.

3. 물감, 색깔, 물기, 소금기가 스미거나 배다.
   예 산에 단풍이 들었다.

4. 어떤 범위나 기준 또는 일정한 기간 안에 속하거나 포함되다.
   예 여진이는 전교에서 5등 안에 들었다.

5. ('눈', '마음' 따위의 뒤에 쓰여) 어떤 물건이나 사람이 좋게 받아들여지다.
   예 하영이는 친구가 준 선물이 마음에 쏙 들었다.

6. 어떤 일이나 기상 현상이 일어나다.
   예 올해 그 지역에 가뭄이 들었다.

7. 어떤 조직체에 가입하여 구성원이 되다.
   예 정은이는 토론 동아리에 들었다.

8. 적금이나 보험 따위의 거래를 시작하다.
   예 혜빈이는 내 집 마련을 위해 적금에 들었다.

9. 버릇이나 습관이 몸에 배다.
   예 승욱이는 일찍 일어나는 습관이 들었다.

**뜨겁다**

1. 손이나 몸에 상당한 자극을 느낄 정도로 온도가 높다.
   예 뜨거운 물을 마시다.

2. 사람의 몸이 정상보다 열이 높다.
   예 열이 나서 온몸이 뜨겁다.

3. 무안하거나 부끄러워 얼굴이 몹시 화끈하다.
   예 나는 얼굴이 뜨거워 고개를 들 수 없었다.

4. (비유적으로) 감정이나 열정 따위가 격렬하다.
   예 여러분, 뜨거운 박수를 쳐 주시기 바랍니다.

**목**

1. 척추동물의 머리와 몸통을 잇는 잘록한 부분.

   예 소영이는 목을 머플러로 감쌌다.

2. 목구멍.

   예 혜주는 목이 아파서 약을 먹었다.

3. 목을 통해 나오는 소리.

   예 유민이는 대중 앞에서 말하기 위해 목을 가다듬었다.

4. 어떤 물건에서 동물의 목과 비슷한 부분.

   예 지수는 목이 긴 신발을 신었다.

5. 자리가 좋아 장사가 잘되는 곳이나 길 따위.

   예 보영이는 목이 좋은 곳으로 가게를 옮겼다.

6. 통로 가운데 다른 곳으로는 빠져나갈 수 없는 중요하고 좁은 곳.

   예 연주는 범인을 잡기 위해 목을 지켰다.

**문제**

1. 해답을 요구하는 물음.

   예 연습 문제.

2. 논쟁, 논의 연구 따위의 대상이 되는 것.

   예 학교의 존폐 문제.

3. 해결하기 어렵거나 난처한 대상. 또는 그런 일.

   예 문제를 해결하다.

4. 귀찮은 일이나 말썽.

   예 그는 늘 문제를 일으킨다.

5. 어떤 사물과 관련되는 일.

   예 그 일은 이념에 관한 문제이다.

**손**

1. 사람의 팔목 끝에 달린 부분.

   예 찬미가 손을 뻗었다.

2. 손가락.

   예 세원이는 손에 반지를 꼈다.

3. 일손.

   예 지원이네 잔치에 친척들이 많이 와서 손이 부족하다.

4. 어떤 일을 하는 데 드는 사람의 힘이나 노력, 기술.

   예 그 일을 하는 데는 손이 많이 간다.

5. 어떤 사람의 영향력이나 권한이 미치는 범위.

   예 그 일은 이제 초롱이의 손에 달렸다.

6. 사람의 수완이나 꾀.

   예 이럴 수가. 나쁜 사람들의 손에 놀아나다니.

**얼굴**

1. 눈, 코, 입이 있는 머리의 앞면.

    예 얼굴을 씻다.

2. 주위에 잘 알려져서 얻은 평판이나 명예 또는 체면.

    예 이번 일로 얼굴을 세웠다.

3. 어떤 분야에서 활동하는 사람.

    예 뮤지컬계에 새 얼굴이 등장했다.

**오다**

1. 어떤 사람이 말하는 사람 혹은 기준이 되는 사람이 있는 쪽으로 움직여 위치를 옮기다.

    예 훈민이가 내 앞으로 왔다.

2. 어떤 사람이 직업이나 학업 따위를 위하여 말하는 사람이 있는 쪽으로 옮기다.

    예 석민이가 이번에 우리 회사에 왔다.

3. 물건이나 권리 따위가 자기에게 옮겨지다.

    예 귤이 나에게 두 개 더 왔다.

4. 관심이나 눈길 따위가 말하는 사람에게로 쏠리다.

    예 대현이는 자신에게 오는 관심의 시선을 느낄 수 있었다.

5. 소식이나 연락 따위가 말하는 사람이 있는 곳으로 전하여지다.

    예 용재에게 편지가 왔다.

6. 운수나 보람, 기회 따위가 말하는 사람 쪽에 나타나다.

    예 인홍이에게 절호의 기회가 왔다.

7. 느낌이나 뜻이 말하는 사람에게 전달되다.

    예 이제 정호에게 감이 오고 있는 듯했다.

8. 어떤 대상에 어떤 상태가 이르다.

    예 전쟁이 끝나고 평화가 왔다.

9. 질병이나 졸음 따위의 생리적 현상이 일어나거나 생기다.

    예 윤상이는 갑자기 졸음이 왔다.

② 동음이의어

**미치다¹**

1. 정신에 이상이 생겨 말과 행동이 보통 사람과 다르게 되다.

    예 그는 그 일을 당하고 나서 끝내 미치고 말았다.

2. 정신이 나갈 정도로 매우 괴로워하다.

    예 기가 막혀 미치겠다.

3. 어떤 일에 지나칠 정도로 열중하다.

    예 그녀는 그에게 미쳐 다른 사람은 돌보지 않는다.

**미치다²**

1. 공간적 거리나 수준 따위가 일정한 선에 닿다.

    예 그의 실력에 내 성적은 못 미쳤다.

2. 영향이나 작용 따위가 대상에 가하여지다. 또는 그것을 가하다.

    예 내 힘이 미치는 한 최선을 다해 너를 돕겠다.

**배¹**

1. 사람이나 동물의 몸에서 위장, 창자, 콩팥 따위의 내장이 들어 있는 곳으로 가슴과 엉덩이 사이의 부위.

   예 배가 나오다.

2. 긴 물건 가운데의 볼록한 부분.

   예 배가 불룩한 돌기둥.

3. (수량을 나타내는 말 뒤에 쓰여) 짐승이 새끼를 낳거나 알을 까는 횟수를 세는 단위.

   예 그 동물은 1년에 두 배나 새끼를 낳았다.

**배²**

사람이나 짐 따위를 싣고 물 위로 떠다니도록 나무나 쇠로 만든 물건.

예 새우잡이 배를 타다.

>>핵심예제

**05** 〈보기〉의 밑줄 친 단어의 문맥상 의미와 유사한 의미로 사용된 것은?

> 보기
>
> 처음 본 그녀에게 호감이 갔다.

① 나는 그날 학교에 갔다.
② 그녀의 이마에 주름이 갔다.
③ 일을 많이 해서 몸에 무리가 갔다.
④ 그는 손해 가는 일은 하지 않는다.
⑤ 그날 이후로 작은 일에도 신경이 갔다.

해설
〈보기〉와 ⑤ 모두 '관심이나 눈길 따위가 쏠리다.'의 의미.

오답 피하기
① '한 곳에서 다른 곳으로 장소를 이동하다.'의 의미.
② '금, 줄, 주름살, 흠집 따위가 생기다.'의 의미.
③ '('무리', '축' 따위의 말과 함께 쓰여) 건강에 해가 된다.'의 의미.
④ '('손해' 따위의 명사와 함께 쓰여) 그러한 상태가 생기거나 일어나다.'의 의미.

정답 ⑤

**06** 〈보기〉의 밑줄 친 단어의 문맥상 의미와 유사한 의미로 사용된 것은?

> 보기
>
> 감기가 와서 열이 난다.

① 그에게서 전화가 왔다.
② 그 책상이 우리 집으로 왔다.
③ 그녀가 우리 부서로 새로 왔다.
④ 공부를 하려 했지만 졸음이 왔다.
⑤ 그녀의 눈빛에서 차가운 느낌이 왔다.

해설
〈보기〉와 ④ 모두 '질병이나 졸음 따위의 생리적 현상이 일어나거나 생기다.'의 의미.

오답 피하기
① '소식이나 연락 따위가 말하는 사람이 있는 곳으로 전하여지다.'의 의미.
② '물건이나 권리 따위가 자기에게 옮겨지다.'의 의미.
③ '어떤 사람이 직업이나 학업 따위를 위하여 말하는 사람이 있는 쪽으로 옮기다.'의 의미.
⑤ '느낌이나 뜻이 말하는 사람에게 전달되다.'의 의미.

정답 ④

## 4. 단어의 용법

단어의 용법 문제에 대비하기 위해서는 비슷한 형태이지만 의미가 달라 쓰임을 혼동하기 쉬운 어휘들을 정리해 두는 것이 좋다. 그런데 한글 맞춤법 제57항을 보면, 각각 구별하여 적어야 하는 말의 예가 제시되어 있으므로 단어의 용법 문제에 대비하기 위해서는 한글 맞춤법 제57항도 잘 봐두자. ('어문 규정' 영역에서 '한글 맞춤법' 부분 참조.)

### 혼동하기 쉬운 어휘

**가르치다 / 가리키다**

• 가르치다: 지식이나 기능, 이치 따위를 깨닫거나 익히게 하다.

　예 교사가 학생들을 가르쳤다.

• 가리키다: 손가락 따위로 어떤 방향이나 대상을 집어서 보이거나 말하거나 알리다.

　예 그가 칠판을 가리켰다.

**가름하다 / 갈음하다**

• 가름하다: 구별하다.

　예 이번 경기의 승패는 선수들의 투지가 가름했다.

• 갈음하다: 대신하다.

　예 서명으로 날인을 갈음하겠습니다.

**갑절 / 곱절**

• 갑절: 두 배.

　예 그는 나보다 갑절이나 무겁다.

• 곱절: 일정한 수나 양이 그 수만큼 거듭됨.

　예 이 일은 그 일보다 몇 곱절이나 힘들다.

**갱신 / 경신**

• 갱신(更新): 쓸모없게 된 것에 무엇을 추가하거나 그것을 새로 만드는 행위.

　예 그는 주민등록증을 갱신했다.

• 경신(更新): 과거의 것을 쓸모없게 만들고 새롭게 내세우는 행위.

　예 그는 자신의 기록을 경신했다.

**거저 / 그저**

• 거저: 아무런 노력이나 조건 없이.

　예 땅을 거저 달라니, 말도 안 되는 요구다.

• 그저: 변함없이 이제까지. 별다른 까닭이나 목적 없이.

　예 그는 하는 일 없이 그저 잠만 잔다.

**겨누다 / 겨루다 / 견주다**

• 겨누다: 활이나 총 따위를 쏠 때 목표물을 향해 방향과 거리를 잡다.

　예 그가 내 목에 칼을 겨누었다.

• 겨루다: 서로 버티어 승부를 다투다.

　예 나는 그와 기량을 겨루었다.

• 견주다: 둘 이상의 사물을 질이나 양 따위에서 어떤 차이가 있는지 알기 위해 서로 대어 보다.

　예 우리 집과 가문을 견줄 만한 집을 찾기는 힘들다.

**곤욕**
**곤혹**

- 곤욕: 심한 모욕. 또는 참기 힘든 일.
  예 그는 감옥에서 **곤욕**을 치렀다.
- 곤혹: 곤란한 일을 당하여 어찌할 바를 모름.
  예 예상 못한 질문에 **곤혹**을 느꼈다.

**너머**
**넘어**

- 너머: 산이나 고개 따위 높은 곳의 저쪽 또는 그 공간. 어떤 기준에 넘게.
  예 저 고개 **너머**엔 무엇이 있을까?
- 넘어: '넘다'의 활용형으로 경계나 기준을 지나간다는 동작.
  예 그는 산을 **넘어**, 고향으로 돌아갔다.

**다르다**
**틀리다**

- 다르다: 같지 아니하다.
  예 너와 나는 생김새가 **다르다**.
- 틀리다: 사실이나 이치, 계산 등이 맞지 아니하다.
  예 계산이 **틀렸다**.

**들르다**
**들리다**

- 들르다: 지나는 길에 잠깐 들어가 머무르다.
  예 퇴근하는 길에 편의점에 **들러** 과자를 샀다.
- 들리다: '듣다'의 피동사.
  예 어디서 피아노 치는 소리가 **들린다**.

**띠다**
**띄다**
**떼다**

- 띠다: 빛깔이나 색채, 임무 따위를 지니다.
  예 우리는 역사적 사명을 **띠고** 이 땅에 태어났다.
- 띄다: '뜨이다'의 준말. 혹은 '띄우다'의 준말.
  예 그의 얼굴이 내 눈에 **띄었다**.
- 떼다: 붙어 있던 것을 떨어지게 하다. 배우던 것을 끝내다.
  예 이번에 이 책을 다 **뗐다**.

**맞추다**
**맞히다**

- 맞추다: 어떤 기준이나 정도에 어긋나지 아니하게 하다.
  예 그녀는 심사 기준에 **맞춰** 안무를 수정했다.
- 맞히다: '맞다(문제에 대한 답이 틀리지 아니하다)'의 사동사.
  예 이 문제의 정답을 **맞히면** 상을 주겠다.

**메다**
**매다**

- 메다: 어깨에 걸치거나 올려놓다. 어떤 책임을 지거나 임무를 맡다.
  예 어린이는 장차 이 나라를 **메고** 나갈 사람이다.
- 매다: 끈이나 줄 따위의 두 끝을 엇걸고 잡아당기어 잘 풀어지지 않게 마디를 만들다.
  논밭에 난 잡풀을 뽑다.
  예 신발의 끈을 **매다**.

**벌리다 벌이다**

- 벌리다: 둘 사이를 넓히거나 멀게 하다.

  예 팔을 <u>벌렸다</u>.

- 벌이다: 일을 계획하여 시작하거나 펼쳐 놓다.

  예 잔치를 <u>벌였다</u>.

**일절 일체**

- 일절(一切): 아주, 전혀, 절대로. 부정하거나 금지하는 말과 어울려 쓰는 부사.

  예 내 일에 <u>일절</u> 간섭하지 마라.

- 일체(一切): 모든 것, 전부. 명사나 부사로 쓰임.

  예 나는 그 일에 대한 <u>일체</u>의 책임을 졌다.

>>핵심예제

**07** 〈보기〉의 (　　)에 들어갈 맞춤법에 맞는 단어로 짝지어진 것은?

> 보기
>
> 편지로 인사를 (　　)했다.
> 저 산 (　　)엔 누가 살고 있을까?
> 콩밭을 (　　) 아낙네들이 보이는구나.

① 가름-너머-메는
② 가름-넘어-메는
③ 갈음-너머-매는
④ 갈음-넘어-메는
⑤ 갈음-넘어-매는

[해설]
(　　) 안에는 각각 '대신하다.', '산이나 고개 따위 높은 곳의 저쪽 또는 그 공간.', '논밭에 난 잡풀을 뽑다.'의 의미를 지닌 단어가 들어가야 하므로 '갈음', '너머', '매는'이 적절하다.

[정답] ③

**08** 두 단어 간의 의미 관계가 나머지와 <u>다른</u> 것은?

> 보기
>
> 그는 목표물을 향해 총을 (　㉠　).
> 키를 (　㉡　) 자리를 정하였다.
> 그녀는 상대편 선수와 우승을 (　㉢　).

① 겨누었다-겨루어-견주었다
② 겨누었다-견주어-겨루었다
③ 겨루었다-겨누어-견주었다
④ 겨루었다-견주어-겨누었다
⑤ 견주었다-겨누어-겨루었다

[해설]
㉠·㉡·㉢에는 각각 '활이나 총 따위를 쏠 때 목표물을 향해 방향과 거리를 잡다.', '둘 이상의 사물을 질이나 양 따위에서 어떤 차이가 있는지 알기 위해 서로 대어 보다.', '서로 버티어 승부를 다투다.'의 의미를 지닌 단어가 들어가야 하므로 '겨누었다', '견주어', '겨루었다'가 적절하다.

[정답] ②

# 5. 고유어

고유어의 의미를 파악하는 문제도 출제되는데, 공부하지 않으면 맞힐 수 없는 낯선 고유어도 출제되므로 **고유어의 목록을 정리하여 낯선 고유어는 그 의미를 알아둬야 한다.**

**주요 고유어**

| | 고유어 | 고유어의 뜻 |
|---|---|---|
| 1 | 가납사니 | 쓸데없는 말을 잘하는 사람. 말다툼을 잘하는 사람.<br>예 가납사니 같은 그는 툭하면 험담을 늘어놓는다. |
| 2 | 갈무리 | 물건 따위를 잘 정리하거나 간수함. 일을 처리하여 마무리함.<br>예 바쁜 일이 생긴 그는 하던 말을 갈무리하고 자리를 떴다. |
| 3 | 감치다 | 어떤 사람이나 일이 눈앞이나 마음속에서 사라지지 않고 계속 감돌다. 음식의 맛이 맛깔스러워 당기다.<br>예 오늘 처음 만난 그녀의 얼굴이 감쳤다. |
| 4 | 강파르다 | 몸이 야위고 파리하다. 성질이 깔깔하고 괴팍하다.<br>예 강파른 그는 보호 본능을 불러일으켰다. |
| 5 | 개맹이 | 똘똘한 기운이나 정신.<br>예 그는 개맹이 없는 눈으로 나를 쳐다보았다. |
| 6 | 거불지다 | 둥글고 두두룩하게 툭 비어져 나오다.<br>예 그녀는 나날이 거불지는 뱃살을 바라보았다. |
| 7 | 골김 | 비위에 거슬리거나 마음이 언짢아서 성이 나는 김.<br>예 그녀는 골김에 그를 노려보았다. |
| 8 | 곰삭다 | 옷 따위가 오래되어서 올이 삭고 질이 약해지다.<br>예 곰삭은 옷을 입은 내 모습이 초라해 보였다. |
| 9 | 곰상스럽다 | 성질이나 행동이 싹싹하고 부드러운 데가 있다.<br>예 모든 사람들에게 곰상스럽게 대하는 그녀는 친구가 많았다. |
| 10 | 괴까닭스럽다 | 괴상하고 별스럽게 까다로운 데가 있다.<br>예 괴까닭스러운 그녀는 툭하면 불만을 늘어놓는다. |
| 11 | 구순하다 | 말썽 없이 의좋게 잘 지내다.<br>예 구순한 집안 분위기가 마음에 들었다. |
| 12 | 궁싯거리다 | 잠이 오지 않아서 뒤척거리다. 어쩔 줄 몰라 이리저리 머뭇거리다.<br>예 지난밤 걱정거리가 많아 궁싯거리며 깨어 있었다. |
| 13 | 깜냥 | 스스로 일을 헤아림. 헤아릴 수 있는 능력.<br>예 그 일은 나의 깜냥으로 해낼 수가 없다. |
| 14 | 께적지근하다 | 조금 너절하고 지저분하다. 마음이 내키지 않게 은근히 꺼림칙하다.<br>예 방이 너무 께적지근해서 대청소를 하였다. |
| 15 | 나우 | 조금 많이. 정도가 조금 낫게.<br>예 어제는 음식을 평소보다 나우 더 먹었다. |

| 16 | 나이배기 | 겉보기보다 나이가 많은 사람을 낮잡아 이르는 말.<br>예 그는 나이배기여서 사람들이 그의 나이를 잘 맞지 못했다. |
|----|----------|------------------------------------------------------------------------------------------|
| 17 | 남새 | 채소.<br>예 남새 위주의 식단을 짜는 것이 건강에 좋다. |
| 18 | 냇내 | 연기의 냄새.<br>예 어디선가 냇내가 풍겨 왔다. |
| 19 | 다붓하다 | 떨어진 사이가 멀지 않다.<br>예 공간이 좁으니 서로 다붓하게 앉아야 한다. |
| 20 | 단작스럽다 | 하는 짓이 보기에 매우 치사스럽다. 보기에 인색하다.<br>예 그의 단작스러운 행동 때문에 사람들이 눈살을 찌푸렸다. |
| 21 | 달포 | 한 달쯤 된 동안.<br>예 이 일을 시작한 지 달포가량 지났다. |
| 22 | 뒤둥그러지다 | 뒤틀려서 마구 우그러지다. 생각이나 성질이 비뚤어지다.<br>예 그는 무엇이 마음에 안 드는지 잔뜩 뒤둥그러진 목소리로 말했다. |
| 23 | 마파람 | 남풍.<br>예 배를 타고 나아가니 마파람이 불어왔다. |
| 24 | 만무방 | 염치없이 막된 사람.<br>예 만무방인 그를 마을 사람들이 피하곤 했다. |
| 25 | 몽니 | 정당한 대우를 받지 못할 때 권리를 주장하기 위하여 심술을 부리는 성질.<br>예 그 사람은 몽니가 사나워서 대하기가 어렵다. |
| 26 | 박우물 | 바가지로 뜰 수 있는 얕은 우물.<br>예 그 마을 한가운데 박우물이 있었다. |
| 27 | 북새 | 많은 사람들이 아주 야단스럽게 부산을 떨며 법석이는 일.<br>예 놀러 온 아이들이 북새를 부려 정신이 없었다. |
| 28 | 사박스럽다 | 성질이 독살스럽고 당돌하여 함부로 내달아 간섭하기를 좋아하다.<br>예 그를 경멸하는 그녀는 사박스러운 눈으로 그를 쳐다봤다. |
| 29 | 사위스럽다 | 어쩐지 불길하고 꺼림칙하다.<br>예 어디선가 사위스러운 소리가 들려와 기분이 좋지 않았다. |
| 30 | 산드러지다 | 태도가 맵시 있고 말쑥하다.<br>예 그녀는 산드러진 그의 모습에 반해 버렸다. |
| 31 | 상고대 | 나무나 풀에 내려 눈처럼 된 서리.<br>예 상고대가 낀 나무가 즐비한 모습이 장관이었다. |
| 32 | 샘바리 | 샘이 많아서 안달하는 사람.<br>예 그는 샘바리여서 동생이 가진 것은 뭐든 빼앗으려 했다. |
| 33 | 소담하다 | 생김새가 탐스럽다. 음식이 풍족하여 먹음직하다.<br>예 과일이 접시에 소담하게 담겨 있다. |
| 34 | 손어림 | 손으로 만지거나 들어 보아 대강 헤아림. 또는 그런 분량.<br>예 저금통 안에 든 돈은 손어림으로 대략 육만 원은 되어 보였다. |

| 35 | 시르죽다 | 기운을 못 차리다. 기를 펴지 못하다.<br>예 며칠 동안 굶은 그는 시르죽은 목소리로 간신히 말했다. |
|---|---|---|
| 36 | 실팍하다 | 사람이나 물건이 보기에 매우 튼튼하다.<br>예 실팍한 몸집의 그는 매우 힘이 셌다. |
| 37 | 암상스럽다 | 보기에 남을 시기하고 샘을 잘 내는 데가 있다.<br>예 그의 솜씨가 부러웠던 그녀는 암상스레 그를 쳐다보았다. |
| 38 | 앙그러지다 | 하는 짓이 꼭 어울리고 짜인 맛이 있다. 모양이 어울려서 보기에 좋다. 음식이 먹음직스럽다.<br>예 좁은 집이었지만 안주인이 살림을 퍽 앙그러지게 정리하여 넓어 보였다. |
| 39 | 애솔 | 어린 소나무.<br>예 그녀는 애솔이 자라 장송이 될 날을 기다렸다. |
| 40 | 열쭝이 | 겁이 많고 나약한 사람을 비유적으로 이르는 말.<br>예 열쭝이인 그는 새로운 일을 쉽게 시작하지 못했다. |
| 41 | 옴팡지다 | 아주 심하거나 지독한 데가 있다.<br>예 그날도 그녀는 그에게 옴팡지게 당하여 분을 삭이지 못했다. |
| 42 | 욱대기다 | 난폭하게 위협하다. 우락부락하게 우겨대다. 억지를 부려 마음대로 해 내다.<br>예 그녀는 마을 사람들을 욱대겨 돈을 빼앗곤 했다. |
| 43 | 점직하다 | 약간 부끄럽고 미안한 느낌이 있다.<br>예 그는 매일 친구에게 신세를 지는 것이 점직하였다. |
| 44 | 지청구 | 까닭 없이 남을 탓하고 원망하는 짓.<br>예 나는 항상 다른 사람의 마음을 몰라준다며 그녀로부터 지청구를 들었다. |
| 45 | 치룽구니 | 어리석어서 쓸모가 적은 사람.<br>예 그는 다 늙은 형을 치룽구니 취급했다. |
| 46 | 투깔스럽다 | 일이나 물건의 모양새가 투박스럽고 거칠다.<br>예 거칠게 살아온 그는 말투가 투깔스러웠다. |
| 47 | 투미하다 | 어리석고 둔하다.<br>예 부모님은 투미한 아들을 답답하게 생각했다. |
| 48 | 포달스럽다 | 야멸치고 암상스럽다.<br>예 그녀는 포달스레 불평을 늘어놓은 그의 모습에 할 말을 잃었다. |
| 49 | 하늬바람 | 농가나 어촌에서 서풍을 이르는 말.<br>예 불어오는 하늬바람에 나뭇잎이 흔들린다. |
| 50 | 하리놀다 | 윗사람에게 남을 헐뜯어 일러바치다.<br>예 하리놀기 일쑤인 그를 사람들이 따돌렸다. |
| 51 | 함초롬하다 | 가지런하고 곱다.<br>예 그는 함초롬한 그녀의 모습에 마음을 빼앗겼다. |
| 52 | 해찰하다 | 일에는 정신을 두지 않고 쓸데없는 짓만 하다.<br>예 그녀는 일에 열중하지 않고 해찰하기 일쑤였다. |
| 53 | 훔훔하다 | 얼굴에 매우 흐뭇한 표정이 나타나 있다.<br>예 그는 큰 상을 받아온 딸을 훔훔하게 바라보았다. |
| 54 | 희나리 | 채 마르지 않은 장작.<br>예 그녀는 불길 속에 희나리를 넣었다. |

**09 단어의 뜻풀이 중 바르지 않은 것은?**

① 연기의 냄새 – 냇내
② 점잖고 우직하다 – 점직하다
③ 기운을 못 차리다 – 시르죽다
④ 똘똘한 기운이나 정신 – 개맹이
⑤ 쓸데없는 말을 잘하는 사람 – 가납사니

**해설**
'점직하다'는 '약간 부끄럽고 미안한 느낌이 있다.'의 의미이다.

**정답** ②

**10 밑줄 친 단어의 쓰임이 바르지 않은 것은?**

① 그는 개맹이 없이 멍한 표정을 지었다.
② 투미한 그녀를 보면 답답한 심정이 들었다.
③ 아이를 돌볼 때 한눈팔고 해찰하면 안 된다.
④ 자꾸 사위스러운 생각이 들어 기분이 좋지 않았다.
⑤ 그녀는 사박스러워서 순한 사람이라고 소문이 났다.

**해설**
'사박스럽다'는 '성질이 독살스럽고 당돌하여 함부로 내달아 간섭하기를 좋아한다.'의 의미이므로 주어진 문장에 어울리지 않는다.

**정답** ⑤

## 6. 한자어

한자어의 의미를 파악하는 문제도 출제되는데, '2. 단어의 관계' 중 '유의 관계' 문제와 관련하여 나오는 경우가 많다. 즉, 한자어를 유의 관계에 있는 고유어로 바꾼 예를 제시하면서 한자어의 의미를 정확히 알고 있는가를 묻는 문제가 종종 출제된다. 따라서 한자어 관련 문제에 대비하기 위해서는 글을 읽다가 모르는 한자어가 나오면 사전을 찾아 뜻을 정확히 알아두는 습관을 들이고, '유의 관계' 문제와 연관 지어 한자어를 익히도록 하자.

### 주요 한자어

| | 한자어 | 한자어의 뜻 | 유의어 |
|---|---|---|---|
| 1 | 각축(角逐) | 서로 이기려고 다투며 덤벼듦.<br>예 참가 선수들이 우승컵을 놓고 각축을 벌였다. | 경쟁, 다툼, 싸움 |
| 2 | 간과(看過) | 큰 관심 없이 대강 보아 넘김.<br>예 그가 거짓말을 했다는 사실을 간과해선 안 된다. | 방과 |
| 3 | 간주(看做) | 상태, 모양, 성질 따위가 그와 같다고 봄. 또는 그렇다고 여김.<br>예 그는 내가 물건을 훔쳤다고 간주하고 나에게 질문을 하였다. | 보다, 여기다, 치다 |
| 4 | 간파(看破) | 속내를 꿰뚫어 알아차림.<br>예 그의 정체가 쉽게 간파되지는 않았다. | 알아차리다 |
| 5 | 개선(改善) | 잘못된 것이나 부족한 것, 나쁜 것 따위를 고쳐 더 좋게 만듦.<br>예 입시 제도를 개선하지 않으면 학생들의 공부 방식이 바뀌지 않을 것이다. | 개량, 수정 |
| 6 | 개척(開拓) | 거친 땅을 일구어 논이나 밭과 같이 쓸모 있는 땅으로 만듦. 새로운 영역, 운명, 진로 따위를 처음으로 열어 나감.<br>예 그는 남다른 노력을 기울여 해외 시장을 개척했다. | 개발, 일구다 |

| 7 | 개통(開通) | 도로·교량·항로·전신·전화 따위가 완성되거나 이어져 통하기 시작함.<br>예 지하철이 개통되면 시민들의 출퇴근길 교통 문제가 해결될 것이다. | 열리다 |
|---|---|---|---|
| 8 | 고무(鼓舞) | 힘을 내도록 격려하여 용기를 북돋움.<br>예 관중들은 힘찬 응원의 목소리로 선수들을 고무했다. | 격려, 고취 |
| 9 | 구연(口演) | 동화, 야담, 만담 따위를 여러 사람 앞에서 말로써 재미있게 이야기함.<br>예 그는 구연 능력이 뛰어나다. | 구술 |
| 10 | 귀감(龜鑑) | 거울삼아 본받을 만한 모범.<br>예 그의 모범적인 행동은 많은 이들에게 귀감이 되었다. | 본보기, 교훈 |
| 11 | 기개(氣槪) | 씩씩한 기상과 굳은 절개.<br>예 우리들은 애국지사들의 기개를 본받아야 한다. | 용기, 기상 |
| 12 | 난상(爛商) | 깊이 생각하여 충분히 의논함.<br>예 난상을 거듭한 끝에 가장 합리적인 해결 방안을 찾을 수 있었다. | 숙의, 숙담 |
| 13 | 남상(濫觴) | 양쯔강(揚子江) 같은 큰 하천의 근원도 잔을 띄울 만큼 가늘게 흐르는 시냇물이라는 뜻으로, 사물의 처음이나 기원을 이르는 말.<br>예 그녀는 예술성과 창조성을 겸비한 발레리나의 남상이라고 할 수 있다. | 효시 |
| 14 | 도래(到來) | 어떤 시기나 기회가 닥쳐옴.<br>예 나에게 도래한 천운을 놓칠 수는 없다. | 도착 |
| 15 | 도야(陶冶) | 훌륭한 사람이 되도록 몸과 마음을 닦아 기름을 이르는 말.<br>예 그는 인격을 도야하여 많은 사람에게 존경을 받았다. | 수련, 연마 |
| 16 | 도출(導出) | 판단이나 결론 따위를 이끌어 냄.<br>예 과학자는 여러 번의 실험을 바탕으로 결론을 도출해 낸다. | 귀납 |
| 17 | 만난(萬難) | 온갖 고난.<br>예 만난을 무릅쓰고 성공을 이룩한 기업인이 사람들에게 강연을 했다. | 고난 |
| 18 | 몽매(蒙昧) | 어리석고 사리에 어두움.<br>예 스승님의 가르침 덕분에 몽매를 깨우쳤습니다. | 암우, 이매 |
| 19 | 묵수(墨守) | 자기의 의견이나 주장, 전통을 굳게 지킴.<br>예 악습을 묵수하는 것은 어리석은 짓이다. | 고수 |
| 20 | 방관(傍觀) | 어떤 일에 직접 나서서 관여하지 않고 곁에서 보기만 함.<br>예 남의 일인 것처럼 방관만 하지 말고 문제 해결을 위해 적극적으로 나서야 한다. | 방치, 방기 |
| 21 | 비견(比肩) | 어깨를 나란히 함. 서로 비슷함.<br>예 그녀는 비록 아마추어였지만 일류 성악가에 비견할 만한 노래 실력을 지녔다. | 동등 |
| 22 | 사유(思惟) | 대상을 두루 생각하는 일.<br>예 그녀는 날마다 산책하며 인간이란 존재에 대하여 사유하곤 했다. | 사색, 사고 |
| 23 | 사장(死藏) | 사물 따위를 필요한 곳에 활용하지 않고 썩혀 둠.<br>예 그의 뛰어난 능력이 산간벽지에서 사장되고 있다. | 백장 |
| 24 | 사주(使嗾) | 남을 부추겨 좋지 않은 일을 시킴.<br>예 그는 적의 사주를 받아 내부의 기밀을 염탐했다. | 사촉, 종용 |
| 25 | 상충(相衝) | 맞지 않고 서로 어긋남.<br>예 그와 나의 의견이 상충되어 쉽게 합의를 보지 못했다. | 배치, 모순, 상극 |

| 26 | 섭렵(涉獵) | 물을 건너 찾아다닌다는 뜻으로, 많은 책을 널리 읽거나 여기저기 찾아다니며 경험함을 이르는 말.<br>예 교양서적에서 학술서적까지 두루 섭렵한 그는 상식이 매우 풍부하다. | 박섭 |
|---|---|---|---|
| 27 | 시사(示唆) | 어떤 것을 미리 간접적으로 표현해 줌.<br>예 그 기사는 우리 사회의 삭막한 노동 현실을 시사하고 있다. | 귀띔, 암시, 일러 주다 |
| 28 | 와전(訛傳) | 사실과 다르게 전함.<br>예 내 말이 와전되어 그가 나의 진심을 오해했다. | 오전 |
| 29 | 외경(畏敬) | 공경하면서 두려워함.<br>예 그들은 길흉화복의 주관자인 신을 외경하였다. | 경외 |
| 30 | 전가(轉嫁) | 시집을 두 번째로 감.<br>예 그녀는 전가하려는 시도를 전혀 하지 않았다. | 재가 |
| 31 | 전락(轉落) | 아래로 굴러 떨어짐. 나쁜 상태나 타락한 상태에 빠짐.<br>예 부유했던 그가 한순간에 거지 신세로 전락했다. | 영락, 전추, 타락 |
| 32 | 좌시(坐視) | 참견하지 아니하고 앉아서 보기만 함.<br>예 비리를 저지르는 너의 행동을 더 이상 좌시할 수 없다. | 방관, 방치 |
| 33 | 지양(止揚) | 더 높은 단계로 오르기 위하여 어떠한 것을 하지 아니함.<br>예 이곳에선 타인에게 피해를 주는 행동을 지양해야 한다. | 양기, 피하다 |
| 34 | 지향(志向) | 어떤 목표로 뜻이 쏠리어 향함. 또는 그 방향이나 그쪽으로 쏠리는 의지.<br>예 평화를 지향하는 그는 모든 일을 대화로 해결하려 했다. | 쏠리다, 향하다 |
| 35 | 진흥(振興) | 떨치어 일어남. 또는 떨치어 일으킴.<br>예 산업 진흥에 힘쓰다. | 흥진 |
| 36 | 차치(且置) | 내버려두고 문제 삼지 아니함.<br>예 다른 건 차치하고 이 일을 해결하는 데 최선을 다해라. | 내버려두다 |
| 37 | 초연(超然) | 어떤 현실 속에서 벗어나 그 현실에 아랑곳하지 않고 의젓함.<br>예 그녀는 세속적인 일에 초연한 태도를 보였다. | 초월 |
| 38 | 타개(打開) | 매우 어렵거나 막힌 일을 잘 처리하여 해결의 길을 엶.<br>예 이 난국을 타개할 수 있는 방안을 하루 빨리 마련해야 한다. | 처리, 해결 |
| 39 | 토로(吐露) | 마음에 있는 것을 죄다 드러내어서 말함.<br>예 나는 언니에게 전화를 걸어 답답한 심정을 토로했다. | 피력, 술회 |
| 40 | 파급(波及) | 어떤 일의 여파나 영향이 차차 다른 데로 미침.<br>예 올바른 언어를 사용하자는 운동이 전국적으로 파급되었다. | 영향, 전파 |
| 41 | 폄훼(貶毀) | 남을 깎아내려 헐뜯음.<br>예 잘못을 저지르지도 않은 사람을 함부로 폄훼해선 안 된다. | 폄사, 폄론 |
| 42 | 회의(懷疑) | 의심을 품음. 또는 마음속에 품고 있는 의심.<br>예 많은 이들에게 손가락질을 당하면서까지 이 일을 해야 하는지 회의가 든다. | 의심 |
| 43 | 횡행(橫行) | 아무 거리낌 없이 제멋대로 행동함.<br>예 탐관오리의 학정 속에서 백성들의 삶은 더욱 어려워지고 화적떼가 횡행하였다. | 방행 |

>> 핵심예제

**11** 〈보기〉의 뜻풀이와 예문의 (    )에 가장 알맞은 단어는?

> 보기
>
> [뜻풀이] 참견하지 아니하고 앉아서 보기만 함.
> [예문] 한 번 더 이런 잘못을 저지르면 (    )하지 않고 벌을 주겠다.

① 경시          ② 멸시
③ 적시          ④ 중시
⑤ 좌시

해설
'좌시'는 '坐(앉을 좌)'와 '視(볼 시)'로 이루어진 한자어로 〈보기〉의 뜻풀이와 예문에 적절한 단어이다.

오답 피하기
① 경시: 대수롭지 않게 보거나 업신여김.
② 멸시: 업신여기거나 하찮게 여겨 깔봄.
③ 적시: 적으로 여겨 봄.
④ 중시: 가볍게 여길 수 없을 만큼 매우 크고 중요하게 여김.

정답 ⑤

**12** 밑줄 친 단어의 쓰임이 바르지 않은 것은?

① 세속에 얽매이지 않는 그는 돈 문제에 초연(超然)하다.
② 그것은 하루 빨리 해결해야 할 초미(焦眉)의 문제이다.
③ 겉으로는 젊어 보이지만 사실 그는 오십을 넘은 초로(初老)이다.
④ 안전 불감증으로 인한 사고는 해마다 반복되는 초유(初有)의 일이다.
⑤ 많은 사람들이 모인 자리에서 상상을 초월(超越)하는 일이 일어났다.

해설
'초유(初有)'는 '처음으로 있음.'의 의미로 ④의 문맥에 어울리지 않는다.

오답 피하기
① 초연(超然)하다: 어떤 현실 속에서 벗어나 그 현실에 아랑곳하지 않고 의젓하다.
② 초미(焦眉): (주로 '초미의' 꼴로 쓰여) 눈썹에 불이 붙었다는 뜻으로, 매우 급함을 이르는 말.
③ 초로(初老): 노년에 접어드는 나이. 또는 그런 사람. 예전에는 흔히 40, 50대를 일렀으나 수명이 늘어난 요즈음에는 주로 50, 60대를 이른다.
⑤ 초월(超越)하다: 어떠한 한계나 표준을 뛰어넘다.

정답 ④

# 7. 관용어와 속담

문맥에 어울리는 관용어와 속담을 찾는 문제가 나오므로 관용어와 속담의 뜻을 정리해 두어야 한다. 관용어와 속담은 다른 영역의 문제에도 활용되고, 2교시 주관식 문제 중 짧은 글 짓기 문제에도 활용되므로 관용어와 속담을 잘 알아두면 두루두루 유용하다.

주요 관용어

## 신체와 관련된 관용어

■ 가슴에 손을 얹다: 양심에 근거를 두다.
■ 가슴을 열다: 속마음을 털어놓거나 받아들이다.
■ 가슴을 태우다: 몹시 애태우다.
■ 가슴이 뜨겁다: 깊고 큰 사랑과 배려를 받아 고마움으로 마음의 감동이 크다.

■ **가슴이 뜨끔하다**: 자극을 받아 마음이 깜짝 놀라거나 양심의 가책을 받다.

■ **가슴이 미어지다**: 마음이 슬픔이나 고통으로 가득 차 견디기 힘들게 되다.

---

■ **간에 기별도 안 가다**: 먹은 것이 너무 적어 먹으나 마나 하다.

■ **간을 꺼내어 주다**: 비위를 맞추기 위해 중요한 것을 아낌없이 주다.

■ **간을 빼 먹다**: 겉으로는 비위를 맞추며 좋게 대하는 척하면서 요긴한 것을 다 빼앗다.

■ **간이 떨어지다**: 몹시 놀라다.

■ **간이 붓다**: 지나치게 대담해지다.

---

■ **귀가 아프다**: 너무 여러 번 들어서 듣기가 싫다.

■ **귀가 얇다**: 남의 말을 쉽게 받아들이다.

■ **귀를 기울이다**: 남의 이야기나 의견에 관심을 가지고 주의를 모으다.

■ **귀에 못이 박히다**: 같은 말을 여러 번 듣다.

---

■ **눈 밖에(눈에) 나다**: 신임을 잃고 미움을 받게 되다.

■ **눈을 붙이다**: 잠을 자다.

■ **눈이 높다**: 좋은 것만 찾는다.

---

■ **머리가 굳다**: 사고방식·사상이 완고하거나 기억력이 무디다.

■ **머리를 굴리다**: 머리를 써서 해결 방안을 생각해 내다.

■ **머리를 굽히다**: 굴복하거나 저자세를 보이다.

■ **머리를 맞대다**: 어떤 일을 의논하거나 결정하기 위하여 서로 마주 대하다.

■ **머리에 쥐가 나다**: 싫고 두려운 상황에서 의욕이나 생각이 없어지다.

■ **머리 위에(꼭대기에) 앉다(올라앉다)**: 상대방의 생각이나 행동을 꿰뚫다. 잘난 체하며 남을 업신여기다.

---

■ **발 벗고 나서다**: 적극적으로 나서다.

■ **발을 구르다**: 매우 안타까워하거나 다급해하다.

■ **발을 끊다**: 오가지 않거나 관계를 끊다.

■ **발이 묶이다**: 몸을 움직일 수 없거나 활동할 수 없는 형편이 되다.

---

■ **손에 익다**: 일이 손에 익숙해지다.

■ **손을 거치다**: 어떤 사람을 경유하다.

■ **손을 씻다(털다)**: 부정적인 일이나 찜찜한 일에 대하여 관계를 청산하다.

■ **손이 크다**: 씀씀이가 후하고 크다.

---

■ **어깨가 무겁다**: 무거운 책임을 져서 마음에 부담이 크다.

■ **어깨가 올라가다**: 칭찬을 받아 기분이 으쓱해지다.

■ **어깨가 처지다**: 낙심하여 풀이 죽고 기가 꺾이다.

■ **어깨에 힘을 주다**: 거만한 태도를 취하게 되다.

---

■ **얼굴을 내밀다(내놓다/비치다)**: 모임 따위에 모습을 나타내다.

■ **얼굴을(고개를/낯을) 들다**: 남을 떳떳이 대하다.

■ **얼굴이 두껍다**: 부끄러움을 모르고 염치가 없다.

---

■ **코가 납작하다**: 몹시 무안을 당하거나 기가 죽어 위신이 뚝 떨어지다.

■ **코(콧대)가 높다**: 잘난 체하고 뽐내는 기세가 있다.

■ **콧대를 꺾다**: 상대의 자존심이나 자만심을 꺾어 기를 죽이다.

## 그 외 관용어

■ **가시 돋치다**: 공격의 의도나 불평불만이 있다.

■ **꽁무니를 빼다**: 슬그머니 피하여 물러나다.

■ **난장을 치다**: 함부로 마구 떠들다.

■ **몽니가 궂다**: 몽니(정당한 대우를 받지 못할 때 권리를 주장하기 위하여 심술을 부리는 성질)가 심하다.

■ **바가지를 차다**: 거지가 되다. (=쪽박을 차다)

■ **바람을 넣다**: 남을 부추겨서 무슨 행동을 하려는 마음이 생기게 만들다.

■ **변죽을 울리다**: 바로 집어 말을 하지 않고 둘러서 말을 하다.

■ **진을 치다**: 자리를 차지하다.

■ **찬물을 끼얹다**: 잘되어 가고 있는 일에 뛰어들어 분위기를 흐리거나 공연히 트집을 잡아 헤살을 놓다.

■ **파김치가 되다**: 몹시 지쳐서 기운이 아주 느른하게 되다.

■ **허방 치다**: 바라던 일이 실패로 돌아가다.

## 주요 속담

■ **가는 날이 장날**

어떤 일을 하려고 하는데 뜻하지 않은 일을 공교롭게 당함을 비유적으로 이르는 말.

■ **가는 말에 채찍질**

부지런하고 성실한 사람에게 더 잘하라는 뜻.

■ **가는 말이 고와야 오는 말이 곱다**

자기가 먼저 남에게 잘 대해 주어야 남도 자기에게 잘 대해 준다는 뜻.

■ **가물에 단비**

가뭄이 들어 곡식이 다 마를 때에 기다리던 비가 온다는 뜻으로, 바라던 일이 마침내 이루어짐을 이르는 말.

■ 간에 붙었다 쓸개에 붙었다 한다

지조 없이 아무에게나 형편에 따라 아부한다는 뜻.

■ 거미도 줄을 쳐야 벌레를 잡는다

모든 일은 준비가 있어야 결실을 얻을 수 있다는 뜻.

---

■ 나무에 오르라 하고 흔드는 격

남을 위험하게 하고 궁지에 몰아넣는다는 말.

■ 남의 잔치에 감 놔라 배 놔라 한다

쓸데없이 남의 일에 간섭한다는 뜻.

■ 낮말은 새가 듣고 밤말은 쥐가 듣는다

아무도 안 듣는 데에서도 말은 조심하여야 한다는 뜻.

■ 느릿느릿 걸어도 황소걸음

느리기는 해도 꾸준히 실수 없이 하여 믿음직스러움을 이르는 말.

---

■ 다 된 밥에 재 뿌리기

잘되어 가던 일을 갑자기 망쳐 실패가 되었을 때 쓰는 말.

■ 닭 쫓던 개 지붕 쳐다보듯 한다

하려고 애쓰던 일이 실패하거나 같이 애를 쓰다가 남에게 뒤떨어져 어찌할 도리가 없이 민망할 때 이르는 말.

■ 도둑이 제 발 저리다

죄를 지은 자가 그것이 드러날까 걱정이 되어 너무 두려워 한 나머지 도리어 자기도 알지 못하는 사이에 그 사실을 나타내게 된다는 뜻.

■ 돌다리도 두드려 보고 건너라

어떤 행동을 취하기 전에는 모든 전후 상황을 고려하라는 말.

■ 등잔 밑이 어둡다

등잔 밑이 어두운 것처럼 오히려 가까운 곳에서 생긴 일을 상당히 먼 곳에서 벌어진 일보다 잘 모른다는 뜻.

---

■ 말로 온 동네를 다 겪는다

말로만 남을 대접하는 체한다는 말.

■ 말이 고마우면 비지 사러 갔다 두부 사 온다

사소한 것 같은 말투 하나에도 정감이 있으면 상대방은 이왕이면 좋은 쪽으로 선택하게 되어 더 좋은 결과를 얻는다는 말.

■ 모기 보고 칼 뺀다

보잘것없는 일에 지나치게 큰 대책을 세움. 또는 사소한 일에 화를 내는 소견이 좁은 사람에 빗대어 하는 말.

■ 모르면 약 아는 게 병

차라리 아무것도 모르면 마음이 편하여 좋은데, 좀 알고 있으면 도리어 걱정거리가 생겨 편치 않다는 말.

■ 믿는 도끼에 발등 찍힌다

잘되리라고 믿고 있던 일이 어긋나거나 믿고 있던 사람이 배반하여 오히려 해를 입음.

■ 바다는 메워도 사람의 욕심은 못 채운다

　사람의 욕심이 그지없음을 이르는 말.

---

■ 사공이 많으면 배가 산으로 간다

　주관하는 사람 없이 여러 사람이 자기주장만 내세우면 일이 제대로 되기 어려움을 비유적으로 이르는 말.

■ 서당 개 삼 년이면 풍월을 읊는다

　무식한 사람이라도 유식한 사람과 오랫동안 같이 있으면 자연히 견문이 생긴다는 말.

---

■ 아는 길도 물어 가라

　제아무리 잘 하는 일이라도 많이 생각하여 실패가 없도록 단단히 해야 한다는 뜻.

■ 얌전한 고양이가 부뚜막에 먼저 올라간다

　겉보기에는 조신해 보여도 그 속은 오히려 엉큼한 경우를 일컫는 말.

---

■ 자라 보고 놀란 가슴 솥뚜껑 보고 놀란다

　어떤 사물에 몹시 놀란 사람은 비슷한 사물만 보아도 겁을 냄을 이르는 말.

■ 중이 제 머리를 못 깎는다

　자신의 일을 좋게 해결하기 어려워서 남의 손을 빌려야만 이루기 쉬움을 이르는 말.

---

■ 천 리 길도 첫 걸음으로 시작된다

　아무리 큰일이라도 처음에는 작은 일부터 시작된다는 뜻.

■ 첫술에 배부르랴

　어떤 일이든지 단번에 만족할 수는 없다는 뜻.

---

■ 콩 심은 데 콩 나고 팥 심은 데 팥 난다

　모든 일은 원인에 따라 결과가 생긴다는 말.

---

■ 티끌 모아 태산

　아무리 적은 것이라도 모이면 큰 것이 된다는 뜻.

---

■ 하늘의 별 따기

　이루기가 매우 어렵다는 뜻.

■ 하던 짓도 멍석 펴 놓으면 안 한다

　일껏 잘하던 일도 더욱 잘하라고 떠받들어 주면 안 한다는 말.

■ 호미로 막을 것을 가래로 막는다

　적은 힘으로 될 일을 기회를 놓쳐 큰 힘을 들이게 된다는 말.

---

**13** 밑줄 친 관용구의 쓰임이 자연스럽지 않은 것은?

① 피곤할 텐데 침대에서 눈을 붙여라.

② 아무리 기다려도 버스가 오지 않아 발을 굴렀다.

③ 막중한 책임감에 부담을 느껴 어깨가 올라갔다.

④ 머리가 굳어서 조금 전에 한 일도 생각나지 않는다.

⑤ 성공을 위해서는 상사에게 간을 꺼내어 줄 수도 있다.

해설

'어깨가 올라가다.'는 '칭찬을 받아 기분이 으쓱해지다.'의 의미로 ③의 문맥에 어울리지 않는다.

정답 ③

**14** 〈보기〉의 (   )에 들어갈 속담으로 가장 적절한 것은?

보기

한 네티즌이 유명 정치인의 독특한 말투와 행동을 흉내 낸 자신의 모습을 담은 동영상을 SNS에 올렸다. 이 영상을 본 해당 정치인은 동영상을 만든 네티즌을 명예 훼손으로 고발하였는데, 네티즌들은 과잉 대응이라며 이를 비난하고 있다. 즉, 해당 정치인이 (   )식의 대응을 하지 말고 인터넷의 풍자 문화를 이해하여 웃어넘겨야 했다는 것이다.

① 모기 보고 칼 빼기

② 갓 쓰고 자전거 타기

③ 다 된 밥에 재 뿌리기

④ 나무에 오르라 하고 흔들기

⑤ 간에 붙었다 쓸개에 붙었다 하기

해설

네티즌들이 정치인을 과잉 대응이라며 비난했으므로 '보잘것없는 일에 지나치게 큰 대책을 세움.', 또는 '사소한 일에 화를 냄.'의 의미를 지닌 ①이 적절하다.

오답 피하기

②는 전혀 격에 어울리지 아니하게 차려입은 것을 놀림조로 이르는 말이다.

정답 ①

# 8. 한자성어

한자성어 문제는 상황에 맞는 한자성어, 의미가 비슷하거나 다른 한자성어를 찾는 문제가 주로 출제되므로 주제별로 한자성어를 정리해 외워두는 것이 좋다.

## (1) 부모에게 효도함

① 혼정신성(昏定晨省): 저녁에는 부모님의 잠자리를 정하고 아침에는 부모님께서 안녕히 주무셨는지를 살핌.

② 반의지희(斑衣之戱): 부모를 위로하려고 색동저고리를 입고 기어가 보임.

③ 반포보은(反哺報恩): 자식이 부모가 길러 준 은혜를 갚음.

④ 풍수지탄(風樹之嘆): 효도를 다하지 못하고 어버이를 여읜 자식의 슬픔을 비유한 말.

### (2) 일의 형세가 위태로움

① 풍전등화(風前燈火): 바람 앞에 놓인 등불. 사물이 매우 위태로운 처지에 놓여 있음을 비유하는 말.

② 위기일발(危機一髮): 위급함이 매우 절박한 순간.

③ 누란지세(累卵之勢): 새알을 쌓아 놓은 듯한 위태로운 형세.

④ 백척간두(百尺竿頭): 백 척 높이의 장대 위에 올라섰다는 뜻. 몹시 위태롭고 어려운 지경에 빠짐.

⑤ 여리박빙(如履薄氷): 얇은 얼음을 밟는 것 같다는 뜻으로, 몹시 위험하여 조심함을 이르는 말.

⑥ 사면초가(四面楚歌): 사방에서 적군 초나라 노랫소리가 들려옴. 사면이 모두 적에게 포위되어 고립된 상태.

⑦ 일촉즉발(一觸卽發): 조금만 닿아도 곧 폭발할 것 같은 모양. 막 일이 일어날 듯하여 위험한 지경.

### (3) 진정한 친구와 사귐

① 지음(知音): 백아(伯牙)와 종자기(鍾子期) 사이의 고사로부터 (거문고) 소리를 알아듣는다는 뜻에서 유래.

② 수어지교(水魚之交): 고기와 물과의 관계처럼 떨어질 수 없는 특별한 친분.

③ 막역지우(莫逆之友): 서로 거역하지 아니하는 친구.

④ 금란지계(金蘭之契): 금이나 난초와 같이 귀하고 향기로움을 풍기는 친구 사이의 사귐.

⑤ 관포지교(管鮑之交): 관중과 포숙의 사귐과 같은 친구 사이의 허물없는 교제.

⑥ 죽마고우(竹馬故友): 어릴 때 대나무 말을 타고 놀며 같이 자란 친구.

⑦ 문경지교(刎頸之交): 대신 목을 내주어도 좋을 정도로 친한 친구의 사귐.

### (4) 일관성이 없음

① 고려공사삼일(高麗公事三日): 고려의 정책이나 법령은 기껏해야 사흘밖에 가지 못함.

② 조변석개(早變夕改): 아침저녁으로 뜯어 고침.

③ 조령모개(朝令暮改): 아침에 영(명령)을 내리고 저녁에 다시 고침.

### (5) 세상일의 덧없음

① 남가일몽(南柯一夢): 꿈과 같이 헛된 한 때의 부귀영화.

② 일장춘몽(一場春夢): 한바탕의 봄꿈처럼 헛된 영화(榮華).

③ 한단지몽(邯鄲之夢): 세상의 부귀영화가 허황됨을 이르는 말.

### (6) 이러지도 저러지도 못하는 상황

① 진퇴양난(進退兩難): 앞으로 나아가기도 어렵고 뒤로 물러나기도 어려움.

② 진퇴유곡(進退維谷): 앞으로 나아가도 뒤로 물러나도 골짜기만 있음. 어쩔 수 없는 궁지에 빠진 상태.

③ 계륵(鷄肋): '닭의 갈비'라는 뜻으로, 먹자니 먹을 것이 없고 버리자니 아까움.

## (7) 전쟁에서 유래한 말

① 배수지진(背水之陣): 목숨을 걸고 어떤 일에 대처하는 경우를 비유한 말.

② 건곤일척(乾坤一擲): 운명과 흥망을 걸고 단판걸이로 승부나 승패를 겨룸.

③ 권토중래(捲土重來): 한 번 실패하였다가 세력을 회복하여 다시 쳐들어옴.

④ 와신상담(臥薪嘗膽): 원수를 갚으려고 괴롭고 어려운 일을 참고 겪음. 옛날 오왕 부차가 섶 위에서 잠을 자면서 월왕 구천에게 패한 설움을 설욕하였고, 구천 역시 쓴 쓸개의 맛을 보면서 부차에게 다시 복수를 하였다는 데서 유래한 성어.

## (8) 융통성이 없고 고지식함

① 각주구검(刻舟求劍): 배에 금을 긋고 칼을 찾음.

② 교주고슬(膠柱鼓瑟): 아교로 붙이고 거문고를 탐.

③ 수주대토(守株待兎): 구습을 고수하여 변통할 줄 모름. 진보가 없음을 비유한 말.

## (9) 세상이 많이 변함

① 상전벽해(桑田碧海): 뽕나무밭이 푸른 바다가 됨.

② 천선지전(天旋地轉): 세상 일이 크게 변함.

## (10) 제삼자가 이득을 취함

① 어부지리(漁父之利): 조개와 도요새가 서로 버티는 통에 어부가 둘을 다 잡아 이득을 봄.

② 견토지쟁(犬兎之爭): 개와 토끼가 싸우다 둘 다 쓰러져 숨겨 있는 것을 지나가던 농부가 주워서 이득을 봄.

## (11) 뛰어난 재주 · 실력 · 미모와 관련된 말

① 백미(白眉): 마씨 오형제 중에서 가장 재주가 뛰어난 맏이 마량이 눈썹이 희었다는 데서 나온 말.

② 철중쟁쟁(鐵中錚錚): 같은 동아리 가운데 가장 뛰어난 사람.

③ 동량지재(棟梁之材): 대들보(동량)가 될 만한 재목.

④ 경국지색(傾國之色): 임금이 혹하여 국정을 게을리함으로써 나라를 위기에 빠뜨리게 할 미인이라는 뜻.

⑤ 경성지미(傾城之美): 한 성(城)을 기울어뜨릴 만한 미색(美色).

⑥ 화용월태(花容月態): 아름다운 여인의 얼굴과 맵시를 이르는 말.

⑦ 단순호치(丹脣皓齒): 붉은 입술에 흰 이를 가진 여자란 뜻으로, 아름다운 여자를 가리키는 말.

## (12) 평범한 사람들을 일컫는 말

① 갑남을녀(甲男乙女): 갑이라는 남자와 을이라는 여자.

② 장삼이사(張三李四): 장씨네 셋째 아들과 이씨네 넷째 아들(흔한 사람이라는 뜻).

③ 필부필부(匹夫匹婦): 한 사람의 지아비와 한 사람의 지어미.

④ 초동급부(樵童汲婦): 나무하는 아이와 물 긷는 아낙네.

### (13) 불가능한 일을 하려함

① 연목구어(緣木求魚): 나무에 올라가서 물고기를 구함.

② 육지행선(陸地行船): 육지에서 배를 저으려 함.

③ 이란투석(以卵投石): 달걀로 바위 치기.

### (14) 자연을 사랑하는 마음

① 천석고황(泉石膏肓): 산수를 사랑하는 것이 정도에 지나쳐 마치 고치기 어려운 병과 같음.

② 연하고질(煙霞痼疾): 자연의 아름다운 경치를 몹시 사랑하고 즐기는 성질.

### (15) 누군가에 대한 그리움

① 오매불망(寤寐不忘): 자나 깨나 잊지 못함.

② 전전반측(輾轉反側): 누워서 이리 뒤척, 저리 뒤척 잠을 이루지 못함.

③ 전전불매(輾轉不寐): 누워서 이리저리 뒤척이며 잠을 이루지 못함.

### (16) 뒤늦게 손을 씀

① 사후약방문(死後藥方文): 죽은 뒤에야 약방문(藥方文: 현대의 처방전)을 줌.

② 망양보뢰(亡羊補牢): 양(羊)을 잃은 후에 우리를 고침.

③ 갈이천정(渴而穿井): 목이 마르니까 비로소 우물을 팜.

### (17) 겉과 속이 다름

① 면종복배(面從腹背): 면전에서는 따르나 뱃속으로는 배반함.

② 권상요목(勸上搖木): 나무 위에 오르라고 권하고는 오르자마자 아래서 흔들어 댐.

③ 양두구육(羊頭狗肉): 겉으로는 그럴 듯하게 내세우나 속은 음흉한 딴 생각이 있음.

④ 경이원지(敬而遠之): 겉으로는 존경하는 체하면서 속으로는 멀리함.

⑤ 구밀복검(口蜜腹劍): 입 속으로는 꿀을 담고 뱃속으로는 칼을 지녔다는 뜻으로, 입으로는 친절하나 속으로는 해칠 생각을 품었음을 비유하여 일컫는 말.

⑥ 표리부동(表裏不同): 겉과 속이 다름.

### (18) 몹시 가난함

① 삼순구식(三旬九食): 서른 날에 아홉 끼니밖에 못 먹음.

② 계옥지탄(桂玉之嘆): 식량 구하기가 계수나무 구하듯이 어렵고, 땔감을 구하기가 옥을 구하기만큼 어려움.

### (19) 필요할 때는 취하고 필요 없을 때는 버림

① 감탄고토(甘呑苦吐): 달면 삼키고 쓰면 내뱉음.

② 토사구팽(兔死狗烹): 토끼가 죽으면 충실한 사냥개는 주인에게 잡혀 먹힘.

## (20) 학문의 연마와 관련된 말

① 자강불식(自强不息): 스스로 힘써 행하여 쉬지 않음.

② 발분망식(發憤忘食): 발분(분발)하여 끼니를 잊고 노력함.

③ 수불석권(手不釋卷): 손에서 책을 놓을 사이 없이 열심히 공부함.

④ 형창설안(螢窓雪案): 반딧불이 비치는 창과 눈(雪)이 비치는 책상이라는 뜻으로, 어려운 가운데서도 학문에 힘씀을 비유한 말.

⑤ 절차탁마(切磋琢磨): 옥돌을 쪼고 갈아서 빛을 냄. 곧 학문이나 인격을 수련, 연마함.

⑥ 주마가편(走馬加鞭): 달리는 말에 채찍을 더함. 자신의 위치에 만족하지 않고 계속 노력함.

## (21) 매우 가까운 거리나 근소한 차

① 지척지지(咫尺之地): 매우 가까운 곳.

② 지척지간(咫尺之間): 매우 가까운 거리.

③ 지호지간(指呼之間): 손짓하여 부를 만한 가까운 거리.

④ 오십보백보(五十步百步): 피차의 차이는 있으나 본질적으로는 같음.

## (22) 견문이 좁은 사람

① 정저지와(井底之蛙): 우물 안의 개구리.

② 좌정관천(坐井觀天): 우물에 앉아서 하늘을 본다 함이니, 견문이 좁음을 뜻함.

③ 관견(管見): 붓 대롱 속으로 세상을 보는 것처럼 소견머리가 없음.

④ 통관규천(通管窺天): 붓 대롱을 통해서 하늘을 엿봄.

## (23) 학문의 어려움

① 망양지탄(亡羊之歎): 갈림길이 매우 많아 잃어버린 양을 찾을 길이 없음을 탄식한다는 뜻으로, 학문의 길이 여러 갈래여서 한 갈래의 진리도 얻기 어려움을 이르는 말.

② 다기망양(多岐亡羊): 갈림길이 많아 잃어버린 양을 찾지 못한다는 뜻으로, 두루 섭렵하기만 하고 전공하는 바가 없어 끝내 성취하지 못함을 이르는 말.

## (24) 앞날을 예측하기 어려움

① 새옹지마(塞翁之馬): 인생의 길흉화복은 변화가 많아서 예측하기가 어렵다는 말.

② 전화위복(轉禍爲福): 화가 바뀌어 복이 됨.

## (25) 가혹한 정치

① 가렴주구(苛斂誅求): 세금을 너무 가혹하게 거두어들임.

② 포락지형(泡烙之刑): 잔혹하고 가혹한 형벌.

③ 도탄지고(塗炭之苦): 진구렁에 빠지고 숯불에 타는 고생.

## (26) 고향을 그리워함

① 수구초심(首邱初心): 여우가 죽을 때에 머리를 저 살던 굴 쪽으로 향한다는 뜻으로, 고향을 그리워하는 마음.

② 간운보월(看雲步月): 낮에는 구름을 바라보고 밤에는 달빛 아래 거닌다는 뜻으로, 고향을 그리워하는 마음.

## (27) 서로 모순됨

① 모순(矛盾): 창과 방패. 일의 앞뒤가 서로 안 맞는 상태. 서로 대립하여 양립하지 못함.

② 자가당착(自家撞着): 같은 사람의 말이나 행동이 앞뒤가 맞지 아니함.

③ 이율배반(二律背反): 서로 모순되어 양립할 수 없는 두 개의 명제.

## (28) 실속이 없음

① 허장성세(虛張聲勢): 실속이 없으면서 허세만 떠벌림.

② 허례허식(虛禮虛飾): 예절, 법식 등을 겉으로만 번드레하게 하는 일.

## (29) 실력이 좋아짐

① 일취월장(日就月將): 날로 달로 나아감. 곧 학문이 계속 발전해 감.

② 괄목상대(刮目相對): 얼마 동안 못 보는 사이에 상대가 깜짝 놀랄 정도의 발전을 보임.

## (30) 독서와 관련된 말

① 위편삼절(韋編三絕): 책을 정독(精讀)함을 일컬음.

② 남아수독오거서(男兒須讀五車書): 책을 다독(多讀)할 것을 일컬음.

③ 주경야독(晝耕夜讀): 낮에는 밭을 갈고 밤에는 책을 읽음.

④ 한우충동(汗牛充棟): 썩 많은 장서(藏書)를 이르는 말.

## (31) 기쁨·좋음과 관련된 말

① 포복절도(抱腹絕倒): 배를 끌어안고 넘어질 정도로 몹시 웃음.

② 금상첨화(錦上添花): 비단 위에 꽃을 놓는다는 뜻으로, 좋은 일이 겹침.

③ 다다익선(多多益善): 많을수록 더욱 좋음.

④ 박장대소(拍掌大笑): 손뼉을 치며 크게 웃음.

## (32) 슬픔과 관련된 말

① 애이불비(哀而不悲): 속으로는 슬프지만 겉으로는 슬픔을 나타내지 아니함.

② 애이불상(哀而不傷): 슬퍼하되 도를 넘지 아니함.

## (33) 분노와 관련된 말

① 천인공노(天人共怒): 하늘과 사람이 함께 분노한다는 뜻으로, 모두 다 분개함.
② 함분축원(含憤蓄怨): 분하고 원통한 마음을 품음.
③ 비분강개(悲憤慷慨): 슬프고 분한 느낌이 마음속에 가득 차 있음.
④ 절치부심(切齒腐心): 몹시 분하여 이를 갈면서 속을 썩임.

## (34) 무례함과 관련된 말

① 방약무인(傍若無人): 곁에 사람이 없는 것 같다는 뜻으로, 거리낌 없이 함부로 행동함.
② 안하무인(眼下無人): 방자하고 교만하여 사람을 모두 얕잡아 봄.
③ 회빈작주(回賓作主): 주장하는 사람의 의견을 무시하고 자기 마음대로 함.
④ 후안무치(厚顔無恥): 뻔뻔스러워 부끄러워할 줄 모름.
⑤ 파렴치한(破廉恥漢): 염치를 모르는 뻔뻔한 사람.
⑥ 천방지축(天方地軸): 함부로 날뛰는 모양.

## (35) 공과 사의 구분

① 대의멸친(大義滅親): 큰 도리를 지키기 위해 부모나 형제도 돌아보지 않음.
② 선공후사(先公後私): 공적인 일을 먼저 하고 사사로운 일은 뒤로 미룸.
③ 멸사봉공(滅私奉公): 사욕을 버리고 공익을 위해 힘씀.
④ 읍참마속(泣斬馬謖): 큰 목적을 위해 자기가 아끼는 사람을 버림을 이르는 말.

## (36) 논의와 관련된 말

① 갑론을박(甲論乙駁): 여러 사람이 서로 자신의 주장을 내세우며 상대편의 주장을 반박함.
② 고담준론(高談峻論): 뜻이 높고 바르며 엄숙하고 날카로운 말.
③ 탁상공론(卓上空論): 현실성이 없는 허황한 이론이나 논의.

>>핵심예제

**15** 다음 중 나머지 것과 그 의미가 <u>다른</u> 것은?

① 누란지세(累卵之勢)

② 백척간두(百尺竿頭)

③ 여리박빙(如履薄氷)

④ 지호지간(指呼之間)

⑤ 풍전등화(風前燈火)

해설

①・②・③・⑤는 모두 일의 형세가 위태로움을 나타내는 한자성어이고, ④는 손짓하여 부를 만한 가까운 거리를 의미하는 한자성어이다.

정답 ④

**16** 〈보기〉의 ㉠에 가장 어울리는 말은?

보기

　지난해, 강력한 우승 후보였던 이 팀은 예상 외로 부진한 성적을 보였다. 특히 수비수들이 상대편의 공격을 제대로 막아내지 못했고, 후반부에서는 선수들 대부분의 체력이 급격히 저하되었다. 하지만 일 년간 수비를 보강하는 데 총력을 기울이고, 선수들 한 명 한 명이 체력 강화를 위해 끊임없이 노력하였다. ( ㉠ )라는 말이 있듯이, 이 팀이 세력을 회복하여 훌륭한 경기를 보여줄 것이 기대된다.

① 감탄고토(甘呑苦吐) ② 권토중래(捲土重來)

③ 동량지재(棟梁之材) ④ 비분강개(悲憤慷慨)

⑤ 회빈작주(回賓作主)

해설

'권토중래(捲土重來)'는 '한 번 싸움에 패하였다가 다시 힘을 길러 쳐들어오는 일.', 혹은 '어떤 일에 실패한 뒤 다시 힘을 쌓아 그 일에 재차 착수하는 일.'을 비유하는 한자성어이다. 따라서 부진했던 성적을 만회하고자 노력하여 다시 경기에 임하는 상황에 어울리는 말이다.

정답 ②

# 02 어문 규정

### 어문 규정 영역 공략 Tip

• **어문 규정을 반복해서 읽으면서 용례에 적용하는 능력을 기른다.**

어문 규정의 내용을 모두 암기하면 좋겠지만, 적은 양이 아니기 때문에 쉽지 않다. 따라서 모든 내용을 암기해야 한다는 강박관념을 갖기보다는 어문 규정을 반복해서 읽으면서 그 내용을 이해하고, 용례에 적용하는 연습을 해야 한다.

• **틀리기 쉬운 말을 정리하여 올바른 표기를 익힌다.**

평소에 사람들이 흔히 틀리는 표기법들이 문제로 나오는 경우가 많으므로 틀리기 쉬운 말들을 따로 정리하여 올바른 표기를 익혀 두는 편이 좋다.

• **모의고사 문제를 풀면서 자신의 실력을 점검해 본다.**

문제를 풀면 내가 알고 있는 내용을 보다 확실히 기억할 수 있고, 놓친 내용이 무엇인지 파악할 수 있다. 따라서 어문 규정을 읽으며 내용을 이해했다면 모의고사 문제를 풀면서 '굳히기'에 들어가자.

## 1 어문 규정 영역 공부 방법

어문 규정에는 '한글 맞춤법', '표준어 규정', '외래어 표기법', '국어의 로마자 표기법'이 있다. 이 중 '한글 맞춤법'과 '표준어 규정'과 관련된 문제는 매회 출제되고, '외래어 표기법'과 '국어의 로마자 표기법'은 둘 중 하나가 출제되는 경우가 많다. 그리고 '외래어 표기법'과 '국어의 로마자 표기법'의 경우에는 〈보기〉에 관련 규정을 제시해 주고 이를 사례에 적용하는 문제가 나오는 경우가 많다. 이 영역에 대비하기 위해서는 평소에 어문 규정을 가까이 두고 읽으면서 이해하고, 항상 올바른 언어를 구사하려고 노력하는 것이 좋다.

## 2 어문 규정의 내용

### 1. 한글 맞춤법

#### 제1장 총칙

제1항 한글 맞춤법은 표준어를 소리대로 적되, 어법에 맞도록 함을 원칙으로 한다.
제2항 문장의 각 단어는 띄어 씀을 원칙으로 한다.
제3항 외래어는 '외래어 표기법'에 따라 적는다.

## 제2장 자모

**제4항** 한글 자모의 수는 스물넉 자로 하고, 그 순서와 이름은 다음과 같이 정한다.

### 1. 자음

| | | | | |
|---|---|---|---|---|
| ㄱ(기역) | ㄴ(니은) | ㄷ(디귿) | ㄹ(리을) | ㅁ(미음) |
| ㅂ(비읍) | ㅅ(시옷) | ㅇ(이응) | ㅈ(지읒) | ㅊ(치읓) |
| ㅋ(키읔) | ㅌ(티읕) | ㅍ(피읖) | ㅎ(히읗) | |

### 2. 모음

| | | | | |
|---|---|---|---|---|
| ㅏ(아) | ㅑ(야) | ㅓ(어) | ㅕ(여) | ㅗ(오) |
| ㅛ(요) | ㅜ(우) | ㅠ(유) | ㅡ(으) | ㅣ(이) |

[붙임 1] 위의 자모로써 적을 수 없는 소리는 두 개 이상의 자모를 어울러서 적되, 그 순서와 이름은 다음과 같이 정한다.

| | | | | | |
|---|---|---|---|---|---|
| ㄲ(쌍기역) | ㄸ(쌍디귿) | ㅃ(쌍비읍) | ㅆ(쌍시옷) | ㅉ(쌍지읒) | |
| ㅐ(애) | ㅒ(얘) | ㅔ(에) | ㅖ(예) | ㅘ(와) | ㅙ(왜) |
| ㅚ(외) | ㅝ(워) | ㅞ(웨) | ㅟ(위) | ㅢ(의) | |

## 제3장 소리에 관한 것

### 제1절 된소리

**제5항** 한 단어 안에서 뚜렷한 까닭 없이 나는 된소리는 다음 음절의 첫소리를 된소리로 적는다.

#### 1. 두 모음 사이에서 나는 된소리

예 소쩍새  깨끗하다  해쓱하다  부썩  가끔  이따금

#### 2. 'ㄴ, ㄹ, ㅁ, ㅇ' 받침 뒤에서 나는 된소리

예 산뜻하다  살짝  담뿍  몽땅

다만, 'ㄱ, ㅂ' 받침 뒤에서 나는 된소리는, 같은 음절이나 비슷한 음절이 겹쳐 나는 경우가 아니면 된소리로 적지 아니한다.

예 국수  깍두기  싹둑  법석  갑자기

### 제2절 구개음화

**제6항** 'ㄷ, ㅌ' 받침 뒤에 종속적 관계를 가진 '-이(-)'나 '-히-'가 올 적에는, 그 'ㄷ, ㅌ'이 'ㅈ, ㅊ'으로 소리 나더라도 'ㄷ, ㅌ'으로 적는다.

예 맏이  해돋이  같이  핥이다  걷히다  묻히다

### 제3절 'ㄷ' 소리 받침

**제7항** 'ㄷ' 소리로 나는 받침 중에서 'ㄷ'으로 적을 근거가 없는 것은 'ㅅ'으로 적는다.

예 덧저고리  돗자리  웃어른  얼핏

## 제4절 모음

**제8항** '계, 례, 메, 폐, 혜'의 'ㅖ'는 'ㅔ'로 소리 나는 경우가 있더라도 'ㅖ'로 적는다.

예 계집  사례(謝禮)  연몌(連袂)  폐품(廢品)  혜택(惠澤)  계시다

다만, 다음 말은 본음대로 적는다.

예 게송(偈頌)  게시판(揭示板)  휴게실(休憩室)

**제9항** '의'나 자음을 첫소리로 가지고 있는 음절의 'ㅢ'는 'ㅣ'로 소리 나는 경우가 있더라도 'ㅢ'로 적는다.

예 의의(意義)  무늬  늴리리  띄어쓰기  희망

## 제5절 두음 법칙

**제10항** 한자음 '녀, 뇨, 뉴, 니'가 단어 첫머리에 올 적에는 두음 법칙에 따라 '여, 요, 유, 이'로 적는다.

예 여자(女子)  연세(年歲)  요소(尿素)

다만, 다음과 같은 의존 명사에서는 '냐, 녀' 음을 인정한다.

예 냥(兩)  냥쭝(兩-)  년(年)

[붙임 1] 단어의 첫머리 이외의 경우에는 본음대로 적는다.

예 남녀(男女)  당뇨(糖尿)

[붙임 2] 접두사처럼 쓰이는 한자가 붙어서 된 말이나 합성어에서, 뒷말의 첫소리가 'ㄴ' 소리로 나더라도 두음 법칙에 따라 적는다.

예 신여성(新女性)  공염불(空念佛)  남존여비(男尊女卑)

**제11항** 한자음 '랴, 려, 례, 료, 류, 리'가 단어의 첫머리에 올 적에는 두음 법칙에 따라 '야, 여, 예, 요, 유, 이'로 적는다.

예 양심(良心)  역사(歷史)  예의(禮義)  용궁(龍宮)  유행(流行)  이발(理髮)

다만, 다음과 같은 의존 명사는 본음대로 적는다.

예 리(里): 몇 리냐?  리(理): 그럴 리가 없다.

[붙임 1] 단어의 첫머리 이외에는 본음대로 적는다.

예 개량(改良)  선량(善良)  수력(水力)  협력(協力)

다만, 모음이나 'ㄴ' 받침 뒤에 이어지는 '렬, 률'은 '열, 율'로 적는다.

예 나열(羅列)  분열(分裂)  실패율(失敗率)  백분율(百分率)

[붙임 2] 외자로 된 이름을 성에 붙여 쓸 경우에도 본음대로 적을 수 있다.

예 신립(申砬)  최린(崔麟)

[붙임 3] 준말에서 본음으로 소리 나는 것은 본음대로 적는다.

예 국련(국제 연합)  한시련(한국 시각 장애인 연합회)

[붙임 4] 접두사처럼 쓰이는 한자가 붙어서 된 말이나 합성어에서 뒷말의 첫소리가 'ㄴ' 또는 'ㄹ' 소리로 나더라도 두음 법칙에 따라 적는다.

예 역이용(逆利用)  연이율(年利率)  열역학(熱力學)  해외여행(海外旅行)

[붙임 5] 둘 이상의 단어로 이루어진 고유 명사를 붙여 쓰는 경우나 십진법에 따라 쓰는 수(數)도 [붙임 4]에 준하여 적는다.

예 서울여관  육천육백육십육

>>핵심예제

**01 맞춤법이 바르지 않은 것은?**

① 이 과목 수강생들의 출석률이 가장 높다.
② 성공률이 높은 수술이니 걱정할 필요 없다.
③ 결과를 백분율로 환산한 값이 종이에 적혀 있다.
④ 그 일에 착수하기 전에 실패율을 따져 보아야 한다.
⑤ 올해 우리 학교 선배들의 대학 합격율은 높은 편이다.

해설

한글 맞춤법 제11항에 의하면, 한자음 '랴, 려, 례, 료, 류, 리'가 단어의 첫머리에 올 적에는 두음 법칙에 따라 '야, 여, 예, 요, 유, 이'로 적고 단어의 첫머리 이외에는 본음대로 적지만, 모음이나 'ㄴ' 받침 뒤에 이어지는 '렬, 률'은 '열, 율'로 적는다. 따라서 ③과 ④는 각각 'ㄴ'과 모음 뒤에 '률'이 왔으므로 '율'로, ① · ② · ⑤는 본음대로 '률'로 적어야 한다. 그러므로 ⑤는 '합격률'이 맞다.

정답 ⑤

**제12항** 한자음 '라, 래, 로, 뢰, 루, 르'가 단어의 첫머리에 올 적에는 두음 법칙에 따라 '나, 내, 노, 뇌, 누, 느'로 적는다.

예 낙원(樂園)  내일(來日)  노인(老人)  뇌성(雷聲)

[붙임 1] 단어의 첫머리 이외의 경우에는 본음대로 적는다.

예 쾌락(快樂)  극락(極樂)  가정란(家庭欄)

[붙임 2] 접두사처럼 쓰이는 한자가 붙어서 된 단어는 뒷말을 두음 법칙에 따라 적는다.

예 내내월(來來月)  중노동(重勞動)  비논리적(非論理的)

## 제6절 겹쳐 나는 소리

**제13항** 한 단어 안에서 같은 음절이나 비슷한 음절이 겹쳐 나는 부분은 같은 글자로 적는다.

예 씩씩  똑딱똑딱  쓱싹쓱싹  씁쓸하다  짭짤하다

### 제4장  형태에 관한 것

## 제1절 체언과 조사

**제14항** 체언은 조사와 구별하여 적는다.

예 떡이  떡을  떡에  떡도  떡만

## 제2절 어간과 어미

**제15항** 용언의 어간과 어미는 구별하여 적는다.

예 먹다  먹고  먹어  먹으니

[붙임 1] 두 개의 용언이 어울려 한 개의 용언이 될 적에, 앞말의 본뜻이 유지되고 있는 것은 그 원형을 밝히어 적고, 그 본뜻에서 멀어진 것은 밝히어 적지 아니한다.

(1) 앞말의 본뜻이 유지되고 있는 것

> 예 넘어지다  늘어나다  들어가다  틀어지다

(2) 본뜻에서 멀어진 것

> 예 드러나다  사라지다  쓰러지다

[붙임 2] 종결형에서 사용되는 어미 '-오'는 '요'로 소리 나는 경우가 있더라도 그 원형을 밝혀 '오'로 적는다.

> 예 이것은  책이오.  이리로  오시오.

[붙임 3] 연결형에서 사용되는 '이요'는 '이요'로 적는다.

> 예 이것은 책이요, 저것은 붓이요, 또 저것은 먹이다.

**제16항** 어간의 끝 음절 모음이 'ㅏ, ㅗ'일 때에는 어미를 '-아'로 적고, 그 밖의 모음일 때에는 '-어'로 적는다.

1. '-아'로 적는 경우

> 예 나아  나아도  나아서
>    막아  막아도  막아서
>    보아  보아도  보아서

2. '-어'로 적는 경우

> 예 개어  개어도  개어서
>    되어  되어도  되어서
>    희어  희어도  희어서

**제17항** 어미 뒤에 덧붙는 조사 '-요'는 '-요'로 적는다.

> 예 읽어 → 읽어요  참으리 → 참으리요  좋지 → 좋지요

**제18항** 다음과 같은 용언들은 어미가 바뀔 경우, 그 어간이나 어미가 원칙에 벗어나면 벗어나는 대로 적는다.

1. 어간의 끝 'ㄹ'이 줄어질 적

> 예 갈다: 가니  간  갑니다  가시다  가오

2. 어간의 끝 'ㅅ'이 줄어질 적

> 예 긋다: 그어  그으니  그었다

3. 어간의 끝 'ㅎ'이 줄어질 적

> 예 그렇다: 그러니  그럴  그러면  그럽니다  그러오

4. 어간의 끝 'ㅜ, ㅡ'가 줄어질 적

> 예 푸다: 퍼  펐다
>    뜨다: 떠  떴다

5. 어간의 끝 'ㄷ'이 'ㄹ'로 바뀔 적

> 예 걷다: 걸어  걸으니  걸었다

6. 어간의 끝 'ㅂ'이 'ㅜ'로 바뀔 적

> 예 굽다: 구워  구우니  구웠다

다만, '돕-, 곱-'과 같은 단음절 어간에 어미 '-아'가 결합되어 '와'로 소리 나는 것은 '-와'로 적는다.

> 예 돕다: 도와  도와서  도와도  도왔다
>    곱다: 고와  고와서  고와도  고왔다

7. '하다'의 활용에서 어미 '-아'가 '-여'로 바뀔 적

　　예 하다: 하여　하여서　하여도　하여라　하였다

8. 어간의 끝음절 '르'뒤에 오는 어미 '-어'가 '-러'로 바뀔 적

　　예 이르다: 이르러　이르렀다

9. 어간의 끝음절 '르'의 'ㅡ'가 줄고 그 뒤에 오는 어미 '-아/-어'가 '-라/-러'로 바뀔 적

　　예 가르다: 갈라　갈랐다

---

**>>핵심예제**

**02 맞춤법이 바르지 않은 것은?**

　　① 음료수를 이 병에 <u>따라</u> 마셔라.
　　② 집에 가는 길에 가게에 잠깐 <u>들러라</u>.
　　③ 온 가족이 함께 모여 김치를 <u>담갔다</u>.
　　④ 최근 많은 사람들 초대하여 큰 잔치를 <u>치뤘다</u>.
　　⑤ 네가 우는 모습을 보니 <u>괴로워서</u> 어쩔 줄 모르겠다.

**해설**

한글 맞춤법 제18항에 의해 용언들의 어미가 바뀔 경우 그 어간이나 어미가 원칙에서 벗어나면 벗어나는 대로 적는 경우가 있다. ① · ② · ③ · ④ 는 기본형이 각각 '따르다', '들르다', '담그다', '치르다'로, 어간 뒤에 모음 어미가 올 때 어간의 끝 'ㅡ'가 줄어진 형태로 적는다. 따라서 ④는 '치렀다'로 적는다. ⑤는 기본형이 '괴롭다'로 어간의 끝 'ㅂ'이 'ㅜ'로 바뀐 대로 적는다.

**정답** ④

---

## 제3절 접미사가 붙어서 된 말

**제19항** 어간에 '-이'나 '-음/-ㅁ'이 붙어서 명사로 된 것과 '-이'나 '-히'가 붙어서 부사로 된 것은 그 어간의 원형을 밝히어 적는다.

| (1) '-이'가 붙어서 명사로 된 것 | 길이　깊이　높이　다듬이　달맞이 |
|---|---|
| (2) '-음/-ㅁ'이 붙어서 명사로 된 것 | 걸음　묶음　믿음　앎 |
| (3) '-이'가 붙어서 부사로 된 것 | 같이　굳이　길이　높이　많이 |
| (4) '-히'가 붙어서 부사로 된 것 | 밝히　익히　작히 |

다만, 어간에 '-이'나 '-음'이 붙어서 명사로 바뀐 것이라도 그 어간의 뜻과 멀어진 것은 원형을 밝히어 적지 아니한다.

예 목거리(목병)　코끼리　거름　노름

[붙임] 어간에 '-이'나 '-음' 이외의 모음으로 시작된 접미사가 붙어서 다른 품사로 바뀐 것은 그 어간의 원형을 밝히어 적지 아니한다.

| (1) 명사로 바뀐 것 | 귀머거리　까마귀　너머　마감　마개　마중　무덤　쓰레기　올가미 |
|---|---|
| (2) 부사로 바뀐 것 | 거뭇거뭇　너무　도로　차마 |
| (3) 조사로 바뀌어 뜻이 달라진 것 | 나마　부터　조차 |

**제20항** 명사 뒤에 '-이'가 붙어서 된 말은 그 명사의 원형을 밝히어 적는다.

1. 부사로 된 것
   > 예 곳곳이   낱낱이   샅샅이   집집이

2. 명사로 된 것
   > 예 바둑이   삼발이   애꾸눈이   절름발이

[붙임] '-이' 이외의 모음으로 시작된 접미사가 붙어서 된 말은 그 명사의 원형을 밝히어 적지 아니한다.
> 예 꼬락서니   끄트머리   바가지   지푸라기

**제21항** 명사나 혹은 용언의 어간 뒤에 자음으로 시작된 접미사가 붙어서 된 말은 그 명사나 어간의 원형을 밝히어 적는다.

1. 명사 뒤에 자음으로 시작된 접미사가 붙어서 된 것 예 값지다   홀지다   넋두리

2. 어간 뒤에 자음으로 시작된 접미사가 붙어서 된 것 예 낚시   덮개

다만, 다음과 같은 말은 소리대로 적는다.

(1) 겹받침의 끝소리가 드러나지 아니하는 것 예 널따랗다   널찍하다   말쑥하다   짤막하다

(2) 어원이 분명하지 아니하거나 본뜻에서 멀어진 것 예 넙치   올무   납작하다

**제22항** 용언의 어간에 다음과 같은 접미사들이 붙어서 이뤄진 말들은 그 어간에 밝히어 적는다.

1. '-기-, -리-, -이-, -히-, -구-, -우-, -추-, -으키-, -이키-, -애-'가 붙는 것
   > 예 맡기다   옮기다   웃기다   쫓기다   뚫리다

다만, '-이-, -히-, -우-'가 붙어서 된 말이라도 본뜻에서 멀어진 것은 소리대로 적는다.
> 예 도리다(칼로~)   드리다(용돈을)   고치다

2. '-치-, -뜨리-/-트리-'가 붙는 것
   > 예 놓치다   덮치다   쏟뜨리다/쏟트리다   흩뜨리다/흩트리다

[붙임] '-업-, -읍-, -브-'가 붙어서 된 말은 소리대로 적는다.
> 예 미덥다   우습다   미쁘다

**제23항** '-하다'나 '-거리다'가 붙는 어근에 '-이'가 붙어서 명사가 된 것은 그 원형을 밝히어 적는다.
> 예 깔쭉이   꿀꿀이   오뚝이   배불뚝이

[붙임] '-하다'나 '-거리다'가 붙을 수 없는 어근에 '-이'나 또는 다른 모음으로 시작되는 접미사가 붙어서 명사가 된 것은 그 원형을 밝히어 적지 아니한다.
> 예 개구리   귀뚜라미   기러기   깍두기

**제24항** '-거리다'가 붙을 수 있는 시늉말 어근에 '-이다'가 붙어서 된 용언은 그 어근을 밝히어 적는다.
> 예 깜짝이다   속삭이다   꾸벅이다   숙덕이다

**제25항** '-하다'가 붙는 어근에 '-히'나 '-이'가 붙어서 부사가 되거나, 부사에 '-이'가 붙어서 뜻을 더하는 경우에는 그 어근이나 부사의 원형을 밝히어 적는다.

1. '-하다'가 붙는 어근에 '-히'나 '-이'가 붙는 경우
   > 예 급히   꾸준히   도저히   딱히   어렴풋이   깨끗이

2. 부사에 '-이'가 붙어서 역시 부사가 되는 경우
   > 예 곰곰이   더욱이   생긋이   오뚝이   일찍이   해죽이

제26항 '-하다'나 '-없다'가 붙어서 된 용언은 그 '-하다'나 '-없다'를 밝히어 적는다.

1. '-하다'가 붙어서 용언이 된 것 예 딱하다  숱하다

2. '-없다'가 붙어서 용언이 된 것 예 부질없다  상없다

## 제4절 합성어 및 접두사가 붙는 말

제27항 둘 이상의 단어가 어울리거나 접두사가 붙어서 이루어진 말은 각각 그 원형을 밝히어 적는다.

예 국말이  꺾꽂이  꽃잎  끝장  물난리

[붙임 1] 어원은 분명하나 소리만 특이하게 변한 것은 변한 대로 적는다. 예 할아버지  할아범

[붙임 2] 어원이 분명하지 아니한 것은 원형을 밝히어 적지 않는다. 예 골병  골탕  며칠  오라비

[붙임 3] '이[齒, 虱]'가 합성어나 이에 준하는 말에서 '니' 또는 '리'로 소리 날 때에는 '니'로 적는다.

예 덧니  사랑니  송곳니  머릿니

제28항 끝소리가 'ㄹ'인 말과 딴 말이 어울릴 적에 'ㄹ' 소리가 나지 아니하는 것은 아니 나는 대로 적는다.

예 다달이(달-달-이)  마되(말-되)  마소(말-소)  바느질(바늘-질)
부삽(불-삽)  싸전(쌀-전)  여닫이(열-닫이)  우짖다(울-짖다)

제29항 끝소리가 'ㄹ'인 말과 딴 말이 어울릴 적에 'ㄹ' 소리가 'ㄷ' 소리로 나는 것은 'ㄷ'으로 적는다.

예 반짇고리(바느질~)  사흗날(사흘~)  숟가락(술~)  삼짇날(삼질~)  섣부르다(설~)

제30항 사이시옷은 다음과 같은 경우에 받치어 적는다.

1. 순우리말로 된 합성어로서 앞말이 모음으로 끝난 경우

| (1) 뒷말의 첫소리가 된소리로 나는 것 | 나룻배  나뭇가지  냇가  뱃길  찻집  혓바늘 |
|---|---|
| (2) 뒷말의 첫소리 'ㄴ, ㅁ' 앞에서 'ㄴ' 소리가 덧나는 것 | 아랫니  뒷머리  잇몸  빗물 |
| (3) 뒷말의 첫소리 모음 앞에서 'ㄴㄴ' 소리가 덧나는 것 | 도리깻열  뒷일  나뭇잎  베갯잇  댓잎 |

2. 순우리말과 한자어로 된 합성어로서 앞말이 모음으로 끝난 경우

| (1) 뒷말의 첫소리가 된소리로 나는 것 | 귓병  머릿방  전셋집  찻잔  텃세  햇수 |
|---|---|
| (2) 뒷말의 첫소리 'ㄴ, ㅁ' 앞에서 'ㄴ' 소리가 덧나는 것 | 곗날  제삿날  훗날  툇마루  양칫물 |
| (3) 뒷말의 첫소리 모음 앞에서 'ㄴㄴ' 소리가 덧나는 것 | 가욋일  사삿일  예삿일  훗일 |

3. 두 음절로 된 한자어

예 곳간(庫間)  셋방(貰房)  숫자(數字)  찻간(車間)  툇간(退間)  횟수(回數)

>>핵심예제

**03** 밑줄 친 부분의 맞춤법이 바른 것은?

① 어제는 부모님의 제사날이었다.
② 일을 해준 댓가를 두둑이 받았다.
③ 상사가 가욋일을 시켜 짜증이 났다.
④ 그 음식점은 조개살로 국물을 우려낸다.
⑤ 회수(回數)에 상관없이 무료 강의를 들을 수 있다.

제31항 두 말이 어울릴 적에 'ㅂ' 소리나 'ㅎ' 소리가 덧나는 것은 소리대로 적는다.

1. 'ㅂ' 소리가 덧나는 것

   예 댑싸리(대ㅂ싸리)   멥쌀(메ㅂ쌀)   볍씨(벼ㅂ씨)   입때(이ㅂ때)   좁쌀(조ㅂ쌀)   접때(저ㅂ때)

2. 'ㅎ' 소리가 덧나는 것

   예 머리카락(머리ㅎ가락)   살코기(살ㅎ고기)   수캐(수ㅎ개)   수컷(수ㅎ것)   수탉(수ㅎ닭)

**>>핵심예제**

**04 밑줄 친 부분의 맞춤법이 바르지 않은 것은?**

① 햅쌀로 빚은 떡의 맛이 일품이었다.

② 넓은 마당에서 건강한 수캐를 키웠다.

③ 그 사람은 안팎이 달라 믿을 수가 없었다.

④ 벼씨를 뿌린 후에 수확할 그날을 고대했다.

⑤ 자세히 살펴보니 접때보다 더 예뻐진 것 같네.

**해설**

한글 맞춤법 제31항에 따라 두 말이 어울릴 적에 'ㅂ' 소리나 'ㅎ' 소리가 덧나는 것은 소리대로 적는다. 따라서 '벼씨'가 아니라 '볍씨'라고 적는 것이 맞다.

**정답** ④

## 제5절 준말

제39항 어미 '-지' 뒤에 '않-'이 어울려 '-잖-'이 될 적과 '-하지' 뒤에 '않-'이 어울려 '-찮-'이 될 적에는 준 대로 적는다.

| 본 말 | 준 말 | 본 말 | 준 말 |
| --- | --- | --- | --- |
| 그렇지 않은 | 그렇잖은 | 만만하지 않다 | 만만찮다 |
| 적지않은 | 적잖은 | 변변하지 않다 | 변변찮다 |

>>핵심예제

**05 밑줄 친 부분의 맞춤법이 바르지 않은 것은?**

① 사례금은 <u>섭섭잖게</u> 넣었습니다.

② 너 혼자 하기에는 <u>만만찮은</u> 일이다.

③ <u>변변찮은</u> 반찬이지만 맛있게 먹었다.

④ <u>그렇찮아도</u> 이야기를 하려던 참이다.

⑤ 아파트를 짓는 데 <u>적잖은</u> 난관이 예상된다.

**[해설]**

한글 맞춤법 제39항에 따르면, 어미 '-지' 뒤에 '않-'이 어울려 '-잖-'이 될 적과 '-하지' 뒤에 '않-'이 어울려 '-찮-'이 될 적에는 준 대로 적는다. 따라서 ④는 '그렇잖아도'로 적는 것이 맞다.

**[오답 피하기]**

①은 한글 맞춤법 제40항과 제39항이 동시에 적용된 예이다. 즉, '섭섭하지 않게'는 제40항에 의해 어간의 끝음절 '하'가 아주 줄어든 형태인 '섭섭지 않게'로 적은 후, 제39항에 의해 '섭섭잖게'로 적는 것이다.

**[정답]** ④

**제40항** 어간의 끝 음절 '하'의 'ㅏ'가 줄고 'ㅎ'이 다음 음절의 첫소리와 어울려 거센소리로 될 적에는 거센소리로 적는다.

| 본 말 | 준 말 | 본 말 | 준 말 |
|---|---|---|---|
| 간편하게 | 간편케 | 다정하다 | 다정타 |
| 연구하도록 | 연구토록 | 정결하다 | 정결타 |

[붙임 1] 'ㅎ'이 어간의 끝소리로 굳어진 것은 받침으로 적는다.

예 않다 않고 않지 않든지 그렇다 그렇고 그렇지 그렇든지

[붙임 2] 어간의 끝 음절 '하'가 아주 줄 적에는 준 대로 적는다.

| 본 말 | 준 말 | 본 말 | 준 말 | 본 말 | 준 말 |
|---|---|---|---|---|---|
| 거북하지 | 거북지 | 넉넉하지 않다 | 넉넉지 않다 | 생각하건대 | 생각건대 |
| 깨끗하지 않다 | 깨끗지 않다 | 익숙하지 않다 | 익숙지 않다 | 못하지 않다 | 못지않다 |
| 생각하다 못해 | 생각다 못해 | 섭섭하지 않다 | 섭섭지 않다 | | |

[붙임 3] 다음과 같은 부사는 소리대로 적는다.

예 결단코 결코 기필코 무심코 아무튼 요컨대 하여튼

**06** 밑줄 친 부분의 맞춤법이 바르지 <u>않은</u> 것은?

① <u>아무튼</u> 내일 전화해라.

② 나는 그런 일이 <u>익숙치</u> 않다.

③ 내가 그 정도로 <u>무심치</u>는 않다.

④ <u>청컨대</u> 이 땅을 제게 주십시오.

⑤ 헤어진 연인과 만나는 것이 <u>거북지</u> 않니?

**해설**

한글 맞춤법 제40항에 따르면 어간의 끝 음절 '하'의 'ㅏ'가 줄고 'ㅎ'이 다음 음절의 첫소리와 어울려 거센소리로 될 적에는 거센소리로 적고, 어간의 끝 음절 '하'가 아주 줄 적에는 준 대로 적는다. 유성음(모음과 ㄴ, ㄹ, ㅁ, ㅇ) 뒤에서는 끝 음절 '하'의 'ㅏ'가 줄고 'ㅎ'이 다음 음절의 첫소리와 어울려 거센소리로 되고, 무성음(ㄴ, ㄹ, ㅁ, ㅇ을 제외한 자음) 뒤에서는 어간의 끝 음절 '하'가 아주 줄어든다. ②는 '익숙하지'의 준말로 무성음인 ㄱ 뒤에 '하'가 왔으므로 '하'가 아주 줄어든 형태인 '익숙지'가 맞다.

**오답 피하기**

①에서 부사 '아무튼'은 소리대로 '아무튼'이라고 적는다.

**정답** ②

## 제5장 띄어쓰기

### 제1절 조사

**제41항** 조사는 그 앞말에 붙여 쓴다.

예 꽃이  꽃마저  꽃밖에  꽃에서부터  꽃이다

### 제2절 의존 명사, 단위를 나타내는 명사 및 열거하는 말

**제42항** 의존 명사는 띄어 쓴다.

예 아는 것이 힘이다.  나도 할 수 있다.  먹을 만큼 먹어라.  아는 이를 만났다.

**제43항** 단위를 나타내는 명사는 띄어 쓴다.

예 한 개  차 한 대  금 서 돈  소 한 마리  옷 한 벌  열 살

다만, 순서를 나타내는 경우나 숫자와 어울리어 쓰이는 경우에는 붙여 쓸 수 있다.

예 두시 삼십분 오초  제일과  삼학년  육층  2011년 5월 7일

**제44항** 수를 적을 적에는 '만(萬)' 단위로 띄어 쓴다.

예 십이억 삼천사백오십육만 칠천팔백구십팔  12억 3456만 7898

**제45항** 두 말을 이어 주거나 열거할 적에 쓰이는 말들은 띄어 쓴다.

예 국장 겸 과장  열 내지 스물  청군 대 백군  책상, 걸상 등이 있다

**제46항** 단음절로 된 단어가 연이어 나타날 적에는 붙여 쓸 수 있다.

예 좀더 큰것  이말 저말  한잎 두잎

### 제3절 보조 용언

**제47항** 보조 용언은 띄어 씀을 원칙으로 하되, 경우에 따라 붙여 씀도 허용한다.

예 불이 꺼져 간다.(원칙)  불이 꺼져간다.(허용)

다만, 앞말에 조사가 붙거나 앞말이 합성 용언인 경우, 그리고 중간에 조사가 들어갈 적에는 그 뒤에 오는 보조 용언은 띄어 쓴다.

예 잘도 놀아만 나는구나!(○)  잘도 놀아만나는구나!(×)

## 제4절 고유 명사 및 전문 용어

**제48항** 성과 이름, 성과 호 등은 붙여 쓰고, 이에 덧붙는 호칭어, 관직명 등은 띄어 쓴다.

예 김양수(金陽洙)  서화담(徐花潭)  채영신 씨  최치원 선생  박동식 박사

다만, 성과 이름, 성과 호를 분명히 구분할 필요가 있을 경우에는 띄어 쓸 수 있다.

예 남궁억/남궁 억  독고준/독고 준

**제49항** 성명 이외의 고유 명사는 단어별로 띄어 씀을 원칙으로 하되, 단위별로 붙여 쓸 수 있다.

예 대한 중학교(원칙)  대한중학교(허용)

**제50항** 전문 용어는 단어별로 띄어 씀을 원칙으로 하되, 붙여 쓸 수 있다.

예 만성 골수성 백혈병(원칙)  만성골수성백혈병(허용)

>>핵심예제

**07 밑줄 친 부분의 띄어쓰기가 바르지 않은 것은?**

① 눈이 내릴 <u>듯하다</u>.
② <u>나만큼</u> 너를 사랑하는 사람은 없다.
③ 네 자신이 <u>말한 대로</u> 행동해야 한다.
④ 잡고 싶은 순간은 금세 <u>흘러가버린다</u>.
⑤ 송년 모임에 가봤자 <u>먹기밖에</u> 하지 않는다.

**해설**
한글 맞춤법 제47항에 의하여, 보조 용언은 띄어 씀을 원칙으로 하되, 경우에 따라 붙여 씀도 허용한다. 단, 앞말이 합성 용언인 경우 그 뒤에 오는 보조 용언은 띄어 쓴다. ④는 합성 동사(흘러가다) 뒤에 보조 용언 '버리다'가 왔으므로 '흘러가 버린다'로 적어야 한다.

**오답 피하기**
① '듯하다'는 앞말이 뜻하는 사건이나 상태 따위를 짐작하거나 추측함을 나타내는 보조 용언이므로 앞말과 띄어 쓰는 것이 원칙이고, 붙여 씀도 허용한다.
②·③ '만큼'과 '대로'는 조사로 쓰일 때는 앞말에 붙여 쓰고 의존 명사로 쓰일 때는 띄어 쓰는데, '나만큼'에서는 조사로 쓰였고 '말한 대로'에서는 의존 명사로 쓰였으므로 띄어쓰기가 바르다.
⑤ '밖에'는 주로 체언이나 명사형 어미 뒤에 붙어 '그것 말고는', '그것 이외에는'의 뜻을 나타내는 조사로 앞말에 붙여 쓴다. (한편, '일정한 한도나 범위에 들지 않는 나머지 다른 부분이나 일'을 나타내는 '밖'은 명사이다. 예 희망자는 너 밖에도 여러 명이 있다.)

**정답** ④

## 제6장 그 밖의 것

**제51항** 부사의 끝 음절이 분명히 '이'로만 나는 것은 '-이'로 적고, '히'로만 나거나 '이', '히'로 나는 것은 '-히'로 적는다.

1. '이'로만 나는 것

   예 가붓이  깨끗이  느긋이  따뜻이  반듯이  버젓이  번번이  틈틈이

2. '히'로만 나는 것

   예 극히  급히  딱히  속히  작히  족히  특히  엄격히  정확히

3. '이, 히'로 나는 것

   예 솔직히  가만히  간편히  무단히  각별히  꼼꼼히  섭섭히  고요히

**제52항** 한자어에서 본음으로도 나고 속음으로도 나는 것은 각각 그 소리에 따라 적는다.

| 본음으로 나는 것 | 속음으로 나는 것 |
|---|---|
| 승낙(承諾) | 수락(受諾), 쾌락(快諾), 허락(許諾) |
| 분노(忿怒) | 대로(大怒), 희로애락(喜怒哀樂) |
| 오륙십(五六十) | 오뉴월, 유월(六月) |
| 십일(十日) | 시방정토(十方淨土), 시왕(十王), 시월(十月) |

>>**핵심예제**

**08  밑줄 친 부분의 맞춤법이 바르지 <u>않은</u> 것은?**

① <u>오뉴월(五六月)</u> 감기는 개도 아니 걸린다.

② 그는 <u>대로(大怒)</u>하여 큰 소리로 고함을 질렀다.

③ <u>초파일(初八日)</u>을 맞이한 거리의 풍경이 아름다웠다.

④ 어머님이 <u>승낙(承諾)</u>만 해 주신다면 무슨 일이든지 하겠습니다.

⑤ 한 편의 연극 속에는 인생의 <u>희노애락(喜怒哀樂)</u>이 모두 담겨 있다.

**해설**
한글 맞춤법 제52항에 의하여, 한자어에서 본음으로도 나고 속음으로도 나는 것은 각각 그 소리에 따라 적는다. 따라서 ⑤는 '희로애락'으로 적는다.

**오답 피하기**
① · ② · ③은 속음으로 나는 것을 표기에 반영하였고, ④는 본음으로 나는 것을 표기에 반영하였다.

**정답** ⑤

**제53항** 다음과 같은 어미는 예사소리로 적는다.

예 -(으)ㄹ거나: 할거나  -(으)ㄹ걸: 할걸  -(으)ㄹ게: 할게  -(으)ㄹ세: 할세라  -(으)ㄹ지: 할지  -(으)ㄹ지라도: 할지라도
　-(으)ㄹ지언정: 할지언정  -(으)ㄹ진저: 할진저  -(으)ㄹ수록: 할수록  -(으)ㄹ진대: 할진대  -올시다: 하올시다

다만, 의문을 나타내는 다음 어미들은 된소리로 적는다.

예 -(으)ㄹ까?: 할까?  -(으)ㄹ꼬?: 할꼬?  -(으)리까?: 하리까?  -(으)ㄹ쏘냐?: 할쏘냐?  -(스)ㅂ니까?: 합니까?

>>핵심예제

**09 밑줄 친 부분의 맞춤법이 바른 것은?**

① 그런 뜻이 <u>아니올씨다</u>.
② 그 일은 내가 알아서 <u>할께</u>.
③ 이 사태를 어찌 바로잡아야 <u>할꼬</u>?
④ 이럴 줄 알았으면 더 열심히 <u>공부할껄</u>.
⑤ 굶어 <u>죽을찌언정</u> 불의에 굴복하진 않겠다.

**해설**
한글 맞춤법 제53항에 의하여 ①·②·④·⑤의 어미는 예사소리로 적으므로 '아니올시다. 할게. 공부할걸. 죽을지언정'이 맞다.

**정답** ③

**제54항** 다음과 같은 접미사는 된소리로 적는다.

예 심부름꾼 귀때기 볼때기 뒤꿈치 장난꾼 지게꾼 때깔 코빼기 빛깔 겸연쩍다

**제55항** 두 가지로 구별하여 적던 다음 말들은 한 가지로 적는다.

예 맞추다(입을 맞춘다. 양복을 맞춘다.)(○) 마추다(X)  뻗치다(다리를 뻗친다. 멀리 뻗친다.)(○) 뻐치다(X)

**제56항** '-더라, -던'과 '-든지'는 다음과 같이 적는다.

1. 지난 일을 나타내는 어미는 '-더라, -던'으로 적는다.

   예 지난겨울은 몹시 춥더라.

2. 물건이나 일의 내용을 가리지 아니하는 뜻을 나타내는 조사와 어미는 '-든지'로 적는다.

   예 주든지 말든지 마음대로 해.

**제57항** 다음 말들은 각각 구별하여 적는다.

| 가름 | 둘로 가름. | 시키다 | 일을 시킨다. |
| 갈음 | 새 책상으로 갈음하였다. | 식히다 | 끓인 물을 식힌다. |
| 거름 | 풀을 썩힌 거름 | 아름 | 세 아름 되는 둘레 |
| 걸음 | 빠른 걸음 | 알음 | 예전에 알음이 있던 사이 |
| | | 앎 | 앎이 힘이다. |
| 거치다 | 영월을 거쳐 왔다. | 안치다 | 밥을 안친다. |
| 걷히다 | 외상값이 잘 걷힌다. | 앉히다 | 윗자리에 앉힌다. |
| 걷잡다 | 걷잡을 수 없는 상태 | 어름 | 경계선 어름에서 일어난 현상 |
| 겉잡다 | 겉잡아서 이틀 걸릴 일 | 얼음 | 얼음이 얼었다. |
| 그러므로 | 그는 부지런하다. 그러므로 잘산다. | 이따가 | 이따가 오너라. |
| 그럼으로(써) | 그는 열심히 공부한다. 그럼으로(써) 은혜에 보답한다. | 있다가 | 돈은 있다가도 없다. |
| 노름 | 노름판이 벌어졌다. | 저리다 | 다리가 저린다. |
| 놀음 | 즐거운 놀음 | 절이다 | 배추를 절인다. |

| | | | |
|---|---|---|---|
| 느리다<br>늘이다<br>늘리다 | 진도가 너무 느리다.<br>고무줄을 늘인다.<br>수출량을 더 늘린다. | 조리다<br>졸이다 | 생선을 조린다.<br>마음을 졸인다. |
| 다리다<br>달이다 | 옷을 다린다.<br>약을 달인다. | 주리다<br>줄이다 | 여러 날을 주렸다.<br>비용을 줄인다. |
| 다치다<br>닫히다<br>닫치다 | 부주의로 손을 다쳤다.<br>문이 저절로 닫혔다.<br>문을 힘껏 닫쳤다. | 하노라고<br>하느라고 | 하노라고 한 것이 이 모양이다.<br>공부하느라고 밤을 새웠다. |
| 마치다<br>맞히다 | 벌써 일을 마쳤다.<br>여러 문제를 더 맞혔다. | −느니보다<br>−는 이보다 | 찾아오느니보다 집에 있거라.(어미)<br>오는 이가 가는 이보다 많다.(의존<br>명사) |
| 목거리<br>목걸이 | 목거리가 덧났다.<br>금목걸이 | −(으)리만큼<br>−(으)ㄹ 이만큼 | 나를 미워하리만큼 그에게 잘못한<br>일이 없다.(어미)<br>찬성할 이도 반대할 이만큼이나 많을<br>것이다.(의존 명사) |
| 바치다<br>받치다<br>받히다<br>밭치다<br>바치다<br>받치다<br>받히다<br>밭치다 | 나라를 위해 목숨을 바쳤다.<br>우산을 받치고 간다.<br>쇠뿔에 받혔다.<br>술을 체에 밭친다.<br>나라를 위해 목숨을 바쳤다.<br>우산을 받치고 간다.<br>쇠뿔에 받혔다.<br>술을 체에 밭친다. | −(으)러<br>−(으)려 | 공부하러 간다.(목적)<br>서울 가려 한다.(의도) |
| | | −(으)로서<br>−(으)로써 | 사람으로서 그럴 수는 없다.(자격)<br>닭으로써 꿩을 대신했다.(수단) |
| 반드시<br>반듯이 | 약속은 반드시 지켜라.<br>고개를 반듯이 들어라. | −(으)므로<br>(−ㅁ, −음)<br>으로(써) | 그가 나를 믿으므로 나도 그를 믿는다.<br>(어미)<br>그는 믿음으로(써) 산 보람을 느꼈다.<br>(조사) |
| 부딪치다<br>부딪히다 | 차와 차가 마주 부딪쳤다.<br>마차가 화물차에 부딪혔다. | | |
| 부치다<br>붙이다 | 힘이 부치는 일이다. 편지를 부친다. 논을 부친다. 빈대떡을 부친다.<br>식목일에 부치는 글. 회의에 부치는 안건. 사촌 집에 숙식을 부친다.<br>우표를 붙인다. 책상을 벽에 붙였다. 흥정을 붙인다. 불을 붙인다. 감시원을 붙인다.<br>조건을 붙인다. 취미를 붙인다. 별명을 붙인다. | | |

>>핵심예제

**10 밑줄 친 부분의 맞춤법이 바르지 않은 것은?**

① 그 사안을 표결에 <u>부쳤다</u>.
② 강한 바람엔 창문이 <u>닫혔다</u>.
③ 야채를 씻어 체에 <u>밭쳐</u> 놓았다.
④ 여러 날을 <u>주린</u> 후 먹는 밥이었다.
⑤ <u>하느라고</u> 했는데 결과가 좋지 않았다.

**해설**

⑤에서 '-노라고'는 화자가 자신의 행동에 대한 의도나 목적을 나타내는 연결 어미로 '자기 나름으로는 한다고'란 뜻을 표시하며, '-느라고'는 앞 절의 사태가 뒤 절의 사태에 목적이나 원인이 됨을 나타내는 연결 어미이다. 따라서 ⑤는 '하노라고'로 고쳐야 한다.

**오답 피하기**

① 부치다: 어떤 문제를 의논 대상으로 내놓다.
② 닫히다: '닫다'의 피동사.
③ 밭치다: 구멍이 뚫린 물건 위에 국수나 야채 따위를 올려 물기를 빼다.
④ 주리다: 제대로 먹지 못하여 배를 곯다.

**정답** ⑤

## 문장 부호

1988년 「한글 맞춤법」 규정의 부록으로 처음 선을 보였던 〈문장 부호〉가 26년 만에 새 옷을 입었다. 문화체육관광부(장관 김종덕, 이하 문체부)는 2014년 10월 27일 〈문장 부호〉 용법을 보완하는 것을 주요 내용으로 하는 「한글 맞춤법」 일부 개정안을 고시했다. 시행은 2015년 1월 1일부터다.

문장 부호는 글에서 문장의 구조를 드러내거나 글쓴이의 의도를 전달하기 위하여 사용하는 부호이다. 문장 부호의 이름과 사용법은 다음과 같이 정한다.

### 1. 마침표( . )

**(1) 서술, 명령, 청유 등을 나타내는 문장의 끝에 쓴다.**

예 젊은이는 나라의 기둥입니다.   제 손을 꼭 잡으세요. 집으로 돌아갑시다.   가는 말이 고와야 오는 말이 곱다.

[붙임 1] 직접 인용한 문장의 끝에는 쓰는 것을 원칙으로 하되, 쓰지 않는 것을 허용한다.(ㄱ을 원칙으로 하고, ㄴ을 허용함.)

예 ㄱ. 그는 "지금 바로 떠나자."라고 말하며 서둘러 짐을 챙겼다. ㄴ. 그는 "지금 바로 떠나자"라고 말하며 서둘러 짐을 챙겼다.

[붙임 2] 용언의 명사형이나 명사로 끝나는 문장에는 쓰는 것을 원칙으로 하되, 쓰지 않는 것을 허용한다.(ㄱ을 원칙으로 하고, ㄴ을 허용함.)

예 ㄱ. 목적을 이루기 위하여 몸과 마음을 다하여 애를 씀.        ㄴ. 목적을 이루기 위하여 몸과 마음을 다하여 애를 씀
    ㄱ. 결과에 연연하지 않고 끝까지 최선을 다하기.              ㄴ. 결과에 연연하지 않고 끝까지 최선을 다하기
    ㄱ. 신입 사원 모집을 위한 기업 설명회 개최.                ㄴ. 신입 사원 모집을 위한 기업 설명회 개최
    ㄱ. 내일 오전까지 보고서를 제출할 것.                      ㄴ. 내일 오전까지 보고서를 제출할 것

다만, 제목이나 표어에는 쓰지 않음을 원칙으로 한다.

　　예 압록강은 흐른다　꺼진 불도 다시 보자　건강한 몸 만들기

## (2) 아라비아 숫자만으로 연월일을 표시할 때 쓴다.

　　예 1919. 3. 1.　10. 1.~10. 12.

## (3) 특정한 의미가 있는 날을 표시할 때 월과 일을 나타내는 아라비아 숫자 사이에 쓴다.

　　예 3.1 운동　8.15 광복

[붙임] 이때는 마침표 대신 가운뎃점을 쓸 수 있다.

　　예 3·1 운동　8·15 광복

## (4) 장, 절, 항 등을 표시하는 문자나 숫자 다음에 쓴다.

　　예 가. 인명　ㄱ. 머리말　Ⅰ. 서론　1. 연구 목적

[붙임] '마침표' 대신 '온점'이라는 용어를 쓸 수 있다.

## 2. 물음표( ? )

### (1) 의문문이나 의문을 나타내는 어구의 끝에 쓴다.

　　예 점심 먹었어?　　　　　　　　　　　　　　　이번에 가시면 언제 돌아오세요?
　　　제가 부모님 말씀을 따르지 않을 리가 있겠습니까?　　남북이 통일되면 얼마나 좋을까?
　　　다섯 살짜리 꼬마가 이 멀고 험한 곳까지 혼자 왔다?　지금?
　　　뭐라고?　　　　　　　　　　　　　　　　　네?

[붙임 1] 한 문장 안에 몇 개의 선택적인 물음이 이어질 때는 맨 끝의 물음에만 쓰고, 각 물음이 독립적일 때는 각
　　　　물음의 뒤에 쓴다.

　　예 너는 중학생이냐, 고등학생이냐?
　　　너는 여기에 언제 왔니? 어디서 왔니? 무엇하러 왔니?

[붙임 2] 의문의 정도가 약할 때는 물음표 대신 마침표를 쓸 수 있다.

　　예 도대체 이 일을 어쩐단 말이냐.
　　　이것이 과연 내가 찾던 행복일까.

다만, 제목이나 표어에는 쓰지 않음을 원칙으로 한다.

　　예 역사란 무엇인가　아직도 담배를 피우십니까

## (2) 특정한 어구의 내용에 대하여 의심, 빈정거림 등을 표시할 때, 또는 적절한 말을 쓰기 어려울 때 소괄호 안에 쓴다.

　　예 우리와 의견을 같이할 사람은 최 선생(?) 정도인 것 같다.
　　　30점이라, 거참 훌륭한(?) 성적이군.
　　　우리 집 강아지가 가출(?)을 했어요.

## (3) 모르거나 불확실한 내용임을 나타낼 때 쓴다.

　　예 최치원(857~?)은 통일 신라 말기에 이름을 떨쳤던 학자이자 문장가이다.
　　　조선 시대의 시인 강백(1690?~1777?)의 자는 자청이고, 호는 우곡이다.

## 3. 느낌표( ! )

### (1) 감탄문이나 감탄사의 끝에 쓴다.

> 예 이거 정말 큰일이 났구나!                                   어머!

[붙임] 감탄의 정도가 약할 때는 느낌표 대신 쉼표나 마침표를 쓸 수 있다.

> 예 어, 벌써 끝났네.                                      날씨가 참 좋군.

### (2) 특별히 강한 느낌을 나타내는 어구, 평서문, 명령문, 청유문에 쓴다.

> 예 청춘! 이는 듣기만 하여도 가슴이 설레는 말이다.              이야, 정말 재밌다!
> 지금 즉시 대답해!                                       앞만 보고 달리자!

### (3) 물음의 말로 놀람이나 항의의 뜻을 나타내는 경우에 쓴다.

> 예 이게 누구야!                                          내가 왜 나빠!

### (4) 감정을 넣어 대답하거나 다른 사람을 부를 때 쓴다.

> 예 네!                                                   네, 선생님!
> 흥부야!                                                 언니!

## 4. 쉼표( , )

### (1) 같은 자격의 어구를 열거할 때 그 사이에 쓴다.

> 예 근면, 검소, 협동은 우리 겨레의 미덕이다.
> 충청도의 계룡산, 전라도의 내장산, 강원도의 설악산은 모두 국립 공원이다.
> 집을 보러 가면 그 집이 내가 원하는 조건에 맞는지, 살기에 편한지, 망가진 곳은 없는지 확인해야 한다.
> 5보다 작은 자연수는 1, 2, 3, 4이다.

다만, (가) 쉼표 없이도 열거되는 사항임이 쉽게 드러날 때는 쓰지 않을 수 있다.

> 예 아버지 어머니께서 함께 오셨어요.
> 네 돈 내 돈 다 합쳐 보아야 만 원도 안 되겠다.

(나) 열거할 어구들을 생략할 때 사용하는 줄임표 앞에는 쉼표를 쓰지 않는다.

> 예 광역시: 광주, 대구, 대전……

### (2) 짝을 지어 구별할 때 쓴다.

> 예 닭과 지네, 개와 고양이는 상극이다.

### (3) 이웃하는 수를 개략적으로 나타낼 때 쓴다.

> 예 5, 6세기                                              6, 7, 8개

### (4) 열거의 순서를 나타내는 어구 다음에 쓴다.

> 예 첫째, 몸이 튼튼해야 한다.                               마지막으로, 무엇보다 마음이 편해야 한다.

### (5) 문장의 연결 관계를 분명히 하고자 할 때 절과 절 사이에 쓴다.

> 예 콩 심은 데 콩 나고, 팥 심은 데 팥 난다.
> 저는 신뢰와 정직을 생명과 같이 여기고 살아온바, 이번 비리 사건과는 무관하다는 점을 분명히 밝힙니다.
> 떡국은 설날의 대표적인 음식인데, 이걸 먹어야 비로소 나이도 한 살 더 먹는다고 한다.

(6) 같은 말이 되풀이되는 것을 피하기 위하여 일정한 부분을 줄여서 열거할 때 쓴다.

　　예 여름에는 바다에서, 겨울에는 산에서 휴가를 즐겼다.

(7) 부르거나 대답하는 말 뒤에 쓴다.

　　예 지은아, 이리 좀 와 봐.　　　　　　　　　　　　　　　네, 지금 가겠습니다.

(8) 한 문장 안에서 앞말을 '곧', '다시 말해' 등과 같은 어구로 다시 설명할 때 앞말 다음에 쓴다.

　　예 책의 서문, 곧 머리말에는 책을 지은 목적이 드러나 있다.

　　원만한 인간관계는 말과 관련한 예의, 즉 언어 예절을 갖추는 것에서 시작된다.

　　호준이 어머니, 다시 말해 나의 누님은 올해로 결혼한 지 20년이 된다.

　　나에게도 작은 소망, 이를테면 나만의 정원을 가졌으면 하는 소망이 있어.

(9) 문장 앞부분에서 조사 없이 쓰인 제시어나 주제어의 뒤에 쓴다.

　　예 돈, 돈이 인생의 전부이더냐?

　　열정, 이것이야말로 젊은이의 가장 소중한 자산이다.

　　지금 네가 여기 있다는 것, 그것만으로도 나는 충분히 행복해.

　　저 친구, 저러다가 큰일 한번 내겠어.

　　그 사실, 넌 알고 있었지?

(10) 한 문장에 같은 의미의 어구가 반복될 때 앞에 오는 어구 다음에 쓴다.

　　예 그의 애국심, 몸을 사리지 않고 국가를 위해 헌신한 정신을 우리는 본받아야 한다.

(11) 도치문에서 도치된 어구들 사이에 쓴다.

　　예 이리 오세요, 어머님.　　　　　　　　　　　　　다시 보자, 한강수야.

(12) 바로 다음 말과 직접적인 관계에 있지 않음을 나타낼 때 쓴다.

　　예 갑돌이는, 울면서 떠나는 갑순이를 배웅했다.

　　철원과, 대관령을 중심으로 한 강원도 산간 지대에 예년보다 일찍 첫눈이 내렸습니다.

(13) 문장 중간에 끼어든 어구의 앞뒤에 쓴다.

　　예 나는, 솔직히 말하면, 그 말이 별로 탐탁지 않아.

　　영호는 미소를 띠고, 속으로는 화가 치밀어 올라 잠시라도 견딜 수 없을 만큼 괴로웠지만, 그들을 맞았다.

　　[붙임 1] 이때는 쉼표 대신 줄표를 쓸 수 있다.

　　예 나는—솔직히 말하면—그 말이 별로 탐탁지 않아.

　　영호는 미소를 띠고—속으로는 화가 치밀어 올라 잠시라도 견딜 수 없을 만큼 괴로웠지만—그들을 맞았다.

　　[붙임 2] 끼어든 어구 안에 다른 쉼표가 들어 있을 때는 쉼표 대신 줄표를 쓴다.

　　예 이건 내 것이니까—아니, 내가 처음 발견한 것이니까—절대로 양보할 수가 없다.

(14) 특별한 효과를 위해 끊어 읽는 곳을 나타낼 때 쓴다.

　　예 내가, 정말 그 일을 오늘 안에 해낼 수 있을까?

　　이 전투는 바로 우리가, 우리만이, 승리로 이끌 수 있다.

**(15) 짧게 더듬는 말을 표시할 때 쓴다.**

선생님, 부, 부정행위라니요? 그런 건 새, 생각조차 하지 않았습니다.

[붙임] '쉼표' 대신 '반점'이라는 용어를 쓸 수 있다.

## 5. 가운뎃점( · )

**(1) 열거할 어구들을 일정한 기준으로 묶어서 나타낼 때 쓴다.**

예 민수 · 영희, 선미 · 준호가 서로 짝이 되어 윷놀이를 하였다.

지금의 경상남도 · 경상북도, 전라남도 · 전라북도, 충청남도 · 충청북도 지역을 예부터 삼남이라 일러 왔다.

**(2) 짝을 이루는 어구들 사이에 쓴다.**

예 한(韓) · 이(伊) 양국 간의 무역량이 늘고 있다.

우리는 그 일의 참 · 거짓을 따질 겨를도 없었다.

하천 수질의 조사 · 분석

빨강 · 초록 · 파랑이 빛의 삼원색이다.

다만, 이때는 가운뎃점을 쓰지 않거나 쉼표를 쓸 수도 있다.

예 한(韓) 이(伊) 양국 간의 무역량이 늘고 있다.

우리는 그 일의 참 거짓을 따질 겨를도 없었다.

하천 수질의 조사, 분석

빨강, 초록, 파랑이 빛의 삼원색이다.

**(3) 공통 성분을 줄여서 하나의 어구로 묶을 때 쓴다.**

예 상 · 중 · 하위권　　　　　　금 · 은 · 동메달　　　　　　통권 제54 · 55 · 56호

[붙임] 이때는 가운뎃점 대신 쉼표를 쓸 수 있다.

예 상, 중, 하위권　　　　　　금, 은, 동메달　　　　　　통권 제54, 55, 56호

## 6. 쌍점( : )

**(1) 표제 다음에 해당 항목을 들거나 설명을 붙일 때 쓴다.**

예 문방사우: 종이, 붓, 먹, 벼루

일시: 2014년 10월 9일 10시

흔하진 않지만 두 자로 된 성씨도 있다.(예: 남궁, 선우, 황보)

올림표(#): 음의 높이를 반음 올릴 것을 지시한다.

**(2) 희곡 등에서 대화 내용을 제시할 때 말하는 이와 말한 내용 사이에 쓴다.**

예 김 과장: 난 못 참겠다.

아들: 아버지, 제발 제 말씀 좀 들어 보세요.

**(3) 시와 분, 장과 절 등을 구별할 때 쓴다.**

예 오전 10:20(오전 10시 20분)

두시언해 6:15(두시언해 제6권 제15장)

**(4) 의존 명사 '대'가 쓰일 자리에 쓴다.**

예 65:60(65 대 60)　　　　　　　　　청군:백군(청군 대 백군)

[붙임] 쌍점의 앞은 붙여 쓰고 뒤는 띄어 쓴다. 다만, (3)과 (4)에서는 쌍점의 앞뒤를 붙여 쓴다.

## 7. 빗금( / )

**(1) 대비되는 두 개 이상의 어구를 묶어 나타낼 때 그 사이에 쓴다.**

> 예 먹이다/먹히다
> 남반구/북반구
> 금메달/은메달/동메달
> (　　)이/가 우리나라의 보물 제1호이다.

**(2) 기준 단위당 수량을 표시할 때 해당 수량과 기준 단위 사이에 쓴다.**

> 예 100미터/초　　　　　　　　　　　　　　　　　　1,000원/개

**(3) 시의 행이 바뀌는 부분임을 나타낼 때 쓴다.**

> 예 산에 / 산에 / 피는 꽃은 / 저만치 혼자서 피어 있네

다만, 연이 바뀜을 나타낼 때는 두 번 겹쳐 쓴다.

> 예 산에는 꽃 피네 / 꽃이 피네 / 갈 봄 여름 없이 / 꽃이 피네 // 산에 / 산에 / 피는 꽃은 / 저만치 혼자서 피어 있네

[붙임] 빗금의 앞뒤는 (1)과 (2)에서는 붙여 쓰며, (3)에서는 띄어 쓰는 것을 원칙으로 하되 붙여 쓰는 것을 허용한다. 단, (1)에서 대비되는 어구가 두 어절 이상인 경우에는 빗금의 앞뒤를 띄어 쓸 수 있다.

## 8. 큰따옴표(" ")

**(1) 글 가운데서 직접 대화를 표시할 때 쓴다.**

> 예 "어머니, 제가 가겠어요."　　　　　　　　　　　"아니다. 내가 다녀오마."

**(2) 말이나 글을 직접 인용할 때 쓴다.**

> 예 나는 "어, 광훈이 아니냐?" 하는 소리에 깜짝 놀랐다.
> 밤하늘에 반짝이는 별들을 보면서 "나는 아무 걱정도 없이 가을 속의 별들을 다 헬 듯합니다."라는 시구를 떠올렸다.
> 편지의 끝머리에는 이렇게 적혀 있었다.
> "할머니, 편지에 사진을 동봉했다고 하셨지만 봉투 안에는 아무것도 없었어요."

## 9. 작은따옴표(' ')

**(1) 인용한 말 안에 있는 인용한 말을 나타낼 때 쓴다.**

> 예 그는 "여러분! '시작이 반이다.'라는 말 들어 보셨죠?"라고 말하며 강연을 시작했다.

**(2) 마음속으로 한 말을 적을 때 쓴다.**

> 예 나는 '일이 다 틀렸나 보군.' 하고 생각하였다.
> '이번에는 꼭 이기고야 말겠어.' 호연이는 마음속으로 몇 번이나 그렇게 다짐하며 주먹을 불끈 쥐었다.

## 10. 소괄호(( ))

**(1) 주석이나 보충적인 내용을 덧붙일 때 쓴다.**

> 예 니체(독일의 철학자)의 말을 빌리면 다음과 같다.
> 2014. 12. 19.(금)
> 문인화의 대표적인 소재인 사군자(매화, 난초, 국화, 대나무)는 고결한 선비 정신을 상징한다.

**(2) 우리말 표기와 원어 표기를 아울러 보일 때 쓴다.**

> 예 기호(嗜好), 자세(姿勢)　　　　　　　　　　　커피(coffee), 에티켓(étiquette)

**(3) 생략할 수 있는 요소임을 나타낼 때 쓴다.**

> 예 학교에서 동료 교사를 부를 때는 이름 뒤에 '선생(님)'이라는 말을 덧붙인다.
>
> 광개토(대)왕은 고구려의 전성기를 이끌었던 임금이다.

**(4) 희곡 등 대화를 적은 글에서 동작이나 분위기, 상태를 드러낼 때 쓴다.**

> 예 현우: (가쁜 숨을 내쉬며) 왜 이렇게 빨리 뛰어?
>
> "관찰한 것을 쓰는 것이 습관이 되었죠. 그러다 보니, 상상력이 생겼나 봐요."(웃음)

**(5) 내용이 들어갈 자리임을 나타낼 때 쓴다.**

> 예 우리나라의 수도는 (   )이다.
>
> 민수가 할아버지(   ) 꽃을 드렸다.

**(6) 항목의 순서나 종류를 나타내는 숫자나 문자 등에 쓴다.**

> 예 사람의 인격은 (1) 용모, (2) 언어, (3) 행동, (4) 덕성 등으로 표현된다.
>
> (가) 동해, (나) 서해, (다) 남해

## 11. 중괄호({   })

**(1) 같은 범주에 속하는 여러 요소를 세로로 묶어서 보일 때 쓴다.**

> 예 주격 조사 $\left\{\begin{array}{l}\text{이}\\\text{가}\end{array}\right\}$
>
> 국가의 성립 요소 $\left\{\begin{array}{l}\text{영토}\\\text{국민}\\\text{주권}\end{array}\right\}$

**(2) 열거된 항목 중 어느 하나가 자유롭게 선택될 수 있음을 보일 때 쓴다.**

> 예 아이들이 모두 학교{에, 로, 까지} 갔어요.

## 12. 대괄호([   ])

**(1) 괄호 안에 또 괄호를 쓸 필요가 있을 때 바깥쪽의 괄호로 쓴다.**

> 예 어린이날이 새로 제정되었을 당시에는 어린이들에게 경어를 쓰라고 하였다.[윤석중 전집(1988), 70쪽 참조]
>
> 이번 회의에는 두 명[이혜정(실장), 박철용(과장)]만 빼고 모두 참석했습니다.

**(2) 고유어에 대응하는 한자어를 함께 보일 때 쓴다.**

> 예 나이[年歲]          낱말[單語]          손발[手足]

**(3) 원문에 대한 이해를 돕기 위해 설명이나 논평 등을 덧붙일 때 쓴다.**

> 예 그것[한글]은 이처럼 정보화 시대에 알맞은 과학적인 문자이다.
>
> 신경준의 ≪여암전서≫에 "삼각산은 산이 모두 돌 봉우리인데, 그 으뜸 봉우리를 구름 위에 솟아 있다고 백운(白雲)이라 하며 [이하 생략]"
>
> 그런 일은 결코 있을 수 없다.[원문에는 '업다'임.]

## 13. 겹낫표(『   』)와 겹화살괄호(≪   ≫)

**책의 제목이나 신문 이름 등을 나타낼 때 쓴다.**

> 예 우리나라 최초의 민간 신문은 1896년에 창간된 『독립신문』이다.
>
> 『훈민정음』은 1997년에 유네스코 세계 기록 유산으로 지정되었다.
>
> ≪한성순보≫는 우리나라 최초의 근대 신문이다.

윤동주의 유고 시집인 ≪하늘과 바람과 별과 시≫에는 31편의 시가 실려 있다.

[붙임] 겹낫표나 겹화살괄호 대신 큰따옴표를 쓸 수 있다.

예 우리나라 최초의 민간 신문은 1896년에 창간된 "독립신문"이다.
윤동주의 유고 시집인 "하늘과 바람과 별과 시"에는 31편의 시가 실려 있다.

## 14. 홑낫표(「 」)와 홑화살괄호(〈 〉)

### 소제목, 그림이나 노래와 같은 예술 작품의 제목, 상호, 법률, 규정 등을 나타낼 때 쓴다.

예 「국어 기본법 시행령」은 「국어 기본법」에서 위임된 사항과 그 시행에 필요한 사항을 규정함을 목적으로 한다.
이 곡은 베르디가 작곡한 「축배의 노래」이다.
사무실 밖에 「해와 달」이라고 쓴 간판을 달았다.
〈한강〉은 사진집 ≪아름다운 땅≫에 실린 작품이다.
백남준은 2005년에 〈엄마〉라는 작품을 선보였다.

[붙임] 홑낫표나 홑화살괄호 대신 작은따옴표를 쓸 수 있다.

예 사무실 밖에 '해와 달'이라고 쓴 간판을 달았다.
'한강'은 사진집 "아름다운 땅"에 실린 작품이다.

## 15. 줄표(—)

### 제목 다음에 표시하는 부제의 앞뒤에 쓴다.

예 이번 토론회의 제목은 '역사 바로잡기—근대의 설정—'이다.
'환경 보호—숲 가꾸기—'라는 제목으로 글짓기를 했다.

다만, 뒤에 오는 줄표는 생략할 수 있다.

예 이번 토론회의 제목은 '역사 바로잡기—근대의 설정'이다.
'환경 보호—숲 가꾸기'라는 제목으로 글짓기를 했다.

[붙임] 줄표의 앞뒤는 띄어 쓰는 것을 원칙으로 하되, 붙여 쓰는 것을 허용한다.

## 16. 붙임표( - )

### (1) 차례대로 이어지는 내용을 하나로 묶어 열거할 때 각 어구 사이에 쓴다.

예 멀리뛰기는 도움닫기-도약-공중 자세-착지의 순서로 이루어진다.
김 과장은 기획-실무-홍보까지 직접 발로 뛰었다.

### (2) 두 개 이상의 어구가 밀접한 관련이 있음을 나타내고자 할 때 쓴다.

예 드디어 서울-북경의 항로가 열렸다.　　　　　　　　　　원-달러 환율
남한-북한-일본 삼자 관계

## 17. 물결표( ～ )

### 기간이나 거리 또는 범위를 나타낼 때 쓴다.

예 9월 15일～9월 25일　　　　　　　　　　　　　김정희(1786～1856)
서울～천안 정도는 출퇴근이 가능하다. 이번 시험의 범위는 3～78쪽입니다.

[붙임] 물결표 대신 붙임표를 쓸 수 있다.

예 9월 15일-9월 25일　　　　　　　　　　　　　김정희(1786-1856)
서울-천안 정도는 출퇴근이 가능하다.　　　　이번 시험의 범위는 3-78쪽입니다.

## 18. 드러냄표(˙)와 밑줄( __ )

**문장 내용 중에서 주의가 미쳐야 할 곳이나 중요한 부분을 특별히 드러내 보일 때 쓴다.**

> 예 한글의 본디 이름은 훈민정음이다.
>
> 지금 필요한 것은 지식이 아니라 실천입니다.

> 중요한 것은 왜 사느냐가 아니라 어떻게 사느냐이다.
>
> 다음 보기에서 명사가 아닌 것은?

[붙임] 드러냄표나 밑줄 대신 작은따옴표를 쓸 수 있다.

> 예 한글의 본디 이름은 '훈민정음'이다.
>
> 지금 필요한 것은 '지식'이 아니라 '실천'입니다.

> 중요한 것은 '왜 사느냐'가 아니라 '어떻게 사느냐'이다.
>
> 다음 보기에서 명사가 '아닌' 것은?

## 19. 숨김표(○, ×)

**(1) 금기어나 공공연히 쓰기 어려운 비속어임을 나타낼 때, 그 글자의 수효만큼 쓴다.**

> 예 배운 사람 입에서 어찌 ○○○란 말이 나올 수 있느냐?
>
> 그 말을 듣는 순간 ×××란 말이 목구멍까지 치밀었다.

**(2) 비밀을 유지해야 하거나 밝힐 수 없는 사항임을 나타낼 때 쓴다.**

> 예 1차 시험 합격자는 김○영, 이○준, 박○순 등 모두 3명이다.
>
> 육군 ○○ 부대 ○○○ 명이 작전에 참가하였다.
>
> 그 모임의 참석자는 김××씨, 정××씨 등 5명이었다.

## 20. 빠짐표(□)

**(1) 옛 비문이나 문헌 등에서 글자가 분명하지 않을 때 그 글자의 수효만큼 쓴다.**

> 예 大師爲法主□□賴之大□薦

**(2) 글자가 들어가야 할 자리를 나타낼 때 쓴다.**

> 예 훈민정음의 초성 중에서 아음(牙音)은 □□□의 석 자다.

## 21. 줄임표(……)

**(1) 할 말을 줄였을 때 쓴다.**

> 예 "어디 나하고 한번……." 하고 민수가 나섰다.

**(2) 말이 없음을 나타낼 때 쓴다.**

> 예 "빨리 말해!"
>
> "……."

**(3) 문장이나 글의 일부를 생략할 때 쓴다.**

> 예 '고유'라는 말은 문자 그대로 본디부터 있었다는 뜻은 아닙니다. …… 같은 역사적 환경에서 공동의 집단생활을 영위해 오는 동안 공동으로 발견된, 사물에 대한 공동의 사고방식을 우리는 한국의 고유 사상이라 부를 수 있다는 것입니다.

**(4) 머뭇거림을 보일 때 쓴다.**

> 예 "우리는 모두…… 그러니까…… 예외 없이 눈물만…… 흘렸다."

[붙임 1] 점은 가운데에 찍는 대신 아래쪽에 찍을 수도 있다.

> 예 "어디 나하고 한번……." 하고 민수가 나섰다. "실은…… 저 사람…… 우리 아저씨일지 몰라."

[붙임 2] 점은 여섯 점을 찍는 대신 세 점을 찍을 수도 있다.

> 예 "어디 나하고 한번…." 하고 민수가 나섰다. "실은… 저 사람… 우리 아저씨일지 몰라."

[붙임 3] 줄임표는 앞말에 붙여 쓴다. 다만, (3)에서는 줄임표의 앞뒤를 띄어 쓴다.

# 2. 표준어 규정

제1장  총칙

제1항 표준어는 교양 있는 사람들이 두루 쓰는 현대 서울말로 정함을 원칙으로 한다.
제2항 외래어는 따로 사정한다.

제2장  발음 변화에 따른 표준어 규정

### 제1절 자음

제3항 다음 단어들은 거센소리를 가진 형태를 표준어로 삼는다.

| 표준어 | 비표준어 | 표준어 | 비표준어 |
| --- | --- | --- | --- |
| 끄나풀 | 끄나불 | 녘 | 녁 |
| 부엌 | 부억 | 살쾡이 | 삵괭이 |
| 칸(칸막이, 방 한 칸) | 간(간, 초가삼간, 윗간은 '간') | 털어먹다 | 떨어먹다 |

제4항 다음 단어들은 거센소리로 나지 않는 형태를 표준어로 삼는다.

| 표준어 | 비표준어 | 표준어 | 비표준어 |
| --- | --- | --- | --- |
| 가을갈이 | 가을카리 | 분침 | 푼침 |

제5항 어원에서 멀어진 형태로 굳어져서 널리 쓰이는 것은, 그것을 표준어로 삼는다.

| 표준어 | 비표준어 | 표준어 | 비표준어 |
| --- | --- | --- | --- |
| 강낭콩 | 강남콩 | 사글세 | 삭월세 |

다만, 어원적으로 원형에 더 가까운 형태가 아직 쓰이고 있는 경우에는, 그것을 표준어로 삼는다.

| 표준어 | 비표준어 | 표준어 | 비표준어 |
| --- | --- | --- | --- |
| 갈비 | 가리 | 적이 | 저으기 |

제6항 다음 단어들은 의미를 구별함이 없이, 한 가지 형태만을 표준어로 삼는다.

| 표준어 | 비표준어 | 표준어 | 비표준어 |
| --- | --- | --- | --- |
| 돌 | 돐 | 둘째, 셋째, 넷째 | 둘째, 세째, 네째 |

다만, '둘째'는 십 단위 이상의 서수사에 쓰일 때에 '두째'로 한다. 예 열두째  스물두째

제7항 수컷을 이르는 접두사는 '수-'로 통일한다.

| 표준어 | 비표준어 | 표준어 | 비표준어 |
| --- | --- | --- | --- |
| 수꿩 | 수퀑, 숫꿩 | 수나사 | 숫나사 |
| 수놈 | 숫놈 | 수사돈 | 숫사돈 |

다만 1. 다음 단어에는 접두사 다음에서 나는 거센소리를 인정한다. 접두사 '암-'이 결합되는 경우에도 이에 준한다.

| 표준어 | 비표준어 | 표준어 | 비표준어 |
| --- | --- | --- | --- |
| 수캉아지 | 숫강아지 | 수캐 | 숫개 |
| 수컷 | 숫컷 | 수키와 | 숫기와 |
| 수탉 | 숫닭 | 수탕나귀 | 숫당나귀 |
| 수퇘지 | 숫퇘지 | 수평아리 | 숫병아리 |

다만 2. 다음 단어의 접두사는 '숫-'으로 한다. 예 숫양  숫염소  숫쥐

## 제2절 모음

**제8항** 양성 모음이 음성 모음으로 바뀌어 굳어진 다음 단어는 음성 모음 형태를 표준어로 삼는다.

| 표준어 | 비표준어 | 표준어 | 비표준어 |
| --- | --- | --- | --- |
| 깡충깡충 | 깡총깡총 | -둥이 | -동이 |
| 발가숭이 | 발가송이 | 오뚝이 | 오똑이 |

다만, 어원 의식이 강하게 작용하는 다음 단어에서는 양성 모음 형태를 그대로 표준어로 삼는다.

| 표준어 | 비표준어 | 표준어 | 비표준어 | 표준어 | 비표준어 |
| --- | --- | --- | --- | --- | --- |
| 부조 | 부주 | 사돈 | 사둔 | 삼촌 | 삼춘 |

**제9항** 'ㅣ' 역행 동화 현상에 의한 발음은 원칙적으로 표준발음으로 인정하지 아니하되, 다만 다음 단어들은 그러한 동화가 적용된 형태를 표준어로 삼는다.

| 표준어 | 비표준어 | 표준어 | 비표준어 | 표준어 | 비표준어 |
| --- | --- | --- | --- | --- | --- |
| -내기 | -나기 | 냄비 | 남비 | 동댕이치다 | 동당이치다 |

[붙임 1] 다음 단어는 'ㅣ' 역행 동화가 일어나지 아니한 형태를 표준어로 삼는다. 예 아지랑이(아지랭이 X)

[붙임 2] 기술자에게는 '-장이', 그 외에는 '-쟁이'가 붙는 형태를 표준어로 삼는다.

| 표준어 | 비표준어 | 표준어 | 비표준어 |
| --- | --- | --- | --- |
| 미장이 | 미쟁이 | 유기장이 | 유기쟁이 |
| 멋쟁이 | 멋장이 | 소금쟁이 | 소금장이 |
| 담쟁이덩굴 | 담장이덩굴 | 골목쟁이 | 골목장이 |

**제10항** 다음 단어는 모음이 단순화한 형태를 표준어로 삼는다.

| 표준어 | 비표준어 | 표준어 | 비표준어 |
| --- | --- | --- | --- |
| 괴팍하다 | 괴퍅하다/괴팩하다 | 미루나무 | 미류나무 |
| -구먼 | -구면 | 여느 | 여늬 |
| 으레 | 으례 | 케케묵다 | 켸켸묵다 |
| 허우적허우적 | 허위적허위적 | 허우대 | 허위대 |

**제11항** 다음 단어에서는 모음의 발음 변화를 인정하여, 발음이 바뀌어 굳어진 형태를 표준어로 삼는다.

| 표준어 | 비표준어 | 표준어 | 비표준어 |
| --- | --- | --- | --- |
| -구려 | -구료 | 깍쟁이 | 깍정이 |
| 나무라다 | 나무래다 | 바라다 | 바래다 |
| 주책 | 주착 | 허드레 | 허드래 |

**제12항** '웃-' 및 '윗-'은 명사 '위'에 맞추어 '윗-'으로 통일한다.

| 표준어 | 비표준어 | 표준어 | 비표준어 |
| --- | --- | --- | --- |
| 윗넓이 | 웃넓이 | 윗눈썹 | 웃눈썹 |
| 윗니 | 웃니 | 윗도리 | 웃도리 |
| 윗머리 | 웃머리 | 윗몸 | 웃몸 |
| 윗입술 | 웃입술 | 윗잇몸 | 웃잇몸 |

다만, 된소리나 거센소리 앞에서는 '위-'로 한다.

| 표준어 | 비표준어 | 표준어 | 비표준어 |
| --- | --- | --- | --- |
| 위쪽 | 웃쪽 | 위층 | 웃층 |
| 위턱 | 웃턱 | 위팔 | 웃팔 |

**제13항** 한자 '구(句)'가 붙어서 이루어진 단어는 '귀'로 읽는 것을 인정하지 아니하고, '구'로 통일한다.

| 표준어 | 비표준어 | 표준어 | 비표준어 |
| --- | --- | --- | --- |
| 구절 | 귀절 | 결구 | 결귀 |
| 문구 | 문귀 | 인용구 | 인용귀 |

## 제3절 준말

**제14항** 준말이 널리 쓰이고 본말이 잘 쓰이지 않는 경우에는 준말만을 표준어로 삼는다.

| 표준어 | 비표준어 | 표준어 | 비표준어 |
| --- | --- | --- | --- |
| 똬리 | 또아리 | 무 | 무우 |
| 생쥐 | 새앙쥐 | 솔개 | 소리개 |

**제15항** 준말이 쓰이고 있더라도 본말이 널리 쓰이고 있으면 본말을 표준어로 삼는다.

| 표준어 | 비표준어 | 표준어 | 비표준어 |
| --- | --- | --- | --- |
| 경황없다 | 경없다 | 귀이개 | 귀개 |
| 낌새 | 낌 | 돗자리 | 돗 |

**제16항** 준말과 본말이 다 같이 널리 쓰이면서 준말의 효용이 뚜렷이 인정되는 것은 두 가지를 다 표준어로 삼는다.

예 '노을'과 '놀' '막대기'와 '막대' '머무르다'와 '머물다'

>>**핵심예제**

**11** 다음 중 밑줄 친 단어가 표준어가 아닌 것은?

① 구렁이가 <u>똬리</u>를 틀고 있다.
② <u>경황없는</u> 피난길 속에서도 그는 주위의 병자를 도왔다.
③ 지폐가 흔하지 않던 시절에는 이웃에게 주로 쌀을 <u>부주</u>했다.
④ 목수는 집을 짓고 <u>미장이</u>는 벽을 바르고 청소부는 청소를 한다.
⑤ 우리 부부는 돈이 없어 <u>사글세</u>로 방 하나를 얻어 신접살림을 시작했다.

**해설**
표준어 규정 제8항 다만의 '어원 의식이 강하게 작용하는 다음 단어에서는 양성 모음 형태를 그대로 표준어로 삼는다.'에 따라 '부조'로 써야 한다.

**정답** ③

# 3. 외래어 표기법

### 제1장  표기의 기본 원칙

제1항 외래어는 국어의 현용 24 자모만으로 적는다.
제2항 외래어의 1 음운은 원칙적으로 1 기호로 적는다.
제3항 받침에는 'ㄱ, ㄴ, ㄹ, ㅁ, ㅂ, ㅅ, ㅇ'만을 쓴다.
제4항 파열음 표기에는 된소리를 쓰지 않는 것을 원칙으로 한다.
제5항 이미 굳어진 외래어는 관용을 존중하되, 그 범위와 용례는 따로 정한다.

### 제3장  표기 세칙

#### 제1절 영어의 표기
제1항 무성 파열음([p], [t], [k])

1. 짧은 모음 다음의 어말 무성 파열음([p], [t], [k])은 받침으로 적는다.
　예 gap[gæp] 갭　cat[kæt] 캣　book[buk] 북

2. 짧은 모음과 유음·비음([l], [r], [m], [n]) 이외의 자음 사이에 오는 무성 파열음([p], [t], [k])은 받침으로 적는다.
　예 apt[æpt] 앱트　setback[setbæk] 셋백　act[ækt] 액트

3. 위 경우 이외의 어말과 자음 앞의 [p], [t], [k]는 '으'를 붙여 적는다.
　예 stamp[stæmp] 스탬프　nest[nest] 네스트　sickness[siknis] 시크니스

제2항 유성 파열음([b], [d], [g])
어말과 모든 자음 앞에 오는 유성 파열음([b], [d], [g])은 '으'를 붙여 적는다.
　예 bulb[bʌlb] 벌브　land[lænd] 랜드　signal[signəl] 시그널

**제3항** 마찰음([s], [z], [f], [v], [θ], [ð], [ʃ], [ʒ])

1. 어말 또는 자음 앞의 [s], [z], [f], [v], [θ], [ð]는 '으'를 붙여 적는다.

   예 mask[mɑ:sk] 마스크　jazz[dʒæz] 재즈　graph[græf] 그래프　thrill[θril] 스릴

2. 어말의 [ʃ]는 '시'로 적고, 자음 앞의 [ʃ]는 '슈'로, 모음 앞의 [ʃ]는 뒤따르는 모음에 따라 '샤', '섀', '셔', '셰', '쇼', '슈', '시'로 적는다.

   예 flash[flæʃ] 플래시　shrub[ʃrʌb] 슈러브　shark[ʃɑ:k] 샤크　fashion[fæʃən] 패션

3. 어말 또는 자음 앞의 [ʒ]는 '지'로 적고, 모음 앞의 [ʒ]는 'ㅈ'으로 적는다.

   예 mirage[mirɑ:ʒ] 미라지　vision[viʒən] 비전

**제4항** 파찰음([ts], [dz], [ʧ], [ʤ])

1. 어말 또는 자음 앞의 [ts], [dz]는 '츠', '즈'로 적고, [ʧ], [ʤ]는 '치', '지'로 적는다.

   예 Keats[ki:ts] 키츠　switch[swiʧ] 스위치　bridge[briʤ] 브리지

2. 모음 앞의 [ʧ], [ʤ]는 'ㅊ', 'ㅈ'으로 적는다.

   예 chart[ʧɑ:t] 차트　virgin[və:dʒin] 버진

**제5항** 비음([m], [n], [ŋ])

1. 어말 또는 자음 앞의 비음([m], [n], [ŋ])은 모두 받침으로 적는다.

   예 steam[sti:m] 스팀　ring[riŋ] 링

2. 모음과 모음 사이의 [ŋ]은 앞 음절의 받침 'ㅇ'으로 적는다.

   예 hanging[hæŋiŋ] 행잉　longing[lɔŋiŋ] 롱잉

**제6항** 유음([l])

1. 어말 또는 자음 앞의 [l]은 받침으로 적는다.

   예 hotel[houtel] 호텔　pulp[pʌlp] 펄프

2. 어중의 [l]이 모음 앞에 오거나, 모음이 따르지 않는 비음([m], [n]) 앞에 올 때에는 'ㄹㄹ'로 적는다. 다만, 비음([m], [n]) 뒤의 [l]은 모음 앞에 오더라도 'ㄹ'로 적는다.

   예 slide[slaid] 슬라이드　film[film] 필름　Hamlet[hæmlit] 햄릿

**제7항** 장모음

장모음의 장음은 따로 표기하지 않는다.

   예 team[ti:m] 팀　route[ru:t] 루트

**제8항** 중모음([ai], [au], [ei], [ɔi], [ou], [auə])

중모음은 각 단모음의 음가를 살려서 적되, [ou]는 '오'로, [auə]는 '아워'로 적는다.

   예 house[haus] 하우스　tower[tauə] 타워

**제9항** 반모음([w], [j])

1. [w]는 뒤따르는 모음에 따라 [wə], [wɔ], [wou]는 '워', [wɑ]는 '와', [wæ]는 '왜', [we]는 '웨', [wi]는 '위', [wu]는 '우'로 적는다.

   예 word[wə:d] 워드　wander[wɑndə] 완더　wag[wæg] 왜그
   　　west[west] 웨스트　witch[wiʧ] 위치　wool[wul] 울

2. 자음 뒤에 [w]가 올 때에는 두 음절로 갈라 적되, [gw], [hw], [kw]는 한 음절로 붙여 적는다.

   예 swing[swiŋ] 스윙　quarter[kwɔ:tə] 쿼터

3. 반모음 [j]는 뒤따르는 모음과 합쳐 '야', '얘', '여', '예', '요', '유', '이'로 적는다. 다만, [d], [l], [n] 다음에 [jə]가 올 때에는 각각 '디어', '리어', '니어'로 적는다.

예 yard[jɑːd] 야드    yellow[jelou] 옐로    union[juːnjən] 유니언    Indian[indjən] 인디언

## 제10항 복합어

1. 따로 설 수 있는 말의 합성으로 이루어진 복합어는 그것을 구성하고 있는 말이 단독으로 쓰일 때의 표기대로 적는다.

예 cuplike[kʌplaik] 컵라이크    bookend[bukend] 북엔드    headlight[hedlait] 헤드라이트
touchwood[tʌtʃwud] 터치우드    sit-in[sitin] 싯인    bookmaker[bukmeikə] 북메이커
flashgun[flæʃgʌn] 플래시건    topknot[tɔpnɔt] 톱놋

2. 원어에서 띄어 쓴 말은 띄어 쓴 대로 한글 표기를 하되, 붙여 쓸 수도 있다.

예 Los Alamos[lɔsæləmous] 로스 앨러모스/로스앨러모스
top class[tɔpklæs] 톱 클래스/톱클래스

## 제4장 인명, 지명 표기의 원칙

### 제1절 표기 원칙

**제1항** 외국의 인명, 지명의 표기는 제1장, 제2장, 제3장의 규정을 따르는 것을 원칙으로 한다.

**제2항** 제3장에 포함되어 있지 않은 언어권의 인명, 지명은 원지음을 따르는 것을 원칙으로 한다.

예 Ankara 앙카라    Gandhi 간디

**제3항** 원지음이 아닌 제3국의 발음으로 통용되고 있는 것은 관용을 따른다.

예 Hague 헤이그    Caesar 시저

**제4항** 고유 명사의 번역명이 통용되는 경우 관용을 따른다.

예 Pacific Ocean 태평양    Black Sea 흑해

### 제2절 동양의 인명, 지명 표기

**제1항** 중국 인명은 과거인과 현대인을 구분하여 과거인은 종전의 한자음대로 표기하고, 현대인은 원칙적으로 중국어 표기법에 따라 표기하되, 필요한 경우 한자를 병기한다.

**제2항** 중국의 역사 지명으로서 현재 쓰이지 않는 것은 우리 한자음대로 하고, 현재 지명과 동일한 것은 중국어 표기법에 따라 표기하되, 필요한 경우 한자를 병기한다.

**제3항** 일본의 인명과 지명은 과거와 현대의 구분 없이 일본어 표기법에 따라 표기하는 것을 원칙으로 하되, 필요한 경우 한자를 병기한다.

**제4항** 중국 및 일본의 지명 가운데 한국 한자음으로 읽는 관용이 있는 것은 이를 허용한다.

### 제3절 바다, 섬, 강, 산 등의 표기 세칙

**제1항** 바다는 '해(海)'로 통일한다.

예 홍해    발트해    아라비아해

**제2항** 우리나라를 제외하고 섬은 모두 '섬'으로 통일한다.

예 타이완섬    코르시카섬    (우리나라: 제주도, 울릉도)

**제3항** 한자 사용 지역(일본, 중국)의 지명이 하나의 한자로 되어 있을 경우, '강', '산', '호', '섬' 등은 겹쳐 적는다.

예 주장강(珠江)    도시마섬(利島)    위산산(玉山)

**제4항** 지명이 산맥, 산, 강 등의 뜻이 들어 있는 것은 '산맥', '산', '강' 등을 겹쳐 적는다.

예 Rio Grande 리오그란데강    Mont Blanc 몽블랑산

≫≫핵심예제

**12  다음 중 외래어 표기가 옳지 <u>않은</u> 것은?**

① 주스(juice)                  ② 메시지(message)

③ 스케줄(schedule)          ④ 미스터리(mystery)

⑤ 맞추픽추(Machu Picchu)

**해설**
'맞추픽추'를 '마추픽추'로 고쳐야 한다.

**정답** ⑤

# 4. 로마자 표기법

## 제1장  표기의 기본 원칙

**제1항** 국어의 로마자 표기는 국어의 표준 발음법에 따라 적는 것을 원칙으로 한다.

**제2항** 로마자 이외의 부호는 되도록 사용하지 않는다.

## 제2장  표기 일람

**제1항** 모음은 다음 각 호와 같이 적는다.

### 1. 단모음

| ㅏ | ㅓ | ㅗ | ㅜ | ㅡ | ㅣ | ㅐ | ㅔ | ㅚ | ㅟ |
|---|---|---|---|---|---|---|---|---|---|
| a | eo | o | u | eu | i | ae | e | oe | wi |

### 2. 이중 모음

| ㅑ | ㅕ | ㅛ | ㅠ | ㅒ | ㅖ | ㅘ | ㅙ | ㅝ | ㅞ | ㅢ |
|---|---|---|---|---|---|---|---|---|---|---|
| ya | yeo | yo | yu | yae | ye | wa | wae | wo | we | ui |

[붙임 1] 'ㅢ'는 'ㅣ'로 소리 나더라도 'ui'로 적는다.

예 광희문 → Gwanghuimun

[붙임 2] 장모음의 표기는 따로 하지 않는다.

**제2항** 자음은 다음 각 호와 같이 적는다.

### 1. 파열음

| ㄱ | ㄲ | ㅋ | ㄷ | ㄸ | ㅌ | ㅂ | ㅃ | ㅍ |
|---|---|---|---|---|---|---|---|---|
| g, k | kk | k | d, t | tt | t | b, p | pp | p |

### 2. 파찰음

| ㅈ | ㅉ | ㅊ |
|---|---|---|
| j | jj | ch |

### 3. 마찰음

| ㅅ | ㅆ | ㅎ |
|---|---|---|
| s | ss | h |

### 4. 비음

| ㄴ | ㅁ | ㅇ |
|---|---|---|
| n | m | ng |

### 4. 비음

| ㄹ |
|---|
| r, l |

[붙임 1] 'ㄱ, ㄷ, ㅂ'은 모음 앞에서는 'g, d, b'로, 자음 앞이나 어말에서는 'k, t, p'로 적는다.([   ] 안의 발음에 따라 표기함.)

예 구미 → Gumi    영동 → Yeongdong    백암 → Baegam

[붙임 2] 'ㄹ'은 모음 앞에서는 'r'로, 자음 앞이나 어말에서는 'l'로 적는다. 단, 'ㄹㄹ'은 'll'로 적는다.

예 구리 → Guri    울릉 → Ulleung

## 제3장  표기상의 유의점

**제1항** 음운 변화가 일어날 때에는 변화의 결과에 따라 다음 각 호와 같이 적는다.

1. 자음 사이에서 동화 작용이 일어나는 경우

    예 백마[뱅마] → Baengma    신라[실라] → Silla

2. 'ㄴ, ㄹ'이 덧나는 경우

    예 알약[알략] → allyak

3. 구개음화가 되는 경우

    예 해돋이[해도지] → haedoji    같이[가치] → gachi

4. 'ㄱ, ㄷ, ㅂ, ㅈ'이 'ㅎ'과 합하여 거센소리로 소리 나는 경우

    예 좋고[조코] → joko    놓다[노타] → nota

다만, 체언에서 'ㄱ, ㄷ, ㅂ' 뒤에 'ㅎ'이 따를 때에는 'ㅎ'을 밝혀 적는다.

예 묵호 → Mukho

[붙임] 된소리되기는 표기에 반영하지 않는다.

예 압구정[압꾸정] → Apgujeong    낙동강[낙똥강] → Nakdonggang

**제2항** 발음상 혼동의 우려가 있을 때에는 음절 사이에 붙임표(-)를 쓸 수 있다.

예 중앙 → Jung-ang    반구대 → Ban-gudae

**제3항** 고유 명사는 첫 글자를 대문자로 적는다.

예 부산 → Busan    세종 → Sejong

**제4항** 인명은 성과 이름의 순서로 띄어 쓴다. 이름은 붙여 쓰는 것을 원칙으로 하되 음절 사이에 붙임표(-)를 쓰는 것을 허용한다. [(   ) 안의 표기를 허용함.]

예 민용하 → Min Yongha(Min Yong-ha)    송나리 → Song Nari(Song Na-ri)

(1) 이름에서 일어나는 음운 변화는 표기에 반영하지 않는다.

    예 한복남 → Han Boknam(Han Bok-nam)

(2) 성의 표기는 따로 정한다.

**제5항** '도, 시, 군, 구, 읍, 면, 리, 동'의 행정 구역 단위와 '가'는 각각 'do, si, gun, gu, eup, myeon, ri, dong, ga' 로 적고, 그 앞에는 붙임표(−)를 넣는다. 붙임표(−) 앞뒤에서 일어나는 음운 변화는 표기에 반영하지 않는다.

> 예 충청북도 → Chungcheongbuk−do    제주도 → Jeju−do

[붙임] '시, 군, 읍'의 행정 구역 단위는 생략할 수 있다.

> 예 청주시 → Cheongju    함평군 → Hampyeong    순창읍 → Sunchang

**제6항** 자연 지물명, 문화재명, 인공 축조물명은 붙임표(−) 없이 붙여 쓴다.

> 예 남산 → Namsan    속리산 → Songnisan    독도 → Dokdo

**제7항** 인명, 회사명, 단체명 등은 그동안 써 온 표기를 쓸 수 있다.

**제8항** 학술 연구 논문 등 특수 분야에서 한글 복원을 전제로 표기할 경우에는 한글 표기를 대상으로 적는다. 이때 글자 대응은 제2장을 따르되 'ㄱ, ㄷ, ㅂ, ㄹ'은 'g, d, b, l'로만 적는다. 음가 없는 'ㅇ'은 붙임표(−)로 표기하 되 어두에서는 생략하는 것을 원칙으로 한다. 기타 분절의 필요가 있을 때에도 붙임표(−)를 쓴다.

> 예 집 → jib    독립 → doglib    굳이 → gud−i

---

>> **핵심예제**

**13 다음 중 로마자 표기가 옳지 않은 것은?**

① 알약 Allyak
② 울릉 Ulleung
③ 백마 Baengma
④ 압구정 Apgujeong
⑤ 광희문 Gwanghimun

해설
'ㅢ'는 'ㅣ'로 소리 나더라도 'ui'로 적어야 하므로 광희문은 'Gwanghuimun'으로 표기한다.

정답 ⑤

# 03 읽기

• **평소 다양한 제재의 글을 접한다.**

읽기 영역에서는 실용문, 시사 교양·학술 관련 글, 시, 소설, 수필 등 다양한 종류의 글이 제시문으로 나온다. 그리고 사회적인 이슈를 제재로 한 제시문도 자주 출제된다. 따라서 평소 주변에서 다양한 제재의 글을 접한다면 제시문들이 친숙하게 느껴지면서 보다 빠른 속도로 제시문을 읽고 답을 찾을 수 있다.

• **꾸준히 모의고사 문제를 풀면서 문제 유형에 친숙해지자.**

읽기 영역은 하루에 갑자기 수많은 문제를 푸는 것보다 조금씩이라도 자주 문제를 풀면서 문제 유형에 익숙해지는 것이 중요하다. 문제 유형과 제시문이 낯설어 처음엔 문제 푸는 속도가 더딜지라도, 조금씩 자주 풀다 보면 자신도 모르는 새에 속도가 빨라진다.

• **모의고사 문제를 풀 때는 빠른 속도로, 답을 맞출 때는 꼼꼼히 제시문을 읽어 본다.**

실제 시험에서는 제한된 시간 내에 많은 제시문을 읽어야 한다. 따라서 모의고사를 풀 때 처음엔 빠른 속도로 제시문을 읽고 답을 찾아보자. 그 후 해답을 보며 답을 맞출 때는, 이해가 잘 안 갔던 제시문을 다시 꼼꼼히 읽어 보고, 문제에서 요구하는 답이 제시문의 어느 부분과 관련이 있는지 하나하나 따져보는 습관을 들여야 한다. 이 작업을 반복하다 보면 중심 내용과 세부 내용을 파악하면서 글을 읽는 속도가 점점 빨라진다.

• **먼저 문제와 선택지를 빠르게 훑고, 그 다음 제시문을 읽자.**

먼저 문제와 선택지를 대략적으로 훑어보면, 어디에 중점을 두고 제시문을 읽어야 할지 파악할 수 있다. 그리고 문제와 선택지에 쓰인 용어들을 보면서 제시문이 무엇과 관련된 글인지 감을 잡을 수 있다. 이때 주의할 것은 제시문 전에 선택지를 읽을 때 선택지를 너무 천천히 읽어서는 안 된다는 것이다. 감을 잡는다는 기분으로, 눈으로 대략 한 번 '휙' 훑는 정도로만 선택지를 읽고 제시문 읽기를 시작하자.

• **제시문과 문제, 선택지를 읽을 때는 핵심 어구에 '밑줄 쫙!'**

긴 제시문이 여러 개 출제되기 때문에 글을 읽다 보면 흐름을 놓치는 경우가 많다. 따라서 항상 핵심적 어구에 밑줄, 동그라미, 별표 등 자신만의 방법으로 표시를 하면서 능동적으로 읽어 가는 습관을 들이자.

• **모르는 분야의 제시문이 나왔다고 당황하지 말자. 답은 제시문 속에 있다.**

모르는 분야의 제시문이 나오면 어렵게 느껴져 제시문 읽기를 포기하고 싶어진다. 하지만 당황하지 말라. 관련 지식이 없어도 제시문을 차분히 이해하면 풀 수 있는 문제가 대다수라는 것을 늘 기억하자.

## 1 읽기 영역 공부 방법

읽기 영역은 제시문을 주고 하나의 제시문당 한 문제에서 최대 세 문제까지 풀도록 구성되어 있다. 이 영역에서는 다양한 제시문의 종류를 알고 출제되는 문제의 유형에 익숙해지는 것이 중요하다. 따라서 읽기 영역 문제 유형 분석에서는 PART 2 모의고사의 제시문을 예시로 들어 설명하겠다.

# 1 읽기 영역 문제 유형 분석

## 1. 제시문의 종류

읽기 영역에 출제되는 제시문의 종류를 나누면 다음과 같다.

| 비문학 | 실용문 | 안내문, 광고문, 설명서, 계약서, 법조문 |
|---|---|---|
| | 시사 교양, 학술 | 인문, 사회, 정치, 경제, 예술, 과학 분야의 설명문 및 논설문 |
| 문 학 | 운 문 | 시 |
| | 산 문 | 수필, 소설 |

### (1) 실용문

① 안내문: 어떤 내용을 소개하여 알려 주는 글

| 예시 | 모의고사 1회, 1교시 34번 제시문의 일부

> 골드먼환경상은 환경 보호에 뛰어난 업적을 세운 사람에게 수여되는 상이다. 이 상은 1990년 미국의 리처드 골드먼이 아내인 로다 골드먼과 함께 창설한 상으로, 녹색 노벨상으로도 불린다.
>
> 수상자는 환경 단체와 환경 운동가들에 의해 비공개로 추천된 사람들 중에서 국제 심사위원회가 선정한다. 북미, 중남미, 유럽, 아시아, 아프리카와 섬나라에서 매년 각각 1명씩 총 6명의 수상자가 선정되며, 이들에게는 상금이 지급된다. 멸종 위기 종의 보전, 공해 추방, 손상된 생태계의 복원, 시민에 대한 환경 의식 고취 등에서 공적이 인정되는 사람이 수여 대상자가 된다.

② 광고문: 상품이나 서비스의 정보를 널리 알리는 글

| 예시 | 모의고사 2회, 1교시 21번 제시문의 일부

> **부모님께 선물해요, 안마 의자 '포근포근'**
>
> 이달의 우수 상품으로 선정된 안마 의자 '포근포근'. 여성과 어린이도 쉽게 들 수 있을 정도로 가볍고 접이식으로 설계되어, 휴대 및 공간 활용이 어려웠던 기존 안마 의자의 단점을 보완했습니다. 의자의 쿠션은 기존 안마 의자에 비해 두툼하여 폭신하고 아늑한 느낌을 더했습니다. 또 온열 기능, 마사지 방법, 방향, 강도 조절 기능을 손쉽게 조작할 수 있는 리모컨이 부착되어 있습니다.

③ **설명서**: 물건의 사용 방법이나, 어떤 일의 과정을 알리는 글

| 예시 | 모의고사 1회, 1교시 22번 제시문의 일부

---

### 감자볶음 만드는 법

1. 감자는 껍질을 벗겨 깨끗이 씻고 가늘게 채 썬다.
2. 채 썬 감자는 소금물에 5~10분 정도 담가 두었다가, 물에 여러 번 씻은 후 물기를 제거한다.
3. 당근, 피망, 양파는 감자와 같은 크기로 채 썬다. 취향에 따라 햄, 파, 버섯 등 부재료를 추가한다.
4. 달궈진 팬에 식용유를 두르고 감자를 넣어 볶는다. 취향에 따라 감자를 넣기 전에 다진 마늘을 조금 넣고 살짝 볶아 마늘 향을 낼 수도 있다.
5. 감자가 어느 정도 익어 말갛게 되면 당근을 넣어 함께 볶는다.

---

④ **계약서**: 계약의 내용을 명시해 놓은 글

| 예시 | 모의고사 1회, 1교시 21번 제시문의 일부

---

### 근로자 기밀 유지 서약서

주식회사 ○○○(이하 "갑"이라 함)에 소속된 근로자 ○○○(이하 "을"이라 함)은 다음과 같이 영업 기밀 유지에 대한 서약을 한다.

■ 정의

본 서약서에서 영업 기밀이라 함은 다음 각 호에 해당하는 사항을 말한다.

1. "갑"의 고객 정보
2. "갑"의 인사 조직 및 재무 관리 등에 관한 정보
3. "갑"의 영업 현황, 업무 추진 계획 등 "갑"의 업무 전반에 관한 정보
4. 기타 독립된 경제적 가치를 가지는 것으로서, 상당한 노력에 의하여 기밀로 유지되고 있는 "갑"의 기술상 또는 경영상의 정보

---

⑤ **법조문**: 법률에서 조목조목 나누어 적어 놓은 글

| 예시 | 모의고사 1회, 1교시 20번 제시문의 일부

---

### 〈학교 폭력 예방 및 대책에 관한 법률〉
### 개정안의 주요 내용

1. 교육감이 학교 폭력에 대한 학교별 실태 조사를 연간 2회 이상 정기 또는 부정기적으로 실시하여 적절한 조치를 취하도록 하는 조항을 신설했다.
2. 학교 폭력 문제를 담당하는 전담 기구(이후 "전담 기구"라 함)를 전문상담교사, 보건교사 및 책임교사(학교 폭력 문제를 담당하는 교사를 말함) 등으로 구성하도록 한 현행법의 규정에 '교감'을 추가하여 명시했다.

---

3. 학교 폭력 사태를 인지한 경우 지체 없이 전담 기구 또는 소속 교원으로 하여금 가해 및 피해 사실
   여부를 확인토록 하였다.

## (2) 시사 교양 · 학술

### ① 인 문

| 예시 | 모의고사 1회, 1교시 43번 제시문 일부

'이 세상 만물은 창조자의 손에서 나올 때에는 선하나 인간의 손에 와서 타락한다.' 이 말은 「에밀」의
첫 구절로, 루소 교육철학의 기저를 이루고 있는 생각이다. 루소는 당시 사회가 인간의 선한 본질을 무
시한 제도 위에 유지되고 있고, 그 결과 인간에게 부자유나 불평등이 초래되었다고 보았다. 그리하여
'자연성을 회복하는 것'을 교육의 목표로 하였는데, 이때 자연성이란 관습과 편견에 의해 변화하기 이전
의 선하고 순수한 천성을 의미한다.

그런데 루소의 '자연주의 교육'이 아이를 제멋대로 내버려두는 방임을 의미하지는 않는다. 루소에 따
르면, 교사는 아이를 세심하게 관찰하여 아이가 그릇된 방향으로 나아가고 있다고 판단될 때는 올바른
방향으로 유도해 가야 한다. 단지, 그 방식이 직접적인 훈계나 강압에 이루어지는 게 아닐 뿐이다.

### ② 사 회

| 예시 | 모의고사 1회, 1교시 25번 제시문 일부

'소셜 네트워크 서비스(Social Network Service; 이하 SNS)'의 사회적 영향력이 확대되고 있다. 사
람들은 SNS를 통해 지인들과 친분을 나눌 뿐 아니라 새로운 인맥을 구축하고, 사회적 현상이나 정치적
문제를 공론화하여 여론을 형성하기도 한다. 서로 정보를 나눔과 동시에 그 정보를 바탕으로 전자 상거
래를 하기도 하고, 금전이나 재능을 사회에 기부하고 각종 콘텐츠를 생산하여 공유하기도 한다. 이 외
에 많은 기능을 하고 있는 SNS의 역할은 앞으로 더욱 다양화될 것이고, 그 파급력 역시 더욱 더 커질
것으로 보인다.

### ③ 경 제

| 예시 | 모의고사 1회, 1교시 52번 제시문 일부

네트워크 효과란 특정 상품에 대한 어떤 사람의 수요가 다른 사람들의 수요에 의해 영향을 받는 현상
을 말한다. 이 용어는 미국의 경제학자 하비 라이벤스타인에 의해 처음 사용되었는데, 품질 자체보다는
얼마나 많은 사람이 그것을 이용하고 있느냐에 따라 상품의 가치가 달라지기 때문에 네트워크 외부성
이라고도 한다.

④ 예 술

| 예시 | 모의고사 1회, 1교시 39번 제시문 일부

초현실주의란 프로이트 정신분석의 영향을 받아 무의식의 세계 또는 꿈 속 세계의 표현을 지향하는 20세기의 예술 사조를 말한다. 초현실주의는 이성(理性)의 지배를 받지 않는 공상의 세계를 중요시하는데, 특히 미술의 경우에는 현실적 공간이 아닌 새로운 공간 개념이 필요하게 되었고 이는 당연히 기존의 통념을 깨는 새로운 표현 기법의 등장으로 이어지게 되었다.

⑤ 과 학

| 예시 | 모의고사 1회, 1교시 30번 제시문 일부

건강 검진을 받고 난 후 콜레스테롤 수치가 높다는 판정을 받으면 각종 질병에 걸리지나 않을까 걱정을 하게 마련이다. 콜레스테롤은 인지질과 함께 세포막을 구성하는 주요 성분으로, 식물에서는 발견되지 않고 동물에게만 존재하는데 특히 뇌나 신경 조직에 많이 함유되어 있다. 흔히 콜레스테롤을 몸에 해롭다고 생각하지만 콜레스테롤은 건강을 유지하는 데 반드시 필요한 물질로, 체내 콜레스테롤의 양이 너무 적으면 혈관 벽이 약해지고 뇌혈관이 터져 중풍이 생길 수 있다.

## (3) 문학(시, 소설, 수필)

### ① 시

| 예시 | 모의고사 1회, 1교시 46번 제시문 일부

> 낙엽은 폴란드 망명 정부의 지폐
> 포화(砲火)에 이지러진
> 도룬 시의 가을 하늘을 생각게 한다.
> 길은 한 줄기 구겨진 넥타이처럼 풀어져
> 일광(日光)의 폭포 속으로 사라지고
> 조그만 담배 연기를 내뿜으며
> 새로 두 시의 급행열차가 들을 달린다.
>
> — 김광균, 「추일서정」 중

### ② 소 설

| 예시 | 모의고사 1회, 1교시 55번 제시문 일부

> "원, 요즘 사람들은 힘두 줄었나 봐! 그 다리 첨 놀 제 내가 어려서 봤는데 불과 여남은이서 거들던 돌인데 장정수십 명이 한나잘을 씨름을 허다니!"
> "나무다리가 있는데 건 왜 고치시나요?"
> "너두 그런 소릴 허는구나. 나무가 돌만허다든? 넌 그 다리서 고기 잡던 생각두 안 나니? 서울루 공부 갈 때 그 다리 건너서 떠나던 생각 안 나니? 시쳇사람들은 모두 인정이란 게 사람헌테만 쓰는 건 줄 알드라! 내 할아버님 산소에 상돌을 그 다리로 건네다 모셨구, 내가 천잘 끼구 그 다리루 글 읽으러 댕겼다. 네 어미두 그 다리루 가말 타구 내 집에 왔어. 나 죽건 그 다리루 건네다 묻어라…… 난 서울 갈 생각 없다."
>
> — 이태준, 「돌다리」 중

### ③ 수 필

| 예시 | 모의고사 1회, 1교시 23번 제시문 일부

> 나는 그믐달을 몹시 사랑한다.
> 그믐달은 요염하여 감히 손을 댈 수도 없고, 말을 붙일 수도 없이 깜찍하게 예쁜 계집 같은 달인 동시에 가슴이 저리고 쓰리도록 가련한 달이다.
> 서산 위에 잠깐 나타났다 숨어 버리는 초생달은 세상을 후려 삼키려는 독부(毒婦)가 아니면 철모르는 처녀 같은 달이지마는, 그믐달은 세상의 갖은 풍상을 다 겪고, 나중에는 그 무슨 원한을 품고서 애처롭게 쓰러지는 원부(怨婦)와 같이 애절하고 애절한 맛이 있다.
> 보름에 둥근 달은 모든 영화와 끝없는 숭배를 받는 여왕과 같은 달이지마는, 그믐달은 애인을 잃고 쫓겨남을 당한 공주와 같은 달이다.
>
> — 나도향, 「그믐달」 중

# 2. 문제 유형

## (1) 사실적 이해

읽기 영역에서 가장 많은 비중을 차지하고 있는 것은 사실적 이해력을 묻는 문제이다. 제시문의 중심 내용이나 세부 내용을 묻거나, 글의 내용 전개 방법을 묻는 문제가 이에 해당한다.

### ① 세부 정보의 파악

세부 정보를 파악하는 문제는 제시문을 충실히 이해했다면 풀 수 있는 문제이다. 제시문 전체에 걸쳐서 선택지가 구성되기 때문에 기본적으로 제시문을 다 읽어야 풀 수 있는 경우가 많다. 주로 다음과 같은 발문이 사용된다.

> • 다음 글의 내용과 일치하는 것은?
>   다음 글의 내용과 일치하지 <u>않는</u> 것은?
> • 위 글의 내용과 거리가 <u>먼</u> 것은?
> • 위 글의 내용을 통해 알 수 있는 것은?
>   위 글의 내용을 통해 알 수 <u>없는</u> 것은?

### ② 핵심 정보의 파악

각 문단별로 중심 내용이 무엇인지를 파악하며 읽으면 필자가 전달하고자 하는 핵심 정보를 알아낼 수 있다. 핵심 정보를 파악하는 문제에는 주로 다음과 같은 발문이 사용된다.

> • 위 글의 제목으로 가장 적절한 것은?
> • 위 글의 중심 내용으로 가장 적절한 것은?
> • 위 글의 필자가 궁극적으로 말하고자 하는 것은?

### ③ 내용 전개 방법의 파악

글을 쓸 때 필자는 자신의 의도를 보다 잘 전달하기 위해 다양한 내용 전개 방법을 사용하므로 어떤 전개 방법을 사용했는지를 묻는 문제도 자주 출제된다. 주로 다음과 같은 발문이 사용된다.

> • 위 글의 내용 전개 방식으로 가장 적절한 것은?
> • 다음 광고에 사용된 전략으로 적절하지 <u>않은</u> 것은?

이와 같은 유형의 문제를 잘 풀기 위해서는 내용 전개 방법의 종류를 정리해 두고, 글에 적용하는 연습을 하는 것이 좋다. 다음 내용 전개 방법의 종류를 잘 알아두자.

## 내용 전개 방법의 종류

• 서 사

인물이나 사물의 변화와 움직임을 시간의 흐름에 따라 나타내는 방법.

예 '여행지에서 겪었던 일'을 주제로 글을 쓸 때 유용함.

• 과 정

어떤 일의 절차와 순서를 밝히는 전개 방법.

예 '찌개 만드는 방법'을 주제로 글을 쓸 때 유용함.

• 인 과

일어난 일의 원인과 결과를 엮어서 밝히는 전개 방법.

예 '도심지 교통난의 원인'을 규명하는 글을 쓸 때 유용함.

• 정 의

개념의 내용, 성격 등을 엄밀하게 제한하여 규정하는 방법.

예 인간은 생각하는 동물이다.

• 분 류

여러 대상들을 비슷한 특성에 근거하여 나누거나 묶는 방법.

예 '문학의 갈래'를 나누어 설명하는 글을 쓸 때 유용함.

• 분 석

어느 한 대상을 각 부분으로 나누어 그 구성 요소를 파악하는 방법.

예 '라디오의 구조'에 관한 글을 쓸 때 유용함.

• 예 시

개념이나 사실을 구체적인 예를 들어 설명하는 방법.

예 고전 소설의 예로는 홍길동전이나 구운몽, 춘향전 등이 있다.

• 비교 · 대조

둘 또는 그 이상의 사물을 견주어 공통점이나 차이점을 밝히는 방법.

예 민영이와 혜리는 둘 다 예쁘다.

진호는 공부를 잘하지만 민숙이는 공부를 못한다.

• 묘 사

어떤 대상을 눈에 보이듯이 그려 내는 방법.

예 '누나의 얼굴'에 대해 글을 쓸 때 유용함.

• 유 추

사물이나 대상의 유사성을 이용하여 빗대어 설명하는 방법.

예 인생은 마라톤이다.

## (2) 추론적 이해

표면적인 진술만 단순히 이해하는 데서 나아가 그 진술 속에 담긴 필자의 의도를 파악하거나, 생략된 내용을 추측하는 문제들도 출제된다. 제시문을 읽을 때 늘 필자의 의도가 무엇일지 추측하며 읽는 습관을 들이자.

### ① 필자의 의도 추리

필자의 의도를 추리하는 문제를 풀기 위해서는 핵심 정보를 파악하는 문제를 풀 때처럼 글의 중심 내용을 잘 파악해야 한다. 글의 중심 내용이 곧 필자의 의도에 해당하기 때문이다. 중심 내용이 명확히 드러나지 않는 경우도 있으므로 앞뒤 문맥을 잘 살피며 필자의 의도를 파악해야 한다. 주로 다음과 같은 발문이 사용된다.

> • 위 글에 드러난 필자의 태도로 가장 적절한 것은?
> • ㉠을 통해 필자가 말하고자 하는 바로 가장 적절한 것은?

### ② 생략된 정보의 추리

글의 중간에 생략된 정보, 글의 뒷부분에 생략된 정보를 추측하는 문제도 자주 출제된다. 이러한 문제 역시 앞뒤 문맥을 잘 살피며 필자의 의도를 파악하는 연습을 한다면 잘 해결할 수 있다. 주로 다음과 같은 발문이 사용된다.

> • ㉠, ㉡에 들어갈 말로 적절한 것은?
> • 위 글에 이어질 내용으로 적절한 것은?

### ③ 구체적 사례 및 상황의 추리

제시문에 나타난 개념을 구체적인 사례 및 상황에 적용하는 문제 역시 자주 출제된다. 제시문에 제시된 핵심 개념과 필자의 의도를 잘 파악하고 있다면 충분히 해결할 수 있다. 주로 다음과 같은 발문이 사용된다.

> • 다음 글을 읽고 추론한 내용으로 가장 적절한 것은?
>   다음 글을 읽고 추론한 내용으로 적절하지 <u>않은</u> 것은?
> • ㉠에 들어갈 수 있는 사례로 가장 적절한 것은?
>   ㉠에 들어갈 수 있는 사례로 적절하지 <u>않은</u> 것은?
> • ㉠을 설명할 수 있는 사례로 가장 적절한 것은?
>   ㉠을 설명할 수 있는 사례로 적절하지 <u>않은</u> 것은?

## (3) 비판적 이해

필자의 주장과 근거, 내용 전개 방식의 적절성을 평가하는 문제들이 여기에 해당한다. 주장에 대한 근거가 적절한지 따져 보며 제시문을 읽도록 한다. 다음과 같은 발문이 주로 사용된다.

- 위 글에 대한 반응으로 가장 적절한 것은?
- 위 글의 주장에 대한 비판으로 가장 적절한 것은?
- 위 글의 문제점으로 가장 적절한 것은?

## (4) 문학 작품의 감상

수필과 소설은 한 작품이 하나의 제시문에, 시는 2~3작품이 하나의 제시문에 동시에 제시되는 경우가 많다. 문학 작품의 경우에도 위에서 설명한 사실적 이해, 추론적 이해, 비판적 이해를 묻는 유형들이 골고루 출제된다. 여기에 더하여 시의 경우에는 수사법, 운율, 시어의 상징적 의미, 작품의 주제와 관련된 문제들이 출제되고, 함께 제시된 작품들의 공통점과 차이점을 묻는 문제들이 출제된다. 소설의 경우에는 서술 방식을 묻는 문제가 자주 출제된다. 수필의 경우에는 필자의 깨달음이 무엇인지, 필자가 전달하고자 하는 교훈 및 감동이 무엇인지 묻는 문제가 출제된다. 잘 알려지지 않은 작품들도 많이 나오기 때문에 출제 가능한 작품들을 예측하기란 쉽지 않은 일이다. 따라서 모의고사 문제들을 많이 풀어 보면서 문학 문제에 자주 사용되는 용어들에 익숙해져야 하며, 작품에 사용된 어휘, 화자(서술자)의 어조를 통해 주제를 추론해 보는 연습을 해야 한다.

### 수사법의 종류

| 비유법의 종류 | 강조법의 종류 | 변화법의 종류 |
|---|---|---|
| **직유법** – 원관념과 보조관념을 직접 연결하는 방법 | **과장법** – 사물을 실상보다 과장하는 방법 | **반어법** – 표현하고자 하는 의도와 반대로 표현하는 방법 |
| **은유법** – 원관념과 보조관념을 암시적으로 연결하는 방법 | **영탄법** – 감탄사, 어미 등으로 감정을 강하게 나타내는 방법 | **역설법** – 겉으로 보기에는 모순되지만 그 속에 진리를 담는 방법 |
| **의인법** – 사람이 아닌 것을 사람에 빗대어 표현하는 방법 | **반복법** – 동일어나 유사어를 되풀이하여 강조하는 방법 | **대구법** – 문장 구조, 표현 방법 등이 비슷한 어구를 나란히 늘어놓아 문장에 변화를 주는 방법 |
| **활유법** – 감정이 없는 것을 감정이 있는 것으로 표현하는 방법 | **열거법** – 내용적으로 연결되거나 비슷한 어구를 여러 개 늘어놓는 방법 | **설의법** – 알고 있는 사실을 묻는 형식을 취함으로써 독자의 판단을 촉구하는 방법 |
| **대유법** – 어떤 사물의 부분이나 속성으로 전체를 나타내는 방법 | **점층법** – 문장의 뜻을 점점 강하게 하거나, 크게 하여 마침내 절정에 이르도록 하는 방법 | **도치법** – 문장 성분의 배열 순서를 바꾸는 방법 |
| **풍유법** – 속담이나 격언을 이용하여 빗대는 방법 | **대조법** – 상반되는 대상이나 내용을 내세우는 방법 | **인용법** – 타인의 말이나 글을 인용하는 방법 |
| **중의법** – 두 가지 이상의 의미를 지닌 말을 사용하여 자신의 뜻을 전달하는 방법 | **연쇄법** – 앞 어구의 끝과 같은 말로 뒤의 어구를 시작하는 방법 | **돈호법** – 사람이나 사물의 이름을 불러 주의를 불러일으키는 방법 |

※ 각 수사법의 예문과 더 자세한 설명은 116p를 참고해 주세요.

PART

# 2

## 핵심이론(2교시)

2교시는 듣기, 어법, 쓰기 영역의 문제들로 구성되어 있으며, 총 33문제 중 23문제가 객관식으로, 10문제가 주관식으로 출제된다. 2교시 각 영역의 비중을 살펴보면 듣기가 15문제(객관식 1~13번, 주관식 1~2번), 어법이 5문제(객관식 14~18번), 쓰기가 10문제(객관식 19~23번, 주관식 3번부터 총 5문제)가 출제된다. 또 2교시 주관식 문제 중 2문제는 어휘 영역(짧은 글 짓기, 십자말풀이), 1문제는 읽기 영역(주관식 10번 문제)과 관련되어 출제된다. 2교시 역시 매회 각 영역별로 비슷한 문제 유형이 반복되어 출제되기 때문에 각 영역의 문제 유형을 분석하고 출제 경향을 파악하여 각 영역에 알맞은 공부 전략을 세워 시험에 대비해야 한다.

# 01 듣기

## 듣기 영역 공략 Tip

- **평소 다양한 발화 상황을 접하도록 한다.**

  듣기 영역에서는 강연, 방송 뉴스, 낭독, 인터뷰, 일상 대화, 토론 등 다양한 발화 상황이 제시된다. 읽기 영역에 비해서 약간 가볍고 일상적인 제재가 다루어지기도 하고, 시사적인 제재가 다루어지기도 한다. 다양한 발화 상황에서 독화 및 대화가 어떤 식으로 진행되는지 분석을 하며 듣는 습관을 들이자.

- **문제지 배부 및 파본 검사 시에 문제와 선택지를 빠른 속도로 훑어본다.**

  문제지와 선택지를 대략 훑어보면 반복되어 제시된 단어들을 통해 발화문의 주제나 발화 상황을 짐작할 수 있다. 발화 상황에 대한 사전 정보가 있는 것과 없는 것은 발화문 이해에 큰 차이를 가져온다. 듣기 시험 시작 전 10분을 알차게 활용하자.

- **듣기가 시작되면 딴 생각은 금물, 집중력을 발휘하라.**

  듣기 영역의 발화문들은 대체로 읽기 영역에 비해 쉽게 구성된다. 하지만 반복해서 들을 수 있는 게 아니기 때문에, 문제를 푸는 데 필요한 정보를 놓치면 돌이킬 수 없다. 따라서 귀를 쫑긋 세우고 듣기 방송에 집중해야 한다.

- **핵심 정보를 간략히 메모해 가면서 듣기 방송을 듣는다.**

  집중해서 들었다고 생각해도 막상 문제를 풀려고 할 때 세부 정보가 기억나지 않는 경우가 있다. 따라서 방송을 들을 때 핵심 정보라고 생각하는 내용을 간략히 메모해 가며 들으면 문제 풀 때 도움이 된다. 이때 주의할 점은 메모하는 데 치중하여 듣기 내용을 놓치지 않도록 해야 한다는 것이다. 자기만의 메모법을 이용하여 간단히 메모하는 습관을 들여야 한다.

## 1 듣기 영역 공부 방법

듣기 영역은 하나의 발화문당 한 문제에서 최대 두 문제까지 풀도록 구성되어 있다. 좀 더 구체적으로 살펴보면 다음과 같다.

💬 **1~4번: 발화문, 문제, 선택지 모두를 듣고 푸는 문항**

먼저 들려주는 듣기 대본의 내용을 간단히 메모하며 잘 듣고, 선택지를 하나하나 들려줄 때마다 맞는지 틀렸는지 문제지에 표시해 가며 푸는 것이 좋다.

💬 **5~9번: 발화문은 듣고 풀지만, 문제와 선택지는 문제지에 인쇄되어 있는 문항**

듣기 방송이 시작되기 전에 문제와 선택지를 빠른 속도로 훑어보면서 발화 상황을 짐작하자.

💬 **10~13번: 하나의 발화문에 두 문제가 딸려 있는 문항**

마찬가지로 듣기 방송이 시작되기 전에 빠른 속도로 문제와 선택지를 훑어보고, 발화 상황을 짐작하자.

## 2 듣기 영역 문제 유형 분석

# 1. 발화 상황의 예

듣기 영역에 출제되는 발화 상황의 예를 살펴보면 다음과 같다.

| 독 화 | 강연, 방송 뉴스, 낭독 |
| --- | --- |
| 대 화 | 인터뷰, 일상 대화, 토론 |

### ① 강 연

| 예시 | 모의고사 1회, 2교시 1번 발화문의 일부

> 한국인을 특징짓는 대표적인 말 중 하나는 바로 '빨리빨리 문화'입니다. 우리나라에 체류하는 외국인들이 가장 처음 익히는 말이 '빨리빨리'라는 우스갯소리도 있듯이, 한국인은 성격이 굉장히 급합니다. 무슨 일을 하든지 속전속결을 추구하죠. 불과 200년 전만 하더라도 우리는 빨리빨리 문화와 거리가 멀었습니다. 양반걸음을 떠올려 보세요. 느릿느릿 걷는 그 모습에서 급한 성격을 엿볼 수는 없습니다.

### ② 방송 뉴스

| 예시 | 모의고사 1회, 2교시 3번 발화문의 일부

> 남: 최근 슬로푸드 운동이 확산되고 있습니다. 슬로푸드 운동은 손이 많이 가더라도 품질 좋은 재료들로 정성을 다해 만든 전통 음식을 먹자는 운동인데요. 이 운동이 확산됨에 따라 채소를 손수 재배하고, 몸에 좋은 전통 음식을 식탁에 올리는 주부들이 늘고 있습니다. 가축병 파문이 일면서 햄버거와 같은 패스트푸드를 먹는 것이 썩 내키지 않았던 주부들은 손으로 직접 음식을 만들어 먹음으로써 편안한 마음으로 음식의 맛을 즐기고 있습니다.

③ 낭독(우화, 수필, 소설 등)

| 예시 | 모의고사 1회, 2교시 2번 발화문의 일부

> 한 마리의 사자와 한 사람이 여행을 가게 되었습니다. 처음에 사이좋게 길을 떠난 그들은 곧 다투기 시작했습니다. 사자가 뛰어날까, 사람이 뛰어날까 이야기를 나누던 중, 서로 자기가 더 뛰어나다고 주장했기 때문입니다.
>
> 그러다가 그들은 한 마을 입구에 다다랐습니다. 그런데 거기에는 조각품이 세워져 있었습니다. 바로 어떤 사람이 사자의 목을 조르고 있는 모습을 형상화한 작품이었습니다. 그 조각품을 본 사람이 말했습니다.

④ 인터뷰

| 예시 | 모의고사 1회, 2교시 4번 발화문의 일부

> 남(기자): 오늘 '만나고 싶은 사람' 코너에서는 이번 한국 뮤지컬 대상 시상식에서 여우주연상을 수상한 박소희 씨를 모셨습니다. 박소희 씨, 안녕하세요? 시청자 여러분께 인사 한마디 부탁드립니다.
> 여(뮤지컬 배우): 안녕하세요? 뮤지컬 '어제의 기억'에서 이진숙 역을 맡은 박소희입니다.
> 남(기자): 정말 반갑습니다. 이야기가 나온 김에, 우선 작품 설명을 좀 해 주시죠.

⑤ 일상 대화

| 예시 | 모의고사 3회, 2교시 7번 발화문의 일부

> 여: 이 가방 좀 봐 줘. 이번에 새로 산 가방이야. 백화점 가격보다 훨씬 싸게 샀어.
> 남: 훨씬 싸게? 어떻게 그럴 수가 있지? 혹시 가짜 아니야?
> 여: 아, 병행 수입 제품이야. 해외 상품을 국내 독점 수입 업체를 거치지 않고 들여와 판매하는 거지. 원 제조사에서 만들어진 정품이야.
> 남: 그 병행 수입이란 거, 불법 아니야?

⑥ 토론

| 예시 | 모의고사 1회, 2교시 12번 발화문의 일부

> 남: 요즘 우리나라에선 성형 수술이 성행하고 있습니다. 수능을 치른 수험생들이 제일 먼저 하는 일이 쌍꺼풀 수술, 코 수술이란 말이 나올 정도로 성형 수술이 일반화되고 성형 수술을 처음 경험하는 연령 역시 어려지고 있습니다. 그런데 '신체발부수지부모'란 옛말도 있듯이, 부모님으로부터 받은 자신의 얼굴을 함부로 변형하는 것은 옳지 않다는 생각이 드는군요.
> 여: 글쎄요. 시대착오적인 말씀인 것 같습니다. 개인의 자유가 중시되는 오늘날, 자신의 외모를 원하는 대로 가꾸며 개성을 추구하는 것은 개인의 기본적인 권리 아닐까요?

> 남: 방금 개성에 대해 말씀하셨는데, 저는 성형 수술이 오히려 개인의 개성을 죽이는 일이라 생각합니다. 성형 수술을 받은 여성들의 얼굴을 한번 비교해 보십시오. 쌍꺼풀 있는 큰 눈, 오똑한 코, 소위 'V라인'이라고 하는 턱 선까지, 외모가 획일화되어 있습니다. 성형 수술이 개성을 없애고 개인의 정체성을 상실시킨다는 것을 알 수 있죠.

## 2. 문제 유형

제시문을 읽는 대신 발화문을 듣는다고 해서 문제 유형이 크게 달라지는 것은 아니다. 기본적으로 문제 유형은 읽기 영역과 큰 차이가 없다고 할 수 있다. 따라서 읽기 문제 풀 때 고려했던 점을 듣기에도 적용하자.

### (1) 사실적 이해

#### ① 세부 내용의 파악

세부 내용을 파악하는 문제는 담화를 충실히 이해했다면 풀 수 있는 문제이다. 담화를 들으면서 필요한 내용은 메모하며 세부 내용을 기억하도록 하자. 주로 다음과 같은 발문이 사용된다.

> • 강연의 내용과 일치하는 것은?
>   강연의 내용과 일치하지 <u>않는</u> 것은?
> • 강연의 내용을 통해 알 수 있는 것은?
>   강연의 내용을 통해 알 수 <u>없는</u> 것은?

#### ② 핵심 내용의 파악

핵심 내용을 파악하는 문제를 해결하기 위해서도 담화를 들으며 핵심어를 메모해야 한다. 듣기 시험이 시작되기 전, 문제지를 훑으면서 자주 나오는 단어들에 표시를 해두는 것도 좋다. 주로 다음과 같은 발문이 사용된다.

> • 강연의 제목으로 적절한 것은?
> • 강연을 통해 강연자가 궁극적으로 말하고자 하는 바는?
> • 강연에서 설명하는 ○○○의 개념과 ○○○이 어떻게 활용되는지에 대해 100자 내외로 쓰세요. (주관식)

#### ③ 발화 상황의 파악

글을 쓸 때와 마찬가지로, 말을 할 때도 화자는 여러 전략을 활용하여 말을 한다. 따라서 읽기 영역처럼 어떤 말하기 전략을 사용했는지를 묻는 문제가 출제되므로 읽기 영역에서 공부한 내용 전개 방식을 듣기 문제를 풀 때도 적용해 보도록 한다. 주로 다음과 같은 발문이 사용된다.

> • 강연에서 사용된 말하기 방식으로 적절한 것은?
>   강연에서 사용된 말하기 방식으로 적절하지 <u>않은</u> 것은?
> • 강연자가 사용한 말하기 전략으로 적절한 것은?
>   강연자가 사용한 말하기 전략으로 적절하지 <u>않은</u> 것은?

## (2) 추론적 이해

### ① 화자의 의도 추리

화자의 의도를 추리하는 문제를 풀기 위해서는 핵심 내용을 파악하는 문제를 풀 때처럼 발화문의 중심 내용을 잘 파악해야 한다. 중심 내용이 명확히 드러나지 않는 경우에는 앞뒤 상황을 잘 살피며 화자의 의도를 파악해야 한다. 주로 다음과 같은 발문이 사용된다.

> • 강연자의 강연 의도로 가장 적절한 것은?

### ② 생략된 정보의 추리

이러한 문제를 풀 때도 발화 상황과 중심 내용을 잘 파악해야 한다. 주로 다음과 같은 발문이 사용된다.

> • 강연에 이어질 내용으로 가장 적절한 것은?
>   강연에 이어질 내용으로 적절하지 <u>않은</u> 것은?
> • 방송에 삽입될 인터뷰로 적절한 것은?
>   방송에 삽입될 인터뷰로 적절하지 <u>않은</u> 것은?
> • 강연을 듣고 추론한 것으로 적절한 것은?
>   강연을 듣고 추론한 것으로 적절하지 <u>않은</u> 것은?

### ③ 구체적 사례 및 상황의 추리

이러한 문제 역시 발화문에 드러나는 핵심 개념과 화자의 의도를 잘 파악하는 것이 중요하다. 주로 다음과 같은 발문이 사용된다.

> • 강연에서 설명하는 ○○○이 적용된 사례로 적절한 것은?
>   강연에서 설명하는 ○○○이 적용된 사례로 적절하지 <u>않은</u> 것은?

## (3) 비판적 이해

화자의 주장과 근거, 내용 전개 방식의 적절성을 평가하는 문제들이 여기에 해당한다. 주장에 대한 근거가 적절한지 따져 보며 방송을 듣도록 한다. 다음과 같은 발문이 주로 사용된다.

> • 강연에 대한 반응으로 가장 적절한 것은?
> • 강연자의 주장에 대한 비판으로 가장 적절한 것은?
> • 대화의 문제점으로 가장 적절한 것은?

## (4) 창의적 이해

듣기 영역에서는 화자의 주장과 근거를 들은 후, 화제에 대한 자신의 견해를 서술하는 문제가 주관식으로 출제된다. 화자의 주장을 반박하든지, 논란이 되는 화제에 대한 찬반 의견과 근거를 쓰는 문제들이 이에 해당한다. 주로 다음과 같은 발문이 사용된다.

> • 강연을 잘 듣고 강연의 주장을 반대하는 입장에서 자신의 주장과 근거를 100자 내외로 쓰세요. (주관식)
> • 강연을 잘 듣고 ○○○에 대해 찬성 혹은 반대 의견을 100자 내외로 쓰세요. (주관식)

# 02 어법

- **어법 영역의 문제 유형을 확실히 파악한다.**

  어법 영역에서 출제되는 문제 유형은 한정돼 있다. 몇 가지 유형이 매회 반복돼서 나오기 때문에 문제 푸는 데 필요한 어법 지식도 많지 않다. 어법 지식을 외운다고 생각하기보다 예문들을 보면서 문장이 어법에 어긋나 어색하지 않은지 판단하는 연습을 하자.

- **평소 어법에 맞게 말하고 글을 쓰는 습관을 들인다.**

  어법 영역은 대부분 문장의 오류를 찾는 문제로 구성되어 있기 때문에 평소 올바른 어법을 사용하여 언어생활을 하는 사람이 문제 해결에 유리하다. 따라서 항상 어법에 맞게 말하고 글을 쓰려고 노력하자.

- **평소 글을 읽을 때 그 글이 어법에 맞는 문장들로 구성되어 있는지 분석해 본다.**

  어법 영역에서 제시되는 문장의 오류들은 실제로 많은 사람들이 흔히 범하는 오류들이다. 따라서 자신이 쓴 글뿐 아니라 다른 사람이 쓴 글을 읽을 때도 필요한 문장 성분이 모두 갖춰져 있는지, 문장 성분 간의 호응이 자연스러운지, 높임 표현이나 피동·사동 표현은 적절한지 등을 분석하는 습관을 들이면 문제를 풀 때 도움이 된다.

# 1 어법 영역 공부 방법

어법 영역은 총 5문제로 문제 수가 많지 않고, 유형도 한정돼 있기 때문에 문제 유형을 파악하고 문장의 오류를 판단·수정하는 연습을 한다면 문제 해결이 어렵지 않다. 어법 영역에서는 1교시의 어문 규정과 함께 어법 지식을 정리하고 학습하는 것이 도움이 된다. 어떤 문제들이 출제되는지 그 유형을 파악하고 모의고사에서 문제를 푸는 연습을 하자.

# 2 어법 영역 문제 유형 분석 및 필수 지식

## 1. 필요한 문장 성분 갖추기

### (1) 문장 성분의 종류

문장 성분이란 문장 안에서 일정한 문법적 기능을 하는 부분들을 말한다. 문장 성분의 종류는 다음과 같다.

| 주성분 | | 부속성분 | | 독립성분 |
|---|---|---|---|---|
| 문장을 이루는 데 골격이 되는 성분 | | 주로 주성분의 내용을 수식하는 성분 | | 다른 문장 성분과는 직접적인 관련이 없는 성분 |
| 주 어 | 문장에서 동작 또는 상태나 성질의 주체를 나타내는 성분<br>예 영수가 집에 간다. | 관형어 | 체언(명사, 대명사, 수사)을 수식하는 성분<br>예 엄마가 새 옷을 입었다.<br>예 나는 도시의 야경을 사랑한다. | 독립어 |
| 서술어 | 주어의 동작, 상태, 성질 따위를 풀이하는 기능을 하는 성분<br>예 비둘기가 날아간다. | | | |
| 목적어 | 서술어의 동작 대상이 되는 성분(주로 조사 '을/를'과 같이 쓰임)<br>예 나는 빵을 좋아해. | 부사어 | 용언(동사, 형용사)뿐 아니라 관형어나 다른 부사어를 수식하고 문장이나 단어를 이어주는 성분<br>예 꽃이 참 예쁘다.<br>예 과연 너는 착하구나.<br>예 그러나 그녀가 항상 행복한 것은 아니다. | |
| 보어 | 서술어가 요구하는 필수적인 성분. '되다, 아니다'와 같은 서술어가 필요로 하는 문장 성분이 이에 해당한다.<br>예 그는 학생이 아니다.<br>예 나는 의사가 되었다. | | | |

독립성분 칸의 내용: 문장의 다른 성분과 밀접한 관련이 없는 문장 성분. 일반적으로 감탄사, 체언에 호격 조사가 결합된 형태가 독립어가 된다.
예 애! 이리와.
예 신이시여, 정녕 저를 버리시나이까.

## (2) 필요한 문장 성분 갖추기의 예

### ① 주어 갖추기

예 미술은 인간의 다양한 감정을 보여 주는 예술로서, 미술을 즐기는 본능을 지닌다.
  (주어)          (서술어)               (서술어)

위의 문장은 뒷문장의 서술어 '지닌다'와 호응하는 주어가 없으므로 '지닌다'와 호응하는 주어가 삽입돼야 한다. 따라서 아래와 같이 고쳐야 한다.

⇨ 미술은 인간의 다양한 감정을 보여 주는 예술로서, 인간은 미술을 즐기는 예술적 본능을 지닌다. (뒷문장의 주어 삽입)

### ② 서술어 갖추기

예 그녀는 날마다 춤과 노래를 불렀다.
  (주어)        (목적어)   (서술어)

목적어 '춤'과 호응하는 서술어가 없으므로 아래와 같이 '춤'과 호응하는 서술어가 삽입돼야 한다.

⇨ 그녀는 날마다 춤을 추고 노래를 불렀다.

### ③ 목적어 갖추기

예 학생들은 모두 선생님을 동경하였고, 선생님 또한 아껴 주셨다.
  (주어)       (목적어)   (서술어)   (주어)      (서술어)

'아껴 주셨다'와 호응하는 목적어가 없으므로 아래와 같이 '아껴 주셨다'와 호응하는 목적어를 삽입해야 한다.

⇨ 학생들은 모두 선생님을 동경하였고, 선생님 또한 우리를 아껴 주셨다.

### ④ 관형어 갖추기

예 그녀가 1등을 한 것은 자랑이 되었다.
     (주어)        (보어) (서술어)

'자랑이'에 호응하는 관형어가 없어 누구의 자랑이 되었는지 명확하지 않다. 따라서 다음과 같이 고칠 수 있다.

⇨ 그녀가 1등을 한 것은 <u>나의</u> 자랑이 되었다.

⑤ 부사어 갖추기

예 인간은 자연을 지배하기도 하고, 순응하기도 한다.
　 (주어) (목적어)　(서술어)　　　　 (서술어)

'순응하다'에 호응하는 부사어가 없으므로 아래와 같이 '순응하다'와 호응하는 부사어를 삽입해야 한다.

⇨ 인간은 자연을 지배하기도 하고, <u>자연에</u> 순응하기도 한다.

---

**>>핵심예제**

**01** 필요한 성분을 모두 갖추어 어법에 어긋나지 <u>않는</u> 것은?

　① 내가 원한 것은 덧없는 부귀영화가 아니다.
　② 그가 집을 나서려고 하자 바람과 비가 내렸다.
　③ 나는 선생님을 공경하였고 선생님 또한 총애하셨다.
　④ 그녀는 애완동물을 쓰다듬기도 하고 먹이를 주기도 했다.
　⑤ 이 나무는 할아버지가 심으셨기에 나무를 보며 할아버지와의 추억을 떠올린다.

**해설**
② '바람'과 어울리는 서술어가 생략되었다.
③ '총애하셨다' 앞에 누구를 총애하였는지를 나타내는 목적어가 생략되었다.
④ '먹이'를 누구에게 주는지 나타내는 부사어가 생략되었다.
⑤ 나무를 보며 할아버지와의 추억을 떠올리는 사람이 누구인지를 나타내는 주어가 생략되었다.

**정답** ①

**02** 필요한 성분을 모두 갖추어 어법에 어긋나지 <u>않는</u> 것은?

　① 친구들은 그에게 닮았다고 말했다.
　② 나는 취미로 운동과 그림을 그린다.
　③ 그녀는 교실에 들어가 책가방을 올려놓았다.
　④ 나는 그녀의 꾸밈없는 미소를 보고 있노라면 마음이 편안해진다.
　⑤ 지윤이와 승하가 공원에서 만났는데 아는 체도 하지 않고 지나갔다.

**해설**
① '닮았다고' 앞에 누구와 닮았는지를 나타내는 부사어가 생략되었다.
② '운동'과 어울리는 서술어가 생략되었다.
③ '책가방'을 어디에 올려놓았는지를 나타내는 부사어가 생략되었다.
⑤ 아는 체도 하지 않고 지나간 사람이 누구인지(지윤이인지, 승하인지, 지윤이와 승하 모두인지)를 나타내는 주어가 생략되었다.

**정답** ④

---

## 2. 문장 성분 간의 호응

① 주어와 서술어의 호응

　예 <u>확실한 것은</u> 네가 공부를 열심히 하지 않으면 성적이 떨어진다는 것은 <u>분명하다</u>.
　　　(주어)　　　　　　　　　　　　　　　　　　　　　　　　　　　(서술어)

　주어 '확실한 것은'과 서술어 '분명하다'가 호응하지 않으므로 아래와 같이 고치는 게 자연스럽다.

　⇨ 확실한 것은 네가 공부를 열심히 하지 않으면 성적이 떨어진다는 <u>것이다</u>.

② 목적어와 서술어의 호응

　예 나는 <u>밑그림</u>과 채색을 <u>하여</u> 작품을 완성했다.
　　　　　 (목적어)　 (서술어)

　목적어 '밑그림'과 서술어 '하여'가 호응하지 않으므로 아래와 같이 고치는 게 자연스럽다.

　⇨ 나는 밑그림을 <u>그리고</u> 채색을 하여 작품을 완성했다.

③ 부사어와 서술어의 호응

　일부 부사어는 특정한 말들과 호응하므로 잘 기억해 두어야 한다.

　• 부정어와 호응하는 부사: 구태여, 여간, 결단코, 절대, 도무지, 좀처럼, 차마
　• 긍정어와 호응하는 부사: 적이, 제법, 겨우, 응당, 마땅히, 당연히
　• 가정을 나타내는 말(~면)과 호응하는 부사: 만일, 만약, 가령
　• 추측하는 말(~ㄹ 것이다)과 호응하는 부사: 아마
　• 당부, 부탁, 소원 등을 나타내는 말과 호응하는 부사: 제발, 바라건대, 원컨대, 부디
　• 양보를 나타내는 말(~라도)과 호응하는 부사: 비록

　예 너는 <u>절대</u> 일찍 잠을 <u>자야 한다</u>.

　'절대'라는 말은 부정어와 어울리므로 다음과 같이 고쳐야 한다.

　⇨ 너는 절대 일찍 잠을 <u>자면 안 된다</u>.

④ 수식어와 피수식어의 호응

　꾸밈을 받는 말(피수식어)과 꾸미는 말(수식어)의 호응이 명확해야 문장의 의미가 분명해진다.

　예 <u>한결같이 순수한</u> 그녀를 <u>돌보는</u> 사람이 있다.
　　　(수식어)(피수식어)　　　(피수식어)

　'한결같이'가 꾸미는 말이 '순수한'인지, '돌보는'인지 명확하지가 않으므로 호응 관계가 명확하게 드러나도록 고쳐야 한다.

　⇨ <u>순수한 그녀를 한결같이</u> 돌보는 사람이 있다.

>> 핵심예제

**03 문장 성분 간의 호응이 적절한 것은?**

① 내 친구의 단점은 다른 사람의 험담을 잘한다.
② 그 회사의 면접을 통과하는 것은 여간 어려운 일이다.
③ 내가 아무리 주위를 둘러봐도 그가 좀처럼 나타나지 않는다.
④ 그 사람이 한 주장의 핵심은 각자의 분야에서 최선을 다해 국가 발전에 이바지해야 한다.
⑤ 그녀는 집 밖으로 나가지 않아도 라디오와 신문을 읽으며 세상 돌아가는 상황을 파악했다.

해설
① '내 친구의 단점은'이란 주어와 '잘한다'라는 서술어가 호응하지 않으므로 '잘한다는 것이다'로 고쳐야 한다.
② '여간'이란 부사는 부정어와 호응하므로 '여간 어려운 일이 아니다'로 고쳐야 한다.
④ '그 사람이 한 주장의 핵심은'이란 주어와 '이바지해야 한다'라는 서술어가 호응하지 않으므로 '이바지해야 한다는 것이다'로 고친다.
⑤ '라디오'라는 목적어와 '읽으며'라는 서술어가 호응하지 않으므로 '라디오를 듣고 신문을 읽으며'로 고친다.

정답 ③

**04 문장 성분 간의 호응이 적절한 것은?**

① 어머니는 너를 자랑스러워서 사람들에게 네 얘기를 자주 한다.
② 내가 하고 싶은 말은 계획을 세웠으면 실천을 해야 한다는 것이다.
③ 나는 그 과제를 완수하기 위해 네가 흘린 땀과 노력을 알고 있다.
④ 엄격한 규제가 풀리면 당신은 이 상품의 판매를 자유롭게 팔 수 있다.
⑤ 이 대학에 지원한 이유는 해외 대학과 교류하는 국제적인 분위기가 좋다.

해설
① 목적어 '너를'과 어울릴 수 있게 '자랑스러워서'가 아니라 '자랑스러워해서'가 와야 한다.
③ 서술어 '흘린'과 목적어 '노력'이 어울리지 않으므로 '네가 흘린 땀과 기울인 노력' 정도로 고쳐야 한다.
④ 목적어 '판매를'과 서술어 '팔 수 있다'가 어울리지 않으므로 '팔 수 있다'를 '할 수 있다'로 고쳐야 한다.
⑤ 주어 '이 대학에 지원한 이유는'과 서술어 '좋다'가 어울리지 않으므로 '좋기 때문이다'로 고쳐야 한다.

정답 ②

# 3. 시제의 호응

시제란 시간을 나타내기 위한 표현들을 말하는데 시제에는 다음과 같은 종류가 있다.

- 현재 시제: 현재를 나타내는 시간 표현 '-는-/-ㄴ-' 등을 사용하고, '지금'과 같이 현재 시간을 나타내는 부사어를 사용함.)

  예 나는 <u>지금</u> 병원에 <u>간다</u>.

- 과거 시제: 과거를 나타내는 시간 표현('-았-/-었-', '-더-', '던' 등을 사용하고, '어제', '옛날'과 같이 과거 시간을 나타내는 부사어를 사용함.)

  예 나는 <u>어제</u> 병원에 <u>갔다</u>.

  예 그렇게 <u>착하던</u> 소미가 이렇게 달라지다니.

- 미래 시제: 미래를 나타내는 시간 표현('-겠-', '-(으)ㄹ 것이-' 등을 사용하고, '내일'과 같이 미래를 나타내는 부사어를 사용함.)

  예 나는 <u>내일</u> 병원에 <u>가겠다</u>.

시제의 호응 문제에서는 문장의 사건이 일어난 시간과 부사어, 서술어의 형태가 호응을 하는지 찾는 문제가 출제된다.

예 나와 그녀가 처음 만난 것은 15살 <u>되는</u> 해의 가을이었다.

나와 그녀가 만난 사건은 과거에 일어난 일이므로 현재형인 '되는'이 아닌, 과거형인 '되던'을 써야 한다.

⇨ 나와 그녀가 처음 만난 것은 15살 <u>되던</u> 해의 가을이었다.

>>핵심예제

**05 다음 중 어법에 맞는 문장은?**

① 나는 지금 학교에 갔다.
② 한 달 뒤에 언니가 미국으로 떠날 것이다.
③ 그는 어제 백화점에서 그녀를 만나지 못한다.
④ 내일 나와 함께 등산을 간 사람은 배낭을 준비해야 한다.
⑤ 예전에 그리도 고운 그녀가 이제는 더 이상 아름답지 않다.

해설
① 현재를 나타내는 부사어 '지금'과 어울려야 하므로 '갔다'를 '간다'로 고쳐야 한다.
③ 과거를 나타내는 부사어 '어제'와 어울려야 하므로 '못한다'를 '못했다'로 고쳐야 한다.
④ 미래를 나타내는 부사어 '내일'과 어울려야 하므로 '간'을 '갈'로 고쳐야 한다.
⑤ '예전에'는 과거를 나타내는 부사어이므로 '고운'을 '곱던'으로 고쳐야 한다.

정답 ②

**06 다음 중 어법에 맞는 문장은?**

① 조만간 너희 집으로 연락했다.
② 나는 그제 친구들과 함께 영화관에 갔다.
③ 지난날 그녀와 이 거리를 손잡고 같이 걷는다.
④ 지난번 우리 집에 올 사람이 이 가방을 놓고 갔다.
⑤ 얼마 후면 접시를 깨끗이 비운 사람이 왜 반찬 투정을 하느냐?

해설
① 미래를 나타내는 부사어 '조만간'과 어울려야 하므로 '연락하겠다'로 고쳐야 한다.
③ 과거를 나타내는 부사어 '지난날'과 어울려야 하므로 '걸었다'로 고쳐야 한다.
④ 과거를 나타내는 부사어 '지난번'과 어울려야 하므로 '집에 온'으로 고쳐야 한다.
⑤ 미래를 나타내는 말 '얼마 후'와 어울려야 하므로 '비울'로 고쳐야 한다.

정답 ②

## 4. 높임 표현

① **상대 높임법**: 화자가 청자에 대하여 높이거나 낮추어 말하는 방법으로, 종결 어미에 의해 실현되며 격식체와 비격식체로 나뉜다.

| 유 형 | | 종결 어미 | 예 |
|---|---|---|---|
| 격식체 | 하십시오체 | −십시오, −소서, −ㅂ니다, −나이다 등 | 집에 가십시오. |
| | 하오체 | −오, −소, −구려, −리다 등 | 집에 가시오. |
| | 하게체 | −게, −네, −세 등 | 집에 가게. |
| | 해라체 | −어라, −느냐, −자, −려무나 등 | 집에 가라. |
| 비격식체 | 해요체(높임) | −어요, −지요, −ㄹ게요, −ㄹ까요 등 | 집에 가세요. |
| | 해체(낮춤) | −어, −야, −지, −나 등 | 집에 가. |

② **주체 높임법**: 화자보다 서술어의 주체가 상위자일 때 서술어의 주체를 높이는 방법으로, 주격조사 '께서'와 주체 높임 선어말 어미 '-(으)시-', 그리고 주어 명사에 '-님'을 붙인 말, 그 외 '계시다, 잡수시다, 주무시다, 편찮으시다, 돌아가시다'와 같은 특수 어휘로 실현되기도 한다.

　예 아버지<u>께서</u> 집에 <u>계시다</u>.

| 간접 높임 | 주체의 신체 부분, 소유물, 생각 등을 높임으로써 주어를 간접적으로 높이는 방법으로, 간접 높임에서는 '계시다'를 쓰지 않고, '있으시다'를 사용한다.<br>예 선생님의 말씀이 있으<u>시</u>겠습니다.<br>　 할아버지<u>께서는</u> 귀가 밝으<u>십</u>니다. |
|---|---|
| 압존법<br>(壓尊法) | 문장의 주체가 화자보다 높더라도 청자보다 낮으면 높이지 않는다.<br>예 할아버지, <u>어머니</u>가 지금 <u>갔습니다</u>. |

③ **객체 높임법**: 목적어나 부사어가 지시하는 대상, 즉 서술의 객체를 높이는 방법으로, 주로 특수 어휘(여쭙다, 모시다, 뵙다, 드리다)나 조사(에게 → 께)에 의해 실현된다.

　예 승연이는 어머니를 <u>모시고</u> 학교에 갔다.
　　 나는 할아버지<u>께</u> 선물을 <u>드렸다</u>.

---

**>>핵심예제**

**07 높임 표현이 바르게 사용된 것은?**

① 반장, 선생님이 이 일 좀 하래.
② 할아버지의 말씀이 계시겠습니다.
③ 아들이 어머니에게 용돈을 주었다.
④ 어머니께서 맛있게 진지를 잡수셨다.
⑤ 아버지가 할머니를 모시고 병원에 갔다.

**해설**
① '반장, 선생님께서 이 일 좀 하라셔.' 혹은 '반장, 선생님께서 이 일 좀 하라고 하셔.'로 고친다.
② '할아버지의 말씀이 있으시겠습니다.' 혹은 '할아버지의 말씀이 있겠습니다.'로 고친다.
③ '아들이 어머니께 용돈을 드렸다.'로 고친다.
⑤ '아버지께서 할머니를 모시고 병원에 가셨다.'로 고친다.

**정답** ④

**08 높임 표현의 사용이 옳은 것은?**

① 선생님께서는 따님이 계십니다.
② 할머니께서 방에서 낮잠을 잔다.
③ 나는 빵을 아버지께 갖다 주었다.
④ 교수님, 앞으로 종종 찾아뵙겠습니다.
⑤ 할아버지께서 나에게 무슨 일이냐고 여쭤보셨다.

**해설**
① '선생님께는 따님이 있으십니다.'로 고친다.
② '할머니께서 방에서 낮잠을 주무신다.'로 고친다.
③ '나는 빵을 아버지께 갖다 드렸다.'로 고친다.
⑤ '할아버지께서 나에게 무슨 일이냐고 물어보셨다.'로 고친다.

**정답** ④

# 5. 사동 표현

주어가 동작을 직접 하는 것을 주동(主動)이라고 하고, 주어가 남에게 동작을 하도록 시키는 것을 사동(使動)이라고 한다.

| 파생적 사동법 | '동사, 형용사의 어근+사동 접미사(-이-/-히-/-리-/-기-/-우-/-구-/-추-)'가 결합된 파생어를 이용하여 사동문을 만든다. |
|---|---|
| 통사적 사동법 | '-게 하다'를 사용하여 사동문을 만든다. |

예 물이 그릇에 가득 찼다. (주동문) ⇨ 언니가 물을 그릇에 가득 채웠다. (사동문)

그런데 일상생활에서 불필요한 사동 표현을 쓰는 경우가 많아, 불필요한 사동 표현을 가려내는 문제도 출제되고 있다.

### 불필요한 사동 표현

> 예 나는 동생에게 그 선생님을 소개시켜 주었다.
>
> '나'가 다른 사람을 시켜서 행위를 한 것이 아니라, 자신이 직접 행위를 한 것이므로 다음과 같이 고쳐야 한다.
>
> ⇨ 나는 동생에게 그 선생님을 소개해 주었다.

### ≫핵심예제

**09 사동 표현이 바르게 사용된 것은?**

① 내가 직접 학생들을 교육시키겠다.
② 화가 난 아빠가 아들을 공부시켰다.
③ 배기가스는 환경오염을 야기시킨다.
④ 당신이 나와 그녀를 연결시켜 주세요.
⑤ 내가 벽에 단단히 고정시켜 놓았던 그림이 떨어졌다.

**해설**
①·③·④·⑤에는 불필요한 사동 표현이 쓰였으므로 각각 다음과 같이 고친다.
① 교육시키겠다 → 교육하겠다
③ 야기시킨다 → 야기한다
④ 연결시켜 → 연결해
⑤ 고정시켜 → 고정해

**정답** ②

**10 어법에 맞는 문장이 아닌 문장은?**

① 내가 그를 깜짝 놀랬다.
② 그가 하늘로 연을 날렸다.
③ 엄마가 딸에게 책을 읽혔다.
④ 그들이 마을의 도로를 넓혔다.
⑤ 누나가 동생의 눈을 감기웠다.

**해설**
'감기우다'에는 불필요하게 사동 표현이 두 번 쓰였으므로 '감기다'로 고친다.

**오답피하기**
①에서 '놀라게 하다'의 의미를 지닌 사동사는 '놀래다'인데 '놀래키다'로 잘못 쓰는 경우가 많으므로 주의한다.

**정답** ⑤

## 6. 피동 표현

주어가 동작을 자기의 힘으로 하는 것을 능동(能動), 주어가 다른 주체에 의해서 동작을 당하게 되는 것을 피동(被動)이라고 한다.

| 파생적 피동법 | 타동사의 어근에 피동 접미사(-이-/-히-/-리-/-기-)가 결합된 파생어를 이용하여 만든다. |
|---|---|
| 통사적 피동법 | '-되다, -어지다, -게 되다'에 의해 형성된다. |

예 쥐가 고양이를 잡았다. (능동) ⇨ 고양이가 쥐에게 잡혔다. (피동)

그런데 일상생활에서 피동 표현을 두 번 쓰는 '이중 피동'을 쓰는 경우가 많은데, 피동 표현을 두 번씩 쓰는 것은 불필요하다. 따라서 이중 피동을 가려내는 문제도 출제되고 있다.

### 불필요한 피동 표현

예 이 소설은 사람들에게 잘 읽혀지지 않는다.

'읽혀지지'는 '읽다'에 피동 접미사 '-히-'와 피동 표현인 '-어지다'가 중복된 표현이다. 따라서 다음과 같이 피동 표현을 한 번만 써야 한다.

⇨ 이 책은 독자들에게 잘 읽히지 않는다.

### >>핵심예제

**11 피동 표현이 바르게 사용된 것은?**

① 동생이 개에게 물려졌다.
② 도둑이 경찰에게 잡혀졌다.
③ 창문이 밤새 열려져 있었다.
④ 오늘따라 글씨가 잘 써진다.
⑤ 그날 밤 그녀에게 밥값이 청구되어졌다.

해설
①·②·③·⑤는 모두 피동 표현이 두 번씩 쓰인 문장이므로 각각 다음과 같이 고쳐야 한다.
① 물려졌다 → 물렸다
② 잡혀졌다 → 잡혔다
③ 열려져 있었다 → 열려 있었다
⑤ 청구되어졌다 → 청구되었다

정답 ④

**12 어법에 맞는 문장이 아닌 것은?**

① 갓난아이가 엄마에게 업혔다.
② 졸린 아들이 아버지에게 안겼다.
③ 빨간 꽃이 그녀에 의해 꺾어졌다.
④ 비리를 저지른 사장이 어젯밤 구속되었다.
⑤ 그날 이후 그 장소의 철문이 굳게 잠겨졌다.

해설
'잠겨졌다'는 피동 표현이 두 번 쓰였으므로 '잠겼다' 혹은 '잠가졌다'로 고쳐야 한다.

정답 ⑤

# 7. 의미의 중복

불필요하게 같은 의미가 중복된 표현을 찾는 문제도 출제된다.

예 그는 혼자 독학으로 책 한 권을 다 뗐다.

'혼자'라는 말과 '독학(獨學)'의 '독(獨)'이 의미가 겹치므로 다음과 같이 고쳐야 한다.

⇨ 그는 독학으로 책 한 권을 다 뗐다.

**의미 중복의 예**

| | | | |
|---|---|---|---|
| 1 | 가까운 근방(近方) | 19 | 모두 다 |
| 2 | 높은 고온(高溫) | 20 | 투고(投稿)한 원고 |
| 3 | 스스로 자각(自覺) | 21 | 폭음(爆音) 소리 |
| 4 | 처갓(妻家)집 | 22 | 푸른 창공(蒼空) |
| 5 | 같은 동포(同胞) | 23 | 허연 백발(白髮) |
| 6 | 다시 복습(復習) | 24 | 죽은 시체(屍體) |
| 7 | 쓰이는 용도(用途) | 25 | 완전히 근절(根絕)하다 |
| 8 | 겪은 경험(經驗) | 26 | 축구(蹴球)를 차다 |
| 9 | 계속 속출(續出) | 27 | 더러운 누명(陋名) |
| 10 | 큰 대문(大門) | 28 | 고목(古木) 나무 |
| 11 | 탈(脫)꼴찌에서 벗어나 | 29 | 완전히 전멸(全滅) |
| 12 | 긴 장(長)대 | 30 | 미리 예비(豫備) |
| 13 | 열심히 열중(熱中)하다 | 31 | 날조(捏造)된 조작극 |
| 14 | 이름난 명산(名山) | 32 | 남은 여생(餘生) |
| 15 | 새 신랑(新郎) | 33 | 넓은 광장(廣場) |
| 16 | 서로 상충(相衝) | 34 | 혼자 독학(獨學) |
| 17 | 청천(晴天)의 하늘 | 35 | 어린 소녀(少女) |
| 18 | 앞으로 전진(前進) | 36 | 따뜻한 온정(溫情) |

>>핵심예제

**13 불필요한 요소의 중복 없이 어법에 맞게 쓴 것은?**

① 적의 군대가 완전히 전멸했다.

② 나 혼자서 남은 여생을 살아가야 한다.

③ 그 사건으로 인한 피해 사례가 잇따라 속출하고 있다.

④ 이 일이 잘못되었다는 사실을 스스로 자각해야 한다.

⑤ 성적 향상을 위해 나는 그날 배운 내용을 반드시 복습한다.

**해설**

각각 다음 표현에 의미가 중복된 요소가 있다.

① 완전히 전멸    ② 남은 여생

③ 잇따라 속출    ④ 스스로 자각

**정답** ⑤

**14 불필요한 요소의 중복 없이 어법에 맞게 쓴 것은?**

① 내가 겪은 경험을 이야기해 보겠다.

② 이 물건이 쓰이는 용도를 알 수가 없다.

③ 기말고사를 미리 예비하여 공부해야 한다.

④ 그는 광장에 홀로 서서 지난날을 돌이켜 보았다.

⑤ 이곳은 이름난 명산으로 그 경치는 말할 수 없이 아름다웠다.

**해설**

각각 다음 표현에 의미가 중복된 요소가 있다.

① 겪은 경험    ② 쓰이는 용도

③ 미리 예비    ⑤ 이름난 명산

**정답** ④

# 8. 문장 의미의 중의성 풀기

문장의 중의성이란 하나의 문장이 두 개 이상 의미로 해석되는 것을 말한다. 다음과 같은 예가 있다.

① 중의적 문장

예 후배들이 많은 도시를 다니면 좋을 것이다.

'후배들이 많이 있는 도시를 우리가 다니면'인지, '후배들이 여러 도시를 다니면'인지 알 수 없으므로 둘 중 어떤 의미인지 알 수 있게 문장을 써야 한다.

⇨ 후배들이 많이 있는 도시를 다니면 좋을 것이다.

⇨ 후배들이 여러 도시를 다니면 좋을 것이다.

② 수식의 모호성

예 엄마는 웃으면서 들어오는 나를 반겼다.

'웃으면서'의 주체가 엄마인지, 나인지 모호하므로 다음과 같이 고쳐야 한다.

⇨ 들어오는 나를 엄마가 웃으면서 반겼다.

⇨ 웃으면서 들어오는 나를 엄마가 반겼다.

③ 비교 구문의 모호성

예 오빠는 나보다 게임을 더 좋아한다.

'나와 게임'을 비교하는지, '내가 게임을 좋아하는 정도와 오빠가 게임을 좋아하는 정도'를 비교하는지가 분명하지 않다. 따라서 다음과 같이 고쳐야 한다.

⇨ 오빠는 내가 게임을 좋아하는 것보다 더 게임을 좋아한다.

⇨ 오빠는 나를 좋아하는 것보다 게임을 더 좋아한다.

④ 병렬 구문의 모호성

> 예 나는 소영이와 기순이를 만났다.

나와 소영이가 함께 기순이를 만난 것인지, 내가 소영이와 기순이 둘을 모두 만난 것인지 모호하므로 다음과 같이 고쳐야 한다.

⇨ 나는 소영이와 함께 기순이를 만났다.

⇨ 내가 소영이와 기순이를 만났다.

⑤ 지시대명사의 모호성

> 예 그는 맛있는 음식을 싸 왔지만, 그것을 숨기었다.

'그것'이 지시하는 대상이 '맛있는 음식'인지, '맛있는 음식을 싸 온 사실'인지 분명하지 않으므로 다음과 같이 고쳐야 한다.

⇨ 그는 맛있는 음식을 싸 왔지만, 그 음식을 숨기었다.

⇨ 그는 맛있는 음식을 싸 왔지만, 그 사실을 숨기었다.

⑥ 부정 구문의 모호성

> 예 우연치 않게 그녀를 만났다.

그녀를 만난 것이 우연한 일인지, 필연적인 일인지 분명하지 않으므로 의미가 잘 드러나도록 고쳐야 한다.

⇨ 우연히 그녀를 만났다.

---

**>>핵심예제**

**15 문장이 두 가지 의미로 풀이될 가능성이 가장 적은 것은?**

① 그녀는 너보다 영화를 더 좋아한다.
② 사람들이 많은 지역을 여행하고 있다.
③ 깜찍한 그녀의 친구가 나에게 고백을 했다.
④ 그녀는 멋진 옷을 샀지만 그것을 감추었다.
⑤ 걸어가는 나에게 손짓을 하면서 그가 말을 건넸다.

**해설**

각각 다음과 같이 다양하게 해석될 수 있다.
① '너와 영화'를 비교한 것인지, '그녀가 너를 좋아하는 정도와 그녀가 영화를 좋아하는 정도'를 비교한 것인지.
② '사람들이 많이 있는 지역을 누군가가 여행하고 있는 것'인지 '사람들이 여러 지역을 여행하고 있는 것'인지.
③ '그녀가 깜찍한 것'인지 '그녀의 친구가 깜찍한 것'인지.
④ '그것'이 지시하는 대상이 '멋진 옷'인지 '멋진 옷을 샀다는 사실'인지.

**정답** ⑤

**16 문장이 두 가지 의미로 풀이될 가능성이 가장 적은 것은?**

① 나는 어제 준후와 지후를 불렀다.
② 그녀는 가방과 시계 두 개를 샀다.
③ 키가 큰 남자는 그녀를 밀지 않았습니다.
④ 그는 춤을 추면서 노래하는 나를 바라보았다.
⑤ 그곳에서 그녀의 멋진 의상이 단연 돋보였다.

**해설**

각각 다음과 같이 다양하게 해석될 수 있다.
① '나와 준후가 함께 지후를 부른 것'인지 '내가 준후와 지후 둘을 모두 부른 것'인지.
② '그녀가 가방과 시계를 각각 하나씩 산 것'인지 '가방 하나와 시계를 두 개 산 것'인지.
③ '그녀를 민 사람이 키가 큰 남자가 아닌 다른 남자'인지 '키가 큰 남자가 민 사람이 그녀가 아니라 다른 사람'인지 '키가 큰 남자가 미는 것이 아닌 다른 행위를 그녀에게 한 것'인지.
④ '춤을 추는'의 주체가 '그'인지 '나'인지.

**정답** ⑤

# 9. 조사의 용법

조사는 체언이나 부사, 어미 등과 결합해서 그 말과 다른 말과의 문법적 관계를 나타내거나 그 말에 특별한 뜻을 더해 주는 품사로 다음과 같은 종류가 있다.

| 조사의 종류 | | 예 문 |
| --- | --- | --- |
| **격조사**<br>앞에 오는 체언(명사, 대명사, 수사)이 문장 안에서 일정한 자격을 가지도록 해 줌 | **주격조사**: 이/가<br>**목적격조사**: 을/를<br>**관형격조사**: 의<br>**부사격조사**: 에, 에서, 에게, 로, 로서, 로써, 라고/고<br>**보격조사**: 이/가<br>**호격조사**: 야<br>**서술격조사**: 이다 | 진솔이가 민구의 책을 보았다.<br>기연이가 화영이에게 꽃을 주었다.<br>호준이는 치과 의사가 되었다.<br>송이야, 이리 와볼래?<br>영은이는 학생이다. |
| **접속조사**<br>두 단어를 같은 자격으로 이어 줌 | 와/과, 랑, 하고 | 봄이 되면 개나리(와, 랑, 하고) 진달래가 가장 먼저 핀다. |
| **보조사**<br>앞말에 특별한 뜻을 더하여 줌 | 은/는(대조), 만(단독), 도(역시) | 여기서는 담배를 피워선 안 된다.<br>소설만 읽지 말고 시도 읽어라. |

조사와 관련해서는, 같은 형태의 조사가 여러 의미 기능을 할 경우 그 의미 기능을 파악할 줄 아는지, 문장 속에서 조사를 올바르게 사용할 줄 아는지 등을 평가하는 문제가 출제된다.

주로 처소의 의미를 나타내는 부사격조사 '에서'는 다음과 같이 의미 기능이 세분화될 수 있다.

예 그들은 대구에서 왔다. ('출발점'의 의미 기능)

나는 도서관에서 공부를 했다. ('낙착점'의 의미 기능)

이번에도 우리 대학에서 전국을 제패했다. (주격조사와 같은 기능)

한편, 서로 다른 형태의 조사가 비슷한 의미 기능을 하는 경우도 눈여겨볼 만하다.

아래의 '에'와 '에서'는 모두 '낙착점'의 의미 기능을 하고 있다.

예 그녀는 집에 있다.

그녀는 그 집에서 산다.

**17** 조사 '에서'의 기능이 〈보기〉와 같은 것은?

> **보기**
>
> 그는 서울에서 산다.

① 그녀는 중국에서 왔다.
② 그 물건은 집에서 가져 왔다.
③ 우리 회사에서 신제품을 개발하였다.
④ 어제 우리들은 공원에서 함께 놀았다.
⑤ 우리나라에서 이번 월드컵을 주최한다.

**해설**
〈보기〉와 ④의 '에서'는 '낙착점'의 의미 기능을 하는 부사격조사이다.

**오답피하기**
① · ②의 '에서'는 '출발점'의 의미 기능을 하는 부사격조사이고, ③ ·
⑤의 '에서'는 주격조사와 같은 기능을 하고 있다.

**정답** ④

**18** 조사 '에'가 잘못 사용된 것은?

① 백에 하나
② 개 발에 편자
③ 그 나물에 그 밥
④ 장마철에 여우볕
⑤ 가게 기둥에 입춘

**해설**
'장마철의 여우볕'은 모습을 나타내었다가 곧 숨어 버리는 것을 이르
는 속담으로, 부사격조사 '에'가 아닌, 관형격조사 '의'를 쓴다.

**정답** ④

# 03 쓰기

쓰기 영역 공략 Tip

- **객관식을 먼저 풀고, 그 다음에 주관식을 풀자.**

  쓰기 영역에서는 주관식 답안 작성에 부담을 느끼는 경우가 많다. 따라서 상대적으로 시간이 덜 걸리는 객관식 문제부터 해결하고, 이후 주관식 문제를 집중적으로 푸는 것이 쓰기 영역 문제를 잘 해결하는 데 도움이 될 수 있다.

- **주관식 문제의 조건을 잘 살피되, 조건에 완벽히 맞출 수 없을 것 같더라도 답안을 작성하자.**

  쓰기 영역의 주관식에는 조건이 달려 있기 때문에 조건에 맞춰 답을 썼을 때 만점을 받을 수 있다. 하지만 조건에 완벽히 부합하지 않더라도 핵심어가 들어가게 답안을 작성하면 만점은 아니더라도 점수를 어느 정도 받을 수 있다. 따라서 최대한 조건에 맞춰 답을 쓰려고 노력하되, 조건에 맞추기 힘들다고 답안 쓰기를 포기하면 안 된다.

- **제시문을 읽고 답을 써야 하는 경우, 제시문을 잘 살펴 어떻게 써야 하는지 감을 잡자.**

  제시문에 답안 작성의 힌트가 되는 부분이 있는 경우가 많으므로 제시문을 읽고 답을 써야 하는 문제는 제시문을 잘 활용하여 답안을 작성하자.

- **주관식 답란에 바로 답을 작성하는 습관을 들이자.**

  주관식 답을 문제지에 작성한 다음 답안지에 옮기면 시간이 많이 소요된다. 따라서 답안지에 바로 답을 작성하는 습관을 들여야 한다. 틀린 것은 수정 테이프로 수정할 수 있으니 수정 테이프를 잘 활용하자.

## 1 쓰기 영역 공부 방법

쓰기 영역은 총 10문제이고, 이 중 5문제가 객관식, 5문제가 주관식이다. 쓰기 영역은 1교시 어휘, 어문 규정과 2교시 어법과 연계해서 공부하는 것이 좋다. PART 2 모의고사에서 제시된 문제를 예시로 들어 설명하겠으니 쓰기 영역 문제 유형을 파악하도록 하자.

## 2 쓰기 영역 문제 유형 분석

### 1. 중심 문장 쓰기

글의 중심 문장, 혹은 주제문을 작성하는 것과 관련된 문제가 자주 출제된다. 이러한 문제를 풀 때는 다음과 같은 사항을 기억하자.

> **중심 문장 및 주제문을 쓰는 형식**
> - 중심 문장 및 주제문에는 그 문단이나 글의 중심 소재가 포함되어야 한다.
> - 중심 문장 및 주제문은 그 문단이나 글의 요약된 결론(포괄적, 일반적)을 지녀야 한다.

중심 문장, 혹은 주제문을 작성하는 것과 관련된 문제의 예를 들면 다음과 같다.

>>문제

**다음 글의 중심 문장을 〈보기〉의 조건에 맞게 쓰시오.**

국내에서 반려동물을 기르는 인구가 1,000만 명을 넘으면서 애견 산업이 성장하고 있다. 애견 박람회, 애견 유치원, 애견 카페, 애견 호텔 등 그 업종도 매우 다양해졌다. 그런데 한편에선 주인으로부터 버림받는 유기견의 수 역시 증가하고 있다. 유기견은 보호소에서 열흘 동안 주인이 나타나지 않거나 입양되지 않으면 안락사를 당한다. 사람들이 반려견을 버리는 이유로 손꼽히는 것은 경제적인 어려움으로 인한 사료 값의 부족이다. 또 한 잡지사의 조사에 따르면 '개가 나를 쳐다보는 눈빛이 불쾌하고 공격적이다', '새로 산 카펫과 개의 색깔이 어울리지 않는다', '그냥 개가 싫어졌다' 등의 이유로 반려견을 버리는 일이 있다고 한다. 한 마리의 반려견을 기르는 일은 가족을 부양하는 것과 같다. 가족을 부양할 때 요구되는 것은 사랑과 정성, 그리고 책임감이다. 단지 자신의 외로움을 달래기 위해, 개가 귀엽다는 이유 때문에 충동적으로 반려견을 들여서는 안 된다. 자신이 ㉠ 반려견을 기를 만한 자격을 갖추고 있는지 충분히 생각한 후 반려견을 기를지의 여부를 결정하는 자세가 필요할 것이다.

보기

• ㉠의 내용을 제시할 것
• '~해야 한다'의 정책 명제로 쓸 것
• 어문 규범을 지켜 한 문장으로 쓸 것

➡ _____

_____

정답예시
반려견을 들이는 일은 자신이 반려견을 사랑과 정성으로 책임감 있게 돌볼 수 있는지 판단하여 신중하게 결정해야 한다.

## 2. 뒷받침 문장 쓰기

글의 뒷받침 문장을 쓰는 것과 관련된 문제를 해결하기 위해서는 제시문의 중심 내용을 잘 파악하여 중심 내용을 좀 더 부각시켜 줄 수 있는 문장을 고르거나 써야 한다. 뒷받침 문장을 쓰는 것과 관련된 문제의 예를 들면 다음과 같다.

**>>문제**

**다음 글의 중심 문장을 〈보기〉의 조건에 맞게 쓰시오.**

**보기**

> 최근 '도서 정가제' 개정에 대한 논란이 뜨겁다. 도서 정가제란 정해진 가격대로 책을 팔도록 하되 정해진 구간 내에서 일부 할인을 허용하는 제도이다. 정부가 할인율을 일정하게 제한하며 책값 형성에 관여하는 이 제도는 바람직한 제도라 할 수 없다. _____

① 상품의 가격은 시장의 자유 경쟁에 의해 결정되도록 하는 것이 바람직하다.
② 도서 정가제를 실시하는 것은 정가제를 실시하지 않는 다른 문화 콘텐츠와의 형평성에 어긋난다.
③ 도서 정가제의 실시로 인한 온라인 서점의 큰 할인율 때문에 도서 정가가 부풀려질 가능성이 있다.
④ 도서 정가제로 인해 제한된 할인율 때문에 책값에 부담을 느낀 소비자들이 책 구입을 꺼릴 우려가 있다.
⑤ 도서 정가제는 책값을 비교하며 보다 저렴하게 책을 구매하고자 하는 소비자의 권리를 침해하는 것이다.

**해설**
〈보기〉에서 도서 정가제는 할인율을 일정하게 제한하는 것이라 했으므로 도서 정가제의 실시로 인해 온라인 서점의 할인율이 커진다는 내용은 옳지 않다. ③은 도서 정가제에 찬성하는 주장의 뒷받침 문장이 될 수 있다.

**정답** ③

## 3. 자료의 수집과 활용

이 문제를 해결하기 위해서는 자료를 해석한 후, 그 자료가 시사하는 바를 추론하는 능력을 길러야 한다. 자료의 수집과 활용에 관련된 문제의 예는 다음과 같다.

**>>문제**

다음 자료를 활용하여 '청소년의 운동'에 관한 글을 쓸 때 적절하지 <u>않은</u> 것은?

- 설문 대상: A고등학교 1, 2, 3학년 학생 700명
- 설문 질문 및 결과

1. 하루에 운동을 얼마나 하나요?

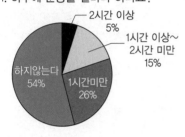

2. 운동을 하지 않는 이유는 무엇인가요?

| 운동을 하지 않는 이유 | 응답자 비율(%) |
|---|---|
| 운동에 할애할 시간이 없다 | 52 |
| 운동에 흥미가 없다 | 38 |
| 운동을 하면 좋은 점을 잘 모르겠다 | 10 |
| 합 계 | 100 |

- 참고 자료: 운동을 하면 좋은 점(서적 「운동, 왜 해야 하는가」의 내용 요약)
  - 체력을 길러준다.
  - 몸의 발육을 촉진한다.
  - 면역력이 좋아진다.
  - 스트레스와 우울증 해소에 효과가 있다.

① 참고 자료를 근거로 운동이 신체 건강뿐 아니라 정신 건강에도 도움이 된다는 것을 강조한다.
② 성별에 따라 운동 시간이 차이가 난다는 것을 문제점으로 지적하고 그 원인을 분석하여 제시한다.
③ 설문 조사 결과 운동을 하는 학생보다 하지 않는 학생이 더 많음을 언급하며 청소년 운동의 실태를 밝힌다.
④ 청소년들이 운동을 위해 시간을 내기가 어려움을 지적하며 학교에서 스포츠 프로그램이 활성화돼야 함을 제안한다.
⑤ 운동에 흥미를 느끼지 못하는 청소년들이 있음을 밝히며 청소년들이 흥미를 느낄 만한 다양한 운동 프로그램을 개발하고 보급해야 한다고 주장한다.

**해설**
성별에 따른 운동 시간 차이는 자료에 제시되어 있지 않다.

**정답** ②

# 4. 개요 작성하기

개요 작성과 관련된 문제는 주어진 개요를 완성하거나, 개요 중 적절하지 않은 항목을 고르거나, 개요를 뒷받침하기에 적절하지 않은 사례를 고르는 문제가 많다. 개요 작성과 관련된 문제의 예는 다음과 같다.

**>> 문제**

다음의 개요를 바탕으로 '고령화 사회의 문제점과 대책'에 대한 글을 쓰려고 할 때, 적절하지 <u>않은</u> 것은?

---

**서론**: 고령화 사회의 실태
– 우리나라에서 빠르게 진행되는 인구 고령화 ·········································································· ㉠
**본론**
  1. 고령화 사회의 문제점
     – 노동 인구의 감소 ·········································································································· ㉡
     – 노인 실업 증가
     – 노인을 위한 복지 부족
  2. 고령화 사회의 문제점 극복을 위한 대책
     – 출산율의 상승 ·············································································································· ㉢
     – 실버산업 육성
     – 노인 복지 정책 확충 ···································································································· ㉣
**결론**: 고령화 사회 대책 마련을 위한 노력 촉구 ······························································· ㉤

---

① ㉠에서는 현재처럼 고령화가 진행됐을 때 2050년에 우리나라 노인 인구 비율이 37.3%로 세계 최고 수준에 이를 것이라는 유엔의 예측을 인용한다.

② ㉡에서는 젊은 노동력의 감소로 인해 산업 생산성이 떨어져 국가 경제가 어려워질 수 있다는 점을 언급한다.

③ ㉢에서는 출산율 감소의 원인 중 하나가 출산과 육아로 인한 여성의 경력 단절임을 지적하고 여성들에게 남성과 평등하게 대우받을 수 있도록 사회생활에 치열하게 임할 것을 당부한다.

④ ㉣에서는 다른 나라의 다양한 노인 복지 정책의 예를 들며 우리나라에 적용할 수 있는 사례를 소개한다.

⑤ ㉤에서는 고령화 사회의 대책 마련을 위하여 개인과 사회 모두 힘써야 한다는 것을 강조한다.

**해설**
남성과 평등하게 대우받을 수 있도록 여성들이 사회생활에 치열하게 임하는 것은 출산율 상승을 위한 일이라 보기 어렵다.

**정답** ③

# 5. 조건에 맞는 글쓰기

조건에 맞는 글을 쓸 때는 제시된 조건을 잘 살펴서 그 조건에 맞게 쓰려고 노력해야 한다. 이러한 문제의 예는 다음과 같다.

## >>문제

**다음 글의 ㉠에 들어갈 적절한 문장을 〈보기〉의 조건에 맞게 쓰시오.**

> 오늘날 눈부신 과학 기술의 발전이 오히려 인간의 삶을 불행하게 만든다고 주장하는 사람들이 있다. 이들은 핵무기의 개발로 대량 살상이 가능해지고 온실 가스의 배출로 오존층이 파괴되는 등 과학 기술의 발전 이후 나타난 폐단들을 언급하면서 인간의 삶이 삭막해진 데 대한 책임을 과학 기술에 돌린다. 하지만 과학 기술은 과거에는 상상도 할 수 없던 혜택들을 인간에게 안겨 주었다. 우리는 냉난방 시설의 발달로 사계절 모두 쾌적한 온도에서 지낼 수 있으며 교통의 발달로 빠른 시간 내에 장거리를 갈 수 있고 인터넷의 발달로 먼 거리에 있는 사람들과도 손쉽게 소통할 수 있다. 인간으로 하여금 수많은 혜택을 누리게 해 준 과학 기술을 과연 인간의 삶에 불행을 가져다 준 주범으로 비난할 수 있을까? 우리는 전쟁에 이용된 다이너마이트가 원래는 노벨이 광부들의 안전을 위해 개발한 것이었다는 사실을 기억해야 한다. 결국 인간의 삶을 불행하게 만드는 것은 (　　㉠　　)

### 보기

- 과학 기술에 대한 필자의 견해를 드러낼 것
- 글이 자연스럽게 이어질 수 있게 쓸 것
- 어문 규범을 지켜 한 문장으로 쓸 것

➡ _____

_____

### 정답예시
과학 기술 자체가 아니라 과학 기술을 오용하는 인간의 태도라고 할 수 있다.

안심Touch

## 6. 고쳐쓰기

고쳐쓰기는 글을 쓰는 전 단계에서 이루어지는 활동이므로 어법이나 어휘, 표현을 다듬는 문제, 중심 문장이나 뒷받침 문장을 다듬는 문제 등 다양한 문제로 출제될 수 있다. 고쳐쓰기 문제 중 일관성을 해치는 부분을 찾는 문제가 자주 출제된다. 예를 들면 다음과 같다.

**>>문제**

〈보기〉에서 논지 전개의 일관성을 해치므로 삭제하는 편이 더 나은 것은?

**보기**

　'소음'이라는 단어를 들으면 불쾌하고 시끄러운 소리라는 부정적인 이미지가 떠오른다. 그런데 신경을 거스르지 않는 이로운 것으로 여겨지는 소음이 있으니, 바로 백색 소음이다. ㉠ 백색 소음은 주파수가 일정하고 특정한 패턴이 없기 때문에 귀에 거슬리지 않고 익숙한 느낌을 주는 소음이다. ㉡ 빗소리, 시냇물 소리, 폭포 소리와 같은 자연의 소리뿐 아니라 진공청소기 소리, 드라이어 소리, 비닐봉지의 바스락거리는 소리 등이 이 백색 소음에 속한다. ㉢ 백색 소음은 뇌의 알파파를 증가시켜 집중력 향상에 도움을 주므로 학습 효과를 높이고 싶을 때 백색 소음을 활용해 볼 만하다. ㉣ 백색 소음을 활용하는 것 외에 집중력을 높이는 방법은 산책과 운동을 하거나 적절한 영양소를 섭취하는 것이다. ㉤ 신생아가 뱃속에서 들었던 소리와 유사한 백색 소음은 신생아의 울음을 멈추게 하는 데 활용되기도 한다.

① ㉠

② ㉡

③ ㉢

④ ㉣

⑤ ㉤

**해설**

〈보기〉는 '집중력을 높이는 방법'에 관한 글이 아니라 '백색 소음'에 관한 글이다.

**정답** ④

# 7. 어휘 및 읽기 영역 주관식 문제

## (1) 어휘 영역 주관식 문제

2교시 주관식 문제 중 어휘 영역으로 분류되는 주관식 문제가 있다. '십자말풀이'와 '짧은 글짓기'인데, 주관식 문제 중 해결하기는 수월한 편이다. 예를 들면 다음과 같다.

**>>문제**

십자말풀이를 참조해 아래의 (     )에 맞는 단어를 쓰시오.

| | 1. 낭 | | 2. | |
|---|---|---|---|---|
| 3. | | | 4. | 5. 장 |
| | | | | 다 |
| 6. | 7. 반 | | 8. | |
| | 9. | | | |

[가로 열쇠]
1. 시간이나 재물 따위를 헛되이 헤프게 쓰는 버릇
3. 정도나 수준이 나아지거나 높아짐
4. 일하는 데 거치적거리거나 방해가 되는 장애
6. 일을 이루는 기초나 근거가 될 만한 바탕
8. 대기 중의 수증기가 지상의 물체 표면에 얼어붙은 것
9. 몹시 어리석은 사람을 이르는 말

[세로 열쇠]
1. 기쁜 기별이나 소식
2. 외따로 뚝 떨어져 있는 궁벽한 땅
3. 사건이나 소동 따위를 일으킨 근원이 되는 곳을 비유적으로 이르는 말
5. 무, 배추 따위의 꽃줄기
7. 팔꿈치 위나 팔꿈치까지 내려오는 짧은 소매
8. 첩이 낳은 자식

2. 세로 (                    )
6. 가로 (                    )

3. 가로 (                    )
9. 가로 (                    )

**해설**

| | 1. 낭 | 비 | 2. 벽 | |
|---|---|---|---|---|
| 3. 진 | 보 | | 4. 지 | 5. 장 |
| 원 | | | | 다 |
| 6. 지 | 7. 반 | | 8. 서 | 리 |
| | 9. 팔 | 불 | 출 | |

2. 세로 ( 벽지 )
3. 가로 ( 진보 )
6. 가로 ( 지반 )
9. 가로 ( 팔불출 )

**>>문제**

다음 〈보기〉와 같이 주어진 단어와 구절을 모두 사용하여 짧은 글을 지으시오.

**보기**

시작이 반, 주저, 성공
⇒ <u>시작이 반</u>이니 <u>주저</u>하지 말고 일단 일을 시작하면 <u>성공</u>이 저절로 따라올 것이다.

**제시어**

눈엣가시, 질투심, 재능

➡ _____

_____

**정답예시**

질투심이 강한 그는 자신보다 재능이 뛰어난 사람을 눈엣가시처럼 여겼다.

## (2) 읽기 영역 주관식 문제

대개 주관식 10번 문제는 읽기 영역 주관식 문제로 구성된다. 제시문을 주고, 제시문의 화제에 대한 자신의 주장과 근거를 쓰는 문제가 많다. 제시문을 꼼꼼히 읽어 보면 자신의 주장에 대한 근거, 혹은 자신과 반대되는 주장에 대한 근거가 일부 제시되어 있다. 따라서 제시문을 잘 참조 · 활용하면서 답안을 작성하면 된다.

**>>문제**

다음 글을 읽고 '기업의 직원 SNS 감시'에 대한 찬성 혹은 반대 의견을 두 문장으로 쓰시오.

이제 우리 삶에서 SNS는 큰 부분을 차지하고 있다. 나만의 일기장에 그날의 일을 기록하기보다 카카오 스토리에 일상생활을 노출하고 페이스북이나 트위터를 통해 서로 안부를 확인하거나 특정 사안에 대한 자신의 의견을 타인들과 공유한다. 그런데 최근 SNS 때문에 개인이 기업으로부터 불이익을 당하는 일이 종종 발생해 논란이 되고 있다. 미국에서는 SNS에 자사(自社)의 신제품에 대해 부정적 의견을 남기거나 직장 상사를 비방하는 글을 올린 직원, 선거운동 당시 상대 후보의 페이스북 페이지에 '좋아요' 표시를 한 직원 등이 해고되고 영국에서는 SNS에 자신의 일에 대한 불만을 토로한 직원이 해고되었으며 호주에서는 병가를 낸 직장인이 아프지 않다는 것이 SNS를 통해 밝혀져 징계를 받은 일이 있다. 이와 같은 기업의 직원 SNS 감시, 과연 바람직한가?

➡ _____

_____

**정답예시**

**찬성하는 경우**

– SNS에 올린, 기업이나 기업 구성원에 대한 직원의 의견은 그 기업의 이미지와 매출, 조직 갈등 등에 영향을 줄 수 있다. 또 SNS에 노출된 개인의 사생활 역시 기업 이미지에 영향을 줄 수 있으므로 기업의 직원 SNS 감시는 바람직하다.

**반대하는 경우**

– SNS는 업무 시간 외에 활용하는 개인의 사적 영역으로, 개인에게는 기업으로부터 벗어나 사적인 삶을 영위할 권리가 있다. 기업의 직원 SNS 감시는 개인의 사생활을 침해하고 표현의 자유를 억압하는 일이므로 바람직하지 않다.

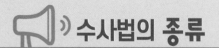# 수사법의 종류

## 1. 비유법(표현하려는 사물을 다른 사물에 빗대어 표현하는 수사법)의 종류

(1) **직유법**: 원관념과 보조관념을 직접 연결하는 방법. 주로 '～처럼', '～ 같이', '～인 양', '～듯'의 형식을 사용한다.
    예 옥같이 고운 얼굴이 아름답구나.

(2) **은유법**: 원관념과 보조관념을 암시적으로 연결하는 방법. 흔히 'A는 B다'의 형식으로 쓰인다. 예 내 마음은 호수요.

(3) **의인법**: 사람이 아닌 것을 사람에 빗대어 표현하는 방법. 예 미소 지으며 나를 반기는 강아지.

(4) **활유법**: 스스로 움직일 수 없는 사물을 움직이는 생물처럼, 감정이 없는 것을 감정이 있는 것으로 표현하는 방법.
    예 파도가 내게 달려왔다.

(5) **대유법**: 어떤 사물의 부분이나 속성으로 전체를 나타내는 방법으로 제유법과 환유법이 있다.
    ① 제유법: 부분으로 전체를 나타내는 방법. 예 사람은 빵만으로는 살 수 없다(빵이 음식 전체를 나타냄).
    ② 환유법: 원관념과 관계있는 사물이나 특징을 가지고 원관념을 빗대는 방법. 예 요람에서 무덤까지(요람 – 탄생,
    무덤 – 죽음을 의미).

(6) **풍유법**: 속담이나 격언을 이용하여 빗대는 방법. 예 소 잃고 외양간 고친다.

(7) **중의법**: 두 가지 이상의 의미를 지닌 말을 사용하여 자신의 뜻을 전달하는 방법. 예 수양산 바라보며 이제를 한하노
    라(수양산: '중국의 산 이름'이자 '수양대군'을 의미함).

## 2. 강조법(어떤 부분을 특별히 강하게 주장하거나 두드러지게 나타내는 수사법)의 종류

(1) **과장법**: 사물을 실상보다 지나치게 과도하게 혹은 작게 표현함으로써 문장의 효과를 높이는 방법. 예 배 터지도록
    많이 먹었다.

(2) **영탄법**: 기쁨 · 슬픔 · 놀라움과 같은 감정을 강하게 나타내는 방법으로, '아, 오' 등의 감탄사, '–아라/–어라, –구나'
    등 감탄의 뜻을 지닌 어미, '이여, 이시여' 등의 호격 조사를 사용하는 경우가 많다. 예 오, 숭고한 뜻을 지닌 그 모습
    아름다워라.

(3) **반복법**: 동일어나 유사어를 되풀이하여 강조하는 방법. 예 살어리 살어리랏다. 청산에 살어리랏다.

(4) **열거법**: 내용적으로 연결되거나 비슷한 어구를 여러 개 늘어놓는 방법. 예 두 점을 치는 소리, 방범대원의 호각 소
    리, 메밀묵 사려 소리에 눈을 뜨면

(5) **점층법**: 문장의 뜻을 점점 강하게 하거나, 크게 하거나, 높게 하여 마침내 절정에 이르도록 하는 방법. 예 신록은 먼
    저 나의 눈을 씻고, 나의 머리를 씻고, 나의 가슴을 씻고, 다음에 나의 마음의 모든 구석구석을 하나하나 씻어낸다.

(6) **대조법**: 상반되는 대상이나 내용을 내세우는 방법. 예 인생은 짧고 예술은 길다.

(7) **연쇄법**: 앞 어구의 끝과 같은 말로써 뒤의 어구를 시작하는 표현 방법. 예 고인도 날 못 보고 나도 고인 못봬. 고인
    을 못 봬도 가던 길 앞에 있네.

## 3. 변화법(문장의 단조로움을 덜기 위해 변화를 주는 수사법)의 종류

(1) **반어법**: 표현하고자 하는 의도와 반대로 표현하는 방법. 예 오늘도 창문을 깼니? 날마다 예쁜 짓만 골라 하네. / 나
    보기가 역겨워 가실 때에는 죽어도 아니 눈물 흘리우리다.

(2) **역설법**: 겉으로 보기에는 모순되지만 그 속에 진리를 담는 방법. 예 이것은 소리 없는 아우성

(3) **대구법**: 문장 구조, 표현 방법 등이 비슷한 어구를 나란히 늘어놓아 문장에 변화를 주는 방법. 예 호랑이는 죽어서
    가죽을 남기고, 사람은 죽어서 이름을 남긴다.

(4) **설의법**: 알고 있는 사실을 묻는 형식을 취함으로써 독자의 판단을 촉구하는 방법. 예 이십 번 꽃바람이 적막히 떨어
    진들 누가 슬퍼할까.

(5) **도치법**: 문장 성분의 배열 순서를 바꾸는 방법. 예 나는 아직 기다리고 있을 테요. 찬란한 슬픔의 봄을

(6) **인용법**: 타인의 말이나 글을 인용하는 방법. 예 칸트는 '나는 해야 한다. 그러므로 나는 할 수 있다.'라는 말을 남겼다.

(7) **돈호법**: 사람이나 사물의 이름을 불러 주의를 불러일으키는 방법. 예 어머니, 부디 잊지 마셔요.

# PART

# 3

## 모의고사

# 제1회 1교시 모의고사

**01** 밑줄 친 부분의 의미가 <u>다른</u> 것은?

① 그림 속의 밥을 보아도 <u>군</u>침이 괸다.
② 오늘부터 운동해서 <u>군</u>살을 빼야겠다.
③ <u>군</u>말을 하지 말고 이리 와서 앉아 봐라.
④ 사촌이 집에 와서 <u>군</u>식구가 하나 더 늘었다.
⑤ 나 때문에 다시 밥을 차리는 <u>군</u>일을 하는구나.

**02** 두 단어 간의 관계가 나머지와 <u>다른</u> 것은?

① 국가 : 한국
② 문학 : 소설
③ 미술 : 음악
④ 생물 : 동물
⑤ 품사 : 명사

**03** 〈보기〉의 뜻풀이와 예문의 ( )에 가장 알맞은 단어는?

> **보기**
>
> [뜻풀이] 계약이나 조약 따위를 공식적으로 맺음.
> [예문] 두 나라는 우호적인 협정 조약을 ( ) 하였다.

① 인증　　　　② 조인
③ 체결　　　　④ 타결
⑤ 합의

**04** 〈보기〉의 밑줄 친 단어의 문맥상 의미와 유사한 의미로 사용된 것은?

> **보기**
>
> 꿈속에서 사랑하는 임을 만나 회포를 <u>풀었습니다</u>.

① 편히 쉬면서 피로를 <u>풀어라</u>.
② 신발이 벗겨지지 않아 신발끈을 <u>풀었다</u>.
③ 이제 노여움을 <u>풀고</u> 화해하는 게 어때?
④ 유럽 여행을 가고자 했던 소원을 <u>풀었네</u>.
⑤ 깊이 고민했던 어려운 문제가 겨우 <u>풀렸다</u>.

**05** 밑줄 친 단어의 문맥적 의미가 <u>다른</u> 것은?

① 그는 <u>발</u>이 커서 맞는 신발이 없다.
② 버스 안에서 누군가가 내 <u>발</u>을 밟았다.
③ 그는 <u>발</u>에 붕대를 감고 절뚝절뚝 걸었다.
④ 넓은 벌판을 향하여 공을 <u>발</u>로 세게 찼다.
⑤ 자식을 두고 가야 했기에 <u>발</u>이 떨어지지 않았다.

**06** 밑줄 친 부분을 같은 의미의 다른 단어로 바꾼 것 중 바르지 <u>않은</u> 것은?

① 우리 가게에 <u>종종</u> 들러라. ⇨ 자주
② 그녀는 노래를 <u>제법</u> 잘한다. ⇨ 꽤
③ 요즘에는 벚꽃이 <u>한창</u>이다. ⇨ 한철
④ 이 시간에는 <u>특히</u> 차가 막힌다. ⇨ 워낙
⑤ 한라산의 경치는 <u>가위</u> 일품이었다. ⇨ 과연

**07** 밑줄 친 한자어를 다른 표현으로 바꾼 것 중 적절하지 않은 것은?

① 그녀는 교묘한 꾀를 안출(案出)했다.
　⇨ 생각해 냈다
② 완연(宛然)한 봄빛이 산과 들을 비추었다.
　⇨ 아름다운
③ 나는 그의 발언에 반대 의견을 개진(開陳)했다.
　⇨ 드러내어 말했다
④ 그들은 나에게 막중(莫重)한 책임을 맡겼다.
　⇨ 더할 수 없이 중대한
⑤ 그는 피가 낭자(狼藉)한 모습으로 쓰러져 있었다.
　⇨ 여기저기 흩어져 어지러운


**08** 밑줄 친 표현의 쓰임이 자연스럽지 않은 것은?

① 그 사람은 손이 떠서 일을 매우 빨리 한다.
② 자꾸 웃는 걸 보니 너 혹시 간이 뒤집혔니?
③ 하루 종일 쉬지 않고 일을 했지만 국물도 없었다.
④ 그는 직장에서 쫓겨난 후 입에 거미줄 치게 될 것을 걱정했다.
⑤ 그가 잠시 한눈파는 사이에 나는 음식을 게 눈 감추듯 다 먹었다.


**09** 다음 중 나머지 것과 그 의미가 다른 말은?

① 간담상조(肝膽相照)
② 견리망의(見利忘義)
③ 금란지계(金蘭之契)
④ 복심지우(腹心之友)
⑤ 수어지교(水魚之交)


**10** 밑줄 친 단어의 쓰임이 바르지 않은 것은?

① 그는 동글동글한 얼굴이 복스러웠다.
② 그녀는 행동이 느리고 둔하여 곰상스럽다.
③ 사극 배우들이 예스럽게 한복을 입고 촬영을 했다.
④ 그는 걸신스럽게 눈에 보이는 음식을 모두 먹어 치웠다.
⑤ 나의 거짓말을 알아챈 그를 똑바로 바라보는 것이 면구스러웠다.


**11** 밑줄 친 단어의 쓰임이 바르지 않은 것은?

① 상사의 비꼬는 말투에 모멸감(侮蔑感)을 느꼈다.
② 나와 성장 환경이 다른 그녀에게 이질감(異質感)을 느꼈다.
③ 그녀는 연속해서 나쁜 성적을 받자 능력에 대한 회의감(懷疑感)이 들었다.
④ 쉬운 일도 제대로 처리하지 못하는 그를 바라보며 경외감(敬畏感)을 느꼈다.
⑤ 문제점을 인식하면서도 저항하지 못하는 자신에 대해 자괴감(自愧感)이 들었다.


**12** 밑줄 친 단어의 의미를 풀어쓴 것 중 바르지 않은 것은?

① 박우물에서 물을 떠 목을 축였다.
　⇨ 바가지로 물을 뜰 수 있는 얕은 우물
② 상고대가 나뭇가지 위에 피어 있다.
　⇨ 나무나 풀에 내려 눈처럼 된 서리
③ 눈을 떠 보니 냇내가 사방에 가득했다.
　⇨ 냇물의 냄새
④ 애솔이 자라서 멋진 경치를 선사할 것이다.
　⇨ 어린 소나무
⑤ 희나리에 불을 붙이는 것은 부질없는 짓이다.
　⇨ 채 마르지 않은 장작

**13** 〈보기〉의 ㉠~㉢에 들어갈 단어를 바르게 연결한 것은?

> **보기**
>
> • 과소비를 ( ㉠ )하는 과대광고를 하지 말아야 한다.
> • 일의 능률을 높이기 위해 퇴근 시간을 ( ㉡ )하였다.
> • 교내에 면학 분위기를 ( ㉢ )하여 훌륭한 인재를 양성합시다.

㉠　　　㉡　　　㉢

① 조성 – 조장 – 조정
② 조장 – 조성 – 조정
③ 조성 – 조정 – 조장
④ 조장 – 조정 – 조성
⑤ 조정 – 조장 – 조성

**14** 밑줄 친 부분의 맞춤법이 바르지 <u>않은</u> 것은?

① 우리 집은 살림살이가 넉넉치 않다.
② 청소를 자주 하지 않아 방이 깨끗지 않다.
③ 일의 절차를 간편케 하려고 최선을 다했다.
④ 지난날을 생각건대 모든 순간이 아름다웠다.
⑤ 그는 연구자들이 성실히 연구토록 격려하였다.

**15** 밑줄 친 부분의 표기가 옳은 것은?

① 왜 자꾸만 속을 썩히니?
② 내가 네 친구로써 함께 먼 길을 가주겠다.
③ 과일을 껍질채 먹으려면 깨끗이 씻어야 한다.
④ 네가 나의 요구를 어떻게 생각할런지 모르겠구나.
⑤ 그 일의 부당함을 밝히기 위해 독자 투고란에 글을 게재하였다.

**16** 〈보기〉의 ( )에 알맞은 표기로만 짝지어진 것은?

> **보기**
>
> • 어머니는 솥에다 밥을 ( ㉠ ).
> • 그는 기어코 일을 ( ㉡ ) 말았다.
> • 안개가 ( ㉢ ) 푸른 하늘이 펼쳐졌다.
> • 역사적인 사명을 ( ㉣ ) 이 일을 해내야만 한다.

　　　㉠　　　　㉡　　　　㉢　　　　㉣

① 안첬다 – 벌리고야 – 거치고 – 띄고
② 안쳤다 – 벌리고야 – 거치고 – 띠고
③ 안쳤다 – 벌이고야 – 걷히고 – 띠고
④ 앉혔다 – 벌이고야 – 거치고 – 띠고
⑤ 앉혔다 – 벌이고야 – 걷히고 – 띄고

**17** 밑줄 친 부분에 대한 설명으로 바르지 <u>않은</u> 것은?

① 소금이 들어간 음식이라 맛이 <u>짭잘하다</u>.
　⇨ 한 단어 안에서 같은 음절이 겹쳐 나는 부분은 같은 글자로 적으므로 '짭짤하다'가 맞다.
② <u>휴게실</u>에서 잠시 쉬었다 가야겠다.
　⇨ '계, 례, 몌, 폐, 혜'의 'ㅖ'는 'ㅔ'로 소리 나는 경우가 있더라도 'ㅖ'로 적으므로 '휴계실'이 맞다.
③ 나는 <u>백분률</u>을 계산하는 문제만 나오면 머리가 아프다.
　⇨ 모음이나 'ㄴ' 받침 뒤에 이어지는 '렬, 률'은 '열, 율'로 적으므로 '백분율'이 맞다.
④ 영화배우가 마을에 나타나자 <u>법썩</u>이 일었다.
　⇨ 'ㄱ, ㅂ' 받침 뒤에서 나는 된소리는, 같은 음절이나 비슷한 음절이 겹쳐나는 경우가 아니면 된소리로 적지 않으므로 '법석'이 맞다.
⑤ <u>목걸이</u>라는 병에 걸려 목이 붓고 아프다.
　⇨ 어간에 '-이'나 '-음'이 붙어서 명사로 된 단어로, 그 뜻이 어간의 뜻과 멀어졌기 때문에 원형을 밝혀 적지 않으므로 '목거리'가 맞다.

**18** 밑줄 친 외래어 표기 중 틀린 것은?

① 그는 웃옷에 <u>배지</u>를 달았다.
② 나는 선물로 <u>액세서리</u>를 받았다.
③ 내 핸드폰의 <u>배터리</u>가 다 되었다.
④ 그녀는 남자 친구에게 <u>초콜렛</u>을 주었다.
⑤ 그들은 우주로 가는 <u>로켓</u>을 쏘아 올렸다.

**19** 다음 글을 읽고 스트레칭을 할 때 적절하지 <u>않</u>은 것은?

> 스트레칭은 근육을 부드럽게 늘여서 펼치는 운동으로, 장소의 제약이 없으며 유연성을 길러 주고 근육통을 예방해 준다. 또 가만히 앉아 있는 것에 비해 체지방을 줄여 주는 효과가 있으며 몸매 가꾸기에도 도움이 된다.
>
> 스트레칭을 하기 전에는 가벼운 준비 운동을 하는 것이 좋다. 즉, 자전거, 걷기, 계단 오르기 등의 가벼운 유산소 운동을 통해 몸을 따뜻하게 한 후 스트레칭을 해야 갑작스런 자극으로 근육에 무리를 주는 것을 막을 수 있다.
>
> 또 스트레칭을 할 때는 반동을 이용하지 말고 천천히 몸을 늘여주는 게 좋다. 반동을 이용해 스트레칭을 하면 근육이 심하게 경직되고, 관절의 인대가 손상될 수 있다. 그리고 호흡을 깊이 들이마시고 천천히 호흡을 내뱉으면서 동작을 해야 한다. 각 동작마다 스트레칭의 정점에서 20초 정도 정지 상태로 머무는 것이 좋은데 근육에 통증을 느끼면서까지 무리한 동작을 시도하면 안 된다.
>
> 지구력이나 근력 운동은 이틀에 한 번만 해도 충분하지만 스트레칭은 매일 운동을 해야 최대의 효과를 얻을 수 있으며, 신체의 일부분만 유연하면 상대적으로 그렇지 않은 부위에 많은 부담을 줄 수 있으므로 몸 전체에 골고루 유연성을 발달시켜 줘야 한다. 처음부터 고난도의 동작을 하면 근육에 부담이 되므로 쉬운 동작에서부터 차근차근 스트레칭을 해 나가는 것이 좋다.

① 가볍게 걷기 운동을 한 후 스트레칭을 실시했다.
② 효과를 한층 높이기 위해 날마다 스트레칭을 실시했다.
③ 근육을 늘이기 전에 숨을 들이마신 후 내쉬면서 스트레칭을 실시했다.
④ 최대한의 효과를 얻기 위해 통증이 느껴지는 지점에서 20초 이상 정지 동작을 유지했다.
⑤ 근육에 부담을 주지 않기 위해 쉬운 동작에서부터 시작하여 온몸을 골고루 늘여 주었다.

**20** 다음 개정안의 내용을 바르게 이해하지 <u>못한</u> 것은?

> **〈학교 폭력 예방 및 대책에 관한 법률〉**
> **개정안의 주요 내용**
>
> 1. 교육감이 학교 폭력에 대한 학교별 실태 조사를 연간 2회 이상 정기 또는 부정기적으로 실시하여 적절한 조치를 취하도록 하는 조항을 신설했다.
> 2. 학교 폭력 문제를 담당하는 전담 기구(이후 "전담 기구"라 함)를, 전문상담교사, 보건교사 및 책임교사(학교 폭력 문제를 담당하는 교사를 말함) 등으로 구성하도록 한 현행법의 규정에 '교감'을 추가하여 명시했다.
> 3. 학교 폭력 사태를 인지한 경우 지체 없이 전담 기구 또는 소속 교원으로 하여금 가해 및 피해 사실 여부를 확인토록 했다.
> 4. 학교별로 설치된 학교폭력자치위원회에서 가해 학생에 대한 조치를 요청할 때 가해 학생 측에서 반발할 경우 가해 정도나 보복 여부 등에 대한 마땅한 기준이 없어 서면 사과와 같은 경미한 조치에 그치는 경우를 방지하고자 법률에 규정된 각종 조치 사항의 적용 기준을 대통령령으로 마련하도록 했다.
> 5. 가해 학생 및 가해 학생 보호자가 학교장의 조치를 거부할 경우 전학 또는 퇴학 처분을 할 수 있다는 사항을 명문화했다.

① 학교 폭력에 대해 단호하고 신속하게 대처하고자 하는 의지가 반영되어 있다.

② 교감이 학교 폭력 전담 기구에 참여함으로써 전담 기구의 역할이 강화될 것이다.

③ 학교 폭력에 대한 조사 과정에서 학생들의 수업권을 보장해 주어야 한다는 생각이 반영되어 있다.

④ 가해 학생 및 가해 학생의 보호자가 학교 폭력에 대한 학교의 조치를 따르지 않으려 한 경우가 있어 왔음을 추측할 수 있다.

⑤ 교육감으로 하여금 학교 폭력 실태를 의무적으로 조사하도록 함으로써 학교 내에서 학교 폭력이 은폐될 가능성에 대비하고자 했다.

## 21 다음 글의 내용을 바르게 이해한 것은?

> **근로자 기밀 유지 서약서**
>
> 주식회사 ○○○(이하 "갑"이라 함)에 소속된 근로자 ○○○(이하 "을"이라 함)은 다음과 같이 영업 기밀 유지에 대한 서약을 한다.
>
> ■ 정 의
>   본 서약서에서 영업 기밀이라 함은 다음 각 호에 해당하는 사항을 말한다.
> 1. "갑"의 고객 정보
> 2. "갑"의 인사 조직 및 재무 관리 등에 관한 정보
> 3. "갑"의 영업 현황, 업무 추진 계획 등 "갑"의 업무 전반에 관한 정보
> 4. 기타 독립된 경제적 가치를 가지는 것으로서, 상당한 노력에 의하여 기밀로 유지되고 있는 "갑"의 기술상 또는 경영상의 정보
>
> ■ 기밀 유지
>   "을"은 "갑"에 속하여 지득한 영업 기밀을 구두, 문서 및 온라인 등 어떠한 방법으로도 제3자에게 누설할 수 없다.
>
> ■ 권리 귀속
>   "을"이 "갑"에 속한 동안 업무 처리와 관련하여 단독, 또는 공동으로 지득한 영업 기밀 등에 관한 일체의 권리는 "갑"에게 있고, 퇴직 후 이를 사용하기 위해서는 "갑"으로부터 서면 동의를 받아야만 한다.
>
> ■ 자료 반환
>   "을"은 퇴사 전 본인이 지득한 명세서, 보고서, 메모장이나 노트, 파일, 기타 전자기록 등 영업 기밀과 관련된 일체의 자료를 "갑"에 반납하여야 하고 이를 사본 등의 형태로 복제하여 별도로 보관할 수 없다.
>
> ■ 동종 업계 취업 및 창업 제한
>   "을"은 "갑"을 퇴사한 이후 1년간 동종 업계의 취업을 제한받을 수 있으며, 3년간 동종 회사를 창업할 수 없다.
>
> ■ 법적 책임
>   "을"이 본 서약서의 내용을 위반하여 "갑"에 손해가 발생할 경우 "을"은 손해 배상 책임과 형사 책임을 지는 것은 물론, "갑"의 영업 기밀을 이용하여 발생한 경제적 이익이 있을 시, 모두 "갑"에게 반환하여야 한다.

① 회사의 업무 추진 계획은 영업 기밀에 속하지 않는다.

② 근로자는 퇴직 후 3년간 동종 업계의 취업을 제한받는다.

③ 근로자는 퇴직 시 자신이 지득한 영업 기밀에 대한 모든 자료를 회사에 반납해야 한다.

④ 근로자가 회사에 있는 동안 단독으로 지득한 영업 기밀에 대한 권리는 근로자에게 있다.

⑤ 근로자가 회사의 영업 기밀을 이용해 경제적 이익을 얻었을 경우 회사와 이익을 나누어야 한다.

## 22 다음 글을 읽고 감자볶음을 만들 때 적절하지 않은 것은?

> **감자볶음 만드는 법**
> 1. 감자는 껍질을 벗겨 깨끗이 씻고 가늘게 채 썬다.
> 2. 채 썬 감자는 소금물에 5~10분 정도 담가 두었다가, 물에 여러 번 씻은 후 물기를 제거한다.
> 3. 당근, 피망, 양파는 감자와 같은 크기로 채 썬다. 취향에 따라 햄, 파, 버섯 등 부재료를 추가한다.
> 4. 달궈진 팬에 식용유를 두르고 감자를 넣어 볶는다. 취향에 따라 감자를 넣기 전에 다진 마늘을 조금 넣고 살짝 볶아 마늘 향을 낼 수도 있다.

5. 감자가 어느 정도 익어 말갛게 되면 당근을 넣어 함께 볶는다.
6. 물을 조금 넣고, 양파, 피망 등 다른 부재료를 넣어 볶아 색이 잘 어우러질 때까지 볶는다.
7. 소금, 후춧가루를 약간씩 넣은 후 깨를 뿌리고 마무리한다.

※ 주의 사항
1. 감자를 소금물에 담그지 않으면 전분이 빠지지 않아 볶을 때 감자가 팬에 눌어붙는다.
2. 처음에 감자를 약한 불에서 볶아야 타지 않는다.
3. 감자를 볶다가 물을 넣어 주면 감자가 타지 않고 속까지 골고루 잘 익는다.
4. 남은 감자볶음을 다음에 다시 먹고자 할 때는 살짝 달군 팬에 식용유를 두르지 않고 가볍게 볶아 먹는다.

① 감자는 물기를 제거한 후 약한 불에서 볶는다.
② 감자는 소금물에 담가 놓아 전분을 빼야 한다.
③ 감자가 맑은 빛깔을 내면 당근을 넣어 같이 볶는다.
④ 먹고 남은 감자볶음은 팬에 식용유를 두르고 다시 볶아 먹는다.
⑤ 마늘 향을 좋아하는 사람은 감자를 볶기 전에 다진 마늘을 팬에 넣어 살짝 볶는다.


**[23~24] 다음 글을 읽고 물음에 답하시오.**

나는 그믐달을 몹시 사랑한다.

그믐달은 요염하여 감히 손을 댈 수도 없고, 말을 붙일 수도 없이 깜찍하게 예쁜 계집 같은 달인 동시에 ㉠ 가슴이 저리고 쓰리도록 가련한 달이다.

서산 위에 잠깐 나타났다 숨어 버리는 초생달은 ㉡ 세상을 후려삼키려는 독부(毒婦)가 아니면 철모르는 처녀 같은 달이지마는, 그믐달은 세상의 갖은 풍상을 다 겪고, 나중에는 그 무슨 원한을 품고서 애처롭게 쓰러지는 원부(怨婦)와 같이 애절하고 애절한 맛이 있다.

보름에 둥근 달은 모든 영화와 끝없는 숭배를 받는 여왕과 같은 달이지마는, 그믐달은 ㉢ 애인을 잃고 쫓겨남을 당한 공주와 같은 달이다.

초생달이나 보름달은 보는 이가 많지마는, 그믐달은 보는 이가 적어 그만큼 외로운 달이다. 객창한등(客窓寒燈)에 정든 님 그리워 잠 못 들어 하는 분이나, 못 견디게 쓰린 가슴을 움켜잡은 무슨 한(恨) 있는 사람이 아니면, 그 달을 보아 주는 이가 별로 없을 것이다.

그는 고요한 꿈나라에서 평화롭게 잠든 세상을 저주하며, ㉣ 홀로이 머리를 풀어뜨리고 우는 청상(靑孀)과 같은 달이다. 내 눈에는 초생달 빛은 따뜻한 황금빛에 날카로운 쇳소리가 나는 듯하고, 보름달은 치어다 보면 하얀 얼굴이 언제든지 웃는 듯하지마는, 그믐달은 ㉤ 공중에서 번듯하는 날카로운 비수와 같이 푸른빛이 있어 보인다. 내가 한(恨) 있는 사람이 되어서 그러한지는 모르지마는, 내가 그 달을 많이 보고 또 보기를 원하지만, 그 달은 한(恨) 있는 사람만 보아 주는 것이 아니라, 늦게 돌아가는 술주정꾼과 노름하다 오줌 누러 나온 사람도 보고, 어떤 때는 도둑놈도 보는 것이다.

어떻든지, 그믐달은 가장 정(情) 있는 사람이 보는 중에, 또는 가장 한(恨) 있는 사람이 보아 주고, 또 가장 무정한 사람이 보는 동시에 가장 무서운 사람들이 많이 보아 준다.

내가 만일 여자로 태어날 수 있다 하면, 그믐달 같은 여자로 태어나고 싶다.


**23** 위 글에 대한 반응으로 적절하지 <u>않은</u> 것은?

① 대상을 의인화하여 친근감을 느끼게 하는군.
② 대상에 대한 필자의 애정이 명확하게 드러나는군.
③ 다른 사물과의 대조를 통해 대상의 특성을 드러내고 있군.
④ 다양한 비유를 통해 대상에 대한 필자의 느낌을 표현하고 있군.
⑤ 시선의 이동에 따라 대상의 외양을 묘사하여 대상의 다양한 속성을 드러내는군.


**24** ㉠~㉤에서 가리키는 대상이 <u>다른</u> 것은?

① ㉠      ② ㉡
③ ㉢      ④ ㉣
⑤ ㉤

**[25~27] 다음 글을 읽고 물음에 답하시오.**

'소셜 네트워크 서비스(Social Network Service; 이하 SNS)'의 사회적 영향력이 확대되고 있다. 사람들은 SNS를 통해 지인들과 친분을 나눌 뿐 아니라 새로운 인맥을 구축하고, 사회적 현상이나 정치적 문제를 공론화하여 여론을 형성하기도 한다. 서로 정보를 나눔과 동시에 그 정보를 바탕으로 전자 상거래를 하기도 하고, 금전이나 재능을 사회에 기부하고 각종 콘텐츠를 생산하여 공유하기도 한다. 이 외에 많은 기능을 하고 있는 SNS의 역할은 앞으로 더욱 다양화될 것이고, 그 파급력 역시 더욱 더 커질 것으로 보인다.

'소셜 네트워크'는 1954년 영국의 사회학자 반스(J. A. Barnes)에 의해 처음 사용된 개념으로, 그는 이것을 종족, 민족, 가족, 동성들 간의 특정한 네트워크를 만드는 행위라고 정의하였다. 소셜 네트워크의 개념을 바탕으로 한 사회 분석은 개인의 역량에 초점을 맞추기보다는 사람들 사이의 관계에 초점을 맞춘다. 예를 들어, 한 집단에서 누군가가 권력을 갖게 되는 것은 ( ㉮ )이라는 것이다. 이러한 소셜 네트워크의 개념을 바탕으로 이후에 만들어진 용어인 SNS는, 소셜 네트워크의 구축과 구현을 온라인상에서 이룩해 주는 서비스라고 정의될 수 있을 것이다.

SNS가 활성화된 것은 사실상 최근의 일이다. SNS가 현재와 비슷한 형태를 띠기 시작한 것은 1990년대 중후반에 이메일 주소를 통해 인맥을 형성할 수 있는 서비스가 등장하면서부터라고 볼 수 있다. 우리나라에서는 1990년대 말에 탄생한 싸이월드가 큰 인기를 끌면서 대표적인 SNS로 자리를 잡았고, 2000년대에 등장한 미국의 페이스북, 트위터가 전세계적으로 확산되고 스마트폰의 보급에 힘입어 SNS는 폭발적으로 성장하고 있다. 맥킨지에 따르면 전세계적으로 SNS 가입자는 이미 9억 명을 넘어섰고, 올해 내에 10억 명을 돌파할 것으로 예상된다.

SNS의 특징은 한마디로 규정짓기 힘들고 매우 복합적이다. 또 SNS의 종류에 따라 두드러지는 특징이 조금씩 다르다. 하지만 SNS의 공통적인 특징을 하나 꼽는다면 ㉠ 개방성을 들 수 있을 것이다. 즉, TV, 신문, 라디오 등과 같은 기존의 매체가 전문 언론인들에 의해 생산되어 수신자에게 전달되는 것을 특징으로 한다면, SNS는 네티즌들이 직접 참여하여 콘텐츠를 생산·소비하는 '1인 미디어'로서의 특징을 지니고 있다. 이 외에 SNS는 ㉡ 신속성, ㉢ 넓은 전파성, ㉣ 휘발성, 연계성, ㉤ 개인성 및 공공성 등의 특징을 지니기도 한다.

**25** 위 글의 내용과 일치하는 것은?

① 우리나라보다 미국의 SNS 보급률이 높다.
② 첨단 기기의 보급과 SNS의 발전은 별개의 문제이다.
③ SNS는 영국의 사회학자 반스에 의해 널리 전파되었다.
④ SNS는 이미 오래전부터 사회적으로 큰 파급력을 지니고 있었다.
⑤ SNS에 비해 기존의 매체는 정보 전달의 일방향성을 특징으로 한다.

**26** ㉠~㉤의 예로 적절하지 <u>않은</u> 것은?

① ㉠ - 누구나 자신의 홈페이지를 자유롭게 꾸밀 수 있다.
② ㉡ - 폭설이 내리자 재난 정보가 페이스북에 실시간으로 업데이트되었다.
③ ㉢ - 팔로워가 많은 누군가가 트위터에 올린 내 메시지를 리트윗하자 그 메시지가 전 세계에 알려지게 되었다.
④ ㉣ - 트위터에 내가 올린 글이 뒤이어 생산된 다른 글들에 밀려 지나가 버렸다.
⑤ ㉤ - 한 선거 후보자에 대해 어떤 개인이 페이스북에 올린 견해가 선거 판도를 바꾸어 놓았다.

**27** 위 글의 내용을 바탕으로 했을 때 ㉮에 들어갈 말로 가장 적절한 것은?

① 컴퓨터 활용 능력이 뛰어나기 때문
② 소셜 네트워크라는 개념을 정립했기 때문
③ 타고난 재능이 탁월하고 의지가 강하기 때문
④ 사람들 간의 관계들 속에서 중심에 위치하고 있기 때문
⑤ SNS에 대한 이해도가 높고 SNS를 효과적으로 이용하기 때문

[28~29] 다음 글을 읽고 물음에 답하시오.

대개 '북극곰'이라는 말을 들었을 때 사람들이 가장 먼저 떠올리는 것은 북극곰의 하얀 털이다. 극한의 추위 속에서 사는 북극곰의 털은 흰색을 띤다. 털이 검은색이라면 햇빛을 더 많이 흡수할 수 있기 때문에 보온에 유리하련만, 북극곰의 털이 흰색인 이유는 무엇일까? 그것은 북극곰의 하얀 털이 먹이 사냥에 유리하기 때문이다. 얼음과 눈으로 뒤덮인 북극에서 털이 검은색이라면 북극곰은 사냥감의 눈에 쉽게 띄게 된다. 북극곰의 하얀 털은 흰색으로 뒤덮인 북극에서 위장의 효과를 지니는 것이다. 대신 하얀 털 아래의 검은색 피부는 두꺼운 지방층으로 이루어져 있어 북극곰이 추위를 이기는 데 도움을 준다.

한편, 북극곰의 앞발 끝에는 긴 갈고리 발톱이 달려 있으며, 발가락에는 막이 붙어 있어서 북극곰은 헤엄칠 때 이것을 물갈퀴로 이용한다. 또 북극곰 발의 대부분은 털로 빽빽이 덮여 있어 눈이나 얼음 위를 쉽게 이동하는 데 유리한데, 북극곰의 발에 나 있는 털은 북극곰의 체온을 유지해 주고, 북극곰이 사냥감에게 다가갈 때 발소리를 죽이게끔 하는 역할도 해준다.

북극곰은 적당한 크기의 얼음을 타고 다니면서 헤엄치는 물개, 바다표범 등을 사냥한다. 얼음에 구멍을 파서 먹이를 유인하기도 하고, 쉬고 있는 사냥감에게 접근하다가 들키면 가만히 멈춰 서서 마치 얼음인 것처럼 위장한다.

또 북극곰은 청력이 매우 뛰어나 얼음을 울리는 미세한 소리를 이용해 사냥감을 찾아낸다.

북극곰은 겨울에 동면을 취한다. 하지만 깊은 동면은 아니어서 중간에 깨어나 활동을 하기도 한다. 북극곰은 동면 중 눈이 녹아 물이 고이는 것을 막기 위해 아래쪽으로 약간 경사진 곳에 동면 굴을 만든다. 여름에 빛이 강해지거나 겨울에 기온이 많이 내려가면 북극곰은 이를 피해 굴 안에서 휴식을 취하기도 하고, 임신한 암컷이 겨울 동안 눈 아래 굴속에서 지내며 새끼를 낳기도 한다.

**28** 위 글을 통해 알 수 없는 것은?

① 북극곰의 사냥 방법은 어떠한가?
② 북극곰의 피부는 어떤 빛깔을 띠는가?
③ 북극곰의 발바닥 털은 어떠한 역할을 하는가?
④ 북극곰이 겨울에 깊은 동면을 취하는 이유는 무엇인가?
⑤ 북극곰이 추위를 이기는 데 도움을 주는 요소는 무엇인가?

**29** 위 글의 내용 전개 방식으로 가장 적절한 것은?

① 상반된 관점을 절충적으로 종합하고 있다.
② 대상의 특징을 병렬적으로 나열하고 있다.
③ 개념을 설명한 후 구체적인 사례를 제시하고 있다.
④ 다른 대상과의 비교를 통해 가설을 검증하고 있다.
⑤ 어떤 이론이 다양하게 분화하는 과정을 보여주고 있다.

**[30~31] 다음 글을 읽고 물음에 답하시오.**

건강 검진을 받고 난 후 콜레스테롤 수치가 높다는 판정을 받으면 각종 질병에 걸리지나 않을까 걱정을 하게 마련이다. 콜레스테롤은 인지질과 함께 세포막을 구성하는 주요 성분으로, 식물에서는 발견되지 않고 동물에게만 존재하는데 특히 뇌나 신경 조직에 많이 함유되어 있다. 흔히 콜레스테롤을 몸에 해롭다고 생각하지만 콜레스테롤은 건강을 유지하는 데 반드시 필요한 물질로, 체내 콜레스테롤의 양이 너무 적으면 혈관 벽이 약해지고 뇌혈관이 터져 중풍이 생길 수 있다.

혈액 속의 콜레스테롤에는 저밀도 지질 단백질(LDL)과 고밀도 지질 단백질(HDL)이 있다. 혈액 속에 LDL이 지나치게 많아지면 동맥의 혈관 벽에 쌓여 동맥을 좁히게 되고 그 결과 뇌졸중, 동맥 경화 등 여러 질병이 나타난다.

HDL은 세포 내에 있는 여분의 콜레스테롤을 간으로 이동시켜 쓸개즙의 구성 물질로 변화시키기 때문에, 혈관 벽에 불필요하게 쌓이는 콜레스테롤을 제거하여 혈관 질환을 줄여준다. 따라서 LDL을 나쁜 콜레스테롤, HDL을 좋은 콜레스테롤이라고 부른다.

콜레스테롤은 섭취하는 음식에 따라 체내에서 다른 작용을 하게 된다. 즉, 좋은 콜레스테롤이 되게 하는 음식을 섭취하면 좋은 콜레스테롤이 되고, 반대의 경우에는 나쁜 콜레스테롤이 된다. 따라서 나쁜 콜레스테롤의 비율을 낮추고 좋은 콜레스테롤의 비율을 높이는 식습관을 갖는 것이 좋다. 예를 들어, 동물성 기름 대신 식물성 기름을 쓰고, 육류보다는 생선류를 먹는 것이 좋다. 그리고 과음은 부작용이 더 크지만, 하루 한두 잔 정도의 음주는 HDL을 높이는 효과가 있다. 한편, 체중을 감량한 경우, 땀을 흘릴 정도의 운동을 꾸준히 한 경우에도 HDL을 증가시킬 수 있다.

**30 위 글에서 언급되지 않은 것은?**

① 콜레스테롤의 종류
② 콜레스테롤과 관련된 질병의 예
③ 콜레스테롤이 동물에게서만 발견되는 이유
④ 콜레스테롤이 많이 함유된 신체 기관의 예
⑤ 운동이 체내의 콜레스테롤 양에 미치는 영향

**31 위 글을 읽고 추론한 내용으로 옳지 않은 것은?**

① 체내에 콜레스테롤이 전혀 없으면 건강에 이상이 생긴다.
② 콜레스테롤이 혈관 벽에 불필요하게 쌓이면 질병을 유발할 수 있다.
③ 식물성 기름은 혈액 속의 콜레스테롤을 좋은 것으로 바꿔 줄 수 있다.
④ 비만인 사람은 체중을 줄여서 좋은 콜레스테롤의 비율을 높여야 한다.
⑤ 음주는 나쁜 콜레스테롤의 비율을 높이기 때문에 술을 마시면 안 된다.

**[32~33] 다음 글을 읽고 물음에 답하시오.**

**환경 위기 시계**

환경 위기 시계는 환경 전문가들이 느끼는 인류 존속의 위기감을 시간으로 표시한 것으로, 12시에 가까워질수록 인류는 종말에 가까워진다. 환경 위기 시각의 조사를 처음 시작한 것은 1992년이었으며, 이때 세계의 평균 환경 위기 시각은 7시 49분이었다.

환경 위기 시각을 표로 나타내면 다음과 같다.

**[표 1] 환경 위기 시각**

| 00:01~3:00 | 3:01~6:00 | 6:01~9:00 | 9:01~12:00 |
|---|---|---|---|
| 불안하지 않음 | 조금 불안함 | 꽤 불안함 | 매우 불안함 |

**[표2] 2018년 세계의 환경 위기 시각 (세계 평균: 9시 47분)**

| 서유럽 | 중앙 아메리카 | 아프리카 |
|---|---|---|
| 10시 4분 | 9시 10분 | 9시 28분 |
| 일 본 | 중 동 | 한 국 |
| 9시 31분 | 9시 30분 | 9시 35분 |

**[표 3] 한국의 환경 위기 시각 변화**

| 2013년 | 2014년 | 2015년 |
|---|---|---|
| 9시 31분 | 9시 27분 | 9시 19분 |
| 2016년 | 2017년 | 2018년 |
| 9시 47분 | 9시 9분 | 9시 35분 |

**32** 위 글의 내용을 바르게 이해한 것은?

① [표 2]에서 종말에 가장 가까운 지역은 일본이다.

② 2018년 아프리카에 비해 중앙 아메리카의 환경 위기감이 더욱 높다.

③ 2018년 우리나라의 환경 위기감은 세계의 평균 환경 위기감에 비해 낮다.

④ 우리나라는 2013년에는 '꽤 불안함'이었으나 2015년에는 '매우 불안함'이 되었다.

⑤ 환경 위기 시각의 조사를 처음 시작한 해, 세계의 평균 환경 위기감은 '조금 불안함'이었다.

**33** 위 글에 대한 반응으로 적절하지 <u>않은</u> 것은?

① 전 세계적으로 환경 문제가 심각하다고 할 수 있군.

② 우리나라는 해를 거듭할수록 환경 위기감이 높아지는군.

③ 환경 전문가는 어떤 사람들을 가리키는지 명시되었으면 좋겠군.

④ 환경 위기감을 느끼게 한 요인이 무엇인지 제시되어야 할 것 같군.

⑤ 설문에 참여한 인물들의 수와 그들이 속한 국가가 제시되어야 할 것 같군.

[34~35] 다음 글을 읽고 물음에 답하시오.

> 골드먼환경상은 환경 보호에 뛰어난 업적을 세운 사람에게 수여되는 상이다. 이 상은 1990년 미국의 리처드 골드먼이 아내인 로다 골드먼과 함께 창설한 상으로, 녹색 노벨상으로도 불린다.
>
> 수상자는 환경 단체와 환경 운동가들에 의해 비공개로 추천된 사람들 중에서 국제 심사위원회가 선정한다. 북미, 중남미, 유럽, 아시아, 아프리카와 섬나라에서 매년 각각 1명씩 총 6명의 수상자가 선정되며, 이들에게는 상금이 지급된다. 멸종 위기 종의 보전, 공해 추방, 손상된 생태계의 복원, 시민에 대한 환경 의식 고취 등에서 공적이 인정되는 사람이 수여 대상자가 된다.
>
> 골드먼환경상은 유명 정치인이나 과학자들보다는 민간 환경 운동가에게 우선적으로 수여되며, 관료의 경우엔 고유 업무 이외의 활동만 심사 대상이 된다. 또 죽은 사람에게는 시상하지 않으며, 해마다 4월 22일 지구의 날을 전후해 발표된다.

**34** 위 글에서 '골드먼환경상'에 대해 알 수 있는 내용이 <u>아닌</u> 것은?

① 유래      ② 시상 시기

③ 수상 혜택      ④ 사회적 의의

⑤ 수상자 선정 기관

**35** '골드먼환경상'의 수여 대상자로 적절하지 <u>않은</u> 것은?

① 광산 개발의 유해성을 알리고 광산 개발 반대 운동을 벌인 환경 운동가

② 중금속을 함유한 폐수를 버리는 기업의 처사를 적극적으로 제지한 민간인

③ 정부에 건의하여 환경 보호를 위한 규제를 강화하도록 만든 환경 문제 연구자

④ 국민들이 맑은 공기를 마시며 살 수 있도록 자신의 업무에 최선을 다한 환경부 관료

⑤ 생계 때문에 희귀한 야생 동물을 밀렵하는 사람들에게 다른 일자리를 마련해 준 자선 사업가

**[36~38]** 다음 글을 읽고 물음에 답하시오.

'유전(油田)자원'이라는 측면에서 우리나라는 소위 '흙수저'를 쥐고 태어났다. 60년대에는 석유 수급에 필요한 달러를 벌기 위해 독일에 광부와 간호사를 수출해야 했다. 70년대에는 중동의 이글거리는 태양이나 먼지와 싸우며 사막을 파야 했고, 가족과 헤어져 몇 개월씩 망망대해를 전전하며 물고기를 잡아야 했다. 80년대 들어 민영화된 석유공사가 '무(無)자원 산유국'이 된다는 모토를 걸고 해외 유전 개발에 뛰어들었지만, 낮은 기술력과 부족한 장비로 무시당하기 일쑤였고, 참여 기회조차 잡기 힘들었다. 우리가 초등학생 때부터 귀에 따갑도록 절약이라는 단어를 들어야 했던 이유는 우리의 아버지들과 선배들의 피와 땀으로 얻은 석유를 한 방울이라도 허투루 써서는 안 되기 때문이었다.

석유는 검은 금이라고도 불린다. 무수한 연구와 투자가 있었음에도 인류는 아직까지 석유를 대체할 마땅한 에너지원을 찾지 못하고 있다. 원자력은 안전사고와 방사능 폐기물이라는 위험 부담이 있고, 태양력과 수력은 경제성이 석유보다 못하며, 석탄은 미세 먼지와 환경 오염이라는 치명적인 단점을 안고 있다. 획기적인 기술의 도약이 없는 한, 세계가 지금처럼 움직이기 위해서는 석유에 의존해야 한다.

문제는 석유의 매장량이 한정되어 있다는 점이다. 그 때문에 아직 발견되지 않은 유전과 주인 없는 유전의 중요성은 더욱 높아지고 있다. 조금이라도 채굴의 가능성이 있는 땅이라면, 막대한 비용을 들여 드릴을 찔러 넣는 것도 그 때문이다. 이미 지구상에는 쉽게 개발이 가능한 유전이 단 한군데도 남아 있지 않은 상태이다. 향후 유전 사업은 점점 깊은 곳으로 이동할 것이고, 이를 위해서 세계 각국은 탐사 및 채굴 기술에 막대한 투자를 하고 있다. 미국의 셰일 유전 사례만 보더라도 기술의 중요성은 충분히 설명되고도 남음이 있다. 경제성이 전혀 없어 보였던 바위 속의 셰일 유전이 몇 가지 기술의 개발로 황금맥이 되었으니 말이다.

**36** 위 글의 주제로 가장 적절한 것은?

① 유전 탐사 기술의 발전 과정
② 유전 개발을 위한 기술의 중요성
③ 석유를 대체할 에너지원의 탄생
④ 셰일 유전의 무한한 활용 가능성
⑤ 해외 유전 개발의 득(得)과 실(失)

**37** 위 글에 대한 설명으로 적절하지 **않은** 것은?

① 비유적인 표현을 통해 석유의 특성을 드러내고 있다.
② 인과 관계가 드러나는 서술을 통해 상황을 설명하고 있다.
③ 다른 에너지원과의 비교를 통해 석유의 단점을 부각하고 있다.
④ 현재 상황에 대한 분석을 바탕으로 미래에 대한 전망을 드러내고 있다.
⑤ 기술 개발과 관련된 구체적인 예시를 통해 글에 대한 독자의 이해를 돕고 있다.

**38** 다음은 위 글을 읽고 난 후의 반응이다. ㉠에 들어갈 한자성어로 가장 적절한 것은?

50년대에서 80년대에 이르기까지 우리나라는 ( ㉠ )을/를 겪으며 석유를 얻기 위한 노력을 기울였군.

① 곡학아세(曲學阿世)
② 부화뇌동(附和雷同)
③ 만고풍상(萬古風霜)
④ 어부지리(漁父之利)
⑤ 사분오열(四分五裂)

초현실주의란 프로이트 정신분석의 영향을 받아, 무의식의 세계 또는 꿈 속 세계의 표현을 지향하는 20세기의 예술 사조를 말한다. 초현실주의는 이성(理性)의 지배를 받지 않는 공상의 세계를 중요시하는데, 특히 미술의 경우에는 현실적 공간이 아닌 새로운 공간 개념이 필요하게 되었고 이는 당연히 기존의 통념을 깨는 새로운 표현 기법의 등장으로 이어지게 되었다.

그 대표적인 예로 자동기술법을 들 수 있다. 자동기술법이란 우리의 무의식 속에 떠오르는 생각이나 이미지를 다듬지 않고 그대로 표현하는 기법으로, 습관이나 고정관념, 이성의 영향을 배제하고 손이 움직이는 대로 그림을 그리는 것을 말한다. 후앙 미로는 자동기술법에 열중한 작가로서, 밑그림 없이 바로 캔버스에 작업을 하여 영혼의 움직임을 즉각적으로 표현하고자 했으며 화폭을 '자아의 순간적 투영의 장'으로 만들고자 하였다.

에른스트가 개발한 프로타주도 초현실주의의 주요 기법이다. '마찰'이라는 뜻의 프랑스어에서 비롯된 프로타주는, 바위나 나무 등 요철이 있는 사물 위에 종이를 놓고 색연필 등으로 문질러 그 사물의 윤곽이 드러나도록 하는 기법이다. 에른스트는 이 기법을 통해 현실에서는 볼 수 없는 것들이 주는 공포심이나 불안감을 표현하고자 하였다.

한편, 데칼코마니는 화면을 밀착시킴으로써 생기는 우연한 얼룩이나 어긋남의 효과를 이용한 기법을 말한다. 즉, 이것은 종이 위에 그림물감을 두껍게 칠하고 반으로 접거나 다른 종이를 덮어 찍어서 대칭적인 무늬를 만드는 기법인데, 그 결과 종이 위에는 환상적이고 기괴한 형태의 무늬가 생겨나게 된다. 예측하기 어려운 색다른 형태를 만들어 내는 것은 무의식의 세계를 표현하고자 했던 초현실주의자들의 입장에 잘 부합하는 것이었다.

이 외에 데페이즈망은 어떤 물건을 일상적인 환경에서 이질적인 환경으로 옮겨 물체끼리의 기이한 만남을 연출시키는 기법이다. 초현실주의자들은 어울리지 않는 곳에 물체를 배치함으로써, 보는 이의 머릿속에 합리적인 의식을 초월한 세계를 전개시키고자 하였다. 유명한 초현실주의자인 C. 로트레아몽은 "재봉틀과 양산(洋傘)이 해부대에서 만나듯이 아름다운"이라는 시구를 통해 데페이즈망을 적절히 묘사했다.

**39** 위 글의 내용과 일치하지 <u>않는</u> 것은?

① 프로이트의 정신분석은 초현실주의에 영향을 주었다.

② 초현실주의는 고정관념을 깨뜨리는 표현 기법을 선보였다.

③ 에른스트는 프로타주 기법을 통해 공포심이나 불안감을 표현했다.

④ 초현실주의자들은 비이성적인 머릿속의 생각들을 논리적으로 풀어내려고 하였다.

⑤ C. 로트레아몽이 쓴 시구는 서로 어울리지 않는 사물들을 함께 배치하는 초현실주의의 기법과 관련이 있다.

**40** 위 글에 나타난 예술 사조를 바탕으로 작품 활동을 하였다. 적절하지 <u>않은</u> 것은?

① 나뭇잎 위에 종이를 대고 색연필로 칠해 봄으로써 프로타주 기법을 체험해 봐야겠어.

② 현실적인 세계를 그리려고 하기보다는 머릿속에서 부지불식간에 형성되는 세계를 그려야겠어.

③ 데페이즈망 기법을 활용해 볼까? 돌이 하늘 위에 떠 있는 그림을 그리면 비합리적이란 느낌을 자아내겠지?

④ 밑그림을 그리지 않은 채 눈의 결정을 세밀하게 묘사하는 자동기술법을 통해 하얀 눈의 이미지를 표현해야겠어.

⑤ 종이의 반에 다양한 색깔의 물감을 자유롭게 칠한 후 종이를 접었다 펴 봐야지. 최종적으로 완성되는 모양을 정확히 예측할 수는 없겠지만 말이야.

## [41~42] 다음 글을 읽고 물음에 답하시오.

엘리베이터 보이라는 직업이 있다. 지금은 엘리베이터 보이가 짐을 들어 주거나 목적하는 층을 눌러 주는 서비스 맨 역할을 하지만, 처음 엘리베이터가 등장했을 당시 그들은 안전요원이었다. 그 시절에는 추락이나 정지 등의 사고는 물론, 신체 일부가 문에 끼거나 갇히는 등의 사고가 빈번하게 발생했고, 수동으로 조작하는 장치를 두고 이용자들끼리 다투는 일도 종종 벌어졌다. 엘리베이터 보이는 이런 사고를 방지하는 전문 직업이었다. 세월이 흐른 지금, 엘리베이터 보이는 거의 찾아 볼 수 없게 되었다. 이중, 삼중의 안전장치와 컴퓨터 시스템 등의 첨단 기술이 그들의 자리를 대신하게 되었기 때문이다.

처음 근대식 엘리베이터가 등장한 이후, 100년이 넘는 시간 동안 진화에 진화를 거듭한 엘리베이터는 '우주 엘리베이터 프로젝트'가 시행될 정도로 발전했다. 엘리베이터 제작 기술과 설치·정비 기수의 발전은 과거와는 비교도 되지 않는 편리함과 안전함을 제공하였고, 덕분에 사람들은 평지를 걷듯 별다른 부담 없이 엘리베이터를 이용할 수 있게 되었다.

엘리베이터 사고는 뉴스나 영화 속에서나 볼 수 있는 일이고, 십수 년 전만 해도 심심치 않게 보이던 '고장'이라는 종이 딱지도 근래 들어서는 보기 힘들다. 이렇듯 너무나 자주, 너무나 편리하게 이용하다 보니 대부분의 사람들은 엘리베이터가 주의를 기울이며 이용해야 하는 설비라는 사실을 까맣게 잊은 채 살아가고 있다. 하지만 엘리베이터는 그 폐쇄성과 속도, 운동 방향 등을 놓고 보았을 때 엄연한 특수 설비다.

**41** 위 글을 참고하여 추론한 내용으로 옳지 <u>않은</u> 것은?

① 엘리베이터 보이의 역할은 시간이 흐름에 따라 변화하였다.
② 컴퓨터 시스템의 발달은 엘리베이터의 진화에 영향을 주었다.
③ 오늘날의 사람들은 큰 부담을 느끼지 않은 채 엘리베이터를 이용하고 있다.
④ 기술의 눈부신 발전에 힘입은 엘리베이터는 더 이상 특수 설비의 범주에 들지 않는다.
⑤ 엘리베이터 등장 초기에는 엘리베이터 조작 장치를 둘러싼 이용자들 간의 갈등이 있었다.

**42** 위 글에 이어질 내용으로 적절한 것은?

① 첨단 기술이 적용된 엘리베이터의 완전성
② 우주 엘리베이터 프로젝트의 발전 가능성
③ 엘리베이터에 버금가는 기술 장치의 사례
④ 엘리베이터 보이를 대신하는 직업의 유망성
⑤ 엘리베이터 이용 시 유념해야 하는 주의 사항

'이 세상 만물은 창조자의 손에서 나올 때에는 선하나 인간의 손에 와서 타락한다.' 이 말은 「에밀」의 첫 구절로, 루소 교육철학의 기저를 이루고 있는 생각이다. 루소는 당시 사회가 인간의 선한 본질을 무시한 제도 위에 유지되고 있고, 그 결과 인간에게 부자유나 불평등이 초래되었다고 보았다. 그리하여 '자연성을 회복하는 것'을 교육의 목표로 하였는데, 이때 자연성이란 관습과 편견에 의해 변화하기 이전의 선하고 순수한 천성을 의미한다.

그런데 루소의 '자연주의 교육'이 아이를 제멋대로 내버려두는 방임을 의미하지는 않는다. 루소에 따르면, 교사는 아이를 세심하게 관찰하여 아이가 그릇된 방향으로 나아가고 있다고 판단될 때는 올바른 방향으로 유도해 가야 한다. 단지, 그 방식이 직접적인 훈계나 강압에 이루어지는 게 아닐 뿐이다. 예를 들어, 아이가 잘못된 언어 습관을 지니고 있다면 ( ㉮ ).

루소가 제시한 교육 단계는 총 5단계로, 1단계는 태어나면서부터 5세까지의 시기이다. 이 시기에는 아이의 신체적 발육에 중점을 두고 자유로운 활동과 자연적 활동을 보장할 것이 강조된다. 2단계는 6세부터 12세까지의 시기이다. 이 시기는 감각 교육, 사물 교육, 육체의 훈련이 시작되는 시기로, 이 시기 교육 목적은 말하기와 오관을 건전하게 발달시키는 것이다. 2단계에서 인상적인 것은 루소가 ㉠ '자연벌'을 주장했다는 것이다. '자연벌'이란 아이가 잘못했을 때 교사가 그 잘못을 직접 지적하기보다는, 아이가 자신의 잘못으로 인해 불편을 겪음으로써 잘못을 깨닫게 돼야 한다는 것이다. 이 외에, 타인의 생각을 머릿속에 주입시킨다는 점에서 독서 교육을 금지한 것도 눈여겨볼 만하다.

3단계는 13세에서 15세까지의 소년기로서, 이성의 훈련과 지성의 형성기인 이 시기에는 판단력과 수공업적 기술의 습득이 강조된다. 4단계는 16세에서 20세까지의 청년기인데, 이 시기는 도덕적·종교적 감정의 교육 시기로, 우정·동정 등의 인간적 감정과 성의식이 싹트는 시기이다. 루소는 과실을 범하기 쉬운 이 시기에도 훈화를 삼갈 것을 주장했다.

5단계는 20세 이후의 결혼기이다. 이 시기는 생활이 확립되고, 감정이 안정되어 내적 자유를 얻는 완성기인 동시에 시련을 경험하는 가운데 사회생활을 준비하는 시기이다. 이 시기에 에밀은 소피라는 이상적인 여성을 만나고, 루소는 그녀를 통해 여성 교육에 대한 생각을 전개했는데, 남자를 즐겁게 하는 것이 여성의 임무이므로 복종, 순종과 겸양의 미덕을 기르고 가사를 알뜰히 정리하고 노인을 위로하도록 하는 것을 여성 교육의 이상이라 보았다.

## 43 위 글을 읽고 보인 반응으로 가장 적절한 것은?

① 루소는 당대의 사회 제도에 대해 부정적으로 생각했군.

② 루소는 교사가 학생에게 무관심할 때 오히려 교육 결과가 좋다고 생각했군.

③ 루소는 인간의 본성은 선하지 않으므로 순수한 자연을 본받아야 한다고 생각했군.

④ 루소에 따르면 어릴 때부터 다양한 책을 많이 읽어 지식의 폭을 넓히는 게 좋겠군.

⑤ 남성뿐 아니라 여성의 교육에 대해 논한 것을 보니 루소는 남녀평등 사상의 소유자였군.

## 44 ㉮에 들어갈 말로 적절한 것은?

① 아이가 잘못된 표현을 할 때마다 바로 지적을 해 주되, 어떤 점이 어떻게 잘못됐는지 정확히 알려줘야 한다.

② 아이가 잘못된 표현을 할 때 벌을 주어 다시는 그런 표현을 하지 않도록 하되, 아이가 마음의 상처를 받지 않도록 배려해야 한다.

③ 교사 스스로가 항상 올바른 언어 표현을 하되, 아이들이 교사와 함께 있는 것을 즐겁게 여겨 자발적으로 교사의 말을 본뜨도록 해야 한다.

④ 아이가 올바른 표현을 할 때 칭찬을 해주되, 올바른 표현을 여러 번 반복해 말하도록 지시함으로 써 완전히 그 표현이 몸에 배도록 해야 한다.

⑤ 올바른 언어를 사용하는 사람과 그렇지 않은 사람을 만나게 하되, 아이에게 그들의 차이점을 설명해 주면서 올바른 언어를 사용하는 사람을 모범으로 삼아야 한다고 말해 줘야 한다.

**45** 장난감을 부순 아이에게 ㉠을 적용한 교사의 예로 적절한 것은?

① 체벌을 가함으로써, '잘못을 저지르면 고통스러운 것이구나.'라고 느끼게 한다.

② 듣기 좋은 말로 타일러서, '장난감을 부수는 것은 잘못이구나.'라고 느끼게 한다.

③ 다른 장난감을 사줌으로써, '남에게 폐를 끼치는 일은 하지 말아야겠구나.'라고 느끼게 한다.

④ 장난감은 부수어서는 안 되는 소중한 물건이라는 점을 말해 주어, '내 물건은 소중한 것이구나.'라고 느끼게 한다.

⑤ 다른 장난감을 바로 주지 않음으로써, '장난감을 부수면 가지고 놀 수 있는 장난감이 없어지는구나.'라고 느끼게 한다.

**[46~48] 다음 글을 읽고 물음에 답하시오.**

(가) 우리가 물이 되어 만난다면
　　가문 어느 집에선들 좋아하지 않으랴.
　　우리가 키 큰 나무와 함께 서서
　　우르르 우르르 비 오는 소리로 흐른다면.

　　흐르고 흘러서 저물녘엔
　　저 혼자 깊어지는 강물에 누워
　　죽은 나무 뿌리를 적시기도 한다면.
　　아아, 아직 처녀(處女)인
　　부끄러운 ㉠ 바다에 닿는다면.

　　그러나 지금 우리는 불로 만나려 한다.
　　벌써 숲이 된 뼈 하나가
　　세상에 불타는 것들을 쓰다듬고 있나니

　　만 리(萬里) 밖에서 기다리는 그대여
　　저 불 지난 뒤에
　　흐르는 물로 만나자.
　　푸시시 푸시시 불 꺼지는 소리로 말하면서
　　올 때는 인적(人跡) 그친
　　넓고 깨끗한 하늘로 오라.

(나) 창(窓) 밖에 ㉡ 밤비가 속살거려
　　육첩방(六疊房)은 남의 나라.

　　시인(詩人)이란 슬픈 천명(天命)인 줄을 알면서도
　　한 줄 시(詩)를 적어 볼까.
　　땀내와 사랑내 포근히 품긴
　　보내 주신 학비 봉투(學費封套)를 받아

　　대학(大學) 노트를 끼고
　　늙은 교수(敎授)의 강의 들으러 간다.

　　생각해 보면 어린 때 동무들
　　하나, 둘, 죄다 잃어버리고

　　나는 무얼 바라
　　나는 다만, 홀로 침전(沈澱)하는 것일까?

　　인생(人生)은 살기 어렵다는데
　　시(詩)가 이렇게 쉽게 씌어지는 것은
　　부끄러운 일이다.

　　육첩방(六疊房)은 남의 나라
　　창(窓) 밖에 밤비가 속살거리는데,

　　등불을 밝혀 ㉢ 어둠을 조금 내몰고,
　　시대(時代)처럼 올 아침을 기다리는 최후(最後)의 나.

　　나는 나에게 적은 손을 내밀어
　　눈물과 위안(慰安)으로 잡는 최초(最初)의 악수(握手).

(다) 낙엽은 폴란드 망명 정부의 지폐
　　포화(砲火)에 이지러진
　　도룬 시의 ㉣ 가을 하늘을 생각게 한다.
　　길은 한 줄기 구겨진 넥타이처럼 풀어져
　　일광(日光)의 폭포 속으로 사라지고
　　조그만 담배 연기를 내뿜으며
　　새로 두 시의 급행열차가 들을 달린다.
　　㉤ 포플러나무의 근골(筋骨) 사이로
　　공장의 지붕은 흰 이빨을 드러내인 채
　　한 가닥 구부러진 철책(鐵柵)이 바람에 나부끼고
　　그 위에 셀로판지로 만든 구름이 하나.
　　자욱한 풀벌레 소리 발길로 차며
　　호올로 황량(荒凉)한 생각 버릴 곳 없어
　　허공에 띄우는 돌팔매 하나.
　　기울어진 풍경의 장막(帳幕) 저쪽에
　　고독한 반원(半圓)을 긋고 잠기어 간다.

**46** (가)~(다)의 공통점으로 가장 적절한 것은?

① 화자는 담담한 어조로 과거를 반성하고 있다.

② 화자는 주어진 현실에 만족하지 못하고 있다.

③ 화자가 생각하는 이상적인 상황이 제시되어 있다.

④ 점층적 반복을 통하여 화자의 정서를 강조하고 있다.

⑤ 현실을 극복하려는 화자의 강한 의지가 드러나고 있다.


**47** ㉠~㉤ 중 시어의 의미가 가장 이질적인 것은?

① ㉠          ② ㉡

③ ㉢          ④ ㉣

⑤ ㉤


**48** (다)의 특징을 빌려 새로운 작품을 창작하려고 한다. 창작 구상으로 적절하지 않은 것은?

① 시선의 이동에 따라 내용을 전개한다.

② 먼저 경치를 묘사하고 이후에 정서를 노래한다.

③ 이국적인 소재를 사용하여 현대적인 감각을 드러낸다.

④ 아름다운 자연과 황폐한 도시 문명을 대조하여 주제를 드러낸다.

⑤ 이질적인 것처럼 보이는 사물들의 공통점을 파악하여 참신한 비유를 사용한다.


[49~51] 다음 글을 읽고 물음에 답하시오.

정부는 상대평가 방식인 중·고교 내신 제도를 몇 년 내에 절대평가 방식으로 바꾼다고 발표했다. 수년간 유지되어 온 상대평가 방식이 학교 내 과도한 경쟁을 유도하고 사교육비 증가를 조장한다는 판단 하에, 중학교부터 점진적으로 절대평가 제도를 시행하여 결국에는 모든 중·고등학교에 전면적으로 시행할 계획이라는 것이다.

절대평가 내신 제도의 시행은 이번이 처음이 아니다. 내신 제도가 처음 도입된 것은 1981년인데, 이때의 내신 제도는 총점 위주의 상대평가였다. 하지만 상대평가가 지나친 경쟁 위주의 입시 풍토를 만든다는 지적에 따라, 1996년에는 내신 제도가 절대평가 방식으로 전환되었다. 그 결과 각 학교에서는 성적 부풀리기의 폐해가 드러났고, 2005년에는 상대평가 제도로 다시 바뀌었다. 그런데 이제 절대평가 제도가 부활하게 된 것이다.

교육의 본질을 고려했을 때, 절대평가 제도는 상대평가 제도에 비해 올바른 방향이라고 할 수 있다. 교육의 본질적인 목적은 모든 학생들이 잠재력과 소질을 발휘하게 해주고, 학생으로 하여금 진리를 탐구하도록 독려하는 것이라 할 수 있다. 절대평가 제도는 학생 성취 수준의 우열을 가리기보다는 모든 학생이 교육의 목표에 도달하는 것을 추구함으로써, 교육의 본질에 좀 더 부합하는 평가 제도가 될 수 있다. 상대평가와 같이, 성적으로 한 줄 세우기식 교육은 학생들 간의 경쟁심을 조장하고 학업 스트레스를 유발하여 교육의 본질적인 목적을 해치는 결과를 낳을 수 있는 것이다.

하지만 학교 교육에서 대입이 그 무엇보다 중요하게 여겨지는 우리나라의 현실을 고려할 때, 절대평가 제도의 도입이 교육의 본질적 목적을 회복하게 해줄지는 의문이다. 이미 문제가 된 적이 있었던 성적 부풀리기, 이로 인한 고교등급제의 부활, 대입에서의 특목고 강세, 내신 무력화로 인한 사교육의 기승 등의 우려가 있기 때문이다. 절대평가의 도입이 교육의 본질을 회복하기는커녕 오히려 교육 환경의 혼란을 가중시킬 수 있는 것이다.


**49** 위 글의 제목으로 가장 적절한 것은?

① 절대평가의 부활, 그에 따른 명암

② 절대평가, 가장 이상적인 내신 제도

③ 상대평가 내신 제도, 무엇이 문제인가

④ 일관성 없는 교육 정책, 신음하는 학생들

⑤ 상대평가와 절대평가, 무엇을 택할 것인가

**50** 위 글의 필자가 비판할 수 있는 주장이 <u>아닌</u> 것은?

① 치열한 경쟁 사회에 학생들이 잘 적응할 수 있도록 학교에서는 성취 수준의 우열을 가려야 한다.

② 교육을 통해 학생들이 진리를 탐구한다는 교육의 이상적 목적을 현실적으로 이루는 데에는 난관이 있다.

③ 공교육이 학생들의 요구를 충족시켜 주지 못할 경우 학생들은 사교육을 통해 필요한 지식을 얻어야 한다.

④ 특목고의 학생들은 기본적으로 학업 능력이 뛰어나기 때문에 대학들은 학생 선발 시 이점을 고려해야 한다.

⑤ 학생들이 학업 스트레스를 받는 것은 그들 스스로가 나약하기 때문이므로 교육 제도를 탓하기보다는 학생들의 정신력을 강화해야 한다.

**51** 위 글의 필자에 대한 평가로 적절하지 <u>않은</u> 것은?

① 서로 다른 두 내신 제도를 대조하며 분석하고 있다.

② 과거에 발생했던 부작용 때문에 내신 제도의 전환을 우려하고 있다.

③ 내신 제도의 변천 과정을 사실적으로 기술함으로써 객관성을 확보하고 있다.

④ 유추의 방식을 사용하여 내신 제도 전환의 득과 실에 대한 독자의 이해를 돕고 있다.

⑤ 예상되는 문제점을 제시함으로써 내신 제도 전환의 교육적 실효성에 대한 회의를 드러내고 있다.

**[52~54] 다음 글을 읽고 물음에 답하시오.**

네트워크 효과란 특정 상품에 대한 어떤 사람의 수요가 다른 사람들의 수요에 의해 영향을 받는 현상을 말한다. 이 용어는 미국의 경제학자 하비 라이벤스타인에 의해 처음 사용되었는데, 품질 자체보다는 얼마나 많은 사람이 그것을 이용하고 있느냐에 따라 상품의 가치가 달라지기 때문에 네트워크 외부성이라고도 한다.

네트워크 효과 중 대표적인 것은 ㉠ 밴드왜건 효과이다. 밴드왜건이란 원래 미국의 서부 개척 시대의 운송 수단이었던 포장마차 밴드왜건에서 비롯된 말이다. 당시 밴드왜건은 악대를 선두에 세우고 다니면서 요란한 음악을 연주하여 사람들을 모았는데, 금광이 발견되었다는 소문이 나면 많은 사람들이 밴드왜건을 따라 이리저리 몰려다녔다. 따라서 밴드왜건 효과는 어떤 재화의 수요가 증가하면 사람들이 덩달아 움직여 수요가 증가하는 것을 의미하는데, 한마디로 유행에 따라 상품을 구입하는 소비 현상을 말한다.

밴드왜건 효과와 정반대의 개념으로 스놉 효과가 있다. 스놉 효과는 어떤 상품에 대한 소비가 증가하게 되면 오히려 그 상품에 대한 수요가 줄어드는 현상을 말한다. 스놉은 영어로 속물이란 뜻으로, 이 현상은 남들이 많이 사는 것은 구입하기 싫어하는 소비 심리에 의해 비롯된 것이다. 즉, 스놉 효과에 의하면 소비자는 자신이 남과 다르다는 생각으로 ( ㉡ ) 상품에 집착한다.

**52** 위 글을 바탕으로 했을 때 다음 중 성격이 <u>다른</u> 현상은?

① 자신의 성공을 과시하기 위해 명품 가방을 산다.

② 손님들이 많이 줄지어 있는 음식점에 밥을 먹으러 간다.

③ 주변 사람들이 스마트폰으로 바꾼 것을 보고 스마트폰을 구입한다.

④ 주식 시장이 폭등세를 보이면 투자 심리가 과열되어 '묻지 마 투자'가 나타난다.

⑤ 미국의 연방 준비 제도 이사회가 금리를 인하하면 유럽과 아시아 각국도 금리를 인하한다.

**53** ㉠을 표현한 속담으로 가장 적절한 것은?

① 한강에 돌 던지기.
② 주머닛돈이 쌈짓돈.
③ 빈 수레가 요란하다.
④ 친구 따라 강남 간다.
⑤ 사또 덕분에 나팔 분다.

**54** ㉡에 들어갈 말로 가장 적절한 것은?

① 실용적이고 편리한
② 값이 비싸고 희귀한
③ 심미적이고 경제적인
④ 신뢰감을 주고 검증된
⑤ 품질이 좋고 격조 높은

**[55~57] 다음 글을 읽고 물음에 답하시오.**

> 이전 줄거리: 서울의 외과 의사인 창섭은 병원을 큰 건물로 이전하려 하지만 돈이 모자라, 시골의 농토를 팔아 필요한 자금을 마련하고자 한다. 농토를 파는 데는 아버지의 허락이 필요하므로 창섭은 농사꾼인 아버지의 허락을 받기 위해 시골로 내려왔다.

"원, 요즘 사람들은 힘두 줄었나 봐! 그 다리 첨 놀 제 내가 어려서 봤는데 불과 여남은이서 거들던 돌인데 장정 수십 명이 한나잘을 씨름을 허다니!"

"㉠나무다리가 있는데 건 왜 고치시나요?"

"너두 그런 소릴 허는구나. 나무가 돌만허다든? 넌 그 다리서 고기 잡던 생각두 안 나니? 서울루 공부 갈 때 그 다리 건너서 떠나던 생각 안 나니? 시쳇사람들은 모두 인정이란 게 사람헌테만 쓰는 건 줄 알드라! 내 할아버님 산소에 상돌을 ㉡ 그 다리로 건네다 모셨구, 내가 천찰 끼구 그 다리루 글 읽으러 댕겼다. 네 어미두 그 다리루 가말 타구 내 집에 왔어. 나 죽건 그 다리루 건네다 묻어라…… 난 서울 갈 생각 없다."

"네?"

"천금이 쏟아진대두 난 ㉢ 땅은 못 팔겠다. 내 아버님께서 손수 이룩허시는 걸 내 눈으루 본 밭이구, 내 할아버님께서 손수 피땀을 흘려 모신 돈으루 장만허신 논들이야. 돈 있다구 어디가 느르지논 같은 게 있구, 독시장 밭 같은 걸 사? 느르지 논둑에 선 느티나문 할아버님께서 심으신 거구, 저 사랑마당엣 은행나무는 아버님께서 심으신 거다. 그 나무 밑에를 설 때마다 난 그 어룬들 동상(銅像)이나 다름없이 경건한 마음이 솟아 우러러보군 헌다. 땅이란 걸 어떻게 일시 이해를 따져 사구 팔구 허느냐? 땅 없어 봐라, 집이 어딨으며 나라가 어딨는 줄 아니? 땅이란 천지만물의 근거야. 돈 있다구 땅이 뭔지두 모르구 욕심만 내 문서쪽으로 사 모기만 하는 사람들, 돈놀이처럼 변리만 생각허구 제 조상들과 그 땅과 어떤 인연이란 건 도시 생각지 않구 헌신짝 버리듯 하는 사람들, 다 내 눈엔 괴이한 사람들루밖엔 뵈지 않드라."

"……"

"네가 뉘 덕으루 오늘 의사가 됐니? 내 덕인 줄만 아느냐? 내가 땅 없이 뭘루? 밭에 가 절하구 논에 가 절해야 쓴다. 자고로 하눌 하눌 허나 하눌의 덕이 땅을 통허지 않군 사람헌테 미치는 줄 아니? 땅을 파는 건 그게 하눌을 파나 다름없는 거다."

"……"

"땅을 밟구 다니니까 땅을 우섭게들 여기지? 땅처럼 응과(應果)가 분명헌 게 무어냐? 하눌은 차라리 못 믿을 때두 많다. 그러나 힘들이는 사람에겐 힘들이는 만큼 땅은 반드시 후헌 보답을 주시는 거다. 세상에 흔해 빠진 지주들, 땅은 작인들헌테나 맡겨 버리구, 떡 도회지에 가 앉어 소출은 팔어다 모다 도회지에 낭비해 버리구, 땅 가꾸는 덴 단돈 일 원을 벌벌 떨구, 땅으루 살며 땅에 야박한 놈은 자식으로 치면 후레자식 셈이야. 땅이 말을 할 줄 알어 봐라? 배가 고프단 땅이 얼마나 많을 테냐? 해마다 걷어만 가구, 땅은 자갈밭이 되지 아나? 둑이 떠나 가니 아나? ㉣ 거름 한 번을 제대로 넣나? 정 급허게 돼 작인이 우는 소리나 해야 요즘 너이 신의들 ㉤ 주사침 놓듯, 애꿎은 금비[藥品肥料]만 갖다 털어넣지. 그렇게 땅을 홀댈 허군 인제 죽어서 땅이 무서서 어디루들 갈 텐구!"

창섭은 입이 얼어 버리었다. 손만 부비었다. 자기의 생각은 너무나 자기 본위였던 것을 대뜸 깨달았다. 땅에는 이해를 초월한 일종 종교적 신념을 가진 아버지에게 아들의 이단적(異端的)인 계획이 용납될 리 만무였다.

**55** 위 글에 대한 설명으로 적절한 것은?

① 인물의 외양을 묘사하여 성격을 나타내고 있다.

② 서술자를 교체하며 다양한 시각을 보여주고 있다.

③ 방언과 구어적 표현을 사용하여 현장감을 부여하고 있다.

④ 빈번한 장면 전환을 통해 사건을 속도감 있게 전개하고 있다.

⑤ 풍자적 어조를 통해 인물이 처한 비극적 상황을 강조하고 있다.

**56** 위 글에 나타난 인물 간의 대화에 관한 설명으로 옳은 것은?

① 아버지가 일방적으로 자식을 훈계하고 있다.

② 아버지는 아들의 입장을 이해하려 노력한다.

③ 아버지와 아들이 대화를 통해 의견을 절충하고 있다.

④ 아들은 아버지에 대한 불만을 직접적으로 표출하고 있다.

⑤ 아들은 아버지에게 설득당하여 자신의 가치관을 바꾸게 되었다.

**57** ㉠~㉤에 대한 설명으로 옳지 <u>않은</u> 것은?

① ㉠ – 실용성을 중시하는 아들의 세대를 대변한다.

② ㉡ – 전통적 세대의 자연 중심적 가치관을 상징한다.

③ ㉢ – 아버지와 아들 사이의 갈등을 일으키는 매개물이다.

④ ㉣ – 인위적으로 자연을 개발하는 수단으로 사용된다.

⑤ ㉤ – 편리함과 눈앞의 이윤만을 추구하는 세태를 상징한다.

제**1**회 **2교시 모의고사**

**70**분 **33**문항

※ 1번부터 4번까지는 문제와 선택지를 듣고 푸는 문항입니다. 잘 듣고 물음에 답하시오.

**01**

① ② ③
④ ⑤

**02**

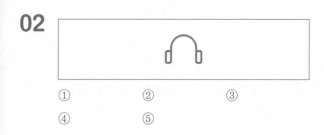

① ② ③
④ ⑤

**03**

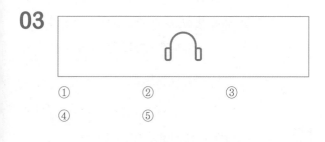

① ② ③
④ ⑤

**04**

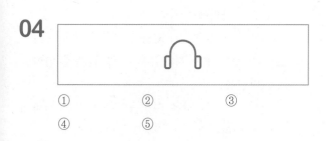

① ② ③
④ ⑤

※ 5번부터 13번까지는 내용을 들은 후, 시험지에 인쇄된 문제와 선택지를 보고 푸는 문항입니다. 잘 듣고 물음에 답하시오.

**05** 방송 내용에 대한 반응으로 적절하지 <u>않은</u> 것은?

① '한줄타기'는 안전사고가 일어날 확률이 높다고 할 수 있겠군.
② '한줄타기' 운동에 따른 시민들의 습관이 여전히 작용하고 있군.
③ '두줄타기'를 알고 있어도 자신의 사정상 지키지 못하는 경우가 있군.
④ '두줄타기'를 실천하려는 시민들이 오히려 그렇지 않은 사람들의 눈치를 보는군.
⑤ '두줄타기'에 대한 활발한 홍보 활동에도 불구하고 시민들의 인식은 쉽게 바뀌지 않는군.

**06** 인터뷰의 내용에 이어질 수 있는 리포터의 말로 적절한 것은?

① 시청률에 구애받지 않는 장인 정신이 놀랍군요.
② 누구도 생각하지 못한 기발한 소재를 발굴해 내시는 능력이 대단하시네요.
③ 역시 재충전의 시간은 새 작품을 구상하는 데 꼭 필요하다 할 수 있겠군요.
④ 일상적인 이야기로 시청자에게 감동을 안겨 줄 수 있다는 점이 인상적이네요.
⑤ 대본이 훌륭하면 유명 배우 없이도 드라마가 성공할 수 있다는 것을 제대로 보여 주셨네요.

**07** 강연의 내용과 일치하지 <u>않는</u> 것은?

① 개인의 책임 의식은 집단의 규모에 반비례한다.

② 제노비스 신드롬이란 용어는 한 여성의 이름에서 유래되었다.

③ 우리는 다른 사람이 어떠한 생각을 하는지 멋대로 판단하는 경향이 있다.

④ 다른 사람의 시선보다 나의 안위를 걱정하는 인간의 속성 때문에 제노비스 현상이 일어난다.

⑤ 사람들은 어느 정도로 위급한 상황인지 확신이서지 않을 경우 다른 사람을 도와주길 꺼려한다.

**08** 대화 내용과 일치하지 <u>않는</u> 것은?

① 남자와 여자 모두 우리 사회가 경쟁 사회라는 점에 동의하고 있다.

② 남자는 오디션 프로그램에 대해 대체로 부정적인 인식을 가지고 있다.

③ 남자와 여자 모두 오디션 프로그램이 시청자들의 삶에 영향을 미친다고 생각한다.

④ 남자는 여자와 달리 오디션 프로그램들이 비슷한 형식으로 진행된다고 본다.

⑤ 남자는 여자와 달리 승패 여부에 초점을 맞추어 오디션 프로그램의 의의를 평가한다.

**09** 뉴스에 대한 반응으로 적절하지 <u>않은</u> 것은?

① 초등학생인 우리 아이의 휴대전화 구입 시기를 늦추는 것이 좋겠어.

② 앞으로 집에 있을 때는 휴대전화를 손에 쥐고 있기보다 책상 위에 올려놔야겠어.

③ 휴대전화를 구입할 때 전자파가 어느 정도 방출되는지는 어떻게 확인할 수 있지?

④ 휴대전화의 전자파가 뇌종양의 주된 원인임이 밝혀졌으니 안전한 휴대전화의 개발이 시급하겠군.

⑤ 휴대전화로 전화 통화를 하는 것보다는 문자 메시지를 보낼 때 전자파의 영향을 더 적게 받는가 보군.

**10** '프레이밍 효과'를 통해 알 수 있는 인간의 특성으로 알맞은 것은?

① 인간은 다른 사람과 더불어 사는 존재이다.

② 인간은 자신의 신념에 따라 행동하는 존재이다.

③ 인간은 감성적인 판단에 의해 의사 결정을 내린다.

④ 인간은 의사 결정 시 다른 사람의 눈치를 살피는 경향이 있다.

⑤ 인간은 의사 결정을 내릴 때 자신만의 이익을 고려하는 존재이다.

**11** '프레이밍 효과'를 설명할 수 있는 말로 적절한 것은?

① 말은 보태고 떡은 뗀다.

② 발 없는 말이 천 리 간다.

③ 말이란 아 해 다르고 어 해 다르다.

④ 말은 해야 맛이고 고기는 씹어야 맛이다.

⑤ 말은 바른 대로 하고 큰 고기는 내 앞에 놓아라.

**12** 토론의 내용과 일치하지 <u>않는</u> 것은?

① 오늘날에는 개인의 자유가 중요시되고 있다.

② 우리 사회에는 외모를 중시하는 풍조가 있다.

③ 성형수술을 받는 노년층 인구가 급증하고 있다.

④ 외모에 대한 자신감은 대인 관계에 영향을 미친다.

⑤ 성형수술을 받은 여성들의 외모가 획일화되어 있다.

**13** 토론에 대한 설명으로 적절하지 <u>않은</u> 것은?

① 남자와 여자 모두 지나친 성형수술의 폐해에 대해 언급하였다.

② 남자는 자신의 주장을 강화하기 위해 다른 사람의 말을 인용하였다.

③ 여자는 성형수술이 개성을 추구하는 행위의 하나라고 생각하고 있다.

④ 여자는 자신감이 긍정적인 덕목이라는 점을 전제로 주장을 전개했다.

⑤ 남자는 사람들의 인식 변화가 쉽게 이루어지는 것이라고 생각하고 있다.

※ 다음은 주관식 문제입니다. 잘 듣고 물음에 답하시오.

**주관식**

**01** 다음에서 설명하는 '에스크로'의 개념과 '에스크로'의 장점을 100자 내외로 쓰시오.

⇨ _____

_____

_____

**주관식**

**02** 외국인 이민자 수용의 확대에 대해 찬성하거나 반대하는 의견을 근거를 들어 100자 내외로 쓰시오.

⇨ _____

_____

_____

※ 14번부터는 문제지에 인쇄된 내용을 읽고 푸는 문제입니다. 잘 읽고 물음에 답하시오.

**14** 불필요한 요소의 중복 없이 어법에 맞게 쓴 것은?

① 방학 기간 동안 고향에 가 있었다.

② 그는 불의에 맞서 싸울 생각을 마음먹었다.

③ 성공하기 위해서는 노력과 끈기가 필요하다.

④ 폭력을 완전히 근절해야 모든 국민이 행복해질 수 있다.

⑤ 그녀는 열심히 노래 연습에 열중하여 실력이 향상되었다.

**15** 문장 성분 간의 호응이 적절한 것은?

① 그 아이가 너를 싫어서 쌀쌀맞게 행동하는 것은 아니야.

② 음악은 인간의 감정을 표현하는 수단이며 음악을 즐겨 듣는다.

③ 그녀는 화려한 목걸이와 값비싼 옷을 입으며 자신의 부를 과시했다.

④ 나라가 발전하기 위해서는 구성원 각자가 자신의 일에 최선을 다해야 한다.

⑤ 내가 철학을 공부하는 것은 그 속에 인간을 이해하는 열쇠가 숨어 있다고 생각한다.

**16** 다음 표현에 대한 설명으로 바르지 <u>않은</u> 것은?

① 아버지가 철수에게 짐을 졌다.
⇨ 사동 표현을 써야 하므로 '졌다' 대신 '지웠다'를 써야 한다.

② 그녀는 밑그림을 그리고 나니 색칠을 했다.
⇨ 시간적 선후 관계를 나타내므로 '나니' 대신 '나서'를 써야 한다.

③ 친구의 화가 풀리도록 네가 먼저 말을 건네야 해.
⇨ 피동 표현을 써야 하므로 '풀리도록'을 '풀려지도록'으로 고쳐야 한다.

④ 이력서를 작성할 때는 절대로 맞춤법을 잘 지켜야 한다.
⇨ '절대로' 뒤에는 부정 표현이 와야 하므로 '절대로' 대신 '반드시'로 바꿔야 한다.

⑤ 몇 년 전에 그렇게 착한 은정이가 친구를 괴롭히는 사람이 될 줄이야.
⇨ '몇 년 전에'라는 부사구를 고려할 때 '착한'을 '착하던'이라고 써야 한다.

**17** 문장이 두 가지 의미로 풀이될 가능성이 가장 적은 것은?

① 친구들이 다 오지 않았다.
② 오빠가 장화를 신고 있다.
③ 이 약은 두 알 이상 먹으면 몸에 해롭다.
④ 나는 내일 공항에서 그를 만나지 않을 것이다.
⑤ 예쁜 그녀의 동생은 학교에서 인기가 가장 많았다.

**18** 높임 표현이 바른 것은?

① 언니, 아버지가 오래.
② 어머니의 말씀이 타당하십니다.
③ 나는 할머니를 데리고 백화점에 갔다.
④ 제가 할아버지께 효도할 수 있으십니다.
⑤ 선생님께 감사의 선물을 주고 싶습니다.

**19** 다음 두 자료를 모두 근거로 제시한 글의 주제로 가장 적절한 것은?

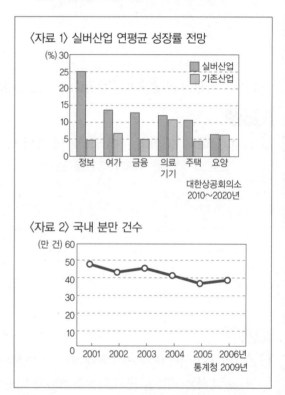

〈자료 1〉 실버산업 연평균 성장률 전망

〈자료 2〉 국내 분만 건수

① 출산율 저하로 인한 노동 인구 감소
② 인구의 고령화로 인한 실버산업 성장
③ 출산율 증가를 위한 실버산업의 활성화
④ 실버산업의 기형적 발전으로 인한 문제점
⑤ 인구 분포의 불균형에 따른 세대 간 갈등 증가

**20** 〈보기〉는 '인간의 삶을 위해 행해지는 동물 실험은 중단돼야 한다.'는 주제로 글을 쓰기 위해 수집한 자료이다. 글을 쓰는 데 직접적으로 필요한 자료만을 있는 대로 고른 것은?

> 보기
>
> ㉠ 생명의 존엄성에 대해 소리 높여 외치면서 인간을 위해 동물의 생명을 희생시키는 것은 모순이다.
> ㉡ 농림수산검역검사본부에 따르면 2010년 우리나라에서 희생된 실험동물은 총 1,438,681마리이다.
> ㉢ 화학 약품에 대한 이해 부족, 개인 보호 장비 미착용, 부주의한 뒤처리는 폭발, 화상, 사망 등의 실험실 사고를 낳는다.
> ㉣ 동물 실험의 결과가 사람에게 언제나 똑같이 적용되는 것은 아니다. 불명확한 가능성 때문에 동물들을 고통에 빠뜨릴 순 없다.
> ㉤ 유럽에서는 2004년 화장품 완제품에 대한 동물 실험 금지 법안을 통과시켰고, 2009년 화장품 원료와 합성 원료에 대한 동물 실험 금지법안을 통과시켰다.

① ㉠, ㉡, ㉢
② ㉠, ㉣, ㉤
③ ㉠, ㉡, ㉢, ㉣
④ ㉠, ㉡, ㉣, ㉤
⑤ ㉡, ㉢, ㉣, ㉤

**21** 〈보기〉에서 제시한 소주제문에 대한 뒷받침 문장으로 적절하지 <u>않은</u> 것은?

> 보기
>
> 최근 우리나라에는 소셜테이너(Socialtainer)라고 하여 사회적 발언을 하는 연예인들이 늘어나고 있는데, 연예인들의 사회 참여 활동은 환영할 만한 일이라고 할 수 있다. ＿＿＿＿＿＿＿＿＿＿
> ＿＿＿＿＿＿＿＿＿＿＿＿＿＿＿＿＿＿＿＿＿＿

① 모든 국민에게는 자신의 생각을 자유롭게 표현할 수 있는 권리가 있다.
② 연예인들의 사회적 발언을 팬들이 무비판적으로 수용할 가능성이 있다.
③ 연예인들의 사회적 발언은 중요한 사회 문제에 대한 대중들의 관심을 환기하는 효과가 있다.
④ 연예인이 힘없는 사회적 약자의 목소리를 대변해 주면 사회적 약자의 권익 보호에 도움이 된다.
⑤ 외국 연예인들의 사회 참여는 높게 평가하면서 우리나라 연예인들의 사회 참여를 비난하는 것은 옳지 않다.

**[22, 주관식 3] 다음 표를 보고 아래의 물음에 답하시오.**

〈표 1〉

학교 선호도 조사　　　　　　　(조사 대상: A지역 학부모)

| 남녀공학 선호 | 30% |
|---|---|
| 단성학교 선호 | 70% |

※ 단성학교: 단일한 성(性)의 학생들로 이루어진 학교

〈표 2〉

학부모들이 생각하는 남녀공학의 단점

(조사 대상: A지역 학부모)

• 남학생이 여학생에 비해 수행평가에서 불리함.
• 성별의 특성에 알맞은 수업이 이루어지기 어려움.
• 이성에 대한 호기심으로 인해 학업 집중력이 저하됨.
• 남녀 구분이 필요한 공간 마련 및 시설 유지를 위한 별도의 비용이 듦.

〈표 3〉

최근 5년, 5개 교과에 대한 고등학교 1학년의 국가 수준 학업 성취도

단성학교 > 남녀공학 선호

**22** 위의 〈표 1, 2, 3〉을 바탕으로 단성학교를 지지하는 글을 쓰고자 한다. 자료 수집 계획으로 적절하지 <u>않은</u> 것은?

① 남녀의 정서, 관심사, 뇌 구조의 차이를 밝힌 연구 자료를 수집한다.

② 남녀의 전통적인 성역할에 대한 고정관념을 깨뜨린 사례를 모은 자료를 수집한다.

③ 남녀공학에 다니는 남학생과 여학생의 수행 평가 평균 점수를 조사한 자료를 수집한다.

④ 남녀공학과 단성학교의 공간 활용 양상과 시설 유지 비용을 비교한 자료를 수집한다.

⑤ 남녀공학과 단성학교에서 이성 친구가 있는 학생들의 비율을 조사한 자료를 수집한다.

주관식

**03** 위의 〈표 1, 2, 3〉과 관련해 〈보기〉의 조건에 맞도록 문구를 작성하시오.

보기

• 신문 기사의 제목 형식으로 쓸 것
• 남녀공학과 단성학교를 비교하는 내용을 포함할 것
• 20자 내외로 작성할 것

⇨ _____

_____

**[23, 주관식 4] 다음 글을 읽고 물음에 답하시오.**

• 제목: 우주개발 산업 육성의 필요성
• 주제문: 우리나라에 여러 이익을 안겨줄 우주개발 산업을 적극적으로 육성해야 한다.

Ⅰ. 서론
Ⅱ. 본론 1 – ㉠ 우주개발 산업 육성에 대한 반대 입장
　1. 막대한 예산이 소요됨.
　2. 성공 여부가 불확실함.
Ⅲ. 본론 2 – 반대 입장에 대한 반박: 우주개발 산업은 많은 이익을 가져다줌.
　1. 경제적 효과
　　1. 1 관련 산업들이 발전할 수 있고 그로 인해 관련 산업의 매출이 증가할 수 있음.
　　1. 2 남북 분단의 현실에서 북한의 군사적 동향 파악이 가능해짐.
　2. 군사력 증강
　　2. 1 우주개발에 열중하는 주변국에 뒤처지지 않는 군사력을 확보할 수 있음.
　3. 그 외 파급 효과
　　3. 1 우주개발 기술의 발달로 정확하고 신속한 기상 예보 및 재난 예보가 가능해짐.
　　3. 2 과학 강국으로 거듭나서 국가 위상이 높아질 수 있음.
Ⅳ. 결론

**23** 위 개요를 수정 · 보완하여 글을 쓰고자 할 때 적절하지 <u>않은</u> 것은?

① Ⅲ-1. 1에서는 우주개발 관련 산업들의 구체적인 예를 제시한다.

② Ⅲ-1. 2는 상위 항목과의 관련성이 떨어지므로 Ⅲ-2의 하위 항목으로 옮긴다.

③ Ⅲ-2. 1을 뒷받침하기 위해 미국이 이라크전에서 우주개발 산업에서 파생된 기술을 효과적으로 이용했음을 언급한다.

④ 서론에서는 우주개발 산업의 현황을 제시하고 우주개발 산업 육성에 대한 의견이 찬반으로 나뉜다는 사실을 언급한다.

⑤ 결론에서는 우주개발 산업이 가져다 줄 엄청난 이익에 주목하면서도 우주개발 산업의 실패 가능성을 잊지 말아야 한다는 점을 강조한다.

주관식

**04** ㉠을 뒷받침하는 글을 〈조건〉에 맞게 쓰시오.

조건

• 비판과 이유의 구조로 쓸 것
• 우주개발 산업 육성 외에 우리나라가 해결해야 할 당면 과제를 언급할 것
• 어문 규범을 지켜 두 문장으로 쓸 것

⇨ _____
_____
_____

**05** 다음 글의 중심 문장을 〈보기〉의 조건에 맞게 쓰시오.

인문학의 위기다. 과학 기술이 고도로 발달하고 물질 만능주의가 팽배해 있는 현대 사회에서 인문학은 설 자리를 잃어가고 있다. 실용성과 경제성을 중시하는 사회 분위기 속에서, 대학과 정부는 첨단 기술 관련 학과에는 많은 지원을 하면서 인문 계열 학과에는 거의 지원을 하지 않는다. 지원 학생이 거의 없어 인문 계열 학과가 폐지될 지경에 이른 대학도 있다. 우리는 과연 이렇게 위기에 처한 인문학을 그냥 내버려 두어도 될 것인가?

페이스북의 창업자인 마크 저커버그는 그리스와 로마의 고전에서 영감을 얻는다는 말을 한 적이 있다. 애플사의 CEO였던 스티브 잡스가 높은 인문학적 소양을 지녔으며 그의 철학이 애플사의 제품에 반영된 사실은 유명하다. 첨단 산업의 주역인 이들이 시사하는 바는 무엇인가? 인문학이 창조력의 원천이 될 수 있다는 것이다. 또 과학 기술이 발달할수록 인문학의 중요성은 오히려 더 커진다. 인간 복제, 환경오염 등과 관련된 윤리적 문제의 가치 판단 기준은 어디서 마련할 것인가? 인간과 인간 문화를 연구하는 학문이 없다면 사회가 발달할수록 우리는 더 큰 혼란에 빠지게 될 것이다.

보기

• 글쓴이의 주장과 근거가 모두 드러나도록 쓸 것
• '~해야 한다'의 정책 명제로 쓸 것
• 어문 규범을 지켜 한 문장으로 쓸 것

⇨ _____
_____
_____

**06** '자유와 책임'을 주제로 한 문단을 쓰고자 한다. 제시된 문장 뒤에 이어질 문장을 〈보기〉의 조건에 맞도록 쓰시오.

> 사람은 누구나 자유를 원한다. 하지만 자유에는 항상 책임이 수반되어야 한다. 예를 들어, 어떤 사안에 대해 자신의 의견을 말할 기회가 있다고 가정해 보자.

**보기**

> • 제시된 상황에서 자유와 책임이 어떤 식으로 공존하는지 서술할 것
> • 두 문장으로 쓸 것

⇨ _____
_____
_____

---

**주관식**

**07** 십자말풀이를 참조해 아래의 (　)에 맞는 단어를 쓰시오.

| | | | | |
|---|---|---|---|---|
| ▩ | 1.<br>대 | | 2. | ▩ |
| 3. | | ▩ | 4. | 5.<br>실 |
| | ▩ | ▩ | ▩ | |
| 6. | 7.<br>소 | ▩ | 8. | |
| ▩ | 9. | | ▩ | ▩ |

[가로 열쇠]
1. 쇠를 달구어 온갖 연장을 만드는 곳
3. 앞으로 해야 할 일이나 겪을 일에 대한 마음의 준비
4. 실제로 있었던 일이나 현재에 있는 일
6. 소리 없이 빙긋이 웃음. 또는 그런 웃음
8. 술래잡기 놀이에서, 숨은 아이들을 찾아내는 아이
9. 일정한 시점에서 본 물체와 공간을 눈으로 보는 것과 같이 멀고 가까움을 느낄 수 있도록 평면 위에 표현하는 방법

[세로 열쇠]
1. 편성된 대열
2. 나쁜 꾀가 있어 거짓으로 남의 비위를 맞추는 태도가 있음
3. 주로 여자의 다리에서 느끼는 아름다움
5. 실을 쉽게 풀어 쓸 수 있도록 한데 뭉치거나 감아 놓은 것
7. 바라고 원함. 또는 바라고 원하는 일
8. 음양(陰陽)과 복술(卜術)에 관한 이치 및 그 실현 방법

| | |
|---|---|
| 2. 세로 ( ) | |
| 3. 가로 ( ) | |
| 6. 가로 ( ) | |
| 9. 가로 ( ) | |

## 08

'환경을 보호하기 위해 생활 속의 작은 일부터 실천해야 한다.'는 주제로 글을 쓰고자 한다. 〈보기〉의 조건에 맞게 한 단락의 글을 쓰시오.

> **보기**
>
> - '구체적인' 실천 방안을 내용으로 하여 '~해야 한다'는 형태를 활용하여 쓸 것
> - 주장과 논거의 구조로 쓸 것
> - 어문 규범을 지켜 두 문장으로 쓸 것

⇨ _____

_____

_____

## 09

다음 빈칸에 들어갈 속담과 단어를 모두 이용하여 한 문장의 짧은 글을 지으시오.

> 지난번 아파트 붕괴 사고는, 단 기간 내에 주택 보급률을 높이기 위해 졸속으로 진행된 부실 공사가 그 원인이었다. '_____' 이라는 속담을 교훈으로 삼아, 다시는 이런 사고가 일어나지 않도록 해야 할 것이다.

> 이번 행사에 우리 회사의 사활이 걸려 있으므로 행사 준비에 ____을 기해야 한다.

⇨ _____

_____

_____

## 10

다음 글을 읽고 '하옥'의 본래 의미와 오늘날의 의미를 두 문장으로 비교하시오.

> 중국 전한의 유안이 저술한 책, 『회남자(淮南子)』에는 다음과 같은 구절이 있다. "쥐구멍이 있다고 해서 그것을 뜯어고치려고 한다면 대문을 부수게 되고, 여드름이 있다고 해서 짜다 보면 뾰루지나 종기가 된다. 이것은 흠이 있는 진주와 티가 있는 구슬을 그대로 놔두면 괜찮을 텐데 흠과 티를 제거하려다 오히려 이지러뜨리고 깨뜨리는 것과 같은 일이라 할 수 있다."
>
> 하옥(瑕玉, 옥에 티)이란 말은 위의 구절에서 비롯되었다고 할 수 있으나 오늘날에는 그 의미가 달라졌다.

⇨ _____

_____

_____

# 제 2 회 1교시 모의고사

60분 57문항

**01** 밑줄 친 부분의 의미가 다른 것은?

① 어제 화방에 가서 참먹을 샀다.
② 오랜 기다림 끝에 참사랑을 찾아서 기쁘다.
③ 내가 한 말이 참말인지 아닌지 확인해 보아라.
④ 세밀하게 측정한 결과 건물 높이의 참값을 얻었다.
⑤ 나에게 화를 내신 어머니의 참뜻을 이제야 깨달았다.

**02** 두 단어 간의 관계가 나머지와 다른 것은?

① 시침 : 시계
② 지금 : 이제
③ 죽다 : 숨지다
④ 깨닫다 : 깨우치다
⑤ 뚜렷하다: 선명하다

**03** 〈보기〉의 뜻풀이와 예문의 (    )에 가장 알맞은 단어는?

> **보기**
>
> [뜻풀이] 잘 매만져 곱게 꾸밈.
> [예문] 쇼윈도의 마네킹이 아름답게 (    )되었다.

① 가장
② 미장
③ 변장
④ 분장
⑤ 치장

**04** 〈보기〉의 밑줄 친 단어의 문맥상 의미와 유사한 의미로 사용된 것은?

> **보기**
>
> 무뎌진 칼을 갈아 날카롭게 만들었다.

① 고기를 잘게 갈아 요리에 사용했다.
② 옥돌을 갈아 예쁜 구슬을 만들었다.
③ 당근을 강판에 갈아 즙을 내어 먹었다.
④ 남편이 이를 갈아 잠을 잘 수가 없었다.
⑤ 벼루에 먹을 갈아 붓글씨 쓸 준비를 했다.

**05** 〈보기〉의 밑줄 친 단어의 문맥상 의미와 유사한 의미로 사용된 것은?

> **보기**
>
> 고슴도치의 등에 돋친 가시를 함부로 만지면 안 된다.

① 예쁜 장미를 만지려다 장미 가시에 찔렸다.
② 그는 철조망 가시에 걸리지 않게 조심하였다.
③ 나무로 만든 책상에 긁혀 손에 가시가 박혔다.
④ 그녀가 웃는 얼굴로 내뱉은 말 속에는 가시가 있었다.
⑤ 생선에 가시가 많아 발라 먹는 데 시간이 오래 걸렸다.

**06** 밑줄 친 부분을 같은 의미의 다른 단어로 바꾼 것 중 바르지 <u>않은</u> 것은?

① <u>무릇</u> 규칙이란 지키기 위해 만드는 것이다.
　⇨ 마땅히

② <u>모름지기</u> 인간은 서로를 배려하며 살아야 한다.
　⇨ 반드시

③ 그곳에 도착하면 <u>아무쪼록</u> 연락을 빨리 해 주길 바란다.
　⇨ 될 수 있는 대로

④ 황량했던 산과 들이 <u>바야흐로</u> 생기 있는 봄 기운을 뿜어내고 있었다.
　⇨ 이제 한창

⑤ 하늘에서 내리던 눈이 <u>시나브로</u> 쌓여 거리가 눈으로 뒤덮였다.
　⇨ 모르는 사이에 조금씩

**07** 밑줄 친 한자어를 다른 표현으로 바꾼 것 중 적절하지 <u>않은</u> 것은?

① 길을 걷다가 소꿉친구와 <u>조우(遭遇)</u>했다.
　⇨ 우연히 서로 만났다

② 그는 궁지에 몰린 그녀를 <u>비호(庇護)</u>했다.
　⇨ 편들어 감싸 주었다

③ 그녀는 그 일에 대해 <u>함구(緘口)</u>하고 있다.
　⇨ 마음속으로 뉘우치고

④ 시민들 사이에는 민주화에 대한 열망이 <u>팽배(澎湃)</u>했다.
　⇨ 거세게 일어났다

⑤ 그가 <u>고수(固守)</u>하고 있는 방법은 회사의 발전에 도움이 되지 않는다.
　⇨ 굳게 지키고

**08** 밑줄 친 표현의 쓰임이 자연스럽지 <u>않은</u> 것은?

① 그녀는 <u>코가 빠져서</u> 너에겐 벅찬 상대다.

② 아들이 가출을 해서 일이 <u>손에 걸리지</u> 않았다.

③ 그녀는 자신이 들은 이야기에 <u>살을 붙여</u> 소설을 썼다.

④ 그는 <u>배에 기름이 올라</u> 돈을 쓰는 데 주저하지 않았다.

⑤ 벼르고 별러 그녀에게 데이트를 신청했지만 <u>미역국을 먹었다.</u>

**09** 〈보기〉의 밑줄 친 ㉠과 ㉡에 가장 어울리는 말은?

> 보기
>
> 　사랑했던 사람과 헤어지고 난 후에도, 나는 ㉠ <u>자나 깨나 잊지 못하고</u> 그 사람을 생각했다. 그 사람과 관련된 모든 것을 잊고 싶어서 잠자리에 들었지만, ㉡ <u>이리저리 뒤척이며</u> 잠을 이루지 못했다.

|　|㉠|㉡|
|---|---|---|
|①|망양지탄(亡羊之歎)|풍전등화(風前燈火)|
|②|상사불망(相思不忘)|와신상담(臥薪嘗膽)|
|③|애이불비(哀而不悲)|절치부심(切齒腐心)|
|④|오매불망(寤寐不忘)|전전반측(輾轉反側)|
|⑤|혼정신성(昏定晨省)|자강불식(自強不息)|

**10** 밑줄 친 단어의 쓰임이 바르지 <u>않은</u> 것은?

① 그는 마음 내키는 대로 행동하는 <u>만무방</u>이었다.

② 그녀는 다른 사람의 성공에 박수치지 못하는 <u>샘바리</u>였다.

③ 그는 열정적인 모습으로 자신의 일에 몰두하는 <u>열쭝이</u>였다.

④ 그는 잇속에 밝은 <u>감바리</u>라서 손해 보는 행동은 하지 않는다.

⑤ 그녀는 <u>나이배기</u>라서 사람들이 그녀의 나이를 쉽게 짐작하지 못한다.

**11** 밑줄 친 단어의 쓰임이 바르지 <u>않은</u> 것은?

① 그는 공들였던 일이 실패하자 회심(會心)의 표정을 지었다.

② 그에게 계속 잘해주면 너에 대한 의타심(依他心)만 커질 것이다.

③ 상황이 점점 복잡해지자 이 일이 과연 성공할까 하는 의구심(疑懼心)이 들었다.

④ 남의 어려움을 그냥 지나치지 못하는 그의 의협심(義俠心)이 사람들을 감동시켰다.

⑤ 네 마음이 편안한 게 가장 중요하므로 조금이라도 미심(未審)이 있으면 그 일을 하지 마라.

**12** 밑줄 친 단어의 의미를 풀어쓴 것 중 바르지 <u>않</u>은 것은?

① 그는 돼지의 멱을 따는 소리를 냈다.
  ⇨ 목의 앞쪽

② 사회 물을 먹더니 제법 의젓해졌구나.
  ⇨ 경험이나 영향

③ 이 막대기의 볼이 얼마나 되는지 아니?
  ⇨ 좁고 기름한 물건의 너비

④ 이 상황에선 소리 내어 울어도 흉이 되지 않는다.
  ⇨ 남에게 불쾌함을 주는 행위

⑤ 그녀는 약이 받치면 웃어른에게도 대든다.
  ⇨ 비위가 몹시 상할 때 일어나는 감정

**13** 〈보기〉의 ㉠~㉢에 들어갈 단어를 바르게 연결한 것은?

> **보기**
>
> • 그녀는 내 얼굴을 조용히 ( ㉠ )했다.
> • 나를 헐뜯는 발언을 더 이상 ( ㉡ )할 수 없다.
> • 그는 상황을 파악하고 ( ㉢ )하는 능력이 뛰어나다.

|  | ㉠ | ㉡ | ㉢ |
|---|---|---|---|
| ① | 응시 | 좌시 | 투시 |
| ② | 좌시 | 응시 | 투시 |
| ③ | 좌시 | 투시 | 응시 |
| ④ | 투시 | 응시 | 좌시 |
| ⑤ | 투시 | 좌시 | 응시 |

**14** 밑줄 친 부분이 표준어인 것은?

① <u>윗쪽</u>을 바라보아라.

② 토끼가 <u>깡충깡충</u> 뛰었다.

③ 뱀이 <u>똬리</u>를 틀고 앉아 있다.

④ <u>미류나무</u> 꼭대기에 올라가 보자.

⑤ <u>숫꿩</u>을 보고 깜짝 놀라 도망쳤다.

**15** 밑줄 친 부분의 표기가 옳은 것은?

① 여기를 봐 <u>주십시요</u>.

② 하늘을 <u>날으는</u> 새를 보아라.

③ <u>몇 일</u> 전부터 머리가 아팠다.

④ 밥을 먹은 후에 바로 <u>설거지</u>를 해라.

⑤ 거리가 <u>가까와</u> 차를 타지 않고 걸어갔다.

**16** 〈보기〉의 ( )에 알맞은 표기로만 짝지어진 것은?

> **보기**
>
> • 화살로 과녁을 ( ㉠ ).
> • 얼마나 ( ㉡ ) 계속 울었다.
> • 약을 ( ㉢ ) 환자에게 주었다.
> • 그는 얼굴이 ( ㉣ ) 아파 보였다.

|  | ㉠ | ㉡ | ㉢ | ㉣ |
|---|---|---|---|---|
| ① | 맞혔다 | 슬펐든지 | 다려 | 허예 |
| ② | 맞혔다 | 슬펐든지 | 다려 | 허예 |
| ③ | 맞혔다 | 슬펐던지 | 달여 | 허예 |
| ④ | 맞췄다 | 슬펐던지 | 다려 | 허예 |
| ⑤ | 맞췄다 | 슬펐던지 | 달여 | 허예 |

**17** 밑줄 친 부분에 대한 설명으로 바르지 <u>않은</u> 것은?

① 이 물건의 <u>개수</u>를 세어 보아라.
⇨ 합성어에서 뒷말의 첫소리가 된소리로 나므로 사이시옷을 받치어 적은 '갯수'가 맞다.

② 피리 소리가 <u>닐리리</u> 울려퍼졌다.
⇨ '의'나, 자음을 첫소리로 가지고 있는 음절의 '늬'는 'ㅣ'로 소리나는 경우가 있더라도 '늬'로 적으므로 '닐리리'가 맞다.

③ <u>이틀날</u> 그가 나에게 와서 큰 소리로 말했다.
⇨ 끝소리가 'ㄹ'인 말과 딴 말이 어울릴 때 'ㄹ' 소리가 'ㄷ' 소리로 나는 것은 'ㄷ'으로 적으므로 '이틀날'이 맞다.

④ <u>뻐꾹이</u>가 처량하게 울고 있었다.
⇨ '-하다'나 '-거리다'가 붙을 수 없는 어근에 '-이'로 시작되는 접미사가 붙어서 명사가 된 것은 그 원형을 밝혀 적지 않으므로 '뻐꾸기'가 맞다.

⑤ 이 영화 저 영화를 <u>짜집기한</u> 그 영화는 예술이라 할 수 없다.
⇨ '기존의 글이나 영화 따위를 편집하여 하나의 완성품으로 만드는 일'을 의미하는 단어를 써야 하므로 '짜깁기한'이 맞다.

**18** 〈보기〉의 외래어 표기법에 따를 때 <u>잘못</u> 표기한 것은?

> **보기**
>
> 제3항 마찰음([s], [z], [f], [v], [θ], [ð], [ʃ], [ʒ])
> 1. 어말 또는 자음 앞의 [s], [z], [f], [v], [θ], [ð]는 '으'를 붙여 적는다.
> 2. 어말의 [ʃ]는 '시'로 적고, 자음 앞의 [ʃ]는 '슈'로, 모음 앞의 [ʃ]는 뒤따르는 모음에 따라 '샤', '섀', '셔', '셰', '쇼', '슈', '시'로 적는다.
> 3. 어말 또는 자음 앞의 [ʒ]는 '지'로 적고, 모음 앞의 [ʒ]는 'ㅈ'으로 적는다.

① vision[viʒən] ⇨ 비전
② sheriff[ʃerif] ⇨ 셰립
③ bathe[beið] ⇨ 베이드
④ shrub[ʃrʌb] ⇨ 슈러브
⑤ mask[mɑːsk] ⇨ 마스크

**[19~20] 다음 글을 읽고 물음에 답하시오.**

> **〈약사법〉**
> **개정 법률안의 일부 신설 내용**
>
> 약국 개설자(해당 약국에 근무하는 약사 또는 한약사를 포함한다.) 외에 일정한 요건을 갖춘 안전상비의약품 판매자는 안전상비의약품을 판매할 수 있도록 하였는데, 이와 관련된 내용은 다음과 같다.
> **제44조의2**(안전상비의약품 판매자의 등록)
> ① 안전상비의약품(일반의약품 중 주로 가벼운 증상에 시급하게 사용하며 환자 스스로 판단하여 사용할 수 있는 것으로서 해당 품목의 성분, 부작용, 함량, 제형, 인지도, 구매의 편의성 등을 고려하여 20개 품목 이내의 범위에서 보건복지부장관이 정하여 고시하는 의약품을 말한다. 이하 같다.)을 약국이 아닌 장소에서 판매하려는 자는 시장·군수·구청장에게 안전상비의약품 판매자로 등록하여야 한다.
> ② 제1항에 따라 안전상비의약품 판매자로 등록하려는 자는 24시간 연중무휴(無休) 점포를 갖춘 자로서 지역 주민의 이용 편리성, 위해의약품의 회수 용이성 등을 고려하여 보건복지부령으로 정하는 등록기준을 갖추어야 한다.

③ 안전상비의약품 판매자는 등록한 사항 중 보건복지부령으로 정하는 사항을 변경하려면 시장·군수·구청장에게 변경등록을 하여야 한다.

④ 안전상비의약품 판매자는 안전상비의약품의 판매 업무를 폐업 또는 휴업하거나 휴업 이후 그 업무를 재개한 경우에는 시장·군수·구청장에게 신고하여야 한다. 다만, 휴업기간이 1개월 미만인 경우에는 그러하지 아니하다.

⑤ 제1항부터 제3항까지에 따른 등록, 변경등록 등에 필요한 사항과 제4항에 따른 폐업·휴업·재개 신고의 방법, 절차 등에 관하여 필요한 사항은 보건복지부령으로 정한다.

**제44조의3**(안전상비의약품 판매자의 교육)

① 제44조의2 제1항에 따라 안전상비의약품 판매자로 등록하려는 자는 미리 안전상비의약품의 안전성 확보와 품질관리에 관한 교육을 받아야 한다.

② 보건복지부장관은 국민건강상 위해를 방지하기 위하여 필요하다고 인정하는 경우에는 안전상비의약품 판매자(종업원을 포함한다)에게 안전상비의약품의 안전성 확보와 품질관리에 관한 교육을 받을 것을 명할 수 있다.

③ 보건복지부장관은 제1항 및 제2항에 따른 교육을 실시하기 위하여 관련 단체 또는 기관을 교육기관으로 지정할 수 있다.

④ 제1항 및 제2항에 따른 교육의 내용, 시간, 방법, 절차, 교육비 등에 관하여 필요한 사항과 제3항에 따른 교육기관의 지정, 운영, 지정취소 등에 필요한 사항은 보건복지부령으로 정한다.

**제44조의4**(안전상비의약품 판매자의 준수사항) 안전상비의약품 판매자는 다음 각 호의 사항을 지켜야 한다.

1. 안전상비의약품이 보건위생상 위해가 없고 그 효능이 떨어지지 아니하도록 시설과 안전상비의약품을 관리할 것

2. 보건위생과 관련된 사고가 일어나지 아니하도록 종업원을 철저히 감독할 것

3. 1회 판매 수량 제한, 연령에 따른 판매 제한 등 판매 시 안전관리에 관하여 보건복지부령으로 정하는 사항을 지킬 것

4. 그 밖에 제1호부터 제3호까지의 사항에 준하는 사항으로서 보건복지부령으로 정하는 사항을 지킬 것

**19** 위 글에 제시된 개정 법률안에 드러나 있는 의도로 가장 적절한 것은?

① 의약품을 취급할 때 약사의 전문성이 더욱 발휘되도록 하려는 의도가 드러나 있다.

② 국민들이 심야 시간이나 공휴일에도 편리하게 의약품을 구입할 수 있도록 하려는 의도가 드러나 있다.

③ 약국의 운영자로 하여금 의약품의 관리를 보다 철저히 하게 함으로써 의료 사고를 방지하려는 의도가 드러나 있다.

④ 약국의 개업 및 폐업 규정을 강화하여 국민들이 검증된 의료 기관에서 의약품을 구입할 수 있도록 하려는 의도가 드러나 있다.

⑤ 약사가 아닌 사람도 교육을 받으면 의약품을 조제할 수 있게 하여 긴급한 상황에서 잘 대처하도록 하려는 의도가 드러나 있다.

**20** 위 글을 잘못 이해한 것은?

① 안전상비의약품 판매자는 1회 판매 수량을 임의로 정할 수 없다.

② 새벽에 영업을 하지 않는 점포에서는 안전상비의약품을 판매할 수 없다.

③ 안전상비의약품 판매자로 등록하기 위해서는 미리 안전상비의약품의 품질관리에 관한 교육을 받아야 한다.

④ 안전상비의약품을 판매하는 점포는 주말에도 영업을 해야 하지만 법정 공휴일에는 영업을 하지 않아도 무방하다.

⑤ 안전상비의약품 판매자의 휴업 기간이 1개월 이상일 때, 휴업 이후 업무를 재개한 경우에는 시장·군수·구청장에게 신고하여야 한다.

**21** 다음 광고를 읽고 난 후의 반응으로 적절하지 <u>않은</u> 것은?

> **부모님께 선물해요, 안마 의자 '포근포근'**
>
> 이달의 우수 상품으로 선정된 안마 의자 '포근포근'. 여성과 어린이도 쉽게 들 수 있을 정도로 가볍고 접이식으로 설계되어, 휴대 및 공간 활용이 어려웠던 기존 안마 의자의 단점을 보완했습니다. 의자의 쿠션은 기존 안마 의자에 비해 두툼하여 폭신하고 아늑한 느낌을 더했습니다. 또 온열 기능, 마사지 방법, 방향, 강도 조절 기능을 손쉽게 조작할 수 있는 리모컨이 부착되어 있습니다. 의자 커버는 탈·부착이 가능하며 검정색, 갈색, 파란색 중 선택할 수 있습니다. 상품 체험의 기회를 드리기 위해, 구매 후 일주일 내에 반품하시면 상품을 사용하셨더라도 100퍼센트 환불을 해 드립니다. 1년 동안 무상 A/S도 해 드립니다. 조기 품절될 수 있으니 구입을 서두르시기 바랍니다.

① 접이식이라 휴대나 보관이 용이하겠군.

② 추운 날 몸을 따뜻하게 하는 데도 사용할 수 있겠군.

③ 커버가 더러워지면 의자에서 따로 떼어 세탁할 수 있겠군.

④ 쿠션의 높이 조절이 가능하여 아이와 어른 모두 편안히 이용할 수 있겠군.

⑤ 상품 구입 후 5일 동안 사용한 제품도 6일째 반품하면 지불 금액 전부를 환불받을 수 있겠군.

**22** 다음 자료의 내용을 <u>잘못</u> 이해한 것은?

황사 경계경보 발령 기준

| 구 분 | 황사로 인한 1시간 평균 미세 먼지 농도(2시간 이상 지속 예상 시) |
|---|---|
| 황사 정보 | 320μg/㎥ 이상 |
| 황사 주의보 | 400μg/㎥ 이상 |
| 황사 경보 | 800μg/㎥ 이상 |

황사 경계경보 발령 시 행동 요령

| 구 분 | 행동 요령 |
|---|---|
| 황사 정보 | 노약자·어린이·호흡기 질환자 실외 활동 자제 권고, 유치원·초등학교 실외 활동 자제 권고, 일반인 과한 실외 운동 자제 권고 |
| 황사 주의보 | 노약자·어린이·호흡기 질환자 실외 활동 금지 권고, 유치원·초등학교 실외 활동 금지 권고, 일반인 과한 실외 운동 금지 및 자제 권고 |
| 황사 경보 | 노약자·어린이·호흡기 질환자 외출 금지 권고, 유치원·초등학교 실외 활동 금지 및 수업 단축 및 휴업 등의 학생 보호 조치 강구 권고, 일반인 과격한 실외 운동 금지 및 외출 자제 권고, 실외 운동 경기 중지 및 연기 권고 |

① '황사 정보'가 발령되면 호흡기 질환자는 가급적 실내에 있는 것이 좋다.

② '황사 주의보'는 황사가 사람의 건강에 영향을 주기 시작할 때 발령되는 것이다.

③ '황사 경보' 발령 시 초등학교에서는 단축 수업 실시의 필요성 여부를 철저히 검토해 보는 것이 좋다.

④ 황사로 인한 1시간 평균 미세 먼지 농도가 900μg/㎥이고, 이 상황이 2시간 이상 지속될 것이 예상되면 실외 운동 경기를 중지하는 것이 좋다.

⑤ 황사로 인한 1시간 평균 미세 먼지 농도가 500μg/㎥이고, 이 상황이 2시간 이상 지속될 것이 예상되면 유치원에서는 실외 체육 시간을 운영하지 않는 것이 좋다.

**[23~24] 다음 글을 읽고 물음에 답하시오.**

'딸깍발이'란 것은 '남산골 샘님'의 별명이다. 왜 그런 별호가 생겼느냐 하면, 남산골 샘님은 지나 마르나 나막신을 신고 다녔으며, 마른 날은 나막신 굽이 굳은 땅에 부딪혀서 딸깍딸깍 소리가 유난하였기 때문이다. 요새 청년들은 아마 그런 광경을 못 구경하였을 것이니, 좀 상상하기에 곤란할는지 알 수 없다. 그러나 일제시대에 일인들이 '게다'를 끌고 '콘크리트' 길바닥을 걸어다니던 꼴을 기억하고 있다면 딸깍발이라는 명칭이 붙게 된 까닭도 이해할 수 있을 것이다.

그런데, 이 남산골 샘님이 마른 날 나막신 소리를 내는 것은 그다지 얘깃거리가 될 것도 없다. 그 소리와 아울러 그 모양이 퍽 초라하고 궁상(窮狀)이 다닥다닥 달려 있는 것이 문제인 것이다.

인생으로서 한 고비가 겨워서 머리가 희끗희끗할 지경에 이르기까지 변변치 못한 벼슬이나마 한 자리 얻어 하지 못하고(그 시대에는 소위 양반으로서 벼슬 하나 얻어 하는 것이 유일한 욕망이요, 영광이요, 사업이요, 목적이 었던 것이다.) 다른 일, 특히 생업에는 아주 손방이어서, 아예 손을 댈 생각조차 아니하였기 때문에, 경제적으로는 극도로 궁핍한 구렁텅이에 빠져서, 글자 그대로 삼순구식(三旬九食)의 비참한 생활을 해 가는 것이다. 그 꼬락서니라든지 차림차림이 여간 장관이 아니다.

두 볼이 야윌 대로 야위어서, 담배 모금이나 세차게 빨 때에는, 양 볼의 가죽이 입안에서 서로 맞닿을 지경이요, 콧날은 날카롭게 오뚝 서서 꾀와 이지만이 내발릴 대로 발려 있고 사철 없이 말간 콧물이 방울방울 맺혀 떨어진다. 그래도 두 눈은 개가 풀리지 않고, 영채가 돌아서, 무력(無力)이라든지 낙심의 빛을 나타내지 않고 있다. 아래 위 입술이 쪼그라질 정도로 굳게 다문 입은 그 의지력(意志力)을 더욱 두드러지게 나타내고 있다. 많지 않은 아랫수염이 뾰족하니 앞으로 향하여 휘어 뻗쳤으며, 이마는 대개 툭 소스라져 나오는 편보다, 메뚜기 이마로 좀 편편하게 버스러진 것이 흔히 볼 수 있는 타입이다.

이러한 화상이 꿰맬 대로 꿰맨 헌 망건(網巾)을 도토리같이 눌러 쓰고, 대우가 조글조글한 헌 갓을 좀 뒤로 젖혀 쓰는 것이 버릇이다. 서리가 올 무렵까지 베중이 적삼이거나 복이 들도록 솜바지 저고리의 거죽을 벗겨서 여름살이를 삼는 것은 그리 드문 일이 아니다. 그리고 자락이 모자라지고 때가 꾀죄죄하게 흐르는 도포(道袍)나 중치막을 입은 후, 술이 다 떨어지고 몇 동강을 이은 띠를 흉복통에 눌러 띠고, 나막신을 신었을망정 행전은 잊어버리는 일이 '없이 치고 나선다. ㉠ 걸음을 걸어도 일인들

모양으로 경망(輕妄)스럽게 발을 옮기는 것이 아니라 느럭느럭 갈지자걸음으로, 뼈대만 엉성한 호리호리한 체격일망정, 그래도 두 어깨를 턱 젖혀서 가슴을 뼈기고 고개를 휘번덕거리기는 새레 곁눈질 하나 하는 법 없이 눈을 내리깔아 코끝만 보고 걸어가는 모습. 이 모든 특징이 '딸깍발이'란 말 속에 전부 내포되어 있다.

**23** 위 글에서 '딸깍발이'에 대해 언급되지 **않은** 것은?

① 생김새
② 차림새
③ 인간관계
④ 경제적 상황
⑤ 명칭의 유래

**24** ㉠과 의미가 통하는 속담으로 알맞은 것은?

① 가난한 양반 향청에 들어가듯.
② 양반은 죽을 먹어도 이를 쑤신다.
③ 떡 사먹을 양반은 눈꼴부터 다르다.
④ 수염이 석 자라도 먹어야 양반이다.
⑤ 가난한 양반 씻나락 주무르듯 한다.

[25~27] 다음 글을 읽고 물음에 답하시오.

'셧다운제'에 대한 논란이 뜨겁다. 일명 '신데렐라법'이라고도 하는 '셧다운제'는 0시부터 오전 6시 사이에 만 16세 미만 청소년의 온라인 게임 접속을 차단하는 제도로서, 청소년의 온라인 게임 중독을 예방하기 위해 도입되었다.

게임이 청소년에게 미치는 부정적인 영향에 대해서는 꾸준히 문제 제기되어 온 바 있다. 장시간에 걸친 게임은 운동 부족, 건강 악화 등을 야기하며, 폭력적인 내용의 게임은 청소년에게 폭력성을 부추기고, 게임 속 세상에 빠진 청소년은 현실에 적응하지 못하고 사회성이 결여될 수 있다는 것이다. '셧다운제'에 찬성하는 사람들은 게임의 이러한 부정적 기능을 강조한다.

그러나 '셧다운제'에 대한 반발의 목소리도 만만치 않다. 무엇보다 '셧다운제'는 여가를 즐길 수 있는 청소년의 정당한 권리를 박탈한다는 것이다. 우리나라 청소년은 학업에 대한 부담과 스트레스가 상당히 크다. '셧다운제'가 적용되면 온종일 학업에 시달리다가 기분 전환을 위해 밤 시간에 잠깐 게임을 즐기려는 청소년들이 피해를 보게 된다. '셧다운제'에 반발하는 사람들은, 기분 전환, 창의성 계발 등 게임 자체가 지니는 긍정적인 기능은 무시한 채 무조건 청소년들을 규제하는 것은 옳지 않다며 이 제도를 비난한다.

또 게임 시장이 위축될 것에 대한 우려의 목소리도 있다. 문화체육관광부의 발표에 따르면 현재 우리나라 게임 산업의 수출액은 국내 문화 콘텐츠 산업 총 수출액의 53%를 차지한다. '셧다운제'를 반대하는 사람들은 이 제도로 인해 앞으로도 성장 가능성이 큰 우리나라 게임 산업의 경쟁력이 뒤떨어질 우려가 있다고 주장한다. 한 외국의 언론도 셧다운제를 '뒤로 가기'정책이라 칭하며 한국 게임 산업의 퇴보를 우려한 바 있다.

한편, 제도의 실효성 자체에 의문을 품는 사람들도 있다. '셧다운제'는 개인 정보를 요구하는 게임에 적용되는데, 그렇다면 개인 정보가 필요 없는 게임은 여전히 심야에 즐길 수 있다는 말이 된다. 또 개인 정보가 요구되는 게임의 경우도, 주민등록 도용 등의 방법으로 청소년들이 심야에 이용할 가능성이 있다. 따라서 '셧다운제'는 명분만 그럴 듯한 ( ㉮ )에 불과하다는 것이다.

**25** 위 글을 읽고 나서 보인 반응으로 적절하지 않은 것은?

① 온라인 게임 중에는 개인 정보 없이 접속해서 즐길 수 있는 것도 있군.
② 우리나라 게임 산업의 수출액은 국내 산업 총 수출액의 절반 이상을 차지하는군.
③ '셧다운제'에 의하면 성인은 새벽 3시에도 온라인 게임을 자유롭게 즐길 수 있군.
④ '셧다운제'에 의하면 청소년이 낮 시간에 온라인 게임에 접속하는 것은 차단되지 않는군.
⑤ '셧다운제'에 찬성하는 사람은 게임이 청소년들에게 부정적인 영향을 끼친다고 생각하는군.

**26** 문맥상 ㉮에 들어갈 말로 가장 적절한 것은?

① 마구 뚫은 창
② 빛 좋은 개살구
③ 가마솥에 든 고기
④ 하지 지낸 뜸부기
⑤ 다 가도 문턱 못 넘기

**27** 위 글의 내용 전개 방식으로 적절하지 않은 것은?

① 용어의 정의를 서술함으로써 독자의 이해를 돕는다.
② 구체적 수치를 언급함으로써 게임 산업의 중요성을 강조한다.
③ 논란이 되고 있는 사안을 바라보는 서로 다른 관점을 제시한다.
④ 현상이 지닌 문제점을 다각도에서 분석하고 해결책을 제시한다.
⑤ 사안에 대한 다른 나라의 평가를 인용하여 한쪽의 주장을 뒷받침한다.

[28~29] 다음 글을 읽고 물음에 답하시오.

어린이에게는 신기한 동물의 세계를 체험하게 해주고, 성인에게는 동심으로 돌아가는 시간을 마련해 주는 동물원. 인간에게 동물원은 즐겁게 여가를 보낼 수 있는 낭만적인 공간이다. 하지만 동물에게 동물원은 어떤 곳일까? 과연 동물에게도 동물원이 행복을 느끼게 해줄까?

동물원은 동물들 본래의 삶의 터전이 아니다. 동물들은 동물원과 같이 인위적으로 조성된 공간이 아닌, 드넓은 초원과 같은 야생의 공간에서 자신들의 본능에 충실할 때 정상적으로 살아갈 수 있을 것이다. 이러한 사실은 동물원의 동물들에게서 발견되는 '동물원병'이나 정형행동을 보면 잘 알 수 있다.

'동물원병'이란 야생에 살다가 동물원에 갇혀 지내는 동물들에게 발견되는 심리적 질병으로, 동물들이 정도에서 벗어난 자기 파괴적인 행동을 보이는 것을 말한다. 또 정형행동이란 야생에 비해 단조로운 동물원에서의 생활 속에서 남은 에너지를 발산하기 위해, 동물들이 틀에 박힌 듯이 반복되는 행동을 하는 것을 의미한다. 예를 들어 같은 장소를 자꾸 왕복하거나, 지속적으로 몸을 긁고 흔드는 행위 등이 그것이다.

이러한 부작용을 예방하기 위해 동물원에서 도입한 것이 '행동 풍부화 프로그램'이다. 이것은 동물원의 동물들에게 야생과 유사한 환경을 제공함으로써, 각 종마다 자신의 본성에 적합한 행동을 표출할 수 있도록 하는 프로그램이다.

'행동 풍부화 프로그램'은 환경 풍부화, 먹이 풍부화, 감각 풍부화, 사회성 풍부화로 나눌 수 있다. 환경 풍부화는 전시장의 물리적 환경에 변화를 줌으로써 동물의 행동을 풍부하게 만드는 방법이다. 먹이 풍부화는 야생에서 먹이를 찾아다니는 행동을 유발해 내고자 먹이 주는 방식을 바꾸는 방법이다. 감각 풍부화는 생존을 위해 감각 기관을 사용하는 동물들의 본능을 일깨우는 방법이다. 사회성 풍부화는 야생에서 무리를 이루어 생활하는 동물들에게 적합한 사회적 구조를 갖추게 해주는 기법이다.

'행동 풍부화 프로그램'은 야생의 본능을 발하게 해주고, 동물들이 정상적이고 건강한 생활을 영위하게 도와준다고 할 수 있다. 동물과 사람이 다 함께 행복해지는 동물원. 가장 이상적인 동물원의 모습을 하루빨리 만나볼 수 있길 바란다.

**28** 위 글에서 '행동 풍부화 프로그램'과 관련하여 언급되지 <u>않은</u> 것은?

① 역사      ② 의의

③ 정의      ④ 종류

⑤ 도입 이유

**29** 위 글에 대한 반응으로 적절하지 <u>않은</u> 것은?

① 동물의 본성을 억압하면 동물들에게 심리적 질병이 발생할 수 있겠군.

② 따돌림 받는 개체의 피난처를 제공해 주는 것은 사회성 풍부화의 예라고 할 수 있겠군.

③ 코끼리에게 진흙 목욕이 가능한 구덩이를 만들어 주는 것은 환경 풍부화의 예라고 할 수 있겠군.

④ 포식자의 울음소리를 들려주어 천적의 공격에 대비하게 하는 것은 감각 풍부화의 예라고 할 수 있겠군.

⑤ 솔방울 사이에 먹이를 끼워 주었을 때 침팬지가 도구를 이용해 먹이를 빼먹는 것은 정형행동의 예라고 할 수 있겠군.

서울시가 추진하려 했던 '지하철 여성 안전칸 도입'이 일단 보류되었다. 서울시는 지하철 내 여성 대상 성범죄의 피해를 막고자, 승객이 많은 지하철 2호선 막차 중앙 두 칸을 여성들만이 탑승할 수 있는 '여성 안전칸'으로 지정할 계획이었다. 하지만 남성뿐 아니라 여성들조차 이 계획의 실효성에 대해 ㉠ 회의적인 반응을 보였다.

우선 여성 안전칸을 도입한다고 하여 과연 지하철 내 성범죄가 예방될 수 있을지 짚어보아야 한다. 여성 안전칸을 도입한다면 여성 안전칸만 노리는 범죄자들이 생길 수 있지 않을까? 또 여성 안전칸에 타지 않은 여성들은 성범죄를 용인하는 듯한 인상을 줄 가능성도 있다. 여성 안전칸 도입이 오히려 여성들이 성범죄에 노출될 가능성을 높이는 결과를 가져올 수 있는 것이다.

한편 여성 안전칸 도입은 또 다른 형태의 남녀 차별이라 수 있다. 즉, 동일한 요금을 낸 남성이 이용할 수 있는 하철 칸이 여성에 비해 적다는 것은 명백한 역차별이다.

또 여성들만을 위한 칸을 만든다는 발상에는 모든 남성을 재적 범죄자로 보는 시각이 전제되어 있다고 할 수 있다. 이러한 시각은 남녀 간의 위화감을 조성할 우려가 있다.

지하철 내 여성 안전칸은 1992년 지하철 1호선 및 국철 간에 도입된 바 있으나 잘 지켜지 않아 실패로 끝났다. 그런데도 지하철 내 성범죄가 사회적 문제로 떠오를 때마다 해결책이 하나로 거론되곤 한다. 하지만 여성 안전칸 도입이 지하철 내 성범죄를 예방하는 적절한 방안이라 할 수는 없다.

서울시는 여성 안전칸을 도입하는 대신 지하철 보안관 도입, 전동차 내 CCTV 설치, 여성 화장실 입구 비상벨 확대 등을 대책으로 내 놓았다. 일단 이러한 대책은 여성 안전칸의 도입보다 현실성 있는 방안으로 여겨진다. 앞으로의 추이를 지켜볼 만하다.

**30** 다음 중 위 글의 필자가 할 만한 주장이 아닌 것은?

① 여성 안전칸의 도입은 남녀 간의 분열을 조장할 수 있다.

② 여성 안전칸의 도입은 본래의 취지와 정반대의 결과를 낳을 가능성이 있다.

③ 여성 안전칸의 도입은 지하철 내 여성 대상 성범죄의 심각성을 알리는 홍보가 될 수 있다.

④ 여성 안전칸을 도입하기보다 지하철 내 순찰을 강화하는 것이 성범죄 예방에 더 효과적이다.

⑤ 성범죄를 막기 위해 남녀를 분리시킨다는 발상에는 남성들의 인권을 침해하는 요소가 내포되어 있다.

**31** ㉠과 바꾸어 쓸 수 있는 말은?

① 활개를 쳤다

② 가슴을 저몄다

③ 고개를 꼬았다

④ 머리를 모았다

⑤ 어깨를 겨누었다

## 32 다음 글의 내용과 <u>다른</u> 것은?

---

### 차입 투자 계약서

회사 ㅇㅇㅇㅇ(이하 "갑"이라 칭한다)와 자금 투자자 ㅇㅇㅇ(이하 "을"이라 칭한다)는 다음과 같이 차입 투자 계약을 체결한다.

■ 계약 조건

1. "을"은 2000.00.00까지 회사 ㅇㅇㅇㅇ 명의의 통장(ㅇㅇ은행 000000-00-00000)으로 0,000만 원을 입금한다.
2. 투자일은 입금일로부터 계산한다.
3. 본 계약의 계약 기간은 투자일로부터 5년이다.
4. "을"은 회사 지분을 가지지 아니하며, 투자 원금 및 투자 수익금 외에 회사에 대해 어떤 권리도 가지지 아니한다.

■ 투자 원금의 상환

1. 본 계약의 만료일로부터 1개월 이내에 "갑"은 "을"의 투자 원금 전액을 상환하여야 한다.
2. 계약 만료일로부터 1개월 이내에 투자 원금의 전액 상환이 이루어지지 않았을 경우, 미상환 투자 원금에 대해서는 별도의 이자가 가산된다.
3. "을"은 투자일로부터 1년 이후 투자 원금의 상환을 요청할 수 있으며, "갑"은 "을"의 요청이 있는 지 3개월 이내에 투자 원금을 상환하여야 한다.

■ 투자 수익금의 지급

1. 회사에 영업 이익이 발생할 경우 "갑"은 "을"에게 이익금의 10%를 투자 수익금으로 지급하여야 한다.
2. "을"은 필요 시 "갑"에게 회사의 수익금과 관련된 자료를 요청, 이를 열람할 권리가 있으나, 제공되는 정보는 회사의 기밀상 제한이 있을 수 있다.

■ 계약의 종료

1. 투자일로부터 5년이 경과된 시점에 원금의 상환이 이미 이루어졌고, 그동안 투자 수익금이 정상적으로 지급되었다면 본 계약은 자동 종료된다.
2. 투자일로부터 5년이 경과된 시점에 원금의 상환이 이루어지지 않았다면, 본 계약은 원금의 상환이 만료되는 시점까지 자동으로 연장되고, 그동안 "갑"은 "을"에게 투자 수익금을 계속 지급해야 한다.
3. 투자일로부터 5년이 지나지 아니하였더라도, "을"의 요청에 의해 원금의 상환이 이루어졌다면, 본 계약은 자동 종료된다.

---

① 투자자는 회사에 돈을 투자하더라도 회사의 지분을 가지지는 못한다.
② 회사에 영업 이익이 발생하면 투자자는 회사로부터 이익금의 일부를 받는다.
③ 투자일로부터 3년이 지났을 때 투자자의 요청에 의해 회사가 투자 원금을 모두 상환했다면 계약은 종료된다.
④ 투자일로부터 투자 원금에 대한 이자가 가산되어 회사는 계약 만료일 1개월 전까지 투자 원금 전액 과 이자를 상환해야 한다.
⑤ 투자일로부터 5년이 경과되었는데 원금을 모두 상환하지 못했을 경우, 회사는 원금을 모두 상환할 때까지 투자자에게 투자 수익금을 지급해야 한다.

'이그노벨상'은 과학유머잡지사 AIR(The Annals of Improbable Research)이 사회, 물리, 문학, 환경보호, 평화 등의 분야에서 기발한 아이디어를 내고 이색적인 업적을 남긴 사람들에게 수여하는 상이다. 이 상의 이름은 '보잘것없는'이라는 뜻의 영어 단어 이그(ignoble)과 '고귀한'이란 뜻인 노벨(nobel)이 조합된 말이다. 노벨상의 패러디격인 이 상의 시상식은, 매년 10월경 노벨상이 발표되기 1, 2주 전에 하버드 대학 샌더스 극장에서 열리고, 노벨상 수상자들이 심사와 시상을 맡기도 하며, 상금은 없다.

이 상을 수여한 사람들의 행적을 살펴보면 이 나오면서도 그 행적이 지닌 의미에 대해 곰곰이 생각하게 된다. '이그노벨상'의 공식 포스터에는 로댕의 '생각하는 사람' 조각상이 바닥에 등을 대고 누워 있는 그림이 그려져 있는데, 이 그림은 웃음과 생각할 거리를 동시에 안겨주는 '이그노벨상'의 특징을 잘 보여준다.

'이그노벨상' 수상자들을 살펴보면, 딱정벌레가 호주산 맥주병과 짝짓기 하는 이유를 연구한 사람, 불법 주차된 고급차를 군 장갑차로 깔아 뭉개버린 사람, 비스킷을 차에 가장 맛있게 적셔 먹는 방법을 연구한 사람, 상대를 유혹하는 향이 나는 화학무기를 창안하여 폭력 없이 평화로운 방식으로 전쟁에서 이길 방법을 연구한 사람 등이 있다.

한편, 국민들을 통제하며 나라 내에서 껌 씹기, 비둘기 모이 주기를 금지한 싱가포르 총리, 자국의 영토가 아닌 태평양 연안에서 멋대로 핵실험을 감행하고 주변국들의 항의를 무시한 프랑스 대통령의 '이그노벨상' 수상은, 이 상이 단순한 재미를 추구하는 상이 아니라는 것을 보여준다.

우리나라의 경우, 권혁호 씨가 '향기 나는 정장'을 개발한 공로로 환경보호상을, 문선명 통일교 교주가 대규모 합동 결혼을 성사시킨 공로로 경제학상을, 세상의 종말을 예언하며 휴거론을 주장했던 이장림 목사가 인류 종말의 날을 틀리게 예측해 온 공로로 수학상을 수상했다.

여러 면에서 ㉠ 상에 대한 통념을 뒤엎는 '이그노벨상'은 '올해는 또 어떤 업적을 남긴 사람이 상을 받을까' 하는 호기심을 불러일으킨다.

**33** '이그노벨상'에 대한 이해로 적절하지 <u>않은</u> 것은?

① 우리나라 사람도 수상한 이력이 있군.
② 과학 외의 분야에서도 수상자를 선정하는군.
③ 노벨상을 패러디한 상이기 때문에 노벨상 수상자들에게 외면당하겠군.
④ 이그노벨상의 포스터는 기발한 발상을 높이 평가하자는 이 상의 취지와 잘 맞아떨어지는군.
⑤ 멋대로 핵실험을 감행한 프랑스 대통령에게 이상을 수여한 것에는 풍자적 의미가 담겨 있군.

**34** ㉠의 이유로 가장 적절한 것은?

① 노벨상 수상자는 시상 대상에서 제외하기 때문
② 다른 상에 비해 큰 금액의 상금을 수여하기 때문
③ 창의적인 업적을 남긴 사람에게 상을 수여하기 때문
④ 비난받을 만한 일을 한 사람에게도 상을 수여하기 때문
⑤ 훌륭한 업적을 남긴 사람에게는 상을 수여하지 않기 때문

**[35~36] 다음 글을 읽고 물음에 답하시오.**

우리는 민주주의 정치 제도 아래 살고 있다. 민주주의를 정의할 때 가장 많이 인용되는 문구는 '국민의, 국민에 의한, 국민을 위한' 정치라는, 링컨 대통령의 말이다. 그런데 도시가 거대한 규모로 팽창한 현대 사회에서 '국민에 의한' 정치를 실현하기 위해 모든 국민들이 한곳에 모여 직접 정책을 결정하는 것은 불가능하다. 그래서 현대 사회에서는 국민들이 대표자를 선출해 간접적으로 정치에 참여하는 대의 민주주의가 보편적이다.

그런데 대의 민주주의는 여러 한계를 지니고 있다. 국민이 선출한 대표가 공익을 추구하기보다 사익을 추구하고 자신에게 주어진 권력을 남용하며, 국민들은 정치에 무관심하여 정치 활동이라고는 고작 몇 년에 한 번씩 대표를 뽑는 일이 전부거나, 그마저도 하지 않는 경우가 허다하다. 일찍이 루소는 그의 저서 「사회계약설」에서 "대표들이 최고의 권력자로 그 위임이 계속되는 임기 동안, 대표들이 행사할 수 있는 것들을 규제하기 위한 어떠한 제한도 가하지 않는 국민의 태만, 무관심, 그리고 그 무지함에 대해 경탄해 마지않는 바이다."라며 대의 민주주의에 대한 자신의 입장을 밝힌 바가 있다.

사실 가장 이상적인 민주주의 정치 제도는 직접 민주주의라고 할 수 있으나, 민주주의의 역사상 진정한 직접 민주주의가 실현된 예는 찾기 힘들다. 직접 민주주의의 대표적인 사례로 손꼽히는 고대 그리스 아테네의 경우에도, 모든 사람들이 참여하는 진정한 직접 민주주의였다고 보기는 어렵다. 즉, 고대 그리스 아테네의 민주주의는 제한된 직접 민주주의로, 여성과 노예, 외국인은 정치 참여에서 제외되었던 것이다.

그렇다면 모든 국민이 직접 정치에 참여하는 세상이 도래하길 바라는 것은 헛된 망상에 불과하단 말인가. 대의 민주주의의 한계를 극복하고 직접 민주주의 이상을 실현할 수 있는 방법은 없는 것일까. 너무 비관적으로 생각하지는 말자. 왜냐하면 직접 민주주의의 실현 가능성을 높이는, 국민들의 새로운 정치 참여 방식이 자리 잡기 시작했기 때문이다. 전자 민주주의가 바로 그것으로, 전자 민주주의란 인터넷을 비롯한 정보통신 기반을 이용해 국민들이 정치에 참여하는 민주주의를 말한다.

**35** 위 글에 드러난 필자의 생각과 거리가 <u>먼</u> 것은?

① 전자 민주주의는 대의 민주주의의 대안이 될 수 있을 것이다.

② 루소는 「사회계약설」을 통해 대의 민주주의의 한계를 꼬집었다.

③ 직접 민주주의가 실현되기를 바라는 것은 헛된 망상에 불과하다.

④ 대의 민주주의는 현대 사회에서 보편적인 형태의 정치 제도이다.

⑤ 대의 민주주의 제도 하에서는 국민들이 정치에 무관심한 경우가 많다.

**36** 필자의 주장을 뒷받침할 수 있는 사례로 적절하지 <u>않은</u> 것은?

① 국민들은 인터넷에서 정치 사안에 대한 토론을 펼침으로써 여론을 형성할 수 있다.

② 국민들은 사이버 공간에서 정치적 의견을 개진함으로써 정책 결정에 영향을 미칠 수 있다.

③ 인터넷을 통해 국민과 정치인이 직접 소통함으로써 정치인의 책임 의식이 강화될 수 있다.

④ 인터넷에서 이루어지는 국민들의 정치 활동을 살펴봄으로써 국가가 국민들을 효율적으로 통제할 수 있다.

⑤ 인터넷을 통해 정치적 사안과 관련된 다양한 정보가 국민들에게 제공됨으로써 국민들은 정치에 대해 관심을 가질 수 있다.

해마다 12월이 되어 거리에 크리스마스트리가 장식되고 캐럴이 울려 퍼지면, 사람들의 마음은 크리스마스를 기다리는 설렘으로 가득 찬다. 증권가 역시 크리스마스가 다가옴에 따라 기대감으로 술렁이게 되는데, 그 이유는 바로 '산타랠리 현상' 때문이다.

산타랠리 현상은 크리스마스를 전후한 연말과 신년 초에 주가가 강세를 보이는 현상을 말한다. 크리스마스를 전후한 시기에는 각종 보너스가 지급되고, 선물을 하기 위한 소비가 증가한다. 따라서 완구, 외식, 호텔 등과 같은 업종의 매출이 증대되고, 기업의 매출 증대는 해당 기업의 발전 가능성을 높이게 된다. 따라서 그 기업의 주식을 매입하려는 사람들이 늘어나고, 이러한 흐름이 증시 전체의 강세로 이어지는 것이다.

산타랠리 현상처럼 해마다 일정한 시기에 따라 증시의 흐름이 좋아지거나 나빠지는 현상을 '캘린더 효과'라고 한다. 캘린더 효과는 일찍이 주식 시장이 발달한 미국에서 생겨난 용어이지만, 다른 나라에서도 쉽게 발견할 수 있는 현상이다.

앞에서 살펴본 산타랠리 현상 역시 우리나라를 비롯한 많은 나라에 동시에 적용되는 현상이다. 미국의 증시가 세계적으로 영향을 끼치기도 하고, 크리스마스에 사람들의 소비가 증가되는 것은 여러 나라에서 공통적으로 발견되는 현상이기 때문이다. 하지만 국제적인 분쟁이나 유가 상승, 장기적인 경기 침체 등의 요인으로 인해 산타랠리 현상이 일어나지 않는 경우도 있다.

산타랠리 현상 외에 캘린더 효과의 대표적인 예로 1월 효과를 들 수 있다. 1월이 되면 주가 상승률이 다른 달에 비해 상대적으로 높게 나타나는데, 그 요인으로는 정부의 각종 정책이 1월에 발표되고, 새해를 맞이하여 주식 분석가들이 주식 시장에 대해 낙관적인 전망을 내놓게 되며, 이로 인해 투자자들의 투자 심리가 고조되어 시중 자금이 풍부해지는 것을 꼽을 수 있다.

**37** 위 글의 내용과 일치하지 <u>않은</u> 것은?

① 보너스의 지급은 캘린더 효과가 발생하는 요인이 된다.
② 캘린더 효과의 수혜를 입는 특정 업종이 있을 수 있다.
③ 산타랠리 효과는 미국 외의 다른 나라에서도 어김없이 나타난다.
④ 심리적 요인 외에 다른 요인들이 복합적으로 작용하여 캘린더 효과를 낳는다.
⑤ 캘린더 효과는 증시의 흐름이 좋아지는 현상뿐 아니라 그 반대의 현상도 포함한다.

**38** '캘린더 효과'의 예로 적절하지 <u>않은</u> 것은?

① 미국에서 추수감사절을 전후해 사람들의 소비가 증가해 증시가 오른다.
② 전 세계를 강타한 한류 열풍으로 인해 문화 콘텐츠 관련 업종의 주가가 급등한다.
③ 기업들이 분기 실적을 발표하는 달에는 주가가 상승세를 타지만, 그 전달에는 하락세를 보인다.
④ 여름휴가가 긴 나라의 사람들이 휴가를 떠나기 전에 미리 주식을 사기 때문에 여름휴가철에 주가가 급등한다.
⑤ 주말 연휴가 시작되기 전에 보유하고 있던 주식을 팔고 시장에서 빠져나가기 때문에 금요일에 주가가 하락한다.

**39** 위 글에서 '캘린더 효과'를 일으키는 요인으로 언급되지 <u>않은</u> 것은?

① 유가 상승
② 보너스의 지급
③ 기업의 발전 가능성
④ 투자자들의 투자 심리 고조
⑤ 주식 시장에 대한 주식 분석가들의 낙관적 전망

## [40~42] 다음 글을 읽고 물음에 답하시오.

플라톤은 그의 저술 「이상국가」에서 '동굴의 비유'를 통하여 교육받은 상태와 그렇지 않은 상태를 설명하였다. 동굴 안에서 사지를 결박당한 채 벽만을 바라보게끔 앉아 있는 사람들은 벽에 비친 그림자를 사물의 실재라고 생각할 것이다. 하지만 결박에서 풀려나 동굴 밖 오르막길로 끌려 올라가게 된다면 처음에는 눈이 부셔 실물들을 볼 수 없겠지만 차차 밝음에 익숙해져 실물들을 볼 수 있게 되고, 결국 자신이 보았던 모든 것의 원인이 되는 ㉠ 태양까지 볼 수 있게 될 것이다.

여기서, 동굴 안의 세계는 가시적인 현상의 영역을 의미하고, 동굴 밖의 세계는 지성에 의해서만 알 수 있는 영역으로 이 영역에서 각고 끝에 최종적으로 보게 되는 것이 선의 이데아라 할 수 있다. 플라톤은 교육이란 동굴 안과 같은 가시적인 현상의 세계에서 벗어나 선의 이데아를 인식한 철인, 즉 철학자를 양성하기 위한 것이라 보았으며, 이 철인에 의해 나라가 다스려져야 한다고 보았다. 그리고 동굴 안의 사람들이 실물을 볼 수 없었던 것은 시력이 없기 때문이 아니라 그릇된 방향을 보고 있었기 때문인 것처럼, 교육이란 ( ㉡ )이라 하였다.

이러한 교육을 실현하기 위해 플라톤이 제시한 교육 과정은 다음과 같다. 생애 초기에서 18세까지는 선한 성격과 올바른 의견이 자리 잡도록 음악과 시, 체육 등을 배운다. 단, 강제로 배우게 해서는 안 되며, 놀이 삼아 배우도록 함으로써 저마다 무엇에 적합한 성향을 타고났는지를 볼 수 있도록 해야 한다.

이후 선발된 자들은 20세까지 체육과 군사 훈련을 거치고 이들 중 적합한 자는 30세까지 산수, 기하, 천문학을 배운다. 이후 다시 선발된 자들은 35세까지 변증법을 배우고, 50세까지 국가 정사에 실무를 쌓으며, 50세 이후에는 철인 정치를 실현하고 후진 양성에 힘쓴다.

플라톤은 국가의 계급을 통치자, 군인, 생산 계급으로 나누어 각 계급별로 받을 수 있는 교육의 범위를 한정 지었으며, 여성들 역시 자질을 충분히 지니고 태어났다면 위와 같은 교육 과정을 거쳐 통치자가 될 수 있다고 보았다.

**40** 위 글의 내용과 일치하는 것은?

① 플라톤은 모든 계급이 동일한 교육을 받아야 한다고 주장했다.
② 플라톤은 선의 이데아를 강조한 나머지 인간의 성향을 고려하지 않았다.
③ 플라톤은 여성이 교육을 받을 수는 있으나 통치자가 될 수는 없다고 주장했다.
④ 플라톤은 재능 발휘에 도움을 주는 것은 강제로라도 배우게 해야 한다고 생각했다.
⑤ 플라톤은 교육의 단계를 나누고 적합한 자질을 지닌 사람만 다음 단계로 나아가야 한다고 보았다.

**41** '동굴의 비유'에서 ㉠이 의미하는 것은?

① 학생
② 교사
③ 교육 과목
④ 교육 목적
⑤ 교육 환경

**42** ㉡에 들어갈 말로 적절한 것은?

① 지식이 들어 있지 않은 혼 안에 지식을 넣어 주는 것
② 보잘것없는 줄 알았던 혼이 곧 선의 이데아라는 것을 알려주는 것
③ 능력이 있는 혼이 새로운 선의 이데아를 창조할 수 있도록 이끌어주는 것
④ 타고난 능력이 없는 혼이라도 선의 이데아를 볼 수 있도록 방향을 바로잡아주는 것
⑤ 이미 능력이 내재해 있는 혼이 선의 이데아를 향할 수 있도록 방향을 전환시켜 주는 것

[43~45] 다음 글을 읽고 물음에 답하시오.

전 세계를 충격의 도가니로 몰아넣은 일본 후쿠시마 원전 폭발 사고, 이로 인해 우리나라에도 방사선에 대한 공포감이 확산되었다. 후쿠시마 원전에서 누출된 방사선 때문에 귀 없는 토끼가 생겨났다는 주장이 제기되고, 일본 국민들을 안심시키고자 후쿠시마 지역에서 재배된 채소를 먹은 유명 MC가 급성 백혈병에 걸리면서 방사선에 대한 불안감은 더욱 커졌다.

그렇다면 방사선이란 과연 무엇일까? 원자량이 매우 큰 원소들은 핵이 너무 무겁기 때문에 상태가 불안정해서 핵분열을 일으킨다. 이때 분열한 원소들은 다른 원소로 바뀌면서 몇 가지 입자나 전자기파를 방출하는데, 이것이 바로 방사선이다. 그리고 이렇게 방사선을 내놓는 능력을 방사능이라고 한다.

우리는 부지불식간에 방사선과 함께 생활하고 있다. 땅속의 광물질, 우주, 음식물, 심지어 우리 몸속에서도 방사선이 나오는데, 이처럼 자연적으로 생성되는 방사선을 자연 방사선이라고 한다.

한편, 인위적인 행위에 의해 발생되는 방사선을 인공 방사선이라고 한다. 공항의 보안 검색 장치, 병원의 X선 장치, 전자 제품, 원자력 발전소 등에서 나오는 방사선이 바로 그것이다.

일반적으로 사람들은 자연 방사선은 위험하지 않으나 인공 방사선은 위험하다고 생각한다. 하지만 방사선의 성질과 인체에 미치는 영향을 살펴보면 두 방사선의 차이가 없다. 다만 우리가 일상적으로 접하는 자연 방사선의 경우 그 양이 극히 미미하기 때문에 우리 몸에 별다른 해를 끼치지 않는 것이다.

적정량의 방사선 이용은 우리 삶에 도움을 준다. 현재 방사선은 암 환자의 치료, 각종 과학 연구 등에 유용하게 쓰이고 있다. 하지만 일시에 너무 많은 방사선에 노출되면 여러 가지 장애가 나타날 수 있다. 노출된 방사선 양에 따라 불임, 탈모, 백혈구 손실, 정신착란 등이 생길 수 있고, 너무 심하게 노출된 경우 사망에까지 이를 수 있다.

**43** 위 글을 통하여 알 수 있는 내용이 <u>아닌</u> 것은?

① 방사선은 과학 연구를 위해 활용되기도 한다.
② 우리 몸속에서 나오는 방사선은 자연 방사선이다.
③ 방사선은 원자량이 아주 큰 원소들의 핵분열과 관련이 있다.
④ 공항의 보안 검색 장치에서 나오는 방사선은 인공 방사선이다.
⑤ 인공 방사선은 인체에 해롭지만 자연 방사선은 인체에 해가 되지 않는다.

**44** 위 글에서 설명된 방사선의 특성을 가장 잘 나타낸 말은?

① 가공망상(架空妄想)
② 과유불급(過猶不及)
③ 점입가경(漸入佳境)
④ 마부작침(磨斧作鍼)
⑤ 백해무익(百害無益)

**45** 위 글에 대한 설명으로 적절하지 <u>않은</u> 것은?

① 실제로 일어난 사건을 언급하여 독자의 관심을 유도한다.
② 다양한 예를 열거하여 대상이 지닌 특성을 구체적으로 드러낸다.
③ 스스로 묻고 답하는 방법을 통해 용어의 의미를 명백히 밝혀 규정한다.
④ 사람들의 통념을 제시하고 그와 반대되는 사실을 서술함으로써 독자의 주의를 환기한다.
⑤ 설명하고자 하는 대상을 비슷한 특성을 지닌 친숙한 사물에 빗대어 독자의 이해를 돕는다.

## [46~48] 다음 글을 읽고 물음에 답하시오.

(가) 매운 계절(季節)의 채찍에 갈겨
　　마침내 북방(北方)으로 휩쓸려 오다.

　　하늘도 그만 지쳐 끝난 고원(高原)
　　서릿발 칼날진 그 위에 서다.

　　어데다 무릎을 꿇어야 하나
　　한 발 재겨 디딜 곳조차 없다.

　　이러매 눈 감아 생각해 볼 밖에
　　겨울은 강철로 된 무지갠가 보다.

(나) 동방은 하늘도 다 끝나고
　　비 한 방울 나리잖는 그때에도
　　오히려 ㉠ 꽃은 빨갛게 피지 않는가.

　　내 목숨을 꾸며 쉬임 없는 날이여!

　　북쪽 툰드라에도 찬 새벽은
　　눈 속 깊이 꽃맹아리가 움작거려
　　㉡ 제비 떼 까맣게 날아오길 기다리나니
　　마침내 저버리지 못할 약속이여.

　　한 바다 복판 용솟음치는 곳
　　바람결 따라 타오르는 꽃 성(城)에는
　　㉢ 나비처럼 취하는 회상의 무리들아.
　　오늘 내 여기서 너를 불러 보노라!

(다) ㉣ 푸른 하늘에 닿을 듯이
　　세월에 불타고 우뚝 남아 서서
　　차라리 봄도 꽃피진 말아라

　　낡은 거미집 휘두르고
　　끝없는 꿈길에 혼자 설레는
　　마음은 아예 뉘우침 아니라

　　검은 그림자 쓸쓸하면
　　마침내 ㉤ 호수 속 깊이 거꾸러져
　　차마 바람도 흔들진 못해라

## 46 (가)~(다)의 공통점으로 가장 적절한 것은?

① 명령조를 통해 강한 소망을 드러내고 있다.
② 시간적 순서에 따라 시상을 전개하고 있다.
③ 대상을 부르는 형식을 통해 주의를 환기하고 있다.
④ 계절적 이미지를 통해 화자의 생각을 드러내고 있다.
⑤ 자연물을 소재로 활용하여 인간과 자연의 조화를 추구하고 있다.

## 47 (가)에 대한 설명으로 적절하지 않은 것은?

① 현재형 시제를 사용하여 상황의 긴박함을 드러낸다.
② 역설적인 표현을 통해 절망적인 현실의 비극성을 강조한다.
③ 강렬하고 감각적인 시어의 사용으로 화자의 정서를 표현한다.
④ 점층적인 시상 전개를 통해 화자가 처한 극한 상황을 강조한다.
⑤ 이질적인 이미지를 지닌 시어들을 결합하여 새로운 의미를 이끌어낸다.

## 48 ㉠~㉤ 중 함축적 의미가 다른 하나는?

① ㉠　　　　　　　　② ㉡
③ ㉢　　　　　　　　④ ㉣
⑤ ㉤

[49~51] 다음 글을 읽고 물음에 답하시오.

최근 새 브랜드를 출시한 한 유명 의류 업체가 양말 디자인 표절 논란에 휩싸여, 소비자들에게 사과하고 해당 상품을 전량 수거했다. 그런데 일각에선 이 모든 게 새 브랜드의 광고 효과를 노린 '노이즈 마케팅'의 일환이 아니냐는 의혹을 제기했다.

노이즈 마케팅은 소음이나 잡음을 뜻하는 '노이즈'라는 말에서 짐작할 수 있듯이, 상품을 각종 구설수에 휘말리게 하여 소비자들의 호기심을 자극하고, 그 결과 상품 판매를 늘리려는 기법을 말한다. 대부분의 마케팅들이 판매하려는 상품의 긍정적 이미지를 부각시키는 데 비해, 노이즈 마케팅은 부정적 이미지조차 마케팅에 이용하는 게 특징으로, 화제가 되는 내용이 긍정적인 경우보다 반대의 경우가 더 많다.

이러한 노이즈 마케팅은 주로 새로 출시되거나 인지도가 낮은 상품의 판매에 유용한데, 이 기법이 많이 쓰이는 대표적인 분야로는 연예계를 들 수 있다. 연예인의 열애설, 노출 사고, 사회적 논란을 의도한 예고편 등은 모두 흔히 쓰이는 노이즈 마케팅의 예이다.

노이즈 마케팅은 적절하게 사용하면 상품 판매를 증가시키지만 잘못 사용하면 정반대의 효과를 가져 온다. 마치 ( ㉠ )와/과 같은 것이다. ㉡많은 화제가 된 상품의 질이 떨어진다면 장기적으로 상품 판매에 악영향을 끼치고, 화제의 내용이 지나치게 부정적인 경우 상품에 대한 신뢰감 상실로 이어질 수 있다. 특히 호기심이 생명인 노이즈 마케팅이 빈번하게 이루어지면 소비자의 관심을 끌지 못하며, 의도적으로 노이즈 마케팅을 펼친다는 인상을 소비자가 받으면 그 상품에 대해 거부감을 느끼게 된다.

**49** 위 글을 읽고 난 후의 반응으로 적절한 것은?

① 노이즈 마케팅에서는 상품의 긍정적 이미지의 부각이 중요하겠군.

② 무명 연예인이 납치 자작극을 펼치는 것도 노이즈 마케팅의 예라 할 수 있겠군.

③ 노이즈 마케팅을 전개할 때는 소비자가 판매자의 의도를 잘 파악할 수 있도록 해야겠군.

④ 소비자가 상품의 존재를 늘 기억할 수 있도록 장기간에 걸쳐 노이즈 마케팅을 펼치는 게 좋겠군.

⑤ 노이즈 마케팅은 소비자의 뇌리에 강한 인상을 남겨야 하므로 화제의 내용이 부정적일수록 효과 적이겠군.

**50** ㉠에 들어갈 말로 가장 적절한 것은?

① 입의 혀

② 눈엣가시

③ 양날의 검

④ 깨어진 그릇

⑤ 도마 위의 고기

**51** ㉡의 상황에서 소비자가 할 말로 적절한 것은?

① 말만 귀양 보내는군.

② 소문난 잔치에 먹을 것 없군.

③ 말 꼬리에 파리가 천 리 가는군.

④ 가지 많은 나무 바람 잘 날 없군.

⑤ 바다는 메워도 사람의 욕심은 못 메우는군.

**[52~54] 다음 글을 읽고 물음에 답하시오.**

한국에 뮤지컬 붐이 일어난 것은 그리 오래 되지 않았다. 불과 몇 년 전만 해도 뮤지컬은 몇몇 마니아들이 즐기는 예술이었다. 그리고 공연되는 작품들은 대부분 브로드웨이의 흥행작들이었다. 하지만 지금은 뮤지컬의 부흥기라 일컬을 만하다. 라이선스 작품뿐 아니라 한 해에도 수많은 창작 뮤지컬들이 쏟아져 나오고 있다. 이러한 뮤지컬의 호황 속에서 창작 뮤지컬의 대세로 자리 잡은 것이 있다. 바로 '무비컬(movical)'이다.

무비컬은 영화의 '무비(movie)'와 '뮤지컬(musical)'을 합성한 신조어로, 영화를 원작으로 한 뮤지컬을 말한다. 우리나라에서는 2004년 '와이키키 브라더스'를 시작으로 무비컬이 제작되었고, 이미 브로드웨이에서는 '라이온 킹', '미녀와 야수' 등 여러 편의 무비컬이 제작되어 인기를 끌었다.

무비컬은 창작 뮤지컬들이 열악한 제작 환경 속에서 무대에 올려지는 데 비해, 상대적으로 쉽게 제작될 수 있다는 점 때문에 각광을 받고 있다. 즉, 안정적인 투자를 원하는 투자자들을 설득하기도 용이하고, 원작의 인지도는 작품 홍보에 큰 도움이 되며, 기존의 영화 팬들을 뮤지컬 관객으로 흡수할 가능성이 있다.

하지만 영화와 뮤지컬은 태생이 다르다는 점을 잊어서는 안 된다. 영화는 다양한 장소에서 촬영을 한 후 편집을 거쳐 감독이 원하는 영상을 만들어 내지만, 뮤지컬은 현장성이 무엇보다 중요하고 노래가 큰 비중을 차지하는 장르이다. 새롭게 재창조하지 않고 단순히 영화를 무대 위에 옮겼을 때는 영화보다 못한 졸작이 나올 수밖에 없고, 결국 그것은 뮤지컬에 대한 관객들의 실망으로 이어지게 된다.

또 기존의 영화에 대한 선입견이 작품에 대한 관객의 몰입을 방해할 수 있다. 사실 무비컬로 만들어지는 작품은 대부분 흥행에 성공한 영화들이어서 관객에게 그다지 참신하게 다가오지 않는다. 그렇다면 영화와 차별화되어야 하는데 이것이 오히려 원작을 훼손했다는 인상을 줄 수 있다. 영화와 똑같으면 식상하고, 영화와 다르면 실망을 안겨줄 수 있으니 섣불리 제작할 만한 것이 아니다.

한국 뮤지컬의 장기적인 발전을 위해서는 처음부터 뮤지컬을 염두에 두고 창작된 작품을 제작하는 것이 바람직하다. 아직은 부족한 창작 인력을 발굴하여 뮤지컬의 장르적 특성에 알맞은 걸작을 만들어 내는 것이 뮤지컬 산업의 기반을 탄탄하게 다지는 길이다. 뭐든 쉽게, 빨리 가는 것만이 능사는 아니다.

**52** 위 글의 제목으로 알맞은 것은?

① 무비컬, 흥행의 성공을 보장하다
② 무비컬, 매혹적인 지름길의 함정
③ 창작 뮤지컬, 브로드웨이를 위협하다
④ 무비컬, 창작 뮤지컬의 새로운 가능성
⑤ 창작 뮤지컬, 뮤지컬의 부흥기를 주도하다

**53** 위 글을 통해 알 수 <u>없는</u> 것은?

① 무비컬의 정의
② 영화와 뮤지컬의 차이점
③ 무비컬이 각광을 받는 이유
④ 우리나라 최초의 무비컬 작품
⑤ 우리나라에서 공연된 라이선스 무비컬의 예

**54** 위 글을 통해 필자가 궁극적으로 말하고자 하는 바로 가장 적절한 것은?

① 창작 뮤지컬의 발달에 장애가 되는 무비컬의 제작을 중단해야 한다.
② 투자자들은 무비컬에 투자할 때 안정성보다는 독창성과 현장성을 중시해야 한다.
③ 라이선스 뮤지컬을 수입해 오기보다는 우리나라의 인력이 제작한 창작 뮤지컬을 활성화해야 한다.
④ 현장성이 강조되는 뮤지컬은 제작하기는 힘들지만 흥행에 성공했을 때 영화보다 더 큰 수익을 올릴 수 있다.
⑤ 무비컬을 만드는 데 치중하기보다는 처음부터 뮤지컬을 위해 창작된 작품을 제작하는 것이 뮤지컬 산업의 발달을 위해 이롭다.

삼팔 접경의 이 북쪽 마을은 드높이 개인 가을 하늘 아래 한껏 고즈넉했다.

주인 없는 집 봉당에 흰 박통만이 흰 박통을 의지하고 굴러 있었다.

어쩌다 만나는 늙은이는 담뱃대부터 뒤로 돌렸다. 아이들은 또 아이들대로 멀찍이서 미리 길을 비켰다. 모두 겁에 질린 얼굴들이었다.

동네 전체로는 이번 동란에 깨어진 자국이라곤 별로 없었다. 그러나 어쩐지 자기가 어려서 자란 옛 마을은 아닌 성싶었다.

뒷산 밤나무 기슭에서 성삼이는 발걸음을 멈추었다. 거기 한 나무에 기어올랐다. 귓속 멀리서, 요놈의 자식들이 또 남의 밤나무에 올라가는구나, 하는 혹부리 할아버지의 고함 소리가 들려 왔다.

그 혹부리 할아버지도 그새 세상을 떠났는가, 몇 사람 만난 동네 늙은이 중에 뵈지 않았다.

성삼이는 밤나무를 안은 채 잠시 푸른 가을 하늘을 쳐다보았다. 흔들지도 않은 밤나무 가지에서 남은 밤송이가 저 혼자 아람이 벌어져 떨어져 내렸다.

임시 치안대 사무소로 쓰고 있는 집 앞에 이르니, 웬 청년 하나가 포승에 꽁꽁 묶이어 있다.

이 마을에서 처음 보다시피 하는 젊은이라, 가까이 가 얼굴을 들여다보았다. 깜짝 놀랐다. 바로, 어려서 단짝 동무였던 덕재가 아니냐.

천태에서 같이 온 치안 대원에게 어찌된 일이냐고 물었다. 농민 동맹 부위원장을 지낸 놈인데, 지금 자기 집에 잠복해 있는 걸 붙들어 왔다는 것이다.

성삼이는 거기 봉당 위에 앉아 담배를 피워 물었다.

덕재는 청단까지 호송하기로 되었다. 치안 대원 청년 하나가 데리고 가기로 했다.

성삼이는 다 탄 담배 꼬투리에서 새로 담뱃불을 댕겨 가지고 일어섰다.

"이 자식은 내가 데리고 가지요."

덕재는 한결같이 외면한 채 성삼이 쪽은 보려고도 하지 않았다.

동구 밖을 벗어났다.

성삼이는 연거푸 ㉠ 담배만 피웠다. 담배 맛을 몰랐다. 그저 연기만 기껏 빨았다 내뿜곤 했다.

그러다가 문득, 이 덕재 녀석도 담배 생각이 나려니 하는 생각이 들었다. 어려서 어른들 몰래 담 모퉁이에서 호박잎 담배를 나눠 피우던 생각이 났다. 그러나 오늘 이깟 놈에게 담배를 권하다니 될 말이냐?

한번은 어려서 덕재와 같이 혹부리 할아버지네 밤을 훔치러 간 일이 있었다. 성삼이가 나무에 올라갈 차례였다. 별안간 혹부리 할아버지의 고함 소리가 들려 왔다. 나무에서 미끄러져 떨어졌다. 엉덩이가 밤송이에 찔렸다. 그러나 그냥 달렸다. 혹부리 할아버지가 못 따라올 만큼 멀리 가서야 덕재에게 엉덩이를 돌려 댔다. 밤가시 빼내는 게 더 따끔거리고 아팠다. 절로 눈물이 찔끔거려졌다. 덕재가 불쑥 자기 밤을 한 줌 꺼내어 성삼이 호주머니에 넣어 주었다……

**55** 위 글에 대한 설명으로 적절하지 <u>않은</u> 것은?

① 공간적 배경이 구체적으로 드러나고 있다.

② 특정 인물의 시각을 통해 사건을 전개하고 있다.

③ 시대적 배경을 알 수 있는 어휘를 사용하고 있다.

④ 회상의 방식을 통해 과거와 현재를 대조하고 있다.

⑤ 대화를 통해 등장인물 간의 첨예한 갈등을 드러내고 있다.

**56** 위 글을 통해 알 수 있는 사실이 <u>아닌</u> 것은?

① 성삼이는 한동안 마을을 떠나 있었다.

② 성삼이의 부모님은 동란 중 세상을 떠났다.

③ 성삼이와 덕재는 어린 시절 친한 친구였다.

④ 덕재는 농민 동맹 부위원장의 직책을 지냈다.

⑤ 어린 시절의 덕재는 착한 성품의 소유자였다.

**57** ㉠의 기능으로 가장 적절한 것은?

① 분위기를 반전시킨다.

② 불길한 앞날을 암시한다.

③ 인물의 내적 갈등을 드러낸다.

④ 인물 간의 대화를 이끌어낸다.

⑤ 전쟁의 비극성을 상징적으로 드러낸다.

제**2**회 **2교시 모의고사**

**70**분 **33**문항

**01**

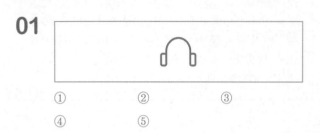

①      ②      ③
④      ⑤

**02**

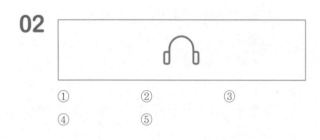

①      ②      ③
④      ⑤

**03**

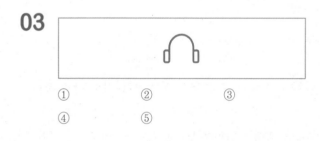

①      ②      ③
④      ⑤

**04**

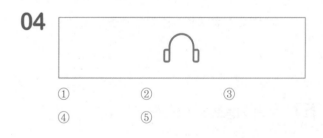

①      ②      ③
④      ⑤

※ 5번부터 13번까지는 내용을 들은 후, 시험지에 인쇄된 문제와 선택지를 보고 푸는 문항입니다. 잘 듣고 물음에 답하시오.

**05** 강연에 대한 반응으로 적절하지 <u>않은</u> 것은?

① 식인 행위가 질병을 유발할 수도 있겠군.
② 오늘날 포레족의 식인 풍습은 금지되었군.
③ 포레족은 산 사람이 아니라 죽은 사람의 몸을 먹었군.
④ 식인종에 대한 과거의 기록을 모두 사실로 받아들이긴 힘들겠군.
⑤ 포레족의 식인 풍습은 증오의 감정이 극단적인 행동으로 표출된 사례라 할 수 있겠군.

**06** 우화에 드러난 '공작새'의 처지를 일컫는 말로 적절한 것은?

① 속 빈 강정
② 초록은 동색
③ 뚝배기보다 장맛
④ 같은 값이면 다홍치마
⑤ 밑 빠진 독에 물 붓기

**07** 대화에 대한 설명으로 옳지 <u>않은</u> 것은?

① 남자는 사실성에 초점을 맞추어 팩션 드라마를 평가하고 있다.

② 여자는 팩션 드라마의 경제적 파급효과를 높이 평가하고 있다.

③ 여자는 팩션 드라마에 허구적 요소가 있다는 점을 인정하고 있다.

④ 남자는 팩션 드라마가 역사를 상업적으로 이용하는 것을 부정적으로 생각하고 있다.

⑤ 남자와 여자 모두 팩션 드라마가 우리 역사에 대한 흥미를 불러일으킨다는 데 동의하고 있다.

**08** 방송의 내용과 일치하지 <u>않는</u> 것은?

① 프로 스포츠의 승부 조작은 세계적으로 문제가 되고 있다.

② 일본에서는 스모 경기를 조작하는 사건이 일어난 적이 있다.

③ 불법 스포츠 도박 사이트는 프로 스포츠 승부 조작을 야기하는 주된 원인이다.

④ 정부는 프로 스포츠 승부 조작을 해결하기 위한 별다른 대책을 내놓지 않고 있다.

⑤ 불법 스포츠 도박 사이트를 단속하는 일이 어려운 이유는 서버가 대부분 해외에 있기 때문이다.

**09** 여자가 오해를 하게 된 원인으로 적절한 것은?

① 부분의 속성을 전체도 가진다고 잘못 생각했다.

② 단순한 선후 관계를 인과 관계로 잘못 파악했다.

③ 증명할 수 없는 것은 거짓이라고 추론하는 오류를 범했다.

④ 상황에 따라 적용해야 할 원칙이 다르다는 것을 고려하지 않았다.

⑤ 어떤 집합의 요소가 단 두 개밖에 없다는 전제 하에 상황을 판단했다.

**10** 토론 내용과 일치하는 것은?

① 현재 세계 대부분의 나라들에는 사형 제도가 남아 있다.

② 응보적 관점에서 형벌을 바라보는 것은 세계적인 추세다.

③ 흉악 범죄가 증가함에 따라 최근 우리나라에서는 사형 집행이 이루어졌다.

④ 종신형은 가석방의 가능 여부에 따라 절대적 종신형과 상대적 종신형으로 나뉜다.

⑤ 미국에서는 사형 제도가 있는 주의 살인 범죄 발생률이, 사형 제도가 없는 주에 비해 낮다.

**11** 토론 내용에 대한 설명으로 적절하지 <u>않은</u> 것은?

① 여자는 흉악범의 교화가 가능하다고 확신하고 있다.

② 남녀 모두 인간의 존엄성을 중요한 가치로 여기고 있다.

③ 남자와 여자는 형벌의 목적을 다른 관점에서 바라보고 있다.

④ 여자는 사형 제도의 대안으로 절대적 종신형을 제시하고 있다.

⑤ 남녀 모두 흉악범의 사회 복귀가 국민들을 불안에 떨게 할 수 있다는 점에 동의한다.

**12** 강연의 제목으로 가장 적절한 것은?

① 섭식 장애의 증세와 합병증
② 섭식 장애의 종류와 치료법
③ 사회적 문제로 부상한 섭식 장애
④ 사망에 이르는 섭식 장애의 위험성
⑤ 심리적 충격으로 인한 연예인의 섭식 장애

**13** 강연에 대한 반응으로 적절한 것은?

① 거식증은 여성에게, 폭식증은 남성에게 많이 나타나는 증세이군.
② 거식증 환자는 열량이 높은 식사를 해서 체력을 회복하는 게 중요하겠군.
③ 폭식증의 경우 섭취한 음식을 제거하려는 행위 역시 건강에 위협이 되겠군.
④ 폭식증 환자는 다른 사람이 음식을 먹는 것을 보고 식욕을 느끼므로 혼자 두는 것이 좋겠군.
⑤ 거식증은 살을 빼고 싶다는 열망 때문에, 폭식증은 살을 찌우고 싶다는 열망 때문에 생기는 증세이군.

※ 다음은 주관식 문제입니다. 잘 듣고 물음에 답하시오.

주관식

**01** 강연에서 드러난 '공유지의 비극'이 일어나는 원인과 '공유지의 비극'에서 얻을 수 있는 교훈에 대해 100자 내외로 쓰시오.

⇨ _____
_____
_____

주관식

**02** 연사의 견해에 반대하는 입장의 주장을 60자 내외로 쓰시오.

⇨ _____
_____
_____

※ 14번부터는 문제지에 인쇄된 내용을 읽고 푸는 문제입니다. 잘 읽고 물음에 답하시오.

**14** 필요한 성분을 모두 갖추어 어법에 어긋나지 않는 것은?

① 창밖에는 강풍과 폭우가 쏟아지고 있다.
② 사람은 자연을 개발하기도 하고 순응하기도 한다.
③ 언니는 동생을 잘 돌보았고, 동생 또한 잘 따랐다.
④ 중요한 시험을 치러야 하는 나는 긴장하여 밥을 먹지 못했다.
⑤ 음악은 인간의 다양한 감정을 표현하는 예술로, 음악을 들으며 희로애락을 느낀다.

**15** 문장 성분 간의 호응이 적절한 것은?

① 그 물건은 나로 하여금 옛 친구와의 추억을 회상한다.
② 네가 항상 유념해야 할 점은 지금의 노력이 이후의 성공으로 이어진다.
③ 야생동물들을 인간의 욕심대로 잡아들여 우리에 갇히면 이상한 행동을 보일 수도 있다.
④ 우리가 지켜야 할 규칙에는 수업 시간에 조용히 공부하고 자기 자리 주변을 깨끗이 정리하는 것이다.
⑤ 우리 상사의 장점은 직원들의 불만을 모른 척하지 않고 직원들에 대한 처우를 개선하기 위해 늘 노력한다는 점이다.

**16** 다음 표현에 대한 설명으로 바르지 <u>않은</u> 것은?

① 선생님, 새해에도 건강하세요.
　⇨ 형용사는 명령형이나 청유형을 쓸 수 없으므로 '건강하세요'를 '건강하게 지내세요'로 고쳐야 한다.

② 내가 직접 그녀를 너에게 소개해 줄게.
　⇨ 내가 상대방에게 어떤 행위를 하도록 하는 문장이므로 '소개해'를 '소개시켜'로 고쳐야 한다.

③ 우리는 그녀의 위대한 삶을 추모했다.
　⇨ '추모'의 대상은 사람이어야 하므로 '그녀의 위대한 삶을'을 '위대한 삶을 살았던 그녀를'로 고쳐야 한다.

④ 이 지역은 흡연을 하는 사람은 법에 따라 처벌을 받는다.
　⇨ 주어로 쓰인 '이 지역은'을 부사어인 '이 지역에서'로 고쳐야 자연스러운 문장이 된다.

⑤ 우리가 다시 만날 날이 올 수 있을지 간절히 소망한다.
　⇨ '올 수 있을지'는 불확실한 상황을 나타내는 표현으로, '의문이다'와 같은 말과 어울리므로 '올 수 있을지'를 '오기를'로 고쳐야 자연스러운 문장이 된다.

**17** 문장이 두 가지 의미로 풀이될 가능성이 가장 <u>적은</u> 것은?

① 확실히 그는 말을 하지 않았다.
② 나는 언니와 오빠를 만나러 갔다.
③ 아이들이 많은 놀이 공원에 가 보았다.
④ 그는 눈물을 흘리며 달려가던 그녀를 따라잡았다.
⑤ 나는 그가 그린 그림을 보고 나의 어린 시절을 떠올렸다.

**18** 높임 표현이 바른 것은?

① 아버님의 말씀이 계시겠습니다.
② 어머니께서 머리가 편찮으십니다.
③ 선생님, 여쭤 보고 싶은 것이 있습니다.
④ 제가 할머니에게 책을 가져다 드려야 합니다.
⑤ 지금 할아버지께서 먹는 인삼은 건강에 좋습니다.

**19** 다음 표를 모두 활용하여 글을 쓰고자 할 때, 적절하지 <u>않은</u> 것은?

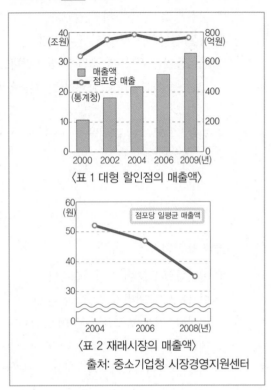

〈표 1 대형 할인점의 매출액〉

〈표 2 재래시장의 매출액〉

출처: 중소기업청 시장경영지원센터

① 대형마트의 장점을 분석하는 글을 쓰는 데 활용한다.

② 정부가 대형 마트의 영업을 규제할 필요가 있음을 주장하는 글을 쓰는 데 활용한다.

③ 영세 상인들의 경제적 상황이 어려워지고 있음을 우려하는 글을 쓰는 데 활용한다.

④ 백화점이 부담스러운 소비자들에게 대형 마트가 대안이 될 수 있음을 알리는 글을 쓰는 데 활용한다.

⑤ 재래시장의 판매 방식, 판매 환경, 서비스의 질 등을 재고해야 할 필요성이 있음을 주장하는 글을 쓰는 데 활용한다.

**20** '한식의 세계화 방안'에 대한 개요를 작성하였다. 개요 수정 방안이나 자료 제시 방안으로 적절하지 <u>않은</u> 것은?

Ⅰ. 서론
　– 한식의 세계 진출 현황 ················ ㉠
Ⅱ. 본론
　1. 한식 세계화의 필요성 ··············· ㉡
　　– 건강식이 많은 한식은 우리나라 브랜드 가치를 높이는 데 긍정적 역할을 함
　2. 한식 세계화의 장애 요소
　　– 다른 나라 사람들의 입맛에 맞지 않는 맛
　　································· ㉢
　　– 표준화 되지 않은 조리법과 메뉴의 외국어명칭
　　– 적극적인 홍보 부족
　3. 한식의 세계화 방안
　　– 한식 레스토랑의 서비스 개선 ······· ㉣
　　– 조리법과 메뉴 외국어 명칭의 표준화를 위한 정책 마련
　　– ┌──── ㉤ ────┐
Ⅲ. 결론: 한식의 세계화를 위한 노력 촉구

① ㉠에서는 해외로 진출한 한식 레스토랑의 성패 실태를 통계 수치로 제시한다.

② ㉡에서는 한식 중 건강식의 예를 나열한다.

③ ㉢에서는 우리나라에서 인기를 끌고 있는 다른 나라 음식을 근거 자료로 제시한다.

④ ㉣은 Ⅱ-2를 고려하여 '다른 나라 사람이 좋아하는 음식 맛의 분석을 통한 한식 메뉴 개발'로 수정한다.

⑤ ㉤에는 글의 완결성을 고려하여 '한식의 홍보를 위한 문화 콘텐츠 제작'이라는 내용을 추가한다.

**21** 〈보기〉의 ㉠~㉤에서 단락의 통일성을 기하기 위해 삭제해야 할 부분은?

㉠ 회사에만 얽매이는 것이 아니라, 퇴근 후 자기 계발을 위해 시간을 투자하는 직장인들이 늘고 있다. ㉡ 동료들과 술잔을 기울이며 직장 생활의 어려움에 대해 한탄하기보다 퇴근 후의 시간도 효율적으로 사용하기 위해 노력하는 것이다. ㉢ 체육관에서 운동을 하면서 체력을 기르기 위해 힘쓰고, 록밴드 활동을 하면서 음악적 소양을 기르고, 영어 학원을 다니면서 외국어 실력을 쌓는 등 직장인들의 자기 계발 양상과 목적은 다양하다. ㉣ 직장에서 일분일초도 허투루 쓰지 않고 불필요한 야근을 하지 않으려는 자세는 일의 능률을 높여준다. ㉤ 그런데 자아실현을 위해 시작했던 활동이 또 다른 직업으로 연결되는 경우가 종종 있다. 퇴근 후 꾸준히 요가를 배운 결과 요가 강사가 된 한 직장인의 사례는, 퇴근 후 시간 활용이 또 다른 도약을 위한 발판이 된다는 것을 보여준다.

① ㉠
② ㉡
③ ㉢
④ ㉣
⑤ ㉤

**22** 다음은 신문 기사의 일부이다. 이 글을 도입부로 하는 글의 본론에서 논의될 내용으로 적절하지 <u>않은</u> 것은?

기업 인력의 고령화가 가속화되고 있다. 최근 한 조사에 따르면 2009년 38.5세였던 근로자의 평균 연령은 2018년 42세로 약 3.5세 증가했다. 같은 기간 20대 전반 근로자의 비중은 크게 감소했으며 40대, 50대, 60대의 비중은 모두 높아졌다. 전문가에 따르면, 이러한 고령 인력의 증가는 기업의 경쟁력을 약화시킬 수 있다. 왜냐하면 고령 근로자는 대부분 다른 근로자들에 비해 높은 봉급을 받으므로 인력이 고령화되면 기업의 인력 관리 및 유지를 위한 비용이 증대되기 때문이다. 따라서 기업은 인력 구조 고령화의 대책을 마련하기 위해 고심하고 있다.

① 기업은 좋은 퇴직 조건을 제시하며 고령의 근로자 중 퇴직 희망자를 받는다.
② 기업은 고령 근로자 퇴직 전후의 창업 및 전직을 지원하는 서비스를 마련한다.
③ 기업은 고령의 근로자를 위한 복지 혜택을 늘리고 이를 위해 필요한 예산을 확보한다.
④ 기업은 퇴직한 고령의 근로자를 대상으로 한 계약직 자문 위원제를 도입하여 활용한다.
⑤ 기업은 일정 연령이 되면 임금을 삭감하고, 대신 정년은 보장하는 제도인 임금 피크제를 도입한다.

## 03 다음 글의 ㉠에 들어갈 문장을 〈보기〉의 조건에 맞게 쓰시오.

흔히 '말을 잘하는 사람'이라 하면 자신의 생각을 논리 정연하게 표현할 줄 아는 사람을 떠올린다. 말을 더듬지 않고, 말할 때 인과 관계의 오류를 범하지 않으며, 군더더기 없이 성분 간의 호응이 완벽한 문장을 구사하는 사람. 누구나 부러워하는 말솜씨를 가진 사람이라 할 수 있을 것이다. 하지만 이런 말솜씨를 지닌 사람이 언제나 자신의 말하기 목적을 달성하는 것은 아니다. 말하기 목적을 달성하기 위해서는 상대의 마음을 움직여야 하는데, 논리적으로 말한다고 해서 상대의 마음이 움직이는 것은 아니기 때문이다. 직장에서 실수한 일로 힘들어하는 사람에게, "그 상황에선 다른 행동을 했어야 해."라고 말하며 다음에 실수를 하지 않기 위해서 어떻게 해야 하는지 해결책을 제시하는 말보다, "실수를 했다고? 정말 당황했겠구나. 많이 힘들었지?"라는 말이 도움이 될 수 있다. 또 부모님에게 혼이 나 풀이 죽어 있는 학생에게 혼난 이유를 분석하며 훈계하는 말보다, "마음이 불편하겠구나. 많이 속상했지?"라는 말이 힘이 될 수 있다. 이처럼 사람의 마음을 움직이기 위해서는 ( ㉠ ).

보기

· '사람의 마음을 움직이는 말하기 기술'에 대한 필자의 견해가 드러나도록 쓸 것
· 정책 명제('~해야 한다')의 형태로 쓸 것
· 어문 규범을 지켜 한 문장 이내로 쓸 것

⇨ _____

_____

_____

## [23, 주관식 4] 다음 글을 읽고 물음에 답하시오.

학교 폭력 문제로 사회가 떠들썩하다. 가해 학생이 피해 학생의 금품을 빼앗고, 피해 학생에게 구타와 폭언, 이외 상상을 초월하는 가혹 행위를 일삼은 사건이 연일 매스컴에 보도되어 충격을 주고 있다. ( ㉠ ) 폭력의 고통을 견디지 못한 피해 학생이 스스로 목숨을 끊는 사건까지 발생하면서 학교 폭력의 심각성에 대한 우려의 목소리가 높다.

이에 따라 학교 폭력을 근절하기 위해 가해 학생에 대한 처벌을 강화해야 한다는 주장이 힘을 얻고 있다. 가해 학생에 대한 강제 전학 조치, 형사처분 등을 가능하게 하여 학교 폭력을 뿌리 뽑아야 한다는 주장이 그것이다.

( ㉡ ) 가해 학생에 대한 엄정한 처벌은 꼭 이루어져야 할 것이다. 하지만 학교 폭력의 근절 대책이 처벌에만 초점이 맞추어지는 것엔 문제가 있다. 학교 폭력을 근절하기 위해서는 학교 폭력이 일어나는 근본적인 원인을 고려해야 할 것이다. 학교 폭력은 과도한 경쟁 위주의 교육 체제에서 비롯된 것이라 할 수 있다. 대학 입시만을 염두에 둔 경쟁 위주의 교육으로 말미암아 학생들 간의 우애와 유대감을 기르는 인성 교육은 전무한 상태다. ( ㉢ ) 협동 교육을 강화하여 타인을 존중하는 인성을 함양하는 일이 시급하다.

## 23 위 글의 ㉠~㉢에 적절한 연결어를 맞게 짝지은 것은?

| | ㉠ | ㉡ | ㉢ |
|---|---|---|---|
| ① | 또 | 그래서 | 그러므로 |
| ② | 그러나 | 그래도 | 그럼에도 |
| ③ | 그리고 | 한편 | 하지만 |
| ④ | 게다가 | 물론 | 따라서 |
| ⑤ | 역시 | 그런데 | 결과적으로 |

## 04 위 글의 필자의 주장을 압축적으로 드러낼 수 있는 중심 문장을 〈보기〉의 조건에 맞게 쓰시오.

보기

· '학교 폭력의 원인'에 대한 필자의 견해가 드러나도록 쓸 것
· 어문 규범을 지켜 한 문장 이내로 쓸 것

주관식

**05** (가)와 (나)를 모두 활용하여 글을 쓸 때, 적절한 주제문을 한 문장 이내로 쓰시오.

(가) '행복지수'란 영국의 심리학자 캐럴 로스웰과 인생상담사 피터 코언이 만들어 발표한 공식으로, 자신이 얼마나 행복한가를 스스로 측정하는 지수를 말한다. 이 공식에 따르면 국민총행복지수(GNH)가 1위인 나라는 부탄이다. 부탄은 국토가 우리나라의 절반도 안 되고, 국내총생산지수(GDP)가 1,400달러 정도밖에 되지 않는 가난한 나라이다. 이 외에 바누아투, 방글라데시와 같은 빈국들 역시 행복지수가 높은 나라로 꼽힌다.

(나) 복권 1등에 당첨되는 것은 많은 이들의 소망이다. 복권에 당첨되어 당첨금을 원하는 대로 사용하는 모습을 그려 보는 것만으로도 우리는 즐거움을 느낀다. 하지만 막상 복권 1등에 당첨된 사람들 중 상당수는 불행한 삶을 살고 있다고 한다. 가족·친구들과의 불화, 도박과 약물 중독, 낭비로 인한 가산 탕진 등 오히려 복권 당첨 전보다 못한 삶을 사는 사람들이 꽤 많다고 한다. 영국에서 약 15억 원가량의 복권에 당첨됐던 로버트 모팻은 최근 음주운전으로 체포된 후 "내 인생에서 가장 후회스러운 점은 복권에 당첨된 것이다."라고 말했다.

⇨ _____

_____

_____

주관식

**06** 십자말풀이를 참조해 아래의 (　)에 맞는 단어를 쓰시오.

|   | 1. 도 |   | 2. |   |
|---|---|---|---|---|
| 3. |   |   | 4. | 5. 설 |
|   |   |   |   |   |
| 6. | 7. 위 |   | 8. |   |
|   | 9. |   |   |   |

[가로 열쇠]

1. 그림을 그리는 데 쓰는 종이
3. 여름철에 여러 날을 계속해서 비가 내리는 현상이나 날씨. 또는 그 비
4. 일정한 결론에 도달하여 이미 확정하거나 인정한 설
6. 딸의 남편을 이르는 말
8. 머리털이나 이와 유사한 것으로 머리 모양을 만들어 쓰는 것
9. 비행기 안에서 승객이나 승무원에게 제공되는 식사, 음료수, 간식 따위를 이르는 말

[세로 열쇠]

1. 칼로 음식의 재료를 썰거나 다질 때에 밑에 받치는 것
2. 가리키어 확실하게 정함
3. 장례에 필요한 여러 가지 일을 맡아 하는 영업소
5. 몹시 서두르며 부산하게 구는 행동
7. 위험한 고비나 시기
8. 말이나 행동 따위를 거짓으로 꾸밈

2. 세로 ( _____ )
3. 세로 ( _____ )
8. 가로 ( _____ )
9. 가로 ( _____ )

⇨ _____
_____
_____

**주관식**

**07** 다음 빈칸에 들어갈 속담과 단어를 모두 이용하여 한 문장의 짧은 글을 지으시오.

> 신춘문예에 응모하여 번번이 탈락의 고배를 맛보았던 그에게, 올해의 신춘문예에 당선되었다는 소식은 '_____'와 같았다.

> 한국전쟁 당시 피난민들의 고생담은 '____' 없이는 들을 수 없는 이야기다.

⇨ _____
_____
_____

**주관식**

**08** 다음 글을 읽고 ㉮에 들어갈 중심 문장을 〈보기〉의 조건에 맞게 쓰시오.

> 문화적 상대주의에 따르면 각 사회마다 특수한 문화를 가지고 있다는 사실을 인정하고, 그 사회의 입장에서 문화를 이해하려고 노력해야 한다. 한국 사람들이 개고기를 먹는다고 비난한 한 프랑스 여배우가 역으로 비난을 받는 것도 문화적 상대주의의 관점에 따른 것이다.
> 그런데 다음의 경우는 어떠한가? 이집트에서 순결을 잃은 여성을 가족의 명예를 더럽혔다는 이유로 가족들이 직접 살해하는 것, 남편이 죽으면 부인도 따라 죽는 '샤티'라는 인도의 관습, 일부 아프리카 및 중동 지역에서 자행되는 여성의 생식기를 잘라내는 여성 할례 의식, 이런 풍습까지 다른 사회의 문화라고 해서 무조건 인정해 줄 수는 없을 것이다.
> 그러므로 (    ㉮    )

**보기**

- '문화적 상대주의'를 주어로 할 것
- '~해야 한다'는 형태를 활용하여 쓸 것
- 어문 규범을 지켜 한 문장으로 쓸 것

**주관식**

**09** 다음은 수필의 일부이다. ㉠에 적합한 표현을 〈보기〉의 조건에 맞게 쓰시오.

> 열 때마다 삐거덕거리던 서랍장이 결국 망가졌다. 서너 차례 어수룩한 망치질로 손봤던 문이 아예 바그라져, 숙련공이 온다 해도 원상태로 되돌릴 수 없을 것 같았다.
> 새것을 구매하기로 하고 서랍장 안의 물건들을 정리하니 생각지도 못한 물건들이 줄줄이 뛰어나왔다. 잃어버렸다고 생각했던 도장과 대학 입학 선물로 받았던 녹슨 만년필도 있었고, 어디에 사용해야 하는지 알 수 없는 잔뜩 녹슨 부품들과 어느 나라 것인지 알 수 없는 동전들도 있었다. 가장 안쪽에는 지난 몇 년간 열어보지 않았던 작은 나무 상자가 있었다. 언제 사용하게 될지 기약은 없지만 버리기는 찜찜한 것들을 넣어두던 상자였다.
> 기간이 지난 신용 카드, 집사람이 보물처럼 애지중지하던 대형 마트 적립 카드, 회원 등록을 하던 날 이외에 간적이 없는 도서관 카드, 연락 한번 해 보지 않은 이름이 적힌 명함들, 각종 할인 쿠폰 등등, 언제 내 손에 들어왔다가 어떻게 나무상자로 들어갔는지, 쓸데없는 것들을 참 많이도 모았다는 생각이 들었다. 휴지통으로 들어갈 것들과 다시 나무 상자로 들어갈 것들을 분리하는 데도 한참이 걸렸다.
> 그렇게 어름어름 정리를 하다 한 장의 카드에서 나는 멈칫했다. 앞면에는 경회루의 사진이, 뒷면에는 4,800원이라는 큼지막한 글씨가 있는 얇은 공중전화 카드였다.
> 공중전화. 참으로 오랜만에 떠올리는 이름이다. (  ㉠  )처럼 쓸쓸하게 관심의 한 구석으로 밀려난 녀석. 예전엔 그렇게 많은 사람들이 사용했건만, 요즘 학생들 중에는 공중전화를 한 번도 사용해보지 않은 이들이 대다수일 것이다. 나 또한 공중전화 부스에 마지막으로 들어가 본 적이 언제였는지 기억나지 않는다.

- 위 글에 나타난 '공중전화'의 특성이 드러나도록 쓸 것
- 비유적 표현이 될 수 있도록, 위 글에 나타난 '공중전화'의 특성과 유사한 성격을 지닌 대상을 언급할 것
- 어문 규범을 지켜 20자 내외로 쓸 것

⇨ _____

_____

_____

- 찬성과 반대 중 하나의 입장을 고를 것
- (가)와 (나) 중 자신의 입장과 반대되는 입장의 의견을 하나 이상 반박할 것
- 어문 규범을 지켜서 쓸 것

⇨ _____

_____

_____

**주관식**

**10** 다음 글을 읽고 조기 유학에 대한 찬성 혹은 반대 의견을 〈보기〉의 조건에 맞게 세 문장으로 쓰시오.

(가) 감소세를 보였던 조기 유학생 수가 다시 증가세를 보인다는 소식은 환영할 만하다. 국제화 시대에는 다양한 문화에 대한 이해가 중요하다. 조기 유학을 하면 이른 나이에 다른 나라의 문화를 접하여 타 문화를 잘 이해하게 되고 세상을 보는 시야를 넓힐 수 있다. 또 언어는 이른 나이에 배울 때 습득력이 높아, 조기 유학을 하면 우리나라의 언어뿐 아니라 그 나라의 언어까지 자유롭게 구사할 수 있다. 따라서 오늘날과 같은 국제화 시대에 조기 유학은 널리 권장할 만하다.

(나) 조기 유학의 성공 사례만 보고 조기 유학에 대한 환상을 품고 있는 사람들이 많다. 하지만 조기 유학이 과연 바람직한 일인지는 의문이다. 조기 유학을 가는 학생은 동반자 없이 홀로 가는 경우가 많다. 이때, 문화적 충격과 소외감을 느낀 학생들이 부모의 보호 없이 일탈할 우려가 있다. 또 자녀의 조기 유학을 위해 가족 구성원이 오랫동안 떨어져 지낸 결과, 가족 간의 유대감이 형성되지 못하고 가족이 해체될 우려도 있다.

# 제 **3** 회 **1교시 모의고사**

## 01 밑줄 친 부분의 의미가 다른 것은?

① 그가 나에게 도전장을 내밀었다.
② 그가 나를 위해 소개장을 써 주었다.
③ 학급 반장으로 뽑혀서 임명장을 받았다.
④ 얼었던 냇물이 얼음장 하나 없이 녹았다.
⑤ 모임에 참석해야 하는 사람들에게 초청장을 보냈다.

## 02 두 단어 간의 관계가 나머지와 다른 것은?

① 높다 : 낮다
② 벗다 : 입다
③ 오다 : 가다
④ 느리다 : 빠르다
⑤ 잠그다 : 채우다

## 03 〈보기〉의 뜻풀이와 예문의 (    )에 가장 알맞은 단어는?

> **보기**
>
> [뜻풀이] 귀중한 물품이나 정보 따위가 불법적으로 나라나 조직의 밖으로 나가 버림.
> [예문] 회사의 기밀이 (    )되지 않도록 보안에 총력을 기울여야 한다.

① 누출                  ② 방출
③ 송출                  ④ 유출
⑤ 추출

## 04 〈보기〉의 밑줄 친 단어의 문맥상 의미와 유사한 의미로 사용된 것은?

> **보기**
>
> 내 옆에 있던 소매치기가 지갑을 <u>차서</u> 도망갔다.

① 그녀는 혀를 끌끌 <u>차면서</u> 나를 동정했다.
② 독수리가 병든 짐승을 <u>차고</u> 하늘로 날아올랐다.
③ 그가 내 다리를 발로 <u>차서</u> 다리에 멍이 들었다.
④ 달리기 선수들은 출발선을 <u>차며</u> 앞으로 달려 나갔다.
⑤ 그는 친구와 함께 제기를 <u>차면서</u> 즐거운 시간을 보냈다.

## 05 〈보기〉의 밑줄 친 단어의 문맥상 의미와 유사한 의미로 사용된 것은?

> **보기**
>
> 어느 <u>날</u> 그가 나를 만나러 우리 집에 왔다.

① 날이 차서 따뜻한 옷을 입었다.
② 어느덧 날이 저물어 어두워졌다.
③ 날을 정해서 다 같이 회식을 합시다.
④ 오늘은 쉬는 날이라 회사에 가지 않았다.
⑤ 젊은 날 뭣 모르고 헛되이 시간을 보낸 것이 후회된다.

**06** 밑줄 친 부분을 같은 의미의 다른 단어로 바꾼 것 중 바르지 <u>않은</u> 것은?

① 온 가족이 이민을 가게 되어 <u>불가불(不可不)</u> 그녀와 헤어졌다. ⇨ 마침내

② 너희가 기어이 쳐들어온다면 <u>부득불(不得不)</u> 싸울 수밖에 없다. ⇨ 마지못하여

③ <u>급기야(及其也)</u> 그 일이 내가 손 쓸 수 없을 지경에 이르렀다. ⇨ 마지막에 가서는

④ 원했던 직위로 진급하니 <u>미상불(未嘗不)</u> 기분이 매우 좋았다. ⇨ 아닌 게 아니라 과연

⑤ 그는 <u>언필칭(言必稱)</u> 의리를 강조하나 늘 의리 없이 행동했다. ⇨ 말을 할 때마다 이르기를

**07** 〈보기〉의 밑줄 친 부분을 유사한 의미의 다른 단어로 바꿀 때, 가장 적절한 것은?

> 보기
>
> 그는 노벨상 수상자와 <u>어깨를 나란히 할</u> 만한 과학자이다.

① 비견할      ② 비교할
③ 비유할      ④ 대항할
⑤ 대비할

**08** 밑줄 친 표현의 쓰임이 자연스럽지 <u>않은</u> 것은?

① 그의 말은 언제나 <u>사개가 맞아</u> 고개가 끄덕여진다.

② 착실히 자기 할 일 하는 아이에게 <u>바람을 넣</u>지 마라.

③ 그가 자꾸 <u>가마를 태우니</u> 나는 그를 신뢰할 수밖에 없다.

④ 동료들이 모두 떠나간 후 나는 <u>낙동강 오리 알</u> 신세가 되었다.

⑤ 힘겨운 상황에 처한 그에게 어떤 말을 해야 할지 <u>가닥을 잡을</u> 수가 없었다.

**09** 〈보기〉의 ㉠에 들어갈 속담으로 가장 적절한 것은?

> 보기
>
> 한류 열풍에 힘입어 한국을 찾는 외국 관광객이 증가하고 있다. 그런데 이들을 맞이하는 우리의 준비는 턱없이 부족하다. 한 기관의 조사에 따르면 외국 관광객들은 한류 스타들의 공연 예매와 관련된 정보를 얻기 힘들고 유명 관광지가 생각보다 평범했다는 점 등을 한국 관광에서 실망스러웠던 점으로 꼽았다. 관광객을 대상으로 한 공연 및 숙박 예약 서비스의 활성화, 지역별 특색 있는 관광 상품의 개발, 다양한 언어 서비스 제공 등 철저한 손님맞이 준비로 외국 관광객이 한국 관광에 만족감을 느낄 수 있도록 할 필요가 있다. ( ㉠ )는 것을 기억하여 외국 관광객의 증가가 일시적인 현상이 아니라 관광 산업의 꾸준한 성장으로 이어질 수 있도록 해야 한다.

① 중이 제 머리를 못 깎는다.
② 닭 쫓던 개 지붕 쳐다보듯 한다.
③ 사공이 많으면 배가 산으로 간다.
④ 거미도 줄을 쳐야 벌레를 잡는다.
⑤ 바다는 메워도 사람의 욕심은 못 채운다.

**10** 밑줄 친 단어의 쓰임이 바르지 <u>않은</u> 것은?

① 그녀의 <u>간드러진</u> 목소리에 반해 버렸다.
② 그는 일을 <u>야무지게</u> 처리하여 실수가 없다.
③ 그는 <u>옴팡져서</u> 늘 남에게 베풀며 살아간다.
④ <u>산드러진</u> 그녀의 태도는 좋은 인상을 주었다.
⑤ 그녀는 <u>차진</u> 사람이어서 매사 신중을 기한다.

**11** 밑줄 친 단어의 쓰임이 바르지 <u>않은</u> 것은?

① 학창 시절에 공부를 <u>등한시(等閑視)</u>했던 게 후회된다.

② 나는 처음 보는 사람을 <u>적대시(敵對視)</u>하는 습성이 있다.

③ 그는 작은 일도 <u>초개시(草芥視)</u>하여 무슨 일이든 열심히 하였다.

④ 그가 나에게 친절하게 대해 주었기에 나는 그를 <u>청안시(靑眼視)</u> 했다.

⑤ 그가 다른 사람 험담을 일삼자 동네 사람들은 그를 <u>사갈시(蛇蝎視)</u>했다.

**12** 밑줄 친 단어의 쓰임이 바르지 <u>않은</u> 것은?

① 그는 조국의 통일을 <u>간구(懇求)</u>하였다.

② 그녀는 <u>간박(簡朴)</u>하여 인정이 메말랐다.

③ 그는 나를 범인으로 <u>간주(看做)</u>하고 질문을 했다.

④ 국회의원은 국민들의 요구를 <u>간과(看過)</u>할 수 없다.

⑤ 내가 말하지 않아도 그녀는 마음을 <u>간파(看破)</u>하고 있었다.

**13** 〈보기〉의 ㉠~㉢에 들어갈 단어를 바르게 연결한 것은?

> **보기**
>
> • 예기치 못한 질문을 받아 ( ㉠ )을 느꼈다.
> • 그는 걸핏하면 욕설을 일삼는 상사에게 ( ㉡ )을 당했다.
> • 지도자는 국민들의 ( ㉢ )을 듣고 해결 방안을 제시해야 한다.

    ㉠     ㉡     ㉢

① 고충 – 곤욕 – 곤혹

② 고충 – 곤혹 – 곤욕

③ 곤욕 – 고충 – 곤혹

④ 곤혹 – 고충 – 곤욕

⑤ 곤혹 – 곤욕 – 고충

**14** 밑줄 친 부분의 맞춤법이 바르지 <u>않은</u> 것은?

① 짐을 잔뜩 <u>지고</u> 어딜 가는 거니?

② <u>산뜻한</u> 기분으로 아침을 맞이했다.

③ 머리를 <u>싹뚝</u> 자르니 기분이 이상하다.

④ 그는 <u>해쓱한</u> 얼굴로 나를 쳐다보았다.

⑤ 그 음식은 <u>깍두기</u>를 곁들여 내어 놓아야 한다.

**15** 밑줄 친 부분의 표기가 옳은 것은?

① 그를 처음 본 순간부터 <u>설레였다.</u>

② <u>어쨋든</u> 이 일은 네가 끝내야 한다.

③ 무엇을 해야 할지 <u>곰곰히</u> 생각했다.

④ 이 자리를 <u>빌려</u> 한 말씀 드리겠습니다.

⑤ 실내에선 흡연을 <u>삼가해</u> 주시기 바랍니다.

**16** 〈보기〉의 ( )에 알맞은 표기로만 짝지어진 것은?

> **보기**
>
> • 그녀는 나를 본 ( ㉠ )도 안 했다.
> • ( ㉡ ) 그가 너를 해코지하겠니?
> • 그녀는 나이가 ( ㉢ ) 들어 보인다.
> • 그 그림은 삐뚤어지지 않고 벽에 ( ㉣ ) 걸려 있었다.

    ㉠     ㉡     ㉢     ㉣

① 채 – 아무려면 – 지그시 – 반드시

② 채 – 아무려면 – 지그시 – 반듯이

③ 채 – 아무러면 – 지긋이 – 반드시

④ 체 – 아무러면 – 지긋이 – 반듯이

⑤ 체 – 아무러면 – 지그시 – 반드시

**17** 밑줄 친 부분에 대한 설명으로 바르지 않은 것은?

① 내로라하는 사람들만 이 자리에 모두 모였다.
⇨ '나이노라'의 준말이므로 '내노라'가 맞다.

② 이것은 우리 언니가 쓰던 공책이예요.
⇨ '-예요'는 '-이에요'의 준말이므로 '공책이에요'가 맞다.

③ 그가 우리 반을 이끔은 학생들의 뜻이었다.
⇨ 'ㄹ'로 끝나는 말의 명사형은 '-ㅁ' 꼴이므로 '이끎'이 맞다.

④ 그는 몸이 약하고, 더우기 마음도 약하다.
⇨ '더욱'과의 연관성을 형태상으로 드러내 주는 표기인 '더욱이'가 맞다.

⑤ 그녀는 시험에 합격하므로써 자신의 능력을 보여 주려 하였다.
⇨ '합격함'이라는 말 뒤에 '수단'을 나타내는 조사 '으로써'가 붙은 표현인 '합격함으로써'가 맞다.

**18** 〈보기〉의 로마자 표기법에 따를 때 잘못 표기한 것은?

> **보기**
>
> 음운 변화가 일어날 때, 구개음화가 되는 경우에는 변화의 결과에 따라 적는다.

① 굳이 ⇨ guji  ② 같이 ⇨ gachi
③ 굳히다 ⇨ gutida  ④ 붙이다 ⇨ buchida
⑤ 맞히다 ⇨ machida

**19** 다음 글에 나타난 지진 대피 요령에 맞게 행동을 한 것은?

> 최근 동남아 지역의 잇단 지진 소식으로 인해 지진에 대한 공포가 높아지고 있다. 그런데 지진에 대해 무조건 두려워하기보다는 지진 대피 방법을 사전에 숙지해 놓으면 지진으로 인한 피해를 줄일 수 있다.
>
> 집 안에 있다가 지진을 겪게 되면 우선 책상이나 침대 밑에 들어가서 몸을 보호해야 한다. 그리고 책상 다리나 침대 다리를 잡고 진동에 휩쓸리지 않도록 주의해야 한다. 만약 주변에 몸을 피할 수 있는 마땅한 가구가 없을 때에는 방석 등으로 머리를 보호해야 한다.
>
> 지진 시 화재에 대비하기 위해서는 평소에 전기 배선, 가스 등을 철저히 점검하고 이상이 있는 부분은 바로 수리를 해야 한다. 또 가스나 전기를 차단하는 방법을 미리 익혀둬야 한다. 그리고 규모가 작은 지진을 감지했을 때 바로 불을 끄는 습관을 지녀야 한다. 지진 발생 시 불을 끌 기회는 크게 세 번이 있다. 첫 번째 기회는 크게 흔들리기 전, 흔들림이 작을 때이다. 작은 흔들림을 느낌과 동시에 가족들과 협력하여 가스레인지나 난로의 불을 꺼야 한다. 두 번째 기회는 큰 흔들림이 멈췄을 때이다. 크게 흔들릴 때는 가스레인지에서 요리 중인 그릇 등이 떨어질 수 있어 위험하다. 세 번째 기회는 화재 발생 직후이다. 화재가 발생한 직후에 바로 소화할 수 있도록 소화기를 항상 화재가 일어날 가능성이 있는 곳에 비치해 둬야 한다.
>
> 한편 지진이 일어났다고 해서 서둘러 집 밖으로 뛰어나가는 행위는 금물이다. 집 밖에는 더 많은 위험들이 도사리고 있을 가능성이 있다. 만약 집 밖에서 지진을 겪게 되면 유리창이나 간판에서 멀리 떨어져야 한다. 또 자동판매기 등 고정되지 않아 넘어질 우려가 있는 사물에는 가까이 가서는 안 된다. 땅이 흔들리면 사람에겐 무엇엔가 기대고 싶은 심리가 생긴다. 그렇다고 대문 기둥이나 담에 기대는 행위는 위험하다. 무너질 우려가 있기 때문이다. 그것보다는 가방 등 드는 것으로 자신의 머리를 보호하도록 해야 한다.

① 땅이 강하게 흔들릴 때 가스레인지의 불을 끄러 달려갔다.

② 집 밖에 있을 때 땅이 흔들려 담벼락에 기대어 몸을 지탱했다.

③ 지진이 일어나자 집 안의 가구들을 피해 서둘러 집 밖으로 나갔다.

④ 방에 있을 때 지진이 발생하여 침대 밑에 들어가 침대 다리를 잡았다.

⑤ 집 밖에 있을 때 지진이 발생하여 자동판매기 옆으로 가 가방으로 머리를 보호했다.

안심Touch

## 20  다음 글의 내용과 다른 것은?

---

**출판 계약서**

저작물을 출판함에 있어 저자 "갑"과 출판사 "을"은 다음과 같이 출판 계약을 체결한다.

■ 배타적 권리

본 계약 기간 중에 갑은 본 저작물의 내용과 동일, 혹은 유사한 저작물을 직접 출판하거나 제3자로 하여금 출판하게 해서는 안 된다.

■ 계약 조건

1. 계약금은 0,000만 원으로 하며, 계약을 체결함과 동시에 을은 갑에게 계약금을 지급한다.
2. 갑은 계약서 작성 후 3달 이내로 완전한 원고를 을에게 전달한다.
3. 출판 도서에 대한 인세는 출판물 정가의 30%로 한다.
4. 초판본은 5,000부를 찍고, 갑이 을에게 완전한 원고를 전달했을 경우, 을은 갑에게 초판본 인세의 100%를 지급한다.
5. 증판 시에는 증판 후 2개월 이내에 증판본 인세의 50%, 다음 증판 시 50%를 지급하는 것을 원칙으로 한다.

■ 이차적 저작물

1. 출판사는 저자의 허가가 있을 경우, 본 계약 기간 중에 저작물이 출판물과 별도로 연극, 영화, 방송 녹음 등의 형태로 제작·판매할 수 있다.
2. 연극, 영화, 방송 녹음 등의 이차적 저작물에 대해서 "을"은 "갑"에게 매출액의 10%를 인세로 지급한다.

■ 계약의 종료

본 계약은 계약일로부터 2년이 되면 자동 종료된다.

---

① 책의 정가가 만 원일 때 저자는 1권당 3,000원을 인세로 받는다.
② 저자는 완전한 원고를 넘기기 전에도 출판사로부터 받는 돈이 있다.
③ 출판물의 증판이 이루어졌을 때 저자는 증판본의 인세를 한 번에 받는다.
④ 저자는 출판사로부터 이차적 저작물의 매출로 인해 발생한 이윤의 일부를 받는다.
⑤ 계약 후 2년이 지났을 때 저자는 본 저작물과 유사한 저작물을 직접 출판할 수 있다.

## 21  다음 광고문의 설득 전략을 잘못 이해한 것은?

---

**말 한 마디에 천 냥 빚도 갚는다.**
**언어의 마술사가 화술의 전략을 밝힌다!**

15년 연속 '최고의 MC상'을 수상한 박세구! 20살에 처음 MC로서 마이크를 잡은 이후, 30년간 한 분야에서 최고의 자리에 오르기까지, 현장에서 부딪히며 체득한 말하기 비법을 공개한 책! 우리 언어생활의 75%를 차지하는 음성 언어활동! 가정에서, 학교에서, 회사에서 우리는 늘 상대와 말하고, 상대의 말을 듣는다. 이제 파헤쳐 봐야 하지 않을까? 말로써 상대를 사로잡는 법! 지금 바로 책장을 넘기십시오!

• 말하기에 자신이 없었는데, 이 책에서 하라는 대로 했더니 어느새 나도 말하기 고수!
                                    - 10대 고등학생
• 과제 발표 시에도 유용한 화술을 알려주는 책!
                                    - 20대 대학생
• 구태의연한 내용일 거라 생각했는데, 웬걸? 참신하고 재미있는 내용 때문에 책을 손에서 놓지 못했다.        - 30대 직장인
• 부하 직원을 내 편으로 만드는 화술을 익힐 수 있었습니다.        - 50대 직장인

---

① 저자의 권위를 내세워 책의 신뢰성을 높인다.
② 구체적인 수치를 제시하여 이 책의 중요성을 부각한다.
③ 잘 알려진 관습적 표현을 사용하여 독자들의 공감을 유도한다.
④ 이론적 지식과 현장 경험이 균형 있게 다루어진 내용임을 강조한다.
⑤ 서평을 인용함으로써 흥미로우면서도 실생활에 도움이 되는 책이라는 것을 암시한다.

**22** 다음 중 '환자'가 행할 조치로 적절한 것은?

> **환자의 질문:** 일주일 전부터 잠자리에 누우면 1시간이 지나도 잠들기가 어렵습니다. 어둡게 하면 잠이 잘 올까 하는 마음에 불을 다 끄고 창문의 커튼까지 치고, 수면에 방해가 될 것 같아 커피는 전혀 마시지 않습니다. 혹시 피로를 느끼면 잠이 올까 해서 잠들기 전 운동을 하기도 합니다. 그런데도 차도가 없습니다. 주변 사람들의 권유로 잠들기 전 배가 고플 때 호두를 조금 먹기 시작했는데, 잘하고 있는 걸까요?
>
> **의사의 답변:** 일주일 동안 잠을 잘 못 이루셨다니, 일시적인 불면증으로 보입니다. 불면증은 3명 중 1명은 한 번 이상 겪을 정도로 흔한 증상이죠. 편안한 잠자리를 위해서는 취침 시간과 기상 시간을 일정하게 유지해야 합니다. 그리고 카페인이 든 음료를 마시지 않는 것이 좋습니다. 침실을 서늘하고 어둡게 유지하는 것도 도움이 되고, 저녁에 온수에 반신욕을 하는 것도 좋습니다. 매일 규칙적으로 적절한 양의 운동을 하는 것이 좋으나 취침 전 운동은 오히려 수면을 방해할 수 있습니다. 시장하면 잠이 잘 안 올 수 있기 때문에 배가 고플 땐 간단한 군것질을 하는 것이 낫습니다. 우유, 견과류, 바나나 등을 권장합니다. 술은 얕은 잠엔 빠지게 할 수 있으나 숙면을 방해하므로 편안한 수면을 위해선 피하는 게 좋습니다.

① 호두의 섭취를 중단한다.
② 운동하는 시간을 조정한다.
③ 취침 시간을 점점 앞으로 당긴다.
④ 알코올 음료를 섭취하여 숙면을 유도한다.
⑤ 침실의 온도를 약간 더운 정도로 유지한다.

**[23~24] 다음 글을 읽고 물음에 답하시오.**

구두 수선을 주었더니 뒤축에다가 어지간히도 큰 징을 한 개씩 박아 놓았다. 보기가 흉해서 빼어 버리라고 하였더니, 그런 징이래야 한동안 신게 되고, 무엇이 어쩌구 하며 수다를 피는 소리가 듣기 싫어 그대로 신기는 신었으나, 점잖지 못하게 ⊙ 저벅저벅, 그 징이 땅바닥에 부딪치는 금속성 소리가 심히 귓맛에 역했다. 더욱이, 시멘트 포도(鋪道)의 딴딴한 바닥에 부딪쳐 낼 때의 그 음향이란 정말 질색이었다. ⓛ 또그닥또그닥 — 이건 흡사 사람이 아닌 말발굽소리다.

어느 날 초어스름이었다. 좀 바쁜 일이 있어 창덕궁 곁 담을 끼고 걸어 내려오노라니까, 앞에서 걸어가던 이십 내외의 어떤 한 젊은 여자가 이 이상히 또그닥거리는 구두 소리에 안심이 되지 않는 모양으로, 슬쩍 고개를 들어 또그닥 소리의 주인공을 물색하고 나더니, ㉮ 별안간 걸음이 빨라진다.

그러는 걸 나는 그저 그러는가 보다 하고, 내가 걸어야 할 길만 그대로 걷고 있었더니, 얼마쯤 가다가 이 여자는 또 뒤를 한 번 힐끗 돌아본다. 그리고 자기와 나와의 거리가 불과 지척(咫尺) 사이임을 알고는 빨라지는 걸음이 보통이 아니었다. 뛰다 싶은 걸음으로 치맛귀가 옹숭하게 내닫는다. 나의 그 또그닥거리는 구두 소리는 분명 자기를 위협하느라고 일부러 그렇게 따악딱 땅바닥을 박아 내며 걷는 줄로만 아는 모양이다.

그러나 이 여자더러 내 구두 소리는 그건 자연이요, 인위가 아니니 안심하라고 일러 드릴 수도 없는 일이고 해서, ⓝ 나는 그 순간 좀 더 걸음을 빨리하여 이 여자를 뒤로 떨어뜨림으로, 공포에의 안심을 주려고 한층 더 걸음에박차를 가했더니, 그럴 게 아니었다. 도리어 이것이 이 여자로 하여금 위협이 되는 것이었다.

내 구두 소리가 ⓒ 또그닥또그닥 좀 더 재어지자, 이에 호응하여 ㉣ 또각또각 굽 높은 뒤축이 어쩔 바를 모르고 걸음과 싸우며 유난히도 몸을 일으내는 그 분주함이란, 있는 마력(馬力)은 다 내 보는 동작에 틀림없다. 그리하여 한참 석양 놀이 내려퍼지기 시작하는 인적 드문 포도(鋪道)위에서 ㉤ 또그닥또그닥, 또각또각 하는, 이 두 음향의 속 모르는 싸움은 자못 그 절정에 달하고 있었다. 나는 이 여자의 뒤를 거의 다 따랐던 것이다. 2, 3보만 더 내어 디디면 앞으로 나서게 될 그런 계제였다. 그러나 이 여자 역시 힘을 다하는 걸음이었다. 그 2, 3보라는 것도 그리 용이히 따라지지 않았다. 한참 내 발부리에도 풍진(風塵)이 일었는데, 거기서 이 여자는 뚫어진 옆 골목으로 살짝 빠져 들어선다. 다행한 일이었다. 한숨이 나간다. 이 여자도 한숨이 나갔을 것이다.

기웃해 보니, 기다랗게 내뚫린 골목으로 이 여자는 휭하니 내닫는다. 이 골목 안이 저의 집인지, 혹은 나를 피하느라고 빠져 들어갔는지, 그것은 알 바 없으나, 나로선 이 여자가 나를 불량배로 영원히 알고 있을 것임이 서글픈 일이다.

여자는 왜 그리 남자를 믿지 못하는 것일까. 여자를 대하자면 남자는 구두 소리에까지도 세심한 주의를 가져야 점잖은 대우를 받게 되는 것이라면, 이건 이성(異性)에 대한 모욕이 아닐까 생각을 하며, 나는 그 다음으로 그 구두징을 뽑아 버렸거니와 살아가노라면 별(別)한 데다가 다 신경을 써 가며 살아야 되는 것이 사람임을 알았다.

## 23  ㉮와 ㉯의 이유로 적절한 것은?

① ㉮와 ㉯는 상대를 따라잡기 위함이다.

② ㉮와 ㉯는 상대에 대한 공포 때문이다.

③ ㉮와 ㉯는 자기 자신에게 바쁜 일이 있기 때문이다.

④ ㉮는 상대를 멀리하기 위함이고, ㉯는 상대를 위협하기 위함이다.

⑤ ㉮는 상대에 대한 오해 때문이고, ㉯는 상대에 대한 배려 때문이다.

## 24  ㉠~㉢에 대한 설명으로 옳지 않은 것은?

① ㉠은 구두 소리에 대한 '나'의 못마땅한 심정이 드러난다.

② ㉡은 '나'가 구두 소리를 말발굽 소리처럼 느끼고 있음을 알 수 있다.

③ ㉢은 발걸음이 빨라지는 속도감이 느껴진다.

④ ㉣은 인물이 까다로운 성격의 소유자임을 나타낸다.

⑤ ㉤은 두 인물 사이에 긴박한 분위기가 고조됨을 나타낸다.

## [25~27] 다음 글을 읽고 물음에 답하시오.

"종이책은 죽었다." 어느 미래학자의 말이다. 정보통신 기술의 발달과 더불어 전자책이 등장하면서 종이책이 사라질지도 모른다는 이야기가 심심찮게 들려온다. 스마트폰과 태블릿 PC가 점점 더 대중화되면서 전자책 시장도 더불어 성장하여, 현재 세계 전자책 시장은 4조 5,000억 원 규모에 이르는 것으로 추정되고 있다. 세계에서 가장 오래된 영문 백과사전 브리태니커가 "더 이상 종이 사전을 만들지 않겠다."고 선언했고, 우리 정부는 초·중·고 교과서를 전자책으로 바꿔나가겠다는 계획을 발표했다. 종이책은 과연 역사의 뒤안길로 사라져버릴 것인가.

하나의 매체가 새로 등장할 때마다 기존 매체가 사라질 것이라는 예측은 항상 있어 왔다. 축음기가 처음 나왔을 때, 모든 것은 음성으로 전해질 것이고 종이책은 사라질 것이라는 주장이 제기되었다. 하지만 종이책은 계속 건재해 오지 않았는가. 텔레비전이 등장하자 ( ㉠ ).

전자책이 우리 삶에서 점점 더 많은 비중을 차지한다 해도, 종이책에는 전자책에서 찾아볼 수 없는 고유한 매력이 있다. 그것은 바로 아날로그적 감성이다. 책을 직접 만지고 책장을 넘기면서 종이의 질감을 느끼고, 책을 읽다 다른 부분의 내용을 훑어보고 싶을 때 자유롭게 앞뒤 페이지를 뒤적이며 원하는 부분을 찾아 읽으며, 가독성이 높아 한 글자 한 글자를 집중해 읽으며 책이 주는 감동을 되뇌는 재미. 이것은 전자책에서는 얻을 수 없는, 종이책만의 묘미라고 할 수 있다.

실제로 미국의 남캘리포니아대학의 설문 조사 결과, 전자책 소유자 가운데 10% 정도만 종이책 읽는 것을 중단한 것으로 나타났다고 한다. 전자책을 소유하는 사람이 늘어나고 있지만, 아직까지 전자책 소유자들 중 대부분은 종이책을 이용하고 있다. 물론 전자책 시장은 앞으로도 더욱 커질 것이며, 전자책을 이용하는 사람들의 수도 증가할 것이다. 하지만 전자책의 융성이 곧 종이책의 쇠퇴를 의미한다고는 할 수 없다. 종이책만의 고유한 특성으로 말미암아 여전히 종이책은 우리에게 사색의 시간을 마련해 주는 친근한 사물로서, 전자책과 공존할 것이다.

**25** 위 글의 내용과 거리가 <u>먼</u> 것은?

① 첨단 기기의 대중화는 전자책 시장의 성장에 영향을 미쳤다.

② 정부의 계획에 따르면 학교에서의 전자책 활용도가 높아질 것이다.

③ 전자책 소유자의 대부분은 전자책의 편리함 때문에 종이책을 외면한다.

④ 새로운 매체가 등장한다고 해서 기존의 매체가 모두 사라지는 것은 아니다.

⑤ 브리태니커의 선언은 종이책이 사라질지도 모른다는 주장을 뒷받침하는 예가 될 수 있다.

**26** 위 글의 필자가 주장할 내용이라 할 수 <u>없는</u> 것은?

① 종이책은 사용법이 단순해서 폭넓은 연령층이 손쉽게 사용할 수 있다.

② 전자책은 충전을 하거나 전기를 공급해야 하지만 종이책은 별다른 장치 없이 어디서나 펼쳐서 읽을 수 있다.

③ 종이책에 물을 쏟으면 종이를 말려서 사용할 수 있지만 전자책에 물을 쏟으면 기계가 고장 나서 사용하지 못할 수도 있다.

④ 새로운 지식이 빠른 속도로 양산되는 현대 사회에서 신속하게 내용을 개정할 수 있는 종이책의 장점은 더욱 부각될 것이다.

⑤ 독자는 전자책을 읽다가 궁금한 점이 있으면 쉽게 해답을 제공받을 수 있는 대신 스스로 깊이 생각하는 능력이 줄어들 것이다.

**27** ㉠에 들어갈 예로 적절한 것은?

① 축음기의 위협에도 끄떡없던 종이책이었건만, 움직이는 영상의 현란함에 무릎을 꿇었다.

② 새로운 매체로 각광받던 라디오의 위세가 영원할 것 같았지만, 라디오의 영향력은 크게 위축되었다.

③ 라디오가 사라질 것이란 예측이 나왔지만, 라디오는 텔레비전과는 다른 라디오만의 매력을 지닌 채 살아남았다.

④ 텔레비전이 보여주는 신세계에 사람들이 찬사를 보냈지만, 인터넷의 등장으로 텔레비전이 주는 감동은 반감되었다.

⑤ 사람들은 텔레비전이 인간 기술 발달의 최고봉일 것이라고 예측했으나, 텔레비전을 뛰어넘는 새로운 매체가 연이어 등장했다.

## [28~29] 다음 글을 읽고 물음에 답하시오.

우리는 개인에 따라 선호하는 정보 처리 방식이 다르다. 어떤 사람은 사태를 논리적으로 파악하는 것을 선호하나, 어떤 사람은 감성적으로 파악하는 것을 선호한다. 어떤 사람은 스스로 고심하여 문제 해결 방안을 찾는 것을 좋아하지만, 어떤 사람은 다른 사람이 명확한 답을 내려주길 바란다. 어떤 사람은 혼자서 일할 때 훌륭한 성과를 내지만, 어떤 사람은 다른 사람과 협력할 때 좋은 성과를 낸다. 이처럼 개인이 선호하는 정보 처리 방식을 인지 양식이라고 하는데, 위트킨(H. A. Witkin)은 인지 양식 유형을 장독립성과 장의존성으로 나누어 설명한다.

장독립성은 사물을 인식할 때 그 사물을 둘러싼 배경, 즉 장의 영향을 별로 받지 않는 인지 양식을 말한다. 즉, 장독립적인 사람은 주변 상황으로부터 자신을 잘 분리할 수 있다. 이에 반해 장의존성은 장의 영향을 많이 받는 인지 양식을 말한다. 다시 말해, 장의존적인 사람은 주변 상황으로부터 자신을 분리하는 것이 쉽지 않다.

이와 같은 장독립성, 장의존성은 개인의 학습에 영향을 미친다. 장의존적인 사람은 사회적 내용을 다룬 자료를 잘 이해한다. 또 구조화되지 않은 자료를 학습하거나 주어진 자료를 재조직하는 데 어려움을 겪으며, 문제 해결을 위해 명료한 지시를 필요로 하고, 다른 사람의 비판에 영향을 많이 받는다. 이러한 장의존적인 학습자에게는 장독립적인 교사가 어울린다. 왜냐하면 장독립적인 교사는 구조화되고 명료한 강의식 교수법을 선호하기 때문에 구조화된 자료의 제공을 필요로 하는 장의존적 학습자에게 도움이 될 수 있다.

반면 장독립적인 사람은 사회적 내용을 다룬 자료에 집중하는 것을 어려워하며 수학이나 과학처럼 분석적 능력을 요구하는 과목을 선호한다. 또 구조화되지 않은 것을 구조화하거나, 자료를 재조직하는 능력이 뛰어나다. 외부의 비판에 영향을 적게 받고, 외부의 지시보다는 자신이 설정한 목표에 따라 문제를 해결하는 경향이 있다.

이러한 장독립적 학습자에게는 장의존적 교사가 어울린다. 장의존적 교사는 학습자 중심의 수업을 선호하고, 분위기를 잘 살피며 융통성이 있어서 다양한 교수 방법들을 동원하여 수업을 진행하기 때문이다.

## 28 위 글을 읽고 난 후의 반응으로 적절한 것은?

① 학습자는 같은 인지 유형을 지닌 교사에게 배울 때 더 높은 학업 성취를 보이겠군.
② 장의존적인 사람보다 장독립적인 사람이 숨은 그림 찾기에서 더 뛰어난 능력을 보여주겠군.
③ 장의존적인 학습자는 다양한 방법을 시도하면서 스스로 문제 해결의 답을 구하는 것을 선호하겠군.
④ 같은 인지 유형을 지닌 학습자끼리 학습하면 혼자 학습할 때보다 학습 능률이 높아지겠군.
⑤ 장의존적인 학습자에게는 칭찬이, 장독립적인 학습자에게는 비판이 학습 능률을 높이는 데 효과적이겠군.

## 29 위 글에 드러난 '장독립적' 인지 양식을 지닌 사람을 가리키는 말로 적절한 것은?

① 숲보다 나무를 보는 사람
② 배보다 배꼽이 더 큰 사람
③ 현재보다 미래가 중요한 사람
④ 질서보다 자유를 추구하는 사람
⑤ 과정보다 결과를 중시하는 사람

우리에게 웃음을 선사하는 희극미를 흔히 '골계'라고 하는데, 골계의 대표적인 것이 바로 풍자와 해학이다. 풍자와 해학은 둘 다 웃음을 유발한다는 점, 대상보다 주체가 높이 위치하여 그것을 내려다보면서 웃음을 형상화한다는 점, 직접적이지 않고 우회적이라는 점에서 공통점이 있다. 그러나 풍자가 신랄한 조소와 비난으로써 불합리한 사물을 부정하고 그 사물에 공격을 가한다면, 해학은 공격이나 비판 없이 주인공의 바보스러운 행동만으로 독자의 웃음을 유발하며 대상에 대한 작가의 애정과 동정이 스며들어 있다는 차이점이 있다.

이러한 풍자와 해학의 면모가 잘 드러나 있는 대표적 작품이 채만식의 〈치숙〉과 김유정의 〈봄봄〉이다. 우선, 〈치숙〉에서는 '풍자'가 두드러진다. 〈치숙〉은 무지하고 세속적인 인물인 조카 '나'가 주인공인 아저씨의 비현실적 사고방식을 비난하는 것으로 구성되어 있는데, '나'라는 화자는 아저씨를 한심하게 여기면서 자신의 포부를 자랑스럽게 떠들어대지만, 그 과정에서 자신의 무지와 허점을 드러내게 되고, 이로 인해 독자의 웃음을 유발한다.

그런데 〈치숙〉의 작가는 반어를 통해 화자의 어리석음을 은근히 비판한다. 표면상으로는 긍정적인 인물로 '나'를 내세웠지만, 사실은 현실에 야합하는 '나'를 부정하고 있는 것이다. 그리고 '나'의 논리를 명쾌하게 반박하지 못하는 '아저씨'의 한계 역시 드러내고 있다. 결국 이 작품은, 풍자하는 주체와 풍자되는 대상을 함께 조롱하는 이중 풍자의 수법을 통하여 사회주의자인 '아저씨'와 일제의 우민화 정책에 순응하는 소년을 동시에 부정함으로써, 일제 우민화 정책하의 당대 사회를 비판하고 있는 것이다.

한편, '해학'이 두드러지는 김유정의 〈봄봄〉 역시 작중 화자인 주인공의 어리석음으로 인해 웃음이 유발된다. 성례를 시켜줄 거라는 장인의 약속에 속아 넘어가 4년 동안이나 공짜 일을 해주고, 성례를 시켜달라며 다짜고짜로 장인의 생식기를 붙잡고 늘어지며, 신뢰할 수 없는 장인의 성례 약속을 다시 한 번 믿는 주인공의 모습은 실로 어리석다. 그런데 위와 같은 주인공의 어리석은 행동에도 불구하고, 독자에게는 주인공의 어리석음을 비난할 마음이 조금도 일지 않는다. 그것은 바로 작가의 어조가 주인공의 어리석음을 탓하지 않기 때문이다.

**30** 위 글의 필자가 궁극적으로 말하고자 하는 것은?

① 풍자와 해학의 공통점과 차이점
② 〈봄봄〉 주인공의 어리석은 행동
③ 〈치숙〉에 드러난 이중 풍자 기법
④ 작가 의도가 인물 형상화에 미치는 영향
⑤ 〈치숙〉과 〈봄봄〉에서 웃음을 유발하는 요소

**31** 위 글의 내용과 거리가 먼 것은?

① 풍자와 해학은 둘 다 웃음을 유발한다는 공통점이 있군.
② 〈봄봄〉의 작가는 동정 어린 시선으로 주인공의 행동을 묘사하고 있군.
③ 풍자는 직접적으로 대상을 비판하지만 해학은 은근히 대상을 동정하는군.
④ 주인공을 묘사하는 작가의 어조는 주인공에 대한 독자의 호감도에 영향을 미치는군.
⑤ 〈치숙〉의 화자가 드러내는 무지와 허점에는 화자에 대한 작가의 비판 의식이 담겨 있군.

## 32 다음 법률의 내용과 일치하지 <u>않는</u> 것은?

> **도서관법**
> **제2장 도서관정책의 수립 및 추진체제**
>
> **제12조**(도서관정보정책위원회의 설치)
> ① 도서관정책에 관한 주요사항을 수립·심의·조정하기 위하여 대통령 소속하에 도서관정보정책위원회(이하 "도서관위원회"라 한다)를 둔다.
>
> **제13조**(도서관위원회의 구성)
> ① 도서관위원회는 위원장 1인과 부위원장 1인을 포함한 30인 이내의 위원으로 구성한다.
> ② 위원장은 도서관에 관한 전문지식 및 경험이 풍부한 사람 중에서 대통령이 위촉하고, 부위원장은 문화체육관광부장관이 된다.
> ③ 위원은 다음 각 호의 사람이 된다.
> 1. 대통령령으로 정하는 관계 중앙행정기관의 장 및 이에 준하는 기관의 장
> 2. 도서관에 관한 전문지식과 경험이 풍부한 사람 또는 국민의 지식정보 증진에 관한 전문지식과 경험이 풍부한 사람 중 위원장이 위촉하는 사람. 다만, 초대위원은 부위원장이 위촉한다.
> ④ 위원장은 회의를 소집·주재한다.
> ⑤ 위원장은 필요한 경우에 부위원장으로 하여금 직무를 대행하게 할 수 있다.
> ⑥ 제3항 제2호에 따른 위원의 임기는 2년으로 하되, 1차에 한하여 연임할 수 있다.
> ⑦ 위원이 사고로 직무를 수행할 수 없거나 궐위된 때에는 지체 없이 새로운 위원을 임명하여야 한다. 이 경우 보임된 위원의 임기는 전임위원의 잔여기간으로 한다.
> ⑧ 도서관위원회의 운영 등에 관하여 필요한 사항은 대통령령으로 정한다.
>
> **제14조**(도서관발전종합계획의 수립)
> ① 도서관위원회위원장은 도서관의 발전을 위하여 5년마다 도서관발전종합계획(이하 "종합계획"이라 한다)을 수립하여야 한다.
> ② 종합계획에는 다음 각 호의 사항이 포함되어야 한다.
> 1. 도서관정책의 기본방향에 관한 사항
> 2. 도서관정책의 추진목표와 방법에 관한 사항
>    가. 도서관의 역할강화에 관한 사항
>    나. 도서관의 환경개선에 관한 사항
>    다. 제43조에 따른 지식정보 취약계층에 대한 도서관서비스 증진에 관한 사항
>    라. 도서관의 협력체계 활성화에 관한 사항
>    마. 그 밖에 도서관정책의 주요 시책에 관한 사항

① 초대위원을 위촉하는 사람은 부위원장이다.
② 위원은 4년 연속하여 위원의 직위에 머무를 수 있다.
③ 위원장은 대통령이 위촉하고 부위원장은 문화체육부장관이 위촉한다.
④ 위원장과 부위원장을 제외하고 도서관위원회의 위원은 28명 이내이다.
⑤ 위원이 사고를 당해 직무 수행이 불가능할 때 보임된 위원은 전임위원의 잔여 임기 동안 임무를 맡아본다.

## 33 다음 법률의 내용과 일치하는 것은?

**상훈법**

**제1조(목적)** 이 법은 대한민국 국민이나 외국인으로서 대한민국에 공로(功勞)가 뚜렷한 사람에 대한 서훈(敍勳)에 관한 사항을 규정함을 목적으로 한다.

**제2조(서훈의 원칙)** 대한민국 훈장(勳章) 및 포장(褒章)은 대한민국 국민이나 우방국 국민으로서 대한민국에 뚜렷한 공적(功績)을 세운 사람에게 수여한다.

**제3조(서훈의 기준)** 서훈의 기준은 서훈 대상자의 공적 내용, 그 공적이 국가와 사회에 미친 효과의 정도 및 지위, 그 밖의 사항을 고려하여 결정한다.

**제4조(중복 수여의 금지)** 동일한 공적에 대하여는 훈장 또는 포장을 거듭 수여하지 아니한다.

**제5조(서훈의 추천)** ① 서훈의 추천은 중앙행정기관의 장(대통령 직속기관 및 국무총리 직속기관의 장을 포함한다), 국회사무총장, 법원행정처장, 헌법재판소사무처장 및 중앙선거관리위원회사무총장이 한다.
② 제1항에 규정된 추천권자(이하 "서훈 추천권자"라 한다)의 소관에 속하지 아니하는 서훈의 추천은 행정안전부장관이 한다.
③ 서훈의 추천은 대통령령으로 정하는 바에 따라 공적심사를 거쳐야 한다.

**제7조(서훈의 확정)** ① 행정안전부장관은 제5조에 따라 서훈이 추천된 경우에는 서훈에 관한 의안을 국무회의에 제출하여야 한다.
② 대통령은 제1항에 따른 서훈에 관한 의안에 대하여 국무회의의 심의를 거쳐 서훈 대상자를 결정한다.

**제8조(서훈의 취소 등)** ① 훈장 또는 포장을 받은 사람이 다음 각 호의 어느 하나에 해당될 때에는 그 서훈을 취소하고, 훈장 또는 포장과 이와 관련하여 수여한 물건 및 금전을 환수한다.
　1. 서훈 공적이 거짓으로 밝혀진 경우
　2. 국가안전에 관한 죄를 범한 사람으로서 형을 받았거나 적대지역(敵對地域)으로 도피한 경우
　3. 사형, 무기 또는 1년 이상의 징역이나 금고의 형을 선고받고 그 형이 확정된 경우
② 제1항에 따라 서훈을 취소하고, 훈장 또는 포장 등을 환수하려는 경우에는 국무회의의 심의를 거쳐야 한다.

③ 서훈 추천권자는 훈장 또는 포장을 받은 사람에게 제1항 각 호의 어느 하나의 사유가 발생하였을 때에는 그 서훈의 취소에 관한 의안을 국무회의에 제출할 것을 행정안전부장관에게 요청하여야 하며, 행정안전부장관은 특별한 사유가 없으면 그 서훈의 취소에 관한 의안을 국무회의에 제출하여야 한다. 다만, 행정안전부장관은 서훈 추천권자의 요청이 없는 경우에도 대통령령으로 정하는 바에 따라 훈장 또는 포장을 받은 사람에게 제1항 각 호의 어느 하나에 해당하는 사유가 있는지 심의한 결과 이를 확인한 경우에는 해당자에 대한 서훈의 취소에 관한 의안을 국무회의에 제출할 수 있다.

**제8조의2(서훈의 공표)** ① 제7조 또는 제8조에 따라 서훈이 확정 또는 취소된 경우에는 그 대상자와 사유를 서훈이 확정 또는 취소된 날로부터 60일 이내에 관보에 게재하여야 한다.
② 행정안전부장관은 제8조에 따라 서훈이 취소된 사람이 기한 내에 수여받은 훈장 및 포장 등을 반환하지 아니한 경우에는 해당자의 이름을 서훈 미반환자 명부에 등재하고, 이를 관보 및 행정안전부 인터넷 홈페이지에 공개할 수 있다.
③ 제1항 및 제2항에 따라 관보 및 행정안전부 인터넷 홈페이지에 공개하는 사항이 「공공기관의 정보공개에 관한 법률」 제9조 제1항 각 호의 어느 하나에 해당하는 경우에는 공개하지 아니할 수 있다.

① 대한민국 훈장은 대한민국 국민에게만 수여된다.
② 서훈 대상자를 최종적으로 결정하는 사람은 행정안전부장관이다.
③ 국가에 기여한 공로가 매우 클 때는 같은 공적에 대해서 거듭 훈장을 받을 수 있다.
④ 서훈이 확정 또는 취소되었을 때 이와 관련된 사항을 관보에 공개하지 않아도 되는 경우가 있다.
⑤ 훈장을 받은 사람의 서훈 공적이 거짓으로 밝혀진 경우에 해당 서훈을 추천한 중앙행정기관의 장은 그 서훈의 취소에 관한 의안을 국무회의에 제출해야 한다.

## 34 다음 글에 대한 이해로 적절하지 <u>않은</u> 것은?

**수출입 제안서**

**1. 검토 사항**

본 OOO 유모차를 수입함에 있어 수입업자는 아래의 사항들에 대해 검토하여, 수출입계약 후 시장 유통까지의 모든 과정에서 문제가 발생하지 않도록 해야 한다.

**1-1 시장 규제:** 본 제품은 0~3세의 유아용 제품으로 국가별로 '유아용 취급제한물질'이나 '유아용 화학물질제한' 등의 별도 규제가 있을 수 있다. 또한 본 제품은 전자식 계기판과 충전식 엔진이 부착된 제품으로 국가별로·안전성 및 소음, 전자기기 취급에 대한 규제가 있을 수 있다.

**1-2 설비 시설:** 본 제품은 조립식 제품으로 부품별 패키지로 수출된다. 때문에 수입업자는 본 제품을 조립, 출고할 수 있는 설비와 인력을 갖추고 있어야 하며 그에 따른 모든 비용은 수입업자가 부담하여야 한다.

**1-3 보조 장비:** 본 제품은 레인커버, 양산, 우레탄 핸들, 장바구니, 충돌방지 센서 등의 보조 장비를 탈·부착할 수 있다. 보조 장비들은 본품에 포함되지 않으므로 수입업자는 판매 시장의 상황을 고려하여 별도 주문하여야 한다. 수입업자는 자체적으로 제작한 보조 장비나 제3자에게 별도 구매한 보조 장비를 본 제품에 장착하여 판매할 수도 있지만, 이 경우 보조 장비에는 당사의 상표나 브랜드를 사용할 수 없다.

**1-4 개조:** 수입업자는 임의대로 본 제품을 개조할 수 없다. 다만 시장의 특수성으로 개조가 꼭 필요한 경우에는 당사에 개조를 요청하여야 하며, 개조로 인해 발생할 수 있는 비용과 안정성 검증 등의 책임을 져야 한다.

**1-5 부품:** 당사는 제품의 초기 불량 및 운송과정상 파손 등을 고려하여 1% 수량의 예비부품을 함께 선적한다. 이에 대한 수입업자의 비용부담은 없지만, 이후 추가 주문하는 부품에 대하여는 비용을 부담하여야 한다.

**1-6 기술 및 인력 지원:** 당사는 정식 계약 체결 후, 1년간 무상으로 기술 및 인력 지원을 한다. 단, 설비 시설 구축 및 개조와 관련된 지원은 무상 지원 대상이 아니다.

① 본 제품의 수입 시 제품 조립에 필요한 모든 비용은 수입업자가 부담한다.

② 제품의 개조를 원할 때에는 당사의 허가를 받은 후 수입업자가 제품을 개조한다.

③ 수입업자가 자체적으로 제작한 보조 장비에는 당사의 상표나 브랜드를 사용할 수 없다.

④ 수입업자가 1%를 초과하는 수량의 예비 부품을 원할 때는 초과량에 대한 비용을 부담해야 한다.

⑤ 당사는 설비 시설 구축 및 개조 외의 부분에서 1년간 무상으로 수입업자에게 기술 및 인력을 지원한다.

## [35~37] 다음 글을 읽고 물음에 답하시오.

우리는 살아가면서 수많은 의사 결정을 내린다. 오늘 점심 식사 메뉴를 무엇으로 할까 하는 일상적인 문제부터 회사의 운영 방침, 더 나아가 국정 운영 방향을 정하는 문제에 이르기까지 삶에 산재한 문제들을 해결하기 위해 우리는 매 순간 의사를 결정해야 한다. 우리가 내리는 의사 결정은 자기 자신의 삶에만 영향을 미치는 경우도 있지만 때로는 다른 사람, 더 나아가 국가나 세계에까지 영향을 미치기도 한다.

의사 결정 유형은 의사 결정에 참여하는 사람들의 수에 따라 단독 결정과 집단 결정으로 나눌 수 있다. 단독 결정은 문자 그대로 혼자서 결정을 내리는 방법이다. 단독 결정은 신속한 결정이 요구될 때, 결정에 따른 논쟁이 없을 때, 또는 결정 내용이 비밀에 부쳐져야 할 때 유용하다.

한편 집단 결정은 여러 사람의 의견을 모아 의사를 결정하는 방법으로, 오늘날 조직에서의 의사 결정은 많은 경우 집단 결정에 의해 이루어진다. 집단 결정은 한 사람이 결정을 내릴 때보다 더 많은 정보를 모을 수 있고, 전문성을 확보할 수 있으며, 혼자서는 미처 생각할 수 없는 아이디어가 창출될 수 있다는 이점이 있다. 그리고 많은 사람의 참여에 의해 결정된 사항을 실천할 때 구성원 각자의 참여 의식이 높아진다. 하지만 구성원들의 의견이 대립되어 구성원들 간의 갈등이 생길 우려가 있고, 한 사람의 의견이 주도적으로 채택될 경우에는 실천 시 참여 의식이 낮아진다는 문제가 있다.

특히 집단 결성 시 조심해야 하는 것은 '집단 사고 증후군'이다. '집단 사고 증후군'이란 집단의 조직원들이 갈등을 최소화하고 의견의 일치를 유도하기 위해 비판적인 생각을 하지 않는 것을 말한다. 그 결과 결정된 안이 지닌 오류에 대한 고려, 더 나은 안에 대한 숙고, 예측 불가능한 사태에 대한 대응 등에 소홀하여 조직 전체가 위험에 빠지기도 한다.

'집단 사고 증후군'은 집단의 응집력과 외부로부터 고립된 정도가 클수록, 시간의 압력이 높을수록, 지시적인 리더에 의해 의사 결정이 주도될수록 두드러진다. '집단 사고 증후군'을 보이는 조직에서는 다수의 의견을 지닌 사람들이 반대 의견을 무시하고 자신들이 편한 쪽으로만 사태를 바라보며 자신들의 의견을 합리화한다. 그리고 반대 의견이 있는 사람은 조직에서 소외되거나 조직의 조화를 깨뜨릴 것이 두려워 침묵하게 된다.

## 35 위 글에서 알 수 없는 것은?

① 집단 결정의 장점
② 단독 결정이 유용한 상황
③ '집단 사고 증후군'이 일어나는 조건
④ '집단 사고 증후군'이 일어나는 원인
⑤ 구성원 간의 갈등이 조직에 미치는 영향

## 36 위 글에서 설명하는 '집단 사고 증후군'의 예로 적절한 것은?

① 모임에서 토의를 할 때 구성원들이 저마다 자신의 의견을 주장해서 결론을 내지 못했다.
② 동아리 회원들이 다 같이 행사를 개최하려 했는데 회원들의 참여율이 낮아서 행사가 취소되었다.
③ 합창단이 합창 연습을 하기 위해 모였으나 여러 단원들이 서로 다투어 연습이 제대로 이루어지지 않았다.
④ 정당이 정책 발표를 앞두고 많은 사람들의 다양한 의견을 듣느라 예정된 날짜에 정책을 발표하지 못했다.
⑤ 회사에서 회의를 할 때 다수의 의견이 잘못됐다는 것을 알았던 소수가 다수의 세력이 너무 강해 다수의 의견에 동조했다.

## 37 '집단 사고 증후군'을 예방하기 위한 방법으로 적절하지 <u>않은</u> 것은?

① 조직 내에서 회의를 할 때 조직 밖의 전문가를 초빙하여 그의 의견을 듣는다.
② 조직 내에서 오고 간 의견에 대해 조직 밖의 믿을 만한 사람들과 이야기한다.
③ 제시된 의견에 대해 비판하는 역할을 하는 사람을 정해 가능한 반론을 모두 검토한다.
④ 지도자는 조직원들이 솔직하고 편안하게 의견을 낼 수 있는 허용적 분위기를 조성한다.
⑤ 구성원들이 의사 결정을 선뜻 하지 못할 때 지도자가 강력한 리더십을 발휘해 문제 해결 방안을 제시한다.

[38~40] 다음 글을 읽고 물음에 답하시오.

> 몇 년 전, 냉동 인간을 소재로 한 영화 '이디오크러시(Idiocracy)'가 상영되었다. 냉동 인간 프로젝트의 실험 대상이 된 한 남자가 500년 후에 깨어나 보니 인류는 너무나 멍청해져 있었고, 그 결과 평범했던 그 남자가 지구에서 가장 똑똑한 사람이 되어 위기에 처한 인류를 구한다는 이야기이다. 황당한 코미디처럼 보이는 이 영화는 우리에게 생각할 거리를 던져준다. 냉동 인간이 현실화되어 오랜 세월 후에 깨어나게 된다면 과연 어떤 일이 벌어질까?
>
> 인간을 냉동 보존하는 기술은 영화에서만 존재하는 것이 아니다. 1967년 미국의 베드포드 박사가 죽기 직전 냉동 보존된 것을 시작으로, 미국의 '알코르'라는 냉동 인간 연구 재단에는 현재 100여 구의 냉동 인간이 보존되어 있다. 현재의 의학 수준으로는 치료가 어려운 병에 걸린 사람들 중 일부가 의학이 발달된 미래에 깨어나 병을 치료하겠다는 희망을 가지고, 죽기 직전 자발적으로 냉동 인간이 된 것이다.
>
> 인간을 냉동 보존할 때는, 우선 심장에 항응고제를 주입하여 혈액이 응고하는 것을 막고, 영하 72℃의 냉동 장치에 넣고 전신에서 혈액을 뽑아낸다. 그 후 냉동 생명 보존액을 글리세롤에 섞어 주입하고, 영하 196℃의 액체 질소 속에 냉동 인간을 넣어 보존한다. 하지만 이렇게 냉동된 인간이 나중에 해동되어 정상적인 인간으로 되살아난다는 보장은 아직 없다.
>
> 그런데 설령 냉동 인간이 깨어나 삶을 영위할 수 있다 해도 문제는 남는다. 과연 오랜 세월 후에 깨어난 냉동 인간이 세상에 잘 적응할 수 있을까? 영화에선 깨어난 냉동 인간이 인류를 구하지만, 현실의 결과도 그렇게 낙관적일까? 냉동 인간의 부활이 성공하여 일반화되면 인구가 폭발적으로 증가하고 생명 경시 풍조가 생기는 것은 아닐지?

**38** 위 글을 통해 알 수 <u>없는</u> 것은?

① 냉동 인간 기술의 현황
② 인간의 냉동 보존 방법
③ 최초로 냉동 보존된 사람
④ 냉동 인간에 대한 최초의 연구자
⑤ 냉동 인간과 관련된 윤리적 문제

**39** 위 글의 내용 전개 방법으로 적절하지 <u>않은</u> 것은?

① 어떤 일이 진행되는 과정을 보여주고 있다.
② 문제 상황을 분석하고 해결책을 모색하고 있다.
③ 물음의 형식을 통해 필자의 의도를 드러내고 있다.
④ 일상적인 소재를 통해 화제에 대한 관심을 유발하고 있다.
⑤ 일의 결과에 대한 예측을 통해 필자의 생각을 드러내고 있다.

**40** 위 글에 이어질 내용으로 적절한 것은?

① 현대 의학으로 고칠 수 없는 병의 치료가 가능해진다면 놀라운 일이다.
② 인류의 오랜 염원인 영생을 실현해 줄 냉동 인간 기술이 앞당겨져야 할 것이다.
③ 영화처럼 냉동 인간의 부활이 성공한다면 냉동 인간의 활약으로 미래 사회의 여러 문제가 해결될 수 있을 것이다.
④ 영생에 대한 인간의 염원이 실현된다 해도 과연 그것이 인류에게 좋기만 한 일인가는 좀 더 생각해 봐야 할 문제이다.
⑤ 인구가 폭발적으로 증가하면 인간의 생명을 경시하는 풍조가 생길 것이기 때문에 우리는 인구의 증가를 억제해야 할 것이다.

## [41~42] 다음 글을 읽고 물음에 답하시오.

박지원의 소설 '허생전'을 보면 재미난 이야기가 나온다. 허생이 대추, 밤, 감 등의 과일을 몽땅 사들인 결과 온 나라가 잔치나 제사를 못 치를 형편에 이르렀고, 이에 허생이 본래 가격의 열 배로 상인들에게 과일을 되팔았다는 것이다. 경쟁자가 없어진 시장에서 허생이 조선의 과일값을 좌우하게 되었다는 이야기는 독점 시장의 특징을 잘 보여준다.

오늘날 시장의 모습은 매우 다양하다. 이 다양한 형태의 시장들은 공급자들의 시장 진입과 경쟁이 얼마나 자유로운가에 따라 크게 경쟁적 시장과 비경쟁적 시장으로 나눌 수 있다.

경쟁적 시장은 진입의 장벽이 존재하지 않거나 아주 낮은 시장으로서, 공급자들의 시장 진입과 퇴출이 쉬운 시장을 말한다. 동네의 수많은 치킨 가게를 떠올려 보자. 치킨 가게를 운영하기 위해 필요한 기술은 비교적 간단하고, 드는 자본의 규모 역시 적은 편이다. 따라서 창업과 사업 정리가 용이한 편이어서 공급자의 수가 매우 많다. 그러다 보니 공급자는 자신이 원하는 가격을 설정할 수 있는 힘인 '독점력'을 갖기가 어렵다. 따라서 치킨 산업과 같은 경쟁적 시장에서는 주로 가격 이외의 분야인 맛, 품질, 서비스 등에서 경쟁을 하게 된다.

반면 비경쟁적 시장은 진입 장벽이 높아 공급자들의 시장 진입과 퇴출이 어려운 시장을 의미한다. 비경쟁적 시장은 하나의 공급자가 공급을 독점하는 독점 시장과, 소수의 공급자가 시장을 분할하고 있는 과점 시장으로 다시 나눌 수 있다.

이 중 독점 시장은 다른 시장들에 비해 경쟁의 여지가 적고, 과점 시장은 세 시장 중에서 체감 경쟁이 가장 치열하다. 왜냐하면 소수의 공급자들이 시장을 분할하다 보니 가격 경쟁은 물론 광고, 경품 제공 등 비가격 경쟁들도 치열하기 때문이다. 독과점 시장은 보다 높은 기술이나 대규모의 자본이 필요한 경우가 많고, 공급자의 독점력이 큰 편이다. 이러한 독과점 시장의 예로는 자동차, 휴대전화, 정유 산업을 들 수 있다.

## 41 위 글의 내용과 거리가 먼 것은?

① 치킨 산업에서는 비가격 경쟁이 중요하다.
② 정유 산업은 공급자의 독점력이 큰 편에 속한다.
③ 세 가지 형태의 시장 중 체감 경쟁이 가장 치열한 것은 경쟁 시장이다.
④ 독과점 시장은 자신이 원하는 가격을 설정할 수 있는 공급자의 힘이 큰 편이다.
⑤ 공급자들의 자유로운 시장 진입 및 경쟁 여부는 시장들을 구분하는 기준이 된다.

## 42 위 글을 읽고 추론한 것으로 적절하지 않은 것은?

① 과점 시장은 경쟁이 별로 없는 안정적인 시장이라 할 수 있겠군.
② 주유소에서 주유 시 무료세차권을 주는 것은 비가격 경쟁의 예라고 할 수 있겠군.
③ 허생이 조선의 과일 값을 좌우하게 된 것은 그가 유일한 과일 공급자였기 때문이겠군.
④ 막대한 초기 비용이 드는 이동 통신 산업은 공급자의 진입 장벽이 높은 산업의 예가 되겠군.
⑤ 제품 생산에 필요한 기술이 비교적 간단한 자장면 산업은 경쟁적 시장의 예라고 할 수 있겠군.

**[43~45] 다음 글을 읽고 물음에 답하시오.**

> 지난겨울, 한반도에 55년 만의 한파가 찾아들면서 각종 동파 사고가 발생했다. 한반도뿐 아니라 동유럽, 일본, 중국 등에서도 살인적인 추위 및 폭설로 인해 사상자와 부상자가 속출했다. 지구는 온난화되고 있다는데, 왜 이런 한파가 몰아닥치는 것일까?
>
> 역설적으로도 기상 전문가들이 이상 한파의 원인으로 추정하는 것 중 하나는 지구 온난화이다. 북극의 찬 공기는 아래위로 움직이기를 반복하는데, 지구 온난화로 북극 공기가 따뜻해지면 북극의 찬 공기를 가둬주던 제트기류의 회전력이 약해져 북극의 찬 공기가 중위도 지방까지 내려와 한파를 일으킨다는 것이다.
>
> 이상 한파의 문제뿐 아니라 지구의 온난화로 인해 인류에게 닥칠 위기에 대해서는 이미 많은 이들이 예견한 바 있다. 홍수, 가뭄, 그로 인한 식량 부족, 길어진 여름과 겨울의 냉난방으로 인한 에너지 부족, 극지방의 해수면 상승으로 인한 인류의 수몰(水沒), 특정 생물의 멸종 등이 그 예이다.
>
> 일부에서는 지구 온난화의 위협이 과장된 것이라고 보기도 한다. 지구의 기온은 상승과 하강을 반복해 왔으며, 현재의 온난화 역시 이러한 기온 변화의 주기 속에서 일어난 현상에 불과하다는 것이다. 또 지구의 온난기에 문명이 발생했다는 점을 들어 지구 온난화를 오히려 긍정적으로 보는 사람도 있다.
>
> 하지만 현재 진행되고 있는 지구의 온난화는 자연적인 것이라기보다 인간의 활동에 의한 것이라는 점을 간과해선 안 된다. 즉, 산업화·도시화로 인한 온실 가스 배출, 과도한 토지 이용으로 인한 지표 반사도의 변화, 산림 파괴 등은 지구 온난화를 가속화시키고 있다. 따라서 세계 각국은 급격한 지구 온난화를 막기 위해 서로 협력하려는 움직임을 보이고 있다.

**43 위 글의 제목으로 가장 적절한 것은?**

① 과장된 위협, 지구 온난화
② 이상 한파의 원인과 문제점
③ 지구 온난화의 원인과 문제점
④ 이상 한파와 지구 온난화의 관계
⑤ 이상 한파로 인한 피해 복구 대책

**44 위 글의 내용과 일치하지 않는 것은?**

① 이상 한파 현상은 세계적으로 문제가 되고 있다.
② 지구 온난화는 이상 한파의 원인으로 추정된다.
③ 제트기류의 회전력이 강해지면 한파가 발생한다.
④ 현재 지구 온난화는 인간의 활동에 의해 가속화되고 있다.
⑤ 지구 온난화로 인해 특정 생물이 멸종될 것이라고 예측한 사람들이 있다.

**45 위 글에 이어질 내용으로 적절한 것은?**

① 이상 기온 현상은 이전에도 존재했던 자연현상에 불과하므로 이상 한파에 대해 지나치게 걱정할 필요는 없다.
② 국제 사회가 막대한 자금을 사용하며 온난화 방지를 위해 노력하지만, 그 효과는 극히 미미하므로 다른 곳에 그 자금을 써야 한다.
③ 지구 온난화의 위험이 과장되었다는 주장도 일리가 있기 때문에 현재 우리가 처한 상황에 대해 너무 극단적으로 생각해서는 안 된다.
④ 여러 나라가 모여 기후변화협약을 맺어 온실 가스 배출량 및 흡수량에 대한 국가 통계를 국가보고서로 작성, 당사국총회에 제출하기로 했다.
⑤ 기후가 따뜻해지면 식물의 성장이 촉진되고 작물의 수확량이 증가하므로 지구 온난화의 부정적 영향보다는 긍정적 영향에 초점을 맞추어 볼 필요가 있다.

## [46~48] 다음 글을 읽고 물음에 답하시오.

(가) 내 마음의 어딘 듯 한 편에 끝없는
　　　㉠ 강물이 흐르네.
　　　돋쳐 오르는 아침 날 빛이 빤질한
　　　은결을 도도네.
　　　가슴엔 듯 눈엔 듯 또 핏줄엔 듯
　　　마음이 도른도른 숨어 있는 곳
　　　내 마음의 어딘 듯 한 편에 끝없는
　　　강물이 흐르네.

(나) 나 하늘로 돌아가리라.
　　　새벽빛 와 닿으면 스러지는
　　　이슬 더불어 손에 손을 잡고,

　　　나 하늘로 돌아가리라.
　　　노을빛 함께 단 둘이서
　　　기슭에서 놀다가 구름 손짓하면은,

　　　나 하늘로 돌아가리라.
　　　㉡ 아름다운 이 세상 소풍 끝내는 날,
　　　가서, 아름다웠더라고 말하리라……

(다) 얇은 사(絲) 하이얀 고깔은
　　　고이 접어서 나빌레라.

　　　파르라니 깎은 머리
　　　박사(薄紗) 고깔에 감추오고,

　　　두 볼에 흐르는 빛이
　　　정작으로 고와서 서러워라

　　　㉢ 빈 대(臺)에 황촉(黃燭)불이 말없이 녹는 밤에
　　　오동잎 잎새마다 달이 지는데,

　　　소매는 길어서 하늘은 넓고,
　　　돌아설 듯 날아가며 사뿐히 접어 올린 외씨보선이여!

　　　㉣ 까만 눈동자 살포시 들어
　　　먼 하늘 한 개 별빛에 모두오고,

　　　복사꽃 고운 뺨에 아롱질 듯 두 방울이야
　　　세사(世事)에 시달려도 번뇌(煩惱)는 별빛이라.

　　　휘어져 감기우고 다시 접어 뻗는 손이
　　　㉤ 깊은 마음 속 거룩한 합장(合掌)인 양하고.

　　　이 밤사 귀또리도 지새우는 삼경(三更)인데,
　　　얇은 사(紗) 하이얀 고깔은 고이 접어서 나빌레라.

## 46 (가)에 대한 감상으로 적절하지 않은 것은?

① 수미상관의 형식을 통해 주제를 강조하고 있다.
② 유음과 비음을 사용함으로써 음악적 효과를 높였다.
③ 3음보의 율격을 변화 없이 배치하여 단조로운 느낌을 준다.
④ 일정한 위치에 동일한 음을 사용하여 운율을 형성하고 있다.
⑤ 양성 모음을 중첩하여 사용함으로써 밝은 분위기를 조성하였다.

## 47 (나)와 (다)를 비교하여 감상한 내용으로 적절하지 않은 것은?

① (나), (다)는 모두 어미 '-라'의 반복으로 운감을 조성하는군.
② (나), (다)는 모두 표면에 드러나지 않은 화자가 대상을 관찰하고 있군.
③ (나)는 말줄임표를 사용하여 여운을 남기고, (다)는 어미 '-오-/-우-'의 사용으로 부드러운 느낌을 주는군.
④ (나)는 매 연마다 동일한 어구를 반복함으로써, (다)는 시의 첫 구절을 마지막 부분에 다시 배치함으로써 형태적 안정감을 주는군.
⑤ (나)의 '이슬', '노을빛'은 아름답지만 순간적인 삶을 연상케 하고, (다)의 '하이얀 고깔', '복사꽃'의 이미지는 전통적 미감을 느끼게 하는군.

**48** ⊙~⑩에 대한 설명으로 적절하지 <u>않은</u> 것은?

① ㉠은 평화롭고 아름다운 화자의 내면세계를 표상한다.

② ㉡에는 삶을 유희로 파악하는 화자의 인식이 드러난다.

③ ㉢은 작품에 적막한 분위기를 조성한다.

④ ㉣은 춤추는 동작을 역동적으로 표현하고 있다.

⑤ ㉤은 세속적 번뇌를 넘어서고자 하는 마음가짐을 나타낸다.

## [49~51] 다음 글을 읽고 물음에 답하시오.

인터넷의 사용이 일반화되면서 '바이럴 마케팅(viral marketing)'이 각광을 받고 있다. 바이럴 마케팅은 '바이러스(virus)'와 '구두(oral)'가 합성된 말로, 인터넷 이용자들이 온라인을 통해 자발적으로 어떤 상품을 홍보하는 기법을 말한다. 컴퓨터 바이러스처럼 퍼져나간다는 의미가 담긴 이 마케팅의 특징은, 상품을 판매하는 기업이 아닌 소비자들의 입을 통해 상품의 홍보가 이루어진다는 것이다. 즉, 기존의 마케팅에서는 주로 정보 제공자를 중심으로 상품에 대한 정보가 퍼져나갔다면, 이 마케팅은 정보 수용자를 중심으로 정보가 퍼져 나간다.

바이럴 마케팅은 상품을 실제로 사용해 본 소비자들이 글, 사진, 동영상 등 다양한 형식으로 자신의 경험을 알림으로써, 다른 소비자들의 호기심을 불러일으키고 이들에게 신뢰감을 준다. 또 누구나 쉽게 활용할 수 있어 다른 마케팅에 비해 비용이 저렴하고, 상품에 대한 정보가 시공간을 초월하여 확산될 수 있다는 장점이 있다. 하지만 상품의 홍보가 기업이 의도하지 않은 방향으로 흘러갈 수 있다는 단점이 있다. 또 광고가 상업적인 냄새를 풍길 때엔 소비자들의 반감을 사게 된다. 따라서 ( ㉠ ).

바이럴 마케팅은 주로 블로그, 페이스북, 트위터와 같은 SNS, 포털 사이트의 지식 검색, 이메일 등을 활용하여 이루어지는데, 기업들은 특히 파워블로거를 활용한 마케팅에 주목하고 있다. 높은 방문자 수를 자랑하는 파워블로거가 상품에 대한 후기를 올리면 파급력이 굉장히 클 수 있기 때문이다.

바이럴 마케팅이 확산되다 보니 이와 관련된 폐해도 나타나고 있다. 누리꾼들과 순수하게 정보를 교환하는 줄 알았던 파워 블로거들이 기업으로부터 뒷돈을 챙겨 공동구매를 알선한 사례가 그것이다. 이처럼 파워블로거와

기업이 결탁하여 블로그상에서 상품에 대한 과대광고가 이루어지면, 그 피해는 고스란히 소비자들의 몫이 된다. 또, '㉡ 파워블로거지'라는 신종 거지들이 생겨났다. 즉, 자신이 파워블로거라 하면서 식당에서 공짜 음식, 파격할인, 특별 서비스 등을 요구하는 사례들도 발생하게 된 것이다. 이 외에 정치권에서 여론을 조작하는 방법으로 바이럴 마케팅이 사용되기도 한다.

광고의 홍수 속에서 기존의 광고에 대한 소비자들의 신뢰도가 떨어짐에 따라 바이럴 마케팅은 유용한 홍보 기법으로 자리 잡고 있다. 최근 스마트폰의 보급으로 인한 인터넷 접근의 용이성은 바이럴 마케팅 확산에 박차를 가하고 있다. 하지만 위와 같은 폐해가 계속된다면 광고의 생명인 신뢰성이 바닥으로 떨어질 것이며, 더 이상 바이럴 마케팅도 유용한 홍보 전략이 되지 못할 것이다.

**49** 위 글을 통해 알 수 <u>없는</u> 것은?

① 바이럴 마케팅의 단점

② 바이럴 마케팅의 장점

③ 바이럴 마케팅의 정의

④ 바이럴 마케팅 관련 폐해

⑤ 바이럴 마케팅을 활용한 기업의 예

**50** ㉠에 들어갈 문장으로 적절한 것은?

① 기업이 바이럴 마케팅을 활용할 때 상품에 대한 과대광고는 어느 정도 필요하다.

② 기업은 다양한 형식을 사용하여 제품의 우수성을 알리는 바이럴 마케팅을 활용해야 한다.

③ 기업이 바이럴 마케팅을 이용할 때는 최대한 비상업적이라는 인상을 소비자에게 주는 것이 중요하다.

④ 기업이 바이럴 마케팅을 활용할 때는 여러 소비자들을 홍보 요원으로 섭외하여 제품 홍보를 위해 활동하도록 훈련시켜야 한다.

⑤ 기업은 소비자에게 최대한의 서비스를 제공하여 소비자가 제품에 대해 만족할 뿐 아니라 기업에 대해 좋은 이미지를 갖도록 해야 한다.

**51** ㉠에 대한 설명으로 옳은 것은?

① 바이럴 마케팅의 힘을 악용하는 사람들이다.
② 바이럴 마케팅의 홍보 기법을 전파하는 사람들이다.
③ 블로그를 통해 빈곤 문제를 퇴치하려는 사람들이다.
④ 블로그의 폐해로 인해 극도로 가난해진 사람들이다.
⑤ 바이럴 마케팅을 이용해 다른 이들의 동정을 사려는 사람들이다.

**[52~54] 다음 글을 읽고 물음에 답하시오.**

15세기에 이르자, 서양 사회에서는 기독교 신앙을 바탕으로 한 중세의 신 중심의 사회에서 벗어나 인간 중심의 사회로 돌아가자는 문예부흥 운동이 일어나게 되는데, 이러한 문예부흥 운동의 영향을 받아 태동한 것이 인문주의 교육이다. 인문주의 교육이란 자아의 각성과 인간성의 발견을 중시하며 자유로운 연구 활동을 장려하는 교육으로, 인문주의를 해석하는 혹은 실천하는 방식의 차이에 따라 개인적 인문주의 교육과 사회적 인문주의 교육으로 나뉜다.

먼저 개인적 인문주의는 이탈리아를 중심으로 이루어진, 개인의 교양을 강조한 귀족적 성향의 인문주의다. 이를 바탕으로 한 개인적 인문주의 교육의 목표는 자유 교육과 조화로운 인간을 완성하는 데 있었는데, 그 내용은 그리스와 로마의 고전과 고전어, 체육, 음악 등이고, 교수가 중심이 되어 교과서를 강의하거나 훈육을 하는 방법으로 이루어졌다.

반면 사회적 인문주의는 독일과 북유럽을 중심으로 이루어진, 사회 개혁과 도덕 개혁을 추구하는 민중적 성격의 인문주의다. 이를 바탕으로 한 사회적 인문주의 교육의 목적은 종교와 도덕을 통하여 사회 전체의 행복을 실현하는 데 있었고, 교육 내용은 고전 문학과 성서 문학이었으며 교육은 학생의 명예와 자유를 존중하고 자주적 사고를 장려하는 분위기 속에서 이루어졌다.

위와 같은 인문주의 교육은 중세의 교권주의에서 벗어나 현세주의, 주지주의, 이성주의, 자유주의 등과 같은 다양한 근대적 교육 이념의 토대를 마련하여, 인간의 존엄성에 대한 의식을 확산시키고 자유 교육의 발전에 공헌했다는 데에서 그 의의를 찾을 수 있다. 그러나 인문주의 교육은 점차 고전에 담겨 있는 내용이나 정신을 계승하기보다는 단순히 그 문장을 암송하거나 모방하는 데에 치중하게 되었는데 그 대표적인 예가 ㉠ 키케로주의 교육이다.

한편, 문예부흥 운동의 영향으로 부패한 기독교에 대한 강렬한 비판 의식이 대두하게 되어 종교 개혁이 일어났는데, 종교 개혁 역시 근대 교육에 영향을 미쳤다. 대표적인 예로는 성경의 모국어 출판을 들 수 있다. 이전까지는 성경이 라틴어로만 출판되어 이를 모르는 일반 대중은 성경을 읽을 수 없었다. 하지만 성경이 모국어로 출판됨에 따라 일반 대중도 성경을 읽을 수 있게 되어 교육의 대중화가 이루어졌다.

**52** 위 글의 내용과 거리가 먼 것은?

① 종교 개혁은 교육의 대중화에 기여했다.
② 인문주의 교육은 근대적 교육 이념의 토대를 마련했다.
③ 문예부흥 운동은 종교 개혁이 일어나는 데 영향을 미쳤다.
④ 개인적 인문주의 교육에서는 학생 중심의 교육 방법이 장려되었다.
⑤ 사회적 인문주의 교육에서는 고전 문학과 성서 문학의 교육이 이루어졌다.

**53** 위 글에 대한 평가로 적절하지 않은 것은?

① 근대 교육에 영향을 미친 요소들을 분석하고 있군.
② 용어의 정의를 통해 화제에 대한 독자의 이해를 돕고 있군.
③ 예시를 통해 하나의 현상에 의한 결과를 구체적으로 알 수 있게 하는군.
④ 과거에 대한 반성을 통해 교육이 앞으로 나아가야 할 바를 제시하고 있군.
⑤ 차이가 있는 개념의 대조를 통해 각각의 특성을 잘 이해할 수 있게 하는군.

**54** 위 글의 내용을 바탕으로 ㉠의 목적을 추론한 것으로 옳은 것은?

① 고대 사상가의 문장을 읽으면서 고대인들의 생활상을 파악하는 것

② 고대 유명한 철학자의 철학을 탐구하고 그의 철학을 현실에 적용시키는 것

③ 고대 유명한 문장가의 문장을 암송하고 그의 문장 구성 형식을 배우는 것

④ 고대 훌륭한 사상가의 이론을 이해하고 그의 이론에 담긴 핵심 내용을 후대에 전달하는 것

⑤ 고대 문장가의 문장을 모국어로 번역하여 문장 속에 담긴 의미를 보다 잘 파악하도록 하는 것

**[55~57] 다음 글을 읽고 물음에 답하시오.**

그때 마침 판잣집 용마루 비슷한 기다란 나무가 잠겼다 떴다 하며 떠내려가자, 조금 떨어진 신신바위 짬에서 별안간 쬐깐 쪽배 하나가 쏜살같이 나타나더니, 기어코 그놈에게 달라붙어서 한참 파도와 싸우며 흐르다가 마침내 저 아래쪽 기슭에 용케 밀어다 붙였다. 박수를 치기보다는 모두 숨을 죽이고 바라보기만 했다. 용감하다기보다 차라리 처참한 광경이었다. 나는 거기서 누구에게도 보장을 받아 오지 못한 절박한 생활을 읽었다. 한 표의 값어치로서가 아니라, 다만 살기 위해서 스스로 죽을 모험을 무릅쓰는 그러한 행위는, 부질없이 그것을 경계하거나 방해하는 힘을 물리침으로써만 오히려 목숨 그 자체를 이어갈 수 있다는 산 증거 같기도 했다. … (중략) …

"건우네 가족도 무사히 피난했겠지요?"

먼저 내 입에서 아까부터 미뤄 오던 말이 나왔다.

"야……."

해놓고도 어쩐지 말끝이 석연치 않았다.

"집들은 물론 결딴이 났겠지만, 사람은 더러 상하진 않았던가요?"

나는 이런 질문을 해 놓고, 이내 후회했다. 으레 하는 빈 걱정 같아서.

㉠ "집이고 농사고 머 있능기요. 다행히 목숨들만은 건졌지만, 그 바람에 갈밭새 영감이 또 안 끌려갔능기요."

윤춘삼 씨는 가슴이 내려앉는 듯한 무거운 한숨을 쉬었다.

"건우 할아버지가?"

나는 하단서 그 접낫패에게 얼핏 들은 얘기를 상기했다.

"그래서 내가 지금 경찰서꺼정 갔다 오는 길인데, 마침

잘 만냈임더. 글 안 해도……."

기진맥진한 탓인지, 그는 내가 권하는 술잔도 들지 않고 하던 이야기만 계속했다.

바로 어제 있은 일이었다. 하단서 들은 대로 소위 배짱들이 만들어 둔 엉터리 둑을 허물어 버린 얘기였다.

─비는 연 사흘 억수로 쏟아지지, 실하지도 않은 둑을 그대로 두었다가 물이 더 불었을 때 갑자기 터진다면 영락없이 온 섬이 떼죽음을 했을 텐데, 마침 배에서 돌아온 갈밭새 영감이 설두를 해서 미리 무너뜨렸기 때문에 다행히 인명에는 피해가 없었다는 것이다.

"그런데 와 건우 할아버진 끌고 갔느냐고요?"

윤춘삼 씨는 그제야 소주를 한 잔 혹 들이키고 다음을 계속했다. ─섬사람들이 한창 둑을 파헤치고 있을 무렵이었다 한다. 좀 더 똑똑히 말한다면, 조마이섬 서쪽 강둑길에 검정 지프차가 한 대 와 닿은 뒤라 한다. 웬 깡패 같이 생긴 청년 두 명이 불쑥 현장에 나타나더니, 둑을 허물어뜨리는 광경을 보자, 이내 노발대발 방해를 하기 시작하더라고. 엉터리 둑을 막아 놓고 섬을 통째로 집어삼키려던 소위 유력자의 앞잡인지 뭔지는 모르되, 아무리 타일러도, '여보, 당신들도 보다시피 물이 안팎으로 이렇게 불어나는데 섬사람들은 어떻게 하란 말이오?' 해 봐도, 들어 주긴커녕 그 중 힘깨나 있어 보이는, 눈이 약간 치째진 친구가 되레 갈밭새 영감의 괭이를 와락 뺏더니 물속으로 핑 집어던졌다는 거다.

그리곤 누굴 믿고 하는 수작일 테지만 후욕 패설을 함부로 뇌까리자, 순간 화가 머리끝까지 치밀었을 갈밭새 영감도,

"이 개 같은 놈아, 사람의 목숨이 중하냐, 네놈들의 욕심이 중하냐?"

말도 채 끝내기 전에 딜렁 그 자를 들어 물속에 태질을 해 버렸다는 것이다. 상대방은 '아이고' 소리도 못 해 보고 탁류에 휘말려 가고, 지레 달아난 녀석의 고자질에 의해선지 이내 경찰이 둘이나 달려왔더라고.

"내가 그랬소!"

㉡ 갈밭새 영감은 서슴지 않고 두 손을 내밀었다는 것이다. … (중략) …

폭풍우는 끝났다. ㉢ 60년래 처음이니 뭐니 하고 수다를 떨던 라디오와 신문들도 이젠 거기에 대해선 감쪽같이 말이 없었다. ㉣ 그저 몇몇 일간 신문의 수해 구제 의연란에 다소의 금액과 옷가지들이 늘어갈 뿐이었다.

섬사람들의 애절한 하소연에도 불구하고 육십이 넘은 갈밭새 영감은 결국 기약 없는 감옥살이로 넘어갔다.

그리고 9월 새 학기가 되어도 건우 군은 학교에 나타나지 않았다. 끝내 돌아오지 않았다. ㉤ 그의 일기장에는 어떠한 글이 적힐는지.

황폐한 모래톱─조마이섬을 군대가 정지를 하고 있다는 소문이 들렸다.

**55** 위 글의 서술상의 특징으로 가장 적절한 것은?

① 회상을 통해 서정적 분위기를 자아내고 있다.

② 요약과 구체화의 방법을 섞어서 인물이 처한 정황을 전달하고 있다.

③ 주관적 논평은 일체 배제함으로써 객관적 상황만을 제시하고 있다.

④ 작품의 주인공이 서술자가 되어 자신의 이야기를 함으로써 신빙성을 높인다.

⑤ 하나의 사건을 여러 시점에서 서술하여 사건의 의미를 다각도로 조명하고 있다.

**56** 위 글에서 '폭풍우'의 역할로 적절하지 <u>않은</u> 것은?

① 등장인물들 간의 갈등을 해소한다.

② 조마이섬에 긴박한 분위기를 조성한다.

③ 부당한 권력의 횡포가 드러나는 계기가 된다.

④ 조마이섬 사람들을 극한적 상황에 처하게 한다.

⑤ 등장인물이 극단적인 행동을 하게 되는 계기가 된다.

**57** ㉠~㉤에 대한 설명으로 옳지 <u>않은</u> 것은?

① ㉠은 사투리의 사용으로 사실감과 현장감을 부여하고 있다.

② ㉡을 통해 인물의 강인하고 당당한 성격을 엿볼 수 있다.

③ ㉢에는 언론의 일회적인 관심에 대한 비판의식이 드러난다.

④ ㉣에는 문제의 근본적 해결책이 되지 못하는 소극적 도움에 대한 안타까움이 드러난다.

⑤ ㉤에는 할아버지가 투옥되도록 내버려둔 섬 사람들을 원망하는 내용이 적힐 것에 대한 걱정이 드러난다.

# 제 **3** 회 **2교시 모의고사**

**70** 분 **33** 문항

※ 1번부터 4번까지는 문제와 선택지를 듣고 푸는 문항입니다. 잘 듣고 물음에 답하시오.

**01**

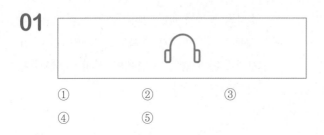

①      ②      ③

④      ⑤

**02**

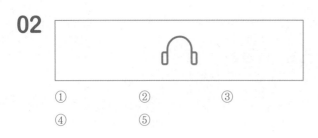

①      ②      ③

④      ⑤

**03**

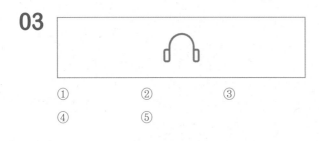

①      ②      ③

④      ⑤

**04**

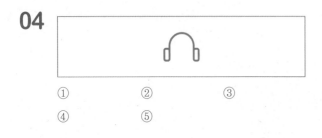

①      ②      ③

④      ⑤

※ 5번부터 13번까지는 내용을 들은 후, 시험지에 인쇄된 문제와 선택지를 보고 푸는 문항입니다. 잘 듣고 물음에 답하시오.

**05** 토론에 대한 설명으로 적절하지 <u>않은</u> 것은?

① 남자는 평가의 객관성 여부를 중요하게 생각한다.

② 여자가 주장하는 학생 평가 방식에서는 교사 개개인의 역량이 중시될 것이다.

③ 남자는 학생들의 성장 과정에서 어느 정도의 스트레스는 필요하다고 생각한다.

④ 남자와 여자는 상대방이 주장하는 평가 방식이 사교육을 조장할 것이라 생각한다.

⑤ 남자와 여자는 상대방이 주장하는 평가 방식이 학생들에게 부담을 줄 것이라고 생각한다.

**06** 토론에 대한 평가로 적절한 것은?

① 상반되는 의견을 절충하여 해결책을 마련하고 있다.

② 인신 공격적 발언을 하면서 논제에서 벗어나고 있다.

③ 근거를 제시하지 않은 채 각자의 주장만을 반복해서 말하고 있다.

④ 스스로 묻고 답하는 방법을 사용하여 각자의 주장을 강조하고 있다.

⑤ 비유적인 표현을 사용하여 각자의 주장에 대한 설득력을 높이고 있다.

**07** 대화에 대한 설명으로 옳지 <u>않은</u> 것은?

① 정부는 병행 수입을 장려하고 있다.

② 병행 수입 상품 중엔 정품이 아닌 것이 많다.

③ 여자는 병행 수입 상품의 장단점을 모두 언급하고 있다.

④ 여자는 병행 수입 상품의 최대 장점을 저렴한 가격이라고 생각하고 있다.

⑤ 주로 남자는 질문을 하고, 여자는 남자의 질문에 대해 정보를 제공하고 있다.


**08** 강연자의 주장에 대한 반론으로 적절하지 <u>않은</u> 것은?

① 회사의 관리자가 일괄적으로 직원들을 통제할 수 없게 되면 직원들이 업무에 태만할 우려가 있다.

② 여성 직장인들이 자녀 양육과 직장 일의 두 마리 토끼를 모두 완벽히 잡으려는 것은 지나친 욕심일 수 있다.

③ 근무 시간이 일정하게 정해져 있지 않으면 일과 휴식의 구분이 사라져 직원들의 업무 부담이 더 늘어날 수가 있다.

④ 업무를 할 때 정보통신 기기의 의존도가 높아지면 해킹을 통한 정보 유출 등 보안 사고가 일어날 가능성이 커진다.

⑤ 온라인을 통한 의사소통은 면대면 의사소통에 비해 상대의 의도를 오해할 여지가 많기 때문에 의사소통의 비효율성이 우려된다.


**09** 강연에서 언급된 '인지적 부조화 이론'을 설명할 수 있는 예로 적절하지 <u>않은</u> 것은?

① 갑자기 무서운 생각이 떠오를 때 그 생각을 잊기 위해 밝은 노래를 부르는 경우

② 금연을 포기한 흡연자가 담배를 끊었으면 스트레스를 받아 건강이 더 악화되었을 것이라고 생각하는 경우

③ 한 잡지에 자신이 산 물건에 대한 혹평이 실렸을 때 그 잡지는 항상 말도 안 되는 기사만 싣는다고 주장하는 경우

④ 이성에게 사랑을 고백했다가 거절당했을 때 그 이성은 성격이 나쁘기 때문에 사귀었으면 자신만 고생했을 거라고 생각하는 경우

⑤ 종말론을 믿었던 사이비 종교 집단의 신도들이, 지구 종말이 오지 않자 자신들의 기도 덕에 지구 종말을 막을 수 있었다고 주장하는 경우


**10** 토론 내용과 일치하지 <u>않는</u> 것은?

① 영국에서는 법적으로 안락사가 금지되어 있다.

② 안락사를 원했던 환자의 생각이 변하는 경우도 있다.

③ 우리나라에서 소극적 안락사는 법적 제재를 받지 않는다.

④ 최근 영국에서는 안락사와 관련된 법정 소송이 제기되었다.

⑤ 보건복지부의 여론 조사에 따르면, 응답자의 과반수가 소극적 안락사에 찬성했다.

**11** 토론 내용에 대한 설명으로 적절하지 <u>않은</u> 것은?

① 남자는 안락사의 악용 가능성을 부정하고 있다.

② 여자는 관습적 표현을 사용하여 자신의 주장을 강화하고 있다.

③ 남자와 여자 모두 인간의 생명이 소중하다는 것에 동의하고 있다.

④ 남자는 실제 사례를 언급하며 화제에 대한 주의를 환기하고 있다.

⑤ 여자는 치유의 가능성 여부에 대한 인간의 판단이 완벽할 수 없다고 생각한다.

**12** 강연에서 언급된 내용이 <u>아닌</u> 것은?

① 공정 여행의 개념

② 공정 여행의 성과

③ 공정 여행의 필요성

④ 공정 여행의 실천 사례

⑤ 공정 여행의 다른 이름

**13** '공정 여행'을 실천한 예로 적절한 것은?

① 여행 경비의 절약을 위해 물건 값을 최대한 깎는다.

② 렌터카가 필요할 때는 하이브리드 자동차를 이용한다.

③ 안전한 잠자리를 위해 세계적으로 유명한 체인 호텔에서 묵는다.

④ 문화 유적지의 감상 시간을 넉넉히 확보하기 위해 음식은 주로 패스트푸드를 먹는다.

⑤ 빈곤 국가의 실상을 세상에 알리기 위해 구걸하는 어린이의 모습을 사진으로 찍는다.

※ 다음은 주관식 문제입니다. 잘 듣고 물음에 답하시오.

**주관식**

**01** '선의의 거짓말'에 대한 강연자의 주장과, 그 주장에 대한 근거를 100자 이내로 요약하시오.

⇨ _____

_____

_____

**주관식**

**02** 강연의 주장을 반대하는 입장에서 자신의 주장과 근거를 100자 내외로 쓰시오.

⇨ _____

_____

_____

※ 14번부터는 문제지에 인쇄된 내용을 읽고 푸는 문제입니다. 잘 읽고 물음에 답하시오.

**14** 불필요한 요소의 중복 없이 어법에 맞게 쓴 것은?

① 이 문제에 대하여 다시 재고해 주십시오.

② 그녀는 사람들에게 따뜻한 온정을 베풀었다.

③ 그는 불쾌한 감정을 겉으로 표출하는 편이었다.

④ 내 말을 듣지 않으면 큰일 날 것이라고 미리 예고했다.

⑤ 이번 대회의 우승을 위해서는 너희들이 뛰어난 실력을 발휘해야 한다.

**15** 문장 성분 간의 호응이 적절한 것은?

① 과연 그 아이는 네 말을 잘 듣는구나.

② 그녀의 분노는 좀처럼 가라앉을 것 같다.

③ 혼자서 그 문제를 해결하는 것은 여간 어려운 일이다.

④ 짐승도 감정이 있는데 하물며 사람은 인정사정없다.

⑤ 그는 틀림없이 그 사안에 대해 이의를 제기할 수도 있다.


**16** 다음 표현에 대한 설명으로 바르지 <u>않은</u> 것은?

① 그녀는 멋진 모습으로 무대 위에서 노래와 춤을 추었다.
　⇨ '노래'에 호응하는 서술어가 없으므로 '노래를 부르고 춤을 추었다'로 고쳐야 한다.

② 내가 화가 난 이유는 네가 그동안 나를 너무 무시했다.
　⇨ '이유는'과 서술어인 '무시했다'가 호응하지 않으므로 '무시했기 때문이다'로 고쳐야 한다.

③ 앞으로 경기가 좋아질 것으로 전망됩니다.
　⇨ '좋아질 것으로 전망됩니다'는 의존 명사 '것'이 불필요하게 사용된 말이므로 '좋아질 전망입니다'로 고쳐야 한다.

④ 이 회사에 지원하는 사람들에게는 우수한 학업 성적과 뛰어난 업무 능력이 요구되어진다.
　⇨ '요구되어진다'는 피동 표현이 중복된 말이므로 '요구된다'로 고쳐야 한다.

⑤ 이 옷은 품질 좋은 저렴한 상품이기 때문에 소비자들에게 인기가 있다.
　⇨ '품질 좋은 저렴한'은 동일한 관형사형 어미를 이용한 수식어가 거듭 사용되었으므로 '품질 좋고 저렴한'으로 고쳐야 한다.


**17** 문장이 두 가지 의미로 풀이될 가능성이 가장 <u>적은</u> 것은?

① 아버지가 넥타이를 매고 있다.

② 그가 공을 차는 것이 이상하다.

③ 그녀는 나보다 드라마를 더 좋아한다.

④ 그가 수박과 복숭아 두 개를 사 주었다.

⑤ 그녀는 가난한 이웃을 한결같이 도왔다.


**18** 높임법의 쓰임이 <u>잘못된</u> 대화는?

① 딸: 어머니, 할머니께서 편찮으신가요?
　어머니: 그래. 할머니께서 많이 편찮으시단다.

② 손자: 할아버지, 아버지께서 곧 오신대요.
　할아버지: 그래? 오늘은 빨리 퇴근하는구나.

③ 마을 어른: 이보게, 잘 지냈는가?
　마을 청년: 예, 어르신께서는 별일 없으셨는지요?

④ 아들: 아버지, 걱정거리가 있으신가요?
　아버지: 아니다. 머리가 좀 아파서 쉬고 있었단다.

⑤ 교사: 얘야, 작년에 졸업한 학생이 오늘 온다고 했지?
　학생: 네, 선배가 방과 후에 온다고 했어요.

**19** 다음 자료를 활용하여 생활상의 변화에 대한 글을 쓸 때 적절하지 <u>않은</u> 것은?

〈가구원 구성 비율〉

(단위 : %)

| | 2006년 | 2011년 |
|---|---|---|
| 1인 | 17 | 22 |
| 2인 | 22.7 | 22.5 |
| 3인 | 53 | 22.5 |
| 4인 | 28 | 24.9 |
| 5인 이상 | 9.3 | 8.1 |
| 합 계 | 100 | 100 |

① 2인 가구 이상은 감소하고 있는 실태를 알리는 글을 쓴다.

② 1인 가구가 급격히 증가하고 있는 실태를 알리는 글을 쓴다.

③ 주거 면적의 소형화가 진행될 것이라고 예측하는 글을 쓴다.

④ 만혼율, 이혼율, 독거노인 가구 등의 증가로 인한 결과를 나타내는 글을 쓴다.

⑤ 1인 가구가 전체 가구 형태 중 가장 많은 비율을 차지하게 되었음을 알리는 글을 쓴다.

**20** 〈보기〉에서 논지 전개의 일관성을 해치므로 삭제하는 편이 더 나은 것은?

> 보기

표준어 규정을 폐지하자고 주장하는 사람들이 있다. ㉠ 이들에 의하면, 표준어 규정은 사람들로 하여금 '교양 있는 사람들이 두루 쓰는 현대 서울말'을 표준어의 정의처럼 여기게 함으로써, 표준어를 쓰지 않는 사람을 교양 없는 사람으로 간주하게 만든다. ㉡ 그런데 우리 사회에서 교양 있게 행동하는 것은 중요하다. 교양 있는 행동에는 나 자신뿐 아니라 상대방을 존중하는 마음이 담겨 있으므로 우리는 교양을 갖추어야 한다. ㉢ 따라서 사람들은 자기 지방의 언어를 버리고 표준어를 사용하게 되는데, 그 결과 지역어가 쇠퇴하게 된다는 것이다. ㉣ 이들은 지역어란 그 지역의 문화가 오롯이 담긴 문화유산으로, 우리말 어휘를 풍부하게 만드는 데 기여한다고 주장한다. ㉤ 그런데 표준어 규정으로 인해 지역어가 쇠퇴한다면 우리말의 다양성 역시 사라지게 된다는 것이다.

① ㉠          ② ㉡

③ ㉢          ④ ㉣

⑤ ㉤

**21** 다음의 개요를 바탕으로 '청소년 비만'에 대한 글을 쓰려고 할 때, 적절하지 <u>않은</u> 것은?

서론: 청소년 비만의 증가 실태
본론
1. 청소년 비만의 원인
　- 신체 활동량의 부족 ·················· ㉠
　- 과식
　- 패스트푸드 섭취의 증가
2. 청소년 비만의 문제점
　- 신체적 건강 악화
　- 학업 능률의 저하 ···················· ㉡
　- 자아 존중감 약화 ···················· ㉢
3. 청소년 비만의 극복 방안
　- 충분한 신체 활동 시간 확보
　- 자신의 몸에 맞는 적정량의 음식 섭취
　- 고단백 저칼로리 음식 섭취 ·········· ㉣
결론: 청소년 비만을 극복하기 위한 노력 촉구
　　　　　　　　 ·················· ㉤

① ㉠에서는 학교에서 장시간 책상에 앉아 생활하는 청소년들이 주로 컴퓨터 게임이나 TV 시청을 하며 여가 시간을 보낸다는 사실을 언급한다.

② ㉡에서는 비만 청소년들이 흔히 겪는 수면 무호흡, 코골이 증세가 숙면을 방해하여 집중력을 떨어뜨릴 수 있다는 사실을 언급한다.

③ ㉢에서는 비만 청소년들이 놀림이나 따돌림을 당하는 경우가 많다는 사실을 언급한다.

④ ㉣에서는 고단백 저칼로리 음식의 예를 언급한다.

⑤ ㉤에서는 비만 청소년들에게 주눅 들지 말고 자신감 있게 당당히 살아갈 것을 촉구한다.

**22** 〈보기〉에 제시한 소주제문에 대한 뒷받침 문장으로 적절하지 <u>않은</u> 것은?

> 보기
>
> 육교는 교통난 해소를 위해 도심 곳곳에 설치되었지만, 육교가 설치됨으로써 몇 가지 문제점이 나타났다. _____

① 고령자, 임산부, 장애인이 계단을 오르내리기가 어렵다.

② 계단을 오르내리는 시간 때문에 횡단보도에 비해 보행 시간이 오래 걸린다.

③ 육교의 보행을 원치 않는 사람들이 무단횡단을 하다가 사고를 당하는 경우가 있다.

④ 보행자의 안전한 횡단을 추구하다 보니 운전자의 운전 속도가 느려져 차량의 흐름이 원활하지 않다.

⑤ 물이 얼어 보행자가 미끄러지는 사고, 음주 후 보행자가 방향 감각을 상실하여 추락하는 사고가 발생한다.

**03** 다음 글을 읽고 ㉠에 들어갈 적절한 문장을 〈보기〉의 조건에 맞게 완성하시오.

> 미국의 천재 사기꾼 '프랭크 애버그네일'은 영화보다 더 영화 같은 삶을 산 인물로, 그의 이력은 영화로도 제작되어 널리 알려졌다. 프랭크 애버그네일은 타고난 임기응변 능력과 위조 실력을 지닌 인물이었다. 그는 자신의 재능을 바탕으로 항공기 부조종사, 의사, 변호사를 사칭하고, 16살부터 21살이 될 때까지 250만 달러의 위조 수표를 발행해 사용했다. 결국 체포된 그는 12년형을 선고받았으나, 수감 생활 5년 후 자신의 기술을 연방 정부를 위해 사용한다는 전제하에 석방되었다. 출감 후 그는 FBI 요원들에게 자신의 수표 위조 기술을 전수하여 수표 위조 범죄를 소탕하는 데 기여했고, 25년간 FBI 아카데미와 정부 기관에서 각종 사기 범죄 예방을 위해 힘쓰며 금융 사기 예방과 문서 보안 분야에서 최고의 권위자가 되었다. 프랭크 에버그네일의 삶을 통해 알 수 있듯이 ( ㉠ ).

> 보기
>
> • '재능의 활용'에 대한 필자의 입장이 드러나도록 쓸 것
> • 어문 규범을 지켜 한 문장으로 쓸 것

⇨ _____

_____

## 04 〈보기〉의 내용을 모두 포괄하여 한 문단을 쓰고자 할 때 적절한 소주제문을 〈조건〉에 맞게 쓰시오.

> 보기

> ① 일라이어스 하우는 어느 날 자신이 식인종들의 날카로운 창에 찔리는 악몽을 꾸었다. 그런데 식인종들의 창끝에는 구멍이 뚫려 있었다. 꿈에서 깨어난 그는 재봉틀 바늘 끝에 구멍을 뚫는 방법을 고안해, 재봉틀의 발명에 성공하였다.
> ② 아인슈타인은 항상 침대 곁에 펜과 공책을 두고 잠들었다. 좀처럼 풀리지 않던 문제의 해결책을 꿈속에서 얻었을 때, 그것을 기록하기 위해서였다.
> ③ 폴 매카트니는 꿈속에서 현악 연주를 들었다. 잠에서 깨어난 그는 피아노에 앉아 자신이 꿈에서 들은 음악을 연주하며 곡 하나를 완성했다. 바로 불후의 명곡, '예스터데이'이다.

> 조건

> • ① · ② · ③의 내용을 모두 포괄할 것
> • 한 문장으로 쓸 것

⇨ _____

_____

_____

## 05 다음 글을 읽고 ㉠에 들어갈 적절한 문장을 〈보기〉의 조건에 맞게 완성하시오.

> 우리는 사랑을 주고받는 것이 아름다운 일이라고 생각한다. 사랑이 없으면 세상살이가 공허하게 느껴질 것이며, 사랑 때문에 힘겨운 하루하루를 견뎌낼 수 있노라 말한다. 부부들은 배우자에 대한 사랑의 힘으로 상대방의 단점을 받아들이고, 부모들은 자녀에 대한 사랑의 힘으로 양육의 고달픔을 이겨 낸다.
>
> 하지만 다음의 경우를 보자. 한 어머니가 있다. 그녀는 자식을 사랑한 나머지 자식이 뭐든지 더 잘하기를 바란다. 그래서 칭찬을 하지 않고 항상 자식의 부족한 점만 지적한다. 하지만 자식은 칭찬의 말을 듣고 싶어 하며, 칭찬을 받을 때 상대가 나를 사랑한다고 느낀다. 결국 둘의 관계는 점점 멀어지게 된다.
>
> 한 쌍의 연인이 있다. 남자는 여자를 사랑한 나머지 모든 순간을 여자와 함께하고 싶어 한다. 공부, 식사, 취미 활동을 모두 여자와 함께하려고 하며 한시라도 여자가 눈에 보이지 않으면 전화를 해 여자의 위치를 확인한다. 여자는 자신이 원할 때 혼자만의 시간을 갖도록 상대가 배려해 주는 것이 사랑이라고 생각한다. 여자는 점점 자신에 대한 관심이 부담스러워지고, 남자와 함께 있는 시간에 숨이 막힌다.
>
> 사랑은 우리 삶에서 없어서는 안 될 소중한 가치이다. 하지만 상대를 사랑할 때 우리는 꼭 명심해야 한다. "( ㉠ )"라는 것을.

> 보기

> • '사랑'이라는 단어를 사용하여 쓸 것
> • '~해야 한다'의 정책 명제로 쓸 것
> • 어문 규범을 지켜 한 문장으로 쓸 것

⇨ _____

_____

_____

맛집을 소개하는 프로그램이 성행한다. 텔레비전을 틀면 출연자가 맛에 대한 찬사를 늘어놓으며 먹음직스러운 음식을 맛깔나게 먹는 장면을 쉽게 볼 수 있다. 1년 동안 텔레비전에 소개되는 맛집은 1만여 곳 정도에 이를 것으로 추정된다고 하며, 거리를 가다 보면 '○○프로그램 방영 맛집'이라고 쓰인 음식점 간판을 쉽게 볼 수 있다. ( ㉠ ) 막상 맛집이라고 소개된 음식점에 가보면 실망을 하는 경우가 많다.

그 이유로 사람들은 맛집을 소개하는 방송이 조작된 경우가 많기 때문이라는 점을 든다. ( ㉡ ) 방송에 출연하기 위해 음식점이 브로커나 홍보대행사에 돈을 내고, 맛집 아닌 곳이 맛집처럼 소개된다는 것이다. 맛집의 실태를 고발한 한 다큐멘터리 영화가 방영되자, 이와 같은 주장은 더욱 힘을 얻게 되었다.

그런데 과연 맛집 관련 방송이 조작되지 않는다면, 맛집으로 소개된 모든 음식점에서 우리는 만족할 수 있을까? 우리가 회사 동료들과 점심 메뉴를 정할 때를 생각해 보자. 의견을 하나로 통일하기는 쉽지 않다. 한식을 좋아하는 사람이 있는가 하면, 중식을 좋아하는 사람이 있다. 짠 음식을 좋아하는 사람이 있는 반면, 싱거운 음식을 좋아하는 사람이 있다. ( ㉢ ) 많이 익힌 고기를 좋아하는 사람이 있는가 하면, 거의 익히지 않은 고기를 좋아하는 사람도 있다. 모든 사람의 기호를 하나로 통일하는 것은 불가능한 일이라는 점을 우리는 기억해야 한다.

**23** 위 글의 ㉠~㉢에 적절한 연결어를 맞게 짝지은 것은?

| | ㉠ | ㉡ | ㉢ |
|---|---|---|---|
| ① | 따라서 | 또한 | 물론 |
| ② | 하지만 | 오히려 | 그리고 |
| ③ | 그런데 | 즉 | 또한 |
| ④ | 그리고 | 왜냐하면 | 역시 |
| ⑤ | 그럼에도 | 결국 | 반면 |

**06** 위 글의 필자의 주장을 압축적으로 드러낼 수 있는 중심 문장을 〈보기〉의 조건에 맞게 쓰시오.

보기

- '맛집'에 대한 필자의 입장이 드러나도록 쓸 것
- 어문 규범을 지켜 한 문장으로 쓸 것

⇨ _____

_____

_____

**07** 십자말풀이를 참조해 아래의 (　)에 맞는 단어를 쓰시오.

|  | 1.<br>자 |  | 2. |  |
|---|---|---|---|---|
| 3. |  |  | 4. | 5.<br>기 |
|  |  |  |  |  |
| 6. | 7.<br>밀 |  | 8. |  |
|  | 9. |  |  |  |

[가로 열쇠]
1. 사람이 타고 앉아 두 다리의 힘으로 바퀴를 돌려서 가게 된 탈것
3. 가지고 있음. 또는 그 물건
4. 실제의 기능이나 기술
6. 외부에 드러내서는 안 될 중요한 비밀
8. 도의 행정을 맡아 처리하는 지방 관청
9. 때릴 때에 쓰는 가는 나뭇가지. 어린아이를 벌줄 때나 마소를 부릴 때 쓴다.

[세로 열쇠]
1. 외부적인 구속이나 무엇에 얽매이지 아니하고 자기 마음대로 할 수 있는 상태
2. 가족이 일상 모여서 생활하는 공간
3. 불을 끄는 기구
5. 기상 상태를 관측하고 예보하는 사무를 맡아 보는 곳
7. 남몰래 모이거나 만남
8. 사람이 어떤 입장에서 마땅히 행하여야 할 바른 길

| 2. 세로 ( |  ） |
|---|---|
| 3. 세로 ( |  ） |
| 8. 가로 ( |  ） |
| 9. 가로 ( |  ） |

**08** 다음 글의 논지를 뒷받침할 수 있는 내용을 〈보기〉의 조건에 맞게 쓰시오.

　　그리스 신화에 나오는 조각가 피그말리온은 아름다운 여인상을 조각하고, 그 여인상을 진심으로 사랑하게 된다. 피그말리온의 사랑에 감동한 아프로디테는 여인상에게 생명을 주었고, 여인상은 인간이 되어 피그말리온과 결혼하였다. 이 이야기에서 유래한 '피그말리온 효과'는 행위자의 행동이 주변의 예언이나 기대에 영향을 받는다는 이론이다. 즉, 타인이 행위자를 존중하고 행위자에게 기대하는 것이 있으면, 행위자는 그 기대에 부응하려고 노력하여 타인의 기대대로 행동하게 된다는 것이다.

보기

• '학업 능력 향상'과 관련지어 쓸 것
• 주장과 논거의 구조로 두 문장 이상 쓸 것
• 어문 규범을 지켜 100자 내외로 쓸 것

⇨ _____
_____
_____

**09** 다음 〈보기〉와 같이 주어진 단어와 구절을 모두 사용하여 한 문장의 짧은 글을 지으시오.

보기

시작이 반, 주저, 성공
⇒ 시작이 반이니 주저하지 말고 일단 일을 시작하면 성공이 저절로 따라올 것이다.

제시어

하늘의 별 따기, 경쟁, 올해

⇒ _____
_____
_____
_____

**10** 다음 글을 읽고 '어린이집 CCTV 설치 의무화'에 대해 찬성 혹은 반대 의견을 세 문장으로 쓰시오.

어린이집 보육 교사의 아동 폭행 사건으로 나라가 떠들썩하다. 예전부터 아동 폭행 및 감금, 부실 급식 등 어린이집을 둘러싼 사건과 사고는 끊이지 않았는데, 이 때문에 자녀를 어린이집에 보낸 부모들은 온종일 마음이 놓이질 않는다. 우리 아이가 겉으로 무사해 보인다 해도, 우리 아이의 선생님이 친절해 보인다 해도, 내 시야를 벗어난 곳에서 아이가 학대를 당하는 것은 아닐까, 불안하기 짝이 없다. 이런 상황에서 어린이집 CCTV 설치를 의무화하는 것은 당연하다는 목소리가 높다. 하지만 이에 대한 반대의 여론도 있다. 이전에도 일부 국회의원들이 어린이집 CCTV 설치의 의무화를 법제화하려 했으나 전국보육노조연합과 인권단체들이 반발하여 결국 뜻을 이루지 못한 일이 있다. "보육교사들과 아이들의 사생활과 자기 정보 통제권을 위협하고 보육교사의 감시 장치로 악용될 우려가 크다."는 것이 반대의 이유였다. 어린이집 CCTV 설치 의무화, 과연 바람직한가?

⇒ _____
_____
_____

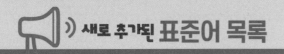

## 새로 추가된 표준어 목록

### ※ 현재 표준어와 같은 뜻으로 추가로 표준어로 인정한 것(11개)

| 추가된 표준어 | 현재 표준어 |
| --- | --- |
| 간지럽히다 | 간질이다 |
| 남사스럽다 | 남우세스럽다 |
| 등물 | 목물 |
| 맨날 | 만날 |
| 묘자리 | 묏자리 |
| 복숭아뼈 | 복사뼈 |
| 세간살이 | 세간 |
| 쌉싸름하다 | 쌉싸래하다 |
| 토란대 | 고운대 |
| 허접쓰레기 | 허섭스레기 |
| 흙담 | 토담 |

### ※ 두 가지 표기를 모두 표준어로 인정한 것(3개)

| 추가된 표준어 | 현재 표준어 |
| --- | --- |
| 택견 | 태껸 |
| 품새 | 품세 |
| 짜장면 | 자장면 |

### ※ 현재 표준어와 별도의 표준어로 추가로 정한 것(25개)

| 추가된 표준어 | 현재 표준어 | 뜻 차이 |
| --- | --- | --- |
| ~길래 | ~기에 | ~길래: '~기에'의 구어적 표현. |
| 개발새발 | 괴발개발 | '괴발개발'은 '고양이의 발과 개의 발'이라는 뜻이고, '개발새발'은 '개의 발과 새의 발'이라는 뜻임. |
| 나래 | 날개 | '나래'는 '날개'의 문학적 표현. |
| 내음 | 냄새 | '내음'은 향기롭거나 나쁘지 않은 냄새로 제한됨. |
| 눈꼬리 | 눈초리 | • 눈초리: 어떤 대상을 바라볼 때 눈에 나타나는 표정. 예 매서운 눈초리<br>• 눈꼬리: 눈의 귀 쪽으로 째진 부분. |
| 떨구다 | 떨어뜨리다 | '떨구다'에 '시선을 아래로 향하다'라는 뜻이 있음. |
| 뜨락 | 뜰 | '뜨락'에는 추상적 공간을 비유하는 뜻이 있음. |
| 먹거리 | 먹을거리 | 먹거리: 사람이 살아가기 위하여 먹는 음식을 통틀어 이름. |
| 메꾸다 | 메우다 | '메꾸다'에 '무료한 시간을 적당히 또는 그럭저럭 흘러가게 하다.'라는 뜻이 있음. |
| 손주 | 손자(孫子) | • 손자: 아들의 아들. 또는 딸의 아들.<br>• 손주: 손자와 손녀를 아울러 이르는 말. |

| 어리숙하다 | 어수룩하다 | '어수룩하다'는 '순박함/순진함'의 뜻이 강한 반면에, '어리숙하다'는 '어리석음'의 뜻이 강함. |
|---|---|---|
| 연신 | 연방 | '연신'이 반복성을 강조한다면, '연방'은 연속성을 강조. |
| 횡하니 | 횡허케 | **횡허케**: '횡하니'의 예스러운 표현. |
| 걸리적거리다 | 거치적거리다 | 자음 또는 모음의 차이로 인한 어감 및 뜻 차이 존재. |
| 끄적거리다 | 끼적거리다 | 〃 |
| 두리뭉실하다 | 두루뭉술하다 | 〃 |
| 맨숭맨숭/맹숭맹숭 | 맨송맨송 | 〃 |
| 바둥바둥 | 바동바동 | 〃 |
| 새초롬하다 | 새치름하다 | 〃 |
| 아웅다웅 | 아옹다옹 | 〃 |
| 야멸차다 | 야멸치다 | 〃 |
| 오손도손 | 오순도순 | 〃 |
| 찌뿌둥하다 | 찌뿌듯하다 | 〃 |
| 추근거리다 | 치근거리다 | 〃 |

## 2014년

※ 현재 표준어와 같은 뜻을 가진 표준어로 인정한 것(5개)

| 추가된 표준어 | 현재 표준어 |
|---|---|
| 구안와사 | 구안괘사 |
| 굽신* | 굽실 |
| 눈두덩이 | 눈두덩 |
| 삐지다 | 삐치다 |
| 초장초 | 작장초 |

* '굽신'이 표준어로 인정됨에 따라, '굽신거리다, 굽신대다, 굽신하다, 굽신굽신, 굽신굽신하다' 등도 표준어로 함께 인정됨.

※ 현재 표준어와 뜻이나 어감이 차이가 나는 별도의 표준어로 인정한 것(8개)

| 추가된 표준어 | 현재 표준어 | 뜻 차이 |
|---|---|---|
| 개기다 | 개개다 | **개기다**: (속되게) 명령이나 지시를 따르지 않고 버티거나 반항하다.<br>(※ **개개다**: 성가시게 달라붙어 손해를 끼치다.) |
| 꼬시다 | 꾀다 | **꼬시다**: '꾀다'를 속되게 이르는 말.<br>(※ **꾀다**: 그럴듯한 말이나 행동으로 남을 속이거나 부추겨서 자기 생각대로 끌다.) |
| 놀잇감 | 장난감 | **놀잇감**: 놀이 또는 아동 교육 현장 따위에서 활용되는 물건이나 재료.<br>(※**장난감**: 아이들이 가지고 노는 여러 가지 물건.) |

| | | |
|---|---|---|
| 딴지 | 딴죽 | **딴지**: (주로 '걸다, 놓다'와 함께 쓰여) 일이 순순히 진행되지 못하도록 훼방을 놓거나 어기대는 것.<br>(※ **딴죽**: 이미 동의하거나 약속한 일에 대하여 딴전을 부림을 비유적으로 이르는 말.) |
| 사그라들다 | 사그라지다 | **사그라들다**: 삭아서 없어져 가다. (※ **사그라지다**: 삭아서 없어지다.) |
| 섬찟* | 섬뜩 | **섬찟**: 갑자기 소름이 끼치도록 무시무시하고 끔찍한 느낌이 드는 모양.<br>(※ **섬뜩**: 갑자기 소름이 끼치도록 무섭고 끔찍한 느낌이 드는 모양.) |
| 속앓이 | 속병 | **속앓이**: 「1」 속이 아픈 병. 또는 속에 병이 생겨 아파하는 일. 「2」 겉으로 드러내지 못하고 속으로 걱정하거나 괴로워하는 일.<br>(※ **속병**: 「1」 몸속의 병을 통틀어 이르는 말. 「2」 '위장병01'을 일상적으로 이르는 말.<br>「3」 화가 나거나 속이 상하여 생긴 마음의 심한 아픔.) |
| 허접하다 | 허접스럽다 | **허접하다**: 허름하고 잡스럽다.<br>(※ **허접스럽다**: 허름하고 잡스러운 느낌이 있다.) |

\* '섬찟'이 표준어로 인정됨에 따라, '섬찟하다, 섬찟섬찟, 섬찟섬찟하다' 등도 표준어로 함께 인정됨.


## 2015년

### ※ 복수 표준어: 현재 표준어와 같은 뜻을 가진 표준어로 인정한 것(4개)

| 추가된 표준어 | 현재 표준어 | 뜻 차이 |
|---|---|---|
| 마실 | 마을 | • '이웃에 놀러 다니는 일'의 의미에 한하여 표준어로 인정함. '여러 집이 모여 사는 곳'의 의미로 쓰인 '마실'은 비표준어임.<br>• '마실꾼, 마실방, 마실돌이, 밤마실'도 표준어로 인정함.<br>예 나는 아들의 방문을 열고 이모네 **마실** 갔다 오마고 말했다. |
| 이쁘다 | 예쁘다 | • '이쁘장스럽다, 이쁘장스레, 이쁘장하다, 이쁘디이쁘다'도 표준어로 인정함.<br>예 어이구, 내 새끼 **이쁘기도** 하지. |
| 찰지다 | 차지다 | • 사전에서 〈'차지다'의 원말〉로 풀이함.<br>예 화단의 **찰진** 흙에 하얀 꽃잎이 화사하게 떨어져 날리곤 했다. |
| -고프다 | -고 싶다 | • 사전에서 〈'-고 싶다'가 줄어든 말〉로 풀이함.<br>예 그 아이는 엄마가 **보고파** 앙앙 울었다. |

### ※ 별도 표준어: 현재 표준어와 뜻이 다른 표준어로 인정한 것(5개)

| 추가된 표준어 | 현재 표준어 | 뜻 차이 |
|---|---|---|
| 꼬리연 | 가오리연 | • **꼬리연**: 긴 꼬리를 단 연.<br>• **가오리연**: 가오리 모양으로 만들어 꼬리를 길게 단 연. 띄우면 오르면서 머리가 아래위로 흔들린다.<br>예 행사가 끝날 때까지 하늘을 수놓았던 대형 **꼬리연도** 비상을 꿈꾸듯 끊임없이 창공을 향해 날아올랐다. |
| 의론 | 의논 | • **의론(議論)**: 어떤 사안에 대하여 각자의 의견을 제기함. 또는 그런 의견.<br>• **의논(議論)**: 어떤 일에 대하여 서로 의견을 주고받음.<br>• '의론되다, 의론하다'도 표준어로 인정함.<br>예 이러니저러니 **의론이** 분분하다. |

| | | |
|---|---|---|
| 이크 | 이키 | • **이크**: 당황하거나 놀랐을 때 내는 소리. '이키'보다 큰 느낌을 준다.<br>• **이키**: 당황하거나 놀랐을 때 내는 소리. '이끼'보다 거센 느낌을 준다.<br>예 **이크**, 이거 큰일 났구나 싶어 허겁지겁 뛰어갔다. |
| 잎새 | 잎사귀 | • **잎새**: 나무의 잎사귀. 주로 문학적 표현에 쓰인다.<br>• **잎사귀**: 낱낱의 잎. 주로 넓적한 잎을 이른다.<br>예 **잎새**가 몇 개 남지 않은 나무들이 창문 위로 뻗어 올라 있었다. |
| 푸르르다 | 푸르다 | • **푸르르다**: '푸르다'를 강조할 때 이르는 말.<br>• **푸르다**: 맑은 가을 하늘이나 깊은 바다, 풀의 빛깔과 같이 밝고 선명하다.<br>• '푸르르다'는 '으' 불규칙 용언으로 분류함.<br>예 겨우내 찌푸리고 있던 잿빛 하늘이 **푸르르게** 맑아 오고 어디선지도 모르게 흙냄새가 뭉클하니 풍겨 오는 듯한 순간 벌써 봄이 온 것을 느낀다. |

※ 복수 표준형: 현재 표준적인 활용형과 용법이 같은 활용형으로 인정한 것(2개)

| 추가된 표준형 | 현재 표준형 | 비 고 |
|---|---|---|
| 말아<br>말아라<br>말아요 | 마<br>마라<br>마요 | • '말다'에 명령형 어미 '-아', '-아라', '-아요' 등이 결합할 때는 어간 끝의 'ㄹ'이 탈락하기도 하고 탈락하지 않기도 함.<br>예 내가 하는 말 농담으로 듣지 **마/말아**.<br>애야, 아무리 바빠도 제사는 잊지 **마라/말아라**.<br>아유, 말도 **마요/말아요**. |
| 노랗네<br>동그랗네<br>조그맣네<br>... | 노라네<br>동그라네<br>조그마네<br>... | • 'ㅎ' 불규칙 용언이 어미 '-네'와 결합할 때는 어간 끝의 'ㅎ'이 탈락하기도 하고 탈락하지 않기도 함.<br>• '그렇다, 노랗다, 동그랗다, 뿌옇다, 어떻다, 조그맣다, 커다랗다' 등등 모든 'ㅎ' 불규칙 용언의 활용형에 적용됨.<br>예 생각보다 훨씬 **노랗네/노라네**.<br>이 빵은 **동그랗네/동그라네**.<br>건물이 아주 **조그맣네/조그마네**. |

## 2016년

※ 현재 표준어와는 뜻이나 어감이 달라 별도의 표준어로 인정한 것(4개)

| 추가된 표준어 | 현재 표준어 | 뜻 차이 |
|---|---|---|
| 걸판지다<br>걸판지다 | 거방지다<br>거방지다 | **걸판지다** [형용사]<br>① 매우 푸지다.<br>　예 술상이 **걸판지다** / 마침 눈먼 돈이 생긴 것도 있으니 오늘 저녁은 내가 **걸판지게** 사지.<br>② 동작이나 모양이 크고 어수선하다.<br>　예 싸움판은 자못 **걸판져서** 구경거리였다 / 소리판은 옛날이 **걸판지고** 소리할 맛이 났었지.<br>**거방지다** [형용사]<br>① 몸집이 크다.<br>② 하는 짓이 점잖고 무게가 있다.<br>③ = 걸판지다①. |

| 겉울음<br>겉울음 | 건물음<br>건물음 | **겉울음** [명사]<br>① 드러내 놓고 우는 울음.<br>　예 꼭꼭 참고만 있다 보면 간혹 속울음이 **겉울음으로** 터질 때가 있다.<br>② 마음에도 없이 겉으로만 우는 울음.<br>　예 눈물도 안 나면서 슬픈 척 **겉울음** 울지 마. |
|---|---|---|
| | | **건물음** [명사] =강울음.<br>**강울음** [명사] 눈물 없이 우는 울음, 또는 억지로 우는 울음. |
| 까탈스럽다<br>까탈스럽다 | 까다롭다<br>까다롭다 | **까탈스럽다** [형용사]<br>① 조건, 규정 따위가 복잡하고 엄격하여 적응하거나 적용하기에 어려운 데가 있다. '가탈스럽다①'보다 센 느낌을 준다.<br>　예 **까탈스러운** 공정을 거치다 / 규정을 **까탈스럽게** 정하다 / 가스레인지에 길들여진 현대인들에게 지루하고 **까탈스러운** 숯 굽기 작업은 쓸데없는 시간 낭비로 비칠 수도 있겠다.<br>② 성미나 취향 따위가 원만하지 않고 별스러워 맞춰 주기에 어려운 데가 있다. '가탈스럽다②'보다 센 느낌을 준다.<br>　예 **까탈스러운** 입맛 / 성격이 **까탈스럽다** / 딸아이는 사 준 옷이 맘에 안 든다고 **까탈스럽게** 굴었다.<br>※ 같은 계열의 '가탈스럽다'도 표준어로 인정함. |
| | | **까다롭다** [형용사]<br>① 조건 따위가 복잡하거나 엄격하여 다루기에 순탄하지 않다.<br>② 성미나 취향 따위가 원만하지 않고 별스럽게 까탈이 많다. |
| 실뭉치<br>실뭉치 | 실뭉당이<br>실뭉당이 | **실뭉치** [명사] 실을 한데 뭉치거나 감은 덩이.<br>　예 뒤엉킨 **실뭉치** / **실뭉치**를 풀다 / 그의 머릿속은 엉클어진 **실뭉치**같이 갈피를 못 잡고 있었다. |
| | | **실뭉당이** [명사] 실을 풀기 좋게 공 모양으로 감은 뭉치. |

## ※ 비표준적인 것으로 다루어 왔던 표현 형식을 표준형으로 인정한 것(2개)

| 추가된 표준형 | 현재 표준형 | 비 고 |
|---|---|---|
| 엘랑 | 에는 | • 표준어 규정 제25항에서 '에는'의 비표준형으로 규정해 온 '엘랑'을 표준형으로 인정함.<br>• '엘랑' 외에도 'ㄹ랑'에 조사 또는 어미가 결합한 '에설랑, 설랑, -고설랑, -어설랑, -질랑'도 표준형으로 인정함.<br>• '엘랑, -고설랑' 등은 단순한 조사/어미 결합형이므로 사전 표제어로는 다루지 않음.<br>　예 서울**엘랑** 가지를 마오.<br>　　교실**에설랑** 떠들지 마라.<br>　　나를 앞에 앉혀놓**고설랑** 자기 아들 자랑만 하더라. |
| 주책이다 | 주책없다 | • 표준어 규정 제25항에 따라 '주책없다'의 비표준형으로 규정해 온 '주책이다'를 표준형으로 인정함.<br>　예 '주책이다'는 '일정한 줏대가 없이 되는대로 하는 짓'을 뜻하는 '주책'에 서술격 조사 '이다'가 붙은 말로 봄.<br>• '주책이다'는 단순한 명사+조사 결합형이므로 사전 표제어로는 다루지 않음.<br>　예 이제 와서 오래 전에 헤어진 그녀를 떠올리는 나 자신을 보며 '나도 참 **주책이군**' 하는 생각이 들었다. |

※ 뜻을 일부 수정하여 여러 표기로 같은 뜻을 나타내게 된 것(4개)

| 추가된 표준어 | 현재 표준어 | 비 고 |
|---|---|---|
| 꺼림직이<br>꺼림직하다 | 꺼림칙이<br>꺼림칙하다 | • '꺼림칙이', '꺼림칙하다'의 북한어로 설명하던 부분 삭제<br>• 뜻풀이 수정: 마음에 걸려서 언짢고 싫은 느낌이 있다. |
| 께름직하다 | 께름칙하다 | • '꺼림칙하다'의 북한어로 설명하던 부분 삭제<br>• 뜻풀이 수정: 마음에 걸려서 언짢고 싫은 느낌이 꽤 있다. |
| 추켜세우다 | 치켜세우다 | • '치켜세우다'의 '정도 이상으로 크게 칭찬하다' 뜻 추가 |
| 추켜올리다<br>치켜올리다 | 추어올리다 | • 추어올리다'의 '실제보다 과장되게 칭찬하다' 뜻 추가 |

## 1. 사이시옷

### (1) 순우리말로 된 합성어로서 앞말이 모음으로 끝난 경우

- 뒷말의 첫소리가 된소리로 날 때

  예 깃발, 귓밥, 나뭇가지, 맷돌

- 뒷말의 첫소리 'ㄴ, ㅁ' 앞에서 'ㄴ' 소리가 덧날 때

  예 냇물, 빗물, 아랫니

- 뒷말의 첫소리 모음 앞에서 'ㄴㄴ' 소리가 덧날 때

  예 깻잎, 나뭇잎, 베갯잇

### (2) 순우리말과 한자어로 된 합성어로서 앞말이 모음으로 끝난 경우

- 뒷말의 첫소리가 된소리로 날 때

  예 귓병, 샛강, 전셋집, 자릿세, 찻잔, 햇수

- 뒷말의 첫소리 'ㄴ, ㅁ' 앞에서 'ㄴ' 소리가 덧날 때

  예 제삿날, 훗날, 툇마루

- 뒷말의 첫소리 모음 앞에서 'ㄴㄴ' 소리가 덧날 때

  예 예삿일, 훗일

### (3) 한자말끼리 어울린 합성어에는 아래와 같은 환경에서도 사이시옷을 넣지 않는다.

  예 초점(焦點), 소장(訴狀), 대가(代價)

  [예외] 곳간(庫間), 셋방(貰房), 숫자(數字), 찻간(車間), 툇간(退間), 횟수(回數)

### (4) 한 낱말 아래에 다시 된소리나 거센소리가 나는 낱말이 이어질 경우에는 사이시옷을 넣지 않는다.

  예 갈비뼈, 위쪽, 뒤편, 위층

  [예외] 셋째, 넷째

## 2. 준말 쓰기

### (1) 'ㅚ' 뒤에 '-어, -었-'이 어울려 줄면 'ㅙ, ㅙㅆ'으로 쓴다.

  예 시간이 돼서(되어서), 인간이 돼라(되어라), 물이 괬다(괴었다), 벌에 쐤다(쐬었다)

### (2) '-지 않-'은 '-잖-'으로, '-하지 않-'은 '-찮-'으로 준다.

  예 그렇잖아도(그렇지 않아도), 적잖은(적지 않은), 만만찮다(만만하지 않다)

### (3) '-하-'의 경우

  예 간편케(간편하게), 흔치(흔하지), 연구토록(연구하도록)

  [비교] 거북지, 깨끗지, 넉넉지, 생각건대, 섭섭지

**(4)** '아니'의 준말은 '안'이고, '않-'은 '아니하-'의 준말이다.

> 예 밥을 안 먹는다. 공부를 안 한다.
>
> 밥을 먹지 않는다. 날씨가 좋지 않다.

## 3. 된소리 쓰기

**(1)** '-(으)ㄹ까?, -(으)ㄹ꼬? / -(스)ㅂ니까?, -(으)리까?, -(으)ㄹ쏘냐?'와 같이 의문형 어미의 경우만 된소리로 적고 그 외에는 예사소리로 적는다.

> 예 내가 할게. / 내가 치울게. / 그게 맞을 걸세. / 내가 할까? / 내가 치울까? / 그게 맞을쏘냐?

**(2)** 한 낱말 안에서 'ㄱ, ㅂ' 받침 뒤에서 나는 된소리는 같은 음절이나 비슷한 음절이 겹쳐 나는 경우가 아니면 된소리로 적지 아니한다.

> 예 국수, 깍두기, 법석, 몹시, 뚝배기
>
> [비교] 곱빼기

**(3)** 다음과 같은 접미사는 된소리로 적는다.

> 예 심부름꾼, 익살꾼, 지게꾼, 일꾼, 장난꾼, 때깔, 빛깔, 귀때기, 볼때기, 뒤꿈치, 팔꿈치, 이마빼기, 객쩍다, 멋쩍다
>
> [비교] 맛적다('적다(少)'의 뜻이 유지됨.)

## 4. 부사의 끝음절 '-이'와 '-히'의 구별

**(1)** 발음이 분명히 '이'로만 나는 것은 '-이'로 적고 그 외의 것은 '-히'로 적는다.

> 예 극히, 작히, 엄격히, 솔직히, 고요히, 꼼꼼히

**(2)** 어근의 끝소리가 'ㅅ'인 경우 '-이'로 적는다.

> 예 깨끗이, 반듯이, 산뜻이, 의젓이, 지긋이

**(3)** 'ㅂ' 불규칙 용언의 어간 뒤에는 '-이'를 적는다.

> 예 가벼이, 가까이, 새로이, 외로이, 즐거이

**(4)** '-하다'가 붙을 수 없는 형용사 뒤에는 '-이'를 적는다.

> 예 같이, 굳이, 길이, 깊이, 높이, 많이
>
> [비교] 도저히, 가만히, 무단히, 열심히 (형용사 아님.)

**(5)** 첩어 또는 준첩어인 명사 뒤에는 '-이'를 적는다.

> 예 간간이, 겹겹이, 틈틈이
>
> [비교] 섭섭히 (첩어가 아닌 독립한 하나의 낱말임.)

**(6)** 부사에 붙을 때는 '-이'를 쓰고, 원형을 밝혀 적는다.

> 예 곰곰이, 더욱이, 일찍이, 오뚝이

# 토클 ToKL

## 국어능력인증시험

**2주 만에 끝내는 초단기완성**

기출 유형별 핵심 정리로 토클 완벽 대비!

# 국어능력
# 인증시험

2주 만에 끝내는
## 초단기완성

편저 | 박소영

## 정답 및 해설

SD에듀
(주)시대고시기획

### 무료 수강 안내

시대플러스 홈페이지 접속
(www.sdedu.co.kr/plus)
↓
자격증 – 한국어/외국어/사회통합
– TOKL 카테고리 클릭
↓
국어능력인증시험 이론 특강 강의 듣기

### MP3 다운로드 안내

시대고시 홈페이지 접속
(www.sidaegosi.com)
↓
학습자료실 – MP3 카테고리 클릭
↓
'ToKL' 검색 후
'ToKL 국어능력인증시험
2주 만에 끝내는 초단기완성'
MP3 파일 클릭

**SD에듀**　도서 및 동영상 강의 문의
**1600-3600**

책 출간 이후에도 끝까지 최선을 다하는 **시대고시기획!**
도서 출간 이후에 발견되는 오류와 바뀌는 시험정보, 기출문제, 도서 업데이트 자료 등을 홈페이지 자료실 및 시대북 통합서비스 앱을 통해 알려 드리고 있습니다. 또한, 도서가 파본인 경우에는 구입하신 곳에서 교환해 드립니다.

**편집진행** 구설희 · 김서아　|　**표지디자인** 김도연　|　**본문디자인** 박지은 · 장성복

PART

4

# 정답 및 해설

| 01 | 02 | 03 | 04 | 05 | 06 | 07 | 08 | 09 | 10 |
|----|----|----|----|----|----|----|----|----|----|
| ④ | ③ | ③ | ④ | ⑤ | ① | ② | ① | ② | ② |
| 11 | 12 | 13 | 14 | 15 | 16 | 17 | 18 | 19 | 20 |
| ④ | ③ | ④ | ① | ⑤ | ③ | ② | ④ | ④ | ③ |
| 21 | 22 | 23 | 24 | 25 | 26 | 27 | 28 | 29 | 30 |
| ③ | ④ | ⑤ | ② | ⑤ | ⑤ | ④ | ④ | ② | ③ |
| 31 | 32 | 33 | 34 | 35 | 36 | 37 | 38 | 39 | 40 |
| ⑤ | ③ | ② | ④ | ④ | ② | ③ | ③ | ④ | ④ |
| 41 | 42 | 43 | 44 | 45 | 46 | 47 | 48 | 49 | 50 |
| ④ | ⑤ | ① | ② | ⑤ | ② | ① | ④ | ① | ② |
| 51 | 52 | 53 | 54 | 55 | 56 | 57 | | | |
| ④ | ① | ④ | ② | ③ | ① | ④ | | | |

## 01
**정답** ④

**문제유형** 어휘 – 단어 형성(접두사)

**해설**

접두사 '군–'은 일부 명사 앞에 붙어 '쓸데없는'이란 뜻을 더하거나, '가외로 더한, 덧붙은'이란 뜻을 더한다. ④의 '군식구'는 '본식구 외에 덧붙어서 얻어먹고 있는 식구.'란 뜻으로, 이때의 '군–'은 '가외로 더한, 덧붙은'의 뜻을 더하는 접두사이다. 반면, ①·②·③·⑤의 '군–'은 '쓸데없는'의 뜻을 더하는 접두사이다.

**오답 피하기**

① '군침'의 의미: 공연히 입 안에 도는 침.
② '군살'의 의미: 영양 과잉 등으로 찐 군더더기 살.
③ '군말'의 의미: 쓸데없는 군더더기 말.
⑤ '군일'의 의미: 하지 않아도 좋을 쓸데없는 일.

## 02
**정답** ③

**문제유형** 어휘 – 단어의 관계

**해설**

③의 '미술'과 '음악'은 모두 '예술'이라는 상의어의 하의어들이다. 반면, ①·②·④·⑤는 모두 상하 관계이다.

**오답 피하기**

① 국가(상의어) : 한국(하의어)

② 문학(상의어) : 소설(하의어)
④ 생물(상의어) : 동물(하의어)
⑤ 품사(상의어) : 명사(하의어)

## 03
**정답** ③

**문제유형** 어휘 – 단어의 의미(사전적 의미)

**해설**

〈보기〉의 뜻풀이와 예문에 알맞은 단어는 '체결'이다.

**오답 피하기**

① 인증: 어떠한 문서나 행위가 정당한 절차로 이루어졌다는 것을 공적 기관이 증명함.
② 조인: 서로 약속하여 만든 문서에 도장을 찍음.
④ 타결: 의견이 대립된 양편에서 서로 양보하여 일을 마무름.
⑤ 합의: 서로 의견이 일치함.

## 04
**정답** ④

**문제유형** 어휘 – 단어의 의미(문맥적 의미)

**해설**

〈보기〉와 ④의 '풀다'는 모두 '마음에 맺혀 있거나 품고 있는 것을 이루다.'의 의미로 사용되었다.

**오답 피하기**

① '피로나 독기 따위를 없어지게 하다.'의 의미.

② '묶이거나 감기거나 얽히거나 합쳐진 것 따위를 그렇지 아니한 상태
　　로 되게 하다.'의 의미.
③ '어떤 감정이나 분노 따위를 누그러뜨리다.'의 의미.
⑤ '모르거나 복잡한 문제 따위를 알아내거나 해결하다.'의 의미.

## 05　　　　　정답 ⑤

어휘 – 단어의 의미(문맥적 의미)

**해설**

⑤의 '발'은 '걸음'을 비유적으로 이르는 말로 사용되었다.

**오답 피하기**

① · ② · ③ · ④는 모두 '사람이나 동물의 다리 맨 끝 부분.'의 의미로 사
용되었다.

## 06　　　　　정답 ①

어휘 – 단어의 관계

**해설**

①의 '종종'은 '시간적 · 공간적 간격이 얼마쯤씩 있게.'로 '가끔'
과 바꾸어 쓸 수 있는 말이고, '자주'는 '같은 일을 잇따라 잦
게.'란 의미이다.

**오답 피하기**

② · ③ · ④ · ⑤의 단어들은 서로 바꾸어 쓸 수 있는 말이다.

## 07　　　　　정답 ②

어휘 – 단어의 의미(한자어의 의미)

**해설**

②의 '완연하다'는 '눈에 보이는 것처럼 아주 뚜렷하다.'의 의미
이다.

**오답 피하기**

① 안출하다: '생각해 내다.'의 의미.
③ 개진하다: '주장이나 사실 따위를 밝히기 위하여 의견이나 내용을 드
　　러내어 말하거나 글로 쓰다.'의 의미.
④ 막중하다: '더할 수 없이 중대하다.'의 의미.
⑤ 낭자하다: '여기저기 흩어져 어지럽다.'의 의미.

## 08　　　　　정답 ①

어휘 – 관용어

**해설**

'손이 뜨다'는 '일하는 동작이 매우 굼뜨다.'의 의미이다.

**오답 피하기**

② 간이 뒤집히다: 까닭 없이 웃음을 나무라는 말.
③ 국물도 없다: '돌아오는 몫이나 이득이 아무것도 없다.'의 의미.
④ 입에 거미줄 치다: '가난하여 먹지 못하고 오랫동안 굶다.'의 의미.

⑤ 게 눈 감추듯: 음식을 허겁지겁 빨리 먹어 치움을 비유적으로 이르는 말.

## 09　　　　　정답 ②

어휘 – 한자성어

**해설**

②는 '눈앞의 이익을 보면 탐내어 의리를 저버림.'이란 의미의 말이고,
① · ③ · ④ · ⑤는 모두 친구 간의 두터운 우의를 나타내는 말이다.
① 간담상조(肝膽相照): 간과 쓸개를 내놓고 서로에게 내보인다는 뜻으
　　로, '서로 마음을 터놓고 친밀히 사귐.'의 의미.
③ 금란지계(金蘭之契): '친구 사이의 우의가 두터움.'의 의미.
④ 복심지우(腹心之友): '마음이 맞는 극진(極盡)한 친구(親舊).'의 의미.
⑤ 수어지교(水魚之交): '매우 친밀하게 사귀어 떨어질 수 없는 사이.'의
　　의미.

## 10　　　　　정답 ②

어휘 – 단어의 용법

**해설**

②의 '곰상스럽다'는 '성질이나 하는 짓이 싹싹하고 부드러운
데가 있다.', '성질이나 행동이 잘고 꼼꼼한 데가 있다.'의 의미
이므로 '행동이 느리고 둔하여'의 뒤에 쓰이는 것은 적절하지
않다.

**오답 피하기**

① 복스럽다: '모난 데 없이 복이 있어 보이는 데가 있다.'의 의미.
③ 예스럽다: '옛것과 같은 맛이나 멋이 있다.'의 의미.
④ 걸신스럽다: '굶주려 음식에 몹시 탐욕스럽다.'의 의미.
⑤ 면구스럽다: '낯을 들고 대하기에 부끄러운 데가 있다.'의 의미.

## 11　　　　　정답 ④

어휘 – 단어의 용법

**해설**

④의 '경외감'은 '공경하면서 두려워하는 감정.'을 일컫는 말이
므로 '쉬운 일도 제대로 처리하지 못하는 그를 바라보며' 느끼
는 감정에 적합하지 않다.

**오답 피하기**

① 모멸감(侮蔑感): '모멸(업신여기고 얕잡아 봄)스러운 느낌.'의 의미.
② 이질감(異質感): '성질이 서로 달라 낯설거나 잘 맞지 않는 느낌.'의
　　의미.
③ 회의감(懷疑感): '의심이 드는 느낌.'의 의미.
⑤ 자괴감(自愧感): '스스로 부끄러워하는 마음.'의 의미.

## 12　　　　　정답 ③

어휘 – 단어의 의미(고유어의 사전적 의미)

**해설**

③의 '냇내'는 '연기의 냄새'란 의미이다.

## 13

**정답** ④

**문제유형** 어휘 – 단어의 용법

**해설**

문맥적으로 ㉠ · ㉡ · ㉢에 들어갈 수 있는 단어는 각각 '조장', '조정', '조성'이다.

㉠ 조장: '바람직하지 않은 일을 더 심해지도록 부추김.'의 의미.

㉡ 조정: '어떤 기준이나 실정에 맞게 정돈하다.'의 의미.

㉢ 조성: '무엇을 만들어서 이룸. 분위기나 정세 따위를 만듦.'의 의미.

## 14

**정답** ①

**문제유형** 어문 규정 – 한글 맞춤법

**해설**

한글 맞춤법 제40항 [붙임 2]에 의해 ①은 '넉넉지'가 돼야 한다.

**참고** [한글 맞춤법 제40항] 어간의 끝음절 '하'의 'ㅏ'가 줄고 'ㅎ'이 다음 음절의 첫소리와 어울려 거센소리로 될 적에는 거센소리로 적는다. 例 간편케, 연구토록

[붙임 2] 어간의 끝음절 '하'가 아주 줄 적에는 준 대로 적는다. 例 생각건대, 깨끗지 않다, 넉넉지 않다

**오답 피하기**

② 깨끗지: 어간의 끝음절 '하'가 아주 줄어 준 대로 적은 경우.

③ 간편케: 어간의 끝음절 '하'의 'ㅏ'가 줄고 'ㅎ'이 다음 음절의 첫소리와 어울려 거센소리로 되었기 때문에 거센소리로 적은 경우.

④ 생각건대: 어간의 끝음절 '하'가 아주 줄어 준 대로 적은 경우.

⑤ 연구토록: 어간의 끝음절 '하'의 'ㅏ'가 줄고 'ㅎ'이 다음 음절의 첫소리와 어울려 거센소리로 되었기 때문에 거센소리로 적은 경우.

## 15

**정답** ⑤

**문제유형** 어문 규정 – 한글 맞춤법

**해설**

한글 맞춤법 제12항의 [붙임 1]에 의해 ⑤의 '투고란'은 한자음 뒤에 '란' 음이 온 경우이기 때문에 맞는 표기이다.

**참고** [한글 맞춤법 제12항] 한자음 '라, 래, 로, 뢰, 루, 르'가 단어의 첫머리에 올 적에는 두음 법칙에 따라 '나, 내, 노, 뇌, 누, 느'로 적는다.

[붙임 1] 단어의 첫머리 이외의 경우에는 본음대로 적는다. 단, 고유어, 외래어 뒤에서는 두음 법칙이 적용된다. 例 어린이난, 가십난

**오답 피하기**

① '썩이니'가 맞다.

**참고** '썩이다'와 '썩히다'의 구분: '속을 썩이다'만 '썩이다'. 그 밖에는 '썩히다'를 쓴다.

② '로서'가 맞다.

**참고** '로서'는 자격, '로써'는 수단이나 도구를 나타낸다.

③ '껍질째'가 맞다.

**참고** 관형사형 어미 뒤에서는 의존 명사 '채', 명사 뒤에서는 접미사 '–째'가 쓰인다.

④ '생각할는지'가 맞다.

**참고** '–ㄹ런지'가 아닌, '–ㄹ는지'가 맞는 표기이다.

## 16

**정답** ③

**문제유형** 어문 규정 – 한글 맞춤법

**해설**

헷갈리기 쉬운 맞춤법을 묻는 문제이다. 단어의 의미를 구분해 쓰면 다음과 같다.

㉠ 앉히다/안치다

• 앉히다: 앉게 하다.

• 안치다: 밥, 떡, 구이, 찌개 따위를 만들기 위하여 그 재료를 솥이나 냄비 따위에 넣고 불 위에 올리다.

㉡ 벌리다/벌이다

• 벌리다: 두 사이를 떼어서 넓히다. ↔ 오므리다

• 벌이다: 일을 계획하여 시작하거나 펼쳐 놓다.

㉢ 거치다/걷히다

• 거치다: 경유하다.

• 걷히다: '걷다'의 피동사.

㉣ 띠다/띄다/떼다

• 띠다: 빛깔이나 색채, 임무 따위를 지니다.

• 띄다: '뜨이다'의 준말. 혹은 '띄우다'의 준말.

• 떼다: 붙어 있던 것을 떨어지게 하다, 배우던 것을 끝내다 등의 뜻.

따라서 ㉠ · ㉡ · ㉢ · ㉣에는 각각 '안치다', '벌이다', '걷히다', '띠다'의 활용형인 '안쳤다', '벌이고야', '걷히고', '띠고'를 쓰는 것이 맞다.

## 17

**정답** ②

**문제유형** 어문 규정 – 한글 맞춤법

**해설**

한글 맞춤법 제8항에 의하면 '계, 례, 메, 폐, 혜'의 'ㅖ'는 'ㅔ'로 소리 나는 경우가 있더라도 'ㅖ'로 적지만, '게송', '게시판', '휴게실'은 본음대로 적으므로 '휴게실'이 맞다.

**오답 피하기**

① 한글 맞춤법 제13항의 규정이다.

③ 한글 맞춤법 제11항 [붙임 1]의 규정이다.

④ 한글 맞춤법 제5항의 규정이다.

⑤ 한글 맞춤법 제19항의 규정이다.

## 18

**문제유형** 어문 규정 – 외래어 표기법

**해설**

④는 많은 사람들이 잘못 쓰는 외래어 표기의 대표적인 예로, '초콜릿'이 맞다.

## 19

정답 ④

**제시문유형** 실용문(안내문)

**문제유형** 읽기 – 사실적 이해 – 세부 정보의 파악

**해설**

3문단에서 '근육에 통증을 느끼면서까지 무리한 동작을 시도하면 안 된다.'라고 하였으므로 통증이 느껴지는 지점에서 20초 이상 정지 동작을 유지하는 것은 적절하지 않다.

**오답 피하기**

① 2문단에서 스트레칭을 하기 전에 가벼운 준비 운동을 하는 것이 좋다고 했으므로 적절하다.
② 마지막 문단에서 매일 스트레칭을 해야 최대한의 효과를 얻을 수 있다고 했으므로 적절하다.
③ 3문단에서 호흡을 깊이 들이마시고 천천히 호흡을 내뱉으면서 동작을 해야 한다고 했으므로 적절하다.
⑤ 마지막 문단에서 처음부터 고난도의 동작을 하면 근육에 부담이 되므로 쉬운 동작에서 차근차근 스트레칭을 해 나가라고 했으므로 적절하다.

## 20

정답 ③

**제시문유형** 실용문(법률 개정안)

**문제유형** 읽기 – 사실적 이해 및 추론 – 세부 정보의 파악 및 의도의 추리

**해설**

제시된 글에 학생의 수업권을 보장해야 한다는 내용은 없다. 오히려 3번째 항목에서 학교 폭력 사태를 인지한 경우 지체 없이 가해 및 피해 사실 여부를 확인토록 한다고 하여, 수업 중에도 필요한 경우 학교 폭력에 대한 조사를 할 수 있음을 추론할 수 있다.

**오답 피하기**

① 3번째 항목에서 학교 폭력 사태를 인지한 경우 '지체 없이' 가해 및 피해 사실 여부를 확인토록 한다고 했으므로 신속하게 대처하려는 의지가, 4번째 항목에서 경미한 조치에 그치는 경우를 방지하기 위한 대책이 언급되어 있으므로 단호하게 대처하려는 의지가 반영되었다는 점을 추론할 수 있다.
② 2번째 항목에서 전담 기구 구성원에 학교의 관리자인 '교감'이 추가되었으므로 전담 기구 역할이 강화될 것이라는 점을 추론할 수 있다.
④ 마지막 항목에서 가해 학생 및 학생 보호자가 학교장의 조치를 거부할 경우 전학 또는 퇴학 처분을 할 수 있다고 명문화한 것으로 보아, 그간 학교의 조치를 따르려 하지 않은 가해 학생 및 학생 보호자가

있어 왔다는 점을 추론할 수 있다.
⑤ 교육감으로 하여금 학교 폭력 실태 조사를 의무적으로 실시하게 한 것은 평소 학교 폭력 실태 조사가 이루어지지 않으면 학교 폭력이 은폐될 수 있는 가능성이 있기 때문이라 할 수 있다.

## 21

정답 ③

**제시문유형** 실용문(서약서)

**문제유형** 읽기 – 사실적 이해 – 세부 정보의 파악

**해설**

'자료 반환' 항목을 보면 근로자는 영업 기밀과 관련된 일체의 자료를 회사에 반납하여야 한다고 되어 있다.

**오답 피하기**

① '정의'의 3번 항목을 보면, '업무 추진 계획'이 영업 기밀의 사항으로 규정되어 있다.
② '동종 업계 취업 및 창업 제한' 항목을 보면, 근로자는 3년간 동종 회사를 창업할 수 없지만, 동종 업계 취업 제한을 받는 것은 1년 동안이다.
④ '권리 귀속'을 보면, 근로자가 회사에 속한 동안 단독, 또는 공동으로 취득한 영업 기밀에 관한 일체의 권리는 회사에 있다.
⑤ '법적 책임'을 보면, 근로자가 영업 기밀을 이용하여 발생한 경제적 이익이 있을 때는 모두 회사에 반환해야 한다.

## 22

정답 ④

**제시문유형** 실용문(요리법 설명서)

**문제유형** 읽기 – 사실적 이해 – 세부 정보의 파악

**해설**

'주의 사항' 4번에 남은 감자볶음을 다음에 다시 먹고자 할 때는 살짝 달군 팬에 식용유를 두르지 않고 볶아 먹는다고 되어 있다.
① '만드는 법'의 2번과 '주의 사항'의 2번에 나와 있는 내용이다.
② '주의 사항'의 1번 내용이다.
③ '만드는 법'의 5번 내용으로, '말갛다'는 '산뜻하게 맑다.'의 의미이다.
⑤ '만드는 법'의 4번 내용이다.

## 23

정답 ⑤

**제시문유형** 수필(나도향, 「그믐달」)

**문제유형** 읽기 – 비판 – 문학 작품의 감상

**해설**

시선의 이동에 따른 외양 묘사는 드러나 있지 않다.

**오답 피하기**

① 그믐달을 '요염하여 감히 손을 댈 수도 없고 말을 붙일 수도 없이 예쁜 계집', '애인을 잃고 쫓겨남을 당한 공주' 등 다양한 이미지의 여인으로 의인화하여 독자로 하여금 그믐달을 친근하게 느끼게 하고 있다.
② 첫 문장에서 '나는 그믐달을 몹시 사랑한다.'라고 함으로써 대상에 대한 애정을 명확하게 드러내고 있다.

③ 그믐달을 초생달, 보름달과 대조함으로써 그믐달의 특성을 잘 드러내고 있다.

④ 그믐달을 '예쁜 계집', '애인을 잃고 쫓겨남을 당한 공주', '머리를 풀어 뜨리고 우는 청상'으로, 초생달을 '독부'로 비유하여 대상에 대한 필자의 느낌을 표현하고 있다.

## 24　　　　　　　정답 ②

**제시문유형** 수필(나도향, 「그믐달」)
**문제유형** 읽기 – 사실적 이해 – 문학 작품의 감상

**해설**

ⓛ은 초생달을 가리키고 ㉠·㉢·㉣·㉤은 그믐달을 가리킨다.

## 25　　　　　　　정답 ⑤

**제시문유형** 시사 교양(사회)
**문제유형** 읽기 – 사실적 이해 – 세부 정보의 파악

**해설**

마지막 문단에서 기존의 매체가 전문 언론인들에 의해 생산되어 수신자에게 전달되는 것을 특징으로 한다면, SNS는 네티즌들이 직접 참여하여 콘텐츠를 생산·소비한다고 되어 있으므로 기존 매체는 SNS에 비해 정보 전달의 일방향성을 특징으로 한다고 할 수 있다.

**오답 피하기**

① 우리나라보다 미국의 SNS 보급률이 높은지는 제시된 글을 통해 알 수 없다.

② 3문단에서 스마트폰의 보급에 힘입어 SNS가 폭발적으로 성장하고 있다고 했으므로 첨단 기기 보급과 SNS의 발전은 관련이 깊다.

③ 2문단에서 알 수 있듯이 사회학자 반스는 '소셜 네트워크'란 개념을 처음 사용한 사람이지만, 3문단에서 알 수 있듯이 SNS가 활성화된 것은 최근의 일이지 사회학자 반스가 SNS를 전파한 것은 아니다.

④ 3문단에서 SNS가 활성화된 것은 최근의 일이라고 하였으므로 이미 오래전부터 큰 파급력이 있었던 것은 아니다.

## 26　　　　　　　정답 ⑤

**제시문유형** 시사 교양(사회)
**문제유형** 읽기 – 추론 – 사례 및 구체적 상황 추리

**해설**

개인이 올린 견해가 선거 판도를 바꾸어 버린 것은 SNS가 개인뿐 아니라 사회 전반에 영향을 미친 사례에 해당하므로 '공공성'의 특징이라 할 수 있다.

**오답 피하기**

① '개방성'이란 네티즌들이 직접 참여하여 콘텐츠를 생산하고 소비하는 것이므로 누구나 자신의 홈페이지를 자유롭게 꾸미는 것은 '개방성'의 사례라 할 수 있다.

② 실시간으로 정보가 업데이트된다고 했으므로 '신속성'의 사례라 할 수 있다.

③ 메시지가 널리 알려진 것이기 때문에 '넓은 전파성'의 사례라 할 수 있다.

④ '휘발성'은 '날아 흩어지는 성질'을 의미한다. 내가 올린 글이 지나가 버리는 것은 내 눈앞에서 글이 보이지 않게 날아간 것이라 볼 수 있으므로 '휘발성'의 사례라 할 수 있다.

## 27　　　　　　　정답 ④

**제시문유형** 시사 교양(사회)
**문제유형** 읽기 – 추론 – 생략된 정보의 추리

**해설**

2문단을 보면, 소셜 네트워크의 개념을 바탕으로 한 사회 분석은 개인의 역량보다는 '사람들 사이의 관계'에 초점을 맞춘다고 하였다. 따라서 누군가가 권력을 갖는 이유를 '사람들 사이의 관계'와 관련지어 설명한 ④가 답이 될 수 있다.

**오답 피하기**

① '컴퓨터 활용 능력'은 개인의 역량에 초점을 맞춘 것이다.

② 소셜 네트워크의 개념을 정립한 사람은 사회학자 반스이다. 소셜 네트워크의 개념 정립이 어떤 사람이 권력을 갖게 되는 이유라 할 수 없다.

③ '타고난 재능과 강한 의지'는 개인의 역량에 초점을 맞춘 것이다.

⑤ 2문단에 따르면 SNS의 개념은 소셜 네트워크의 개념을 바탕으로 이후에 만들어진 용어이다. 따라서 ⑤는 소셜 네트워크의 개념을 설명하기 위한 예로 들어가기에 적합하지 않다.

## 28　　　　　　　정답 ④

**제시문유형** 시사 교양(과학)
**문제유형** 읽기 – 사실적 이해 – 세부 정보의 파악

**해설**

마지막 문단에서 북극곰은 동면을 취하지만 깊은 동면은 아니라고 하였다.

**오답 피하기**

① 3문단에서 언급되었다.
② 1문단에서 언급되었다.
③ 2문단에서 언급되었다.
⑤ 1문단에서 언급되었다.

## 29　　　　　　　정답 ②

**제시문유형** 시사 교양(과학)
**문제유형** 읽기 – 사실적 이해 – 논지 전개 양상 파악

**해설**

위 글은 북극곰의 외양, 사냥 방법, 동면 등 북극곰의 특징을 병렬적으로 나열하고 있다.

**오답 피하기**

① 북극곰에 대한 상반된 관점은 언급되지 않았다.

③ 개념 설명은 나타나지 않았다.

④ 북극곰과 다른 대상을 비교하지 않았다.

⑤ 이론의 분화 과정은 언급되지 않았다.

## 30 　　　　　　　　　　　정답 ③

**제시문유형** 시사 교양(과학)

**문제유형** 읽기 – 사실적 이해 – 세부 내용 파악

**해설**

1문단에서 콜레스테롤은 식물에서는 발견되지 않고 동물에게만 존재한다고 하였으나, 그 이유는 나와 있지 않다.

**오답 피하기**

① 2문단에서 언급되었다.

② 1문단, 2문단에서 언급되었다.

④ 1문단에서 언급되었다.

⑤ 마지막 문단에서 언급되었다.

## 31 　　　　　　　　　　　정답 ⑤

**제시문유형** 시사 교양(과학)

**문제유형** 읽기 – 추론 – 구체적 상황 추리

**해설**

마지막 문단에서 하루 한두 잔 정도의 음주는 좋은 콜레스테롤의 비율을 높인다고 하였다.

① 1문단에서 체내 콜레스테롤의 양이 너무 적으면 혈관 벽이 약해지고 뇌혈관이 터져 중풍이 생길 수 있다고 하였다.

② 2문단에서 혈액 속에 콜레스테롤의 종류인 저밀도 지질 단백질이 지나치게 많아지면 동맥의 혈관 벽에 쌓여 뇌졸중, 동맥 경화 등이 생긴다고 하였다.

③ 마지막 문단에서 콜레스테롤을 좋은 콜레스테롤로 바꿔 주는 음식을 섭취해야 한다고 하면서, 동물성 기름 대신 식물성 기름을 쓰는 게 좋다고 하였으므로 식물성 기름은 콜레스테롤을 좋은 콜레스테롤로 작용하게 한다는 것을 알 수 있다.

④ 마지막 문단에서 체중을 감량하는 경우에 HDL(좋은 콜레스테롤)을 증가시킬 수 있다고 하였다.

## 32 　　　　　　　　　　　정답 ③

**제시문유형** 실용문(안내문)

**문제유형** 읽기 – 사실적 이해 – 세부 내용 파악

**해설**

2018년 세계의 평균 환경 위기 시각은 9시 47분이고, 우리나라는 9시 35분이므로 우리나라의 환경 위기감은 세계의 평균 환경 위기감에 비해 낮다.

**오답 피하기**

① [표2]에서 12시에 가까운 나라는 중동이므로, 종말에 가장 가까운 나라는 서유럽이다.

② 아프리카는 9시 28분, 중앙 아메리카는 9시 10분이므로, 중앙 아메리카에 비해 아프리카의 환경 위기감이 더욱 높다.

④ 9:01~12:00는 '매우 불안함'이므로, 우리나라는 9시 31분인 2013년, 9시 19분인 2015년 모두 '매우 불안함'이다.

⑤ 환경 위기 시각을 처음 조사한 1992년, 세계의 평균 환경 위기 시각은 7시 49분이었으므로 '꽤 불안함'이었다.

## 33 　　　　　　　　　　　정답 ②

**제시문유형** 실용문(안내문)

**문제유형** 읽기 – 사실적 이해 및 비판 – 세부 내용 파악 및 평가

**해설**

우리나라는 2013년에 비해 2014년의 환경 위기감이 더 낮았고, 2016년에 비해 2017년의 환경 위기감이 낮았으므로, 해를 거듭할수록 환경 위기감이 높아진다고 할 수 없다.

**오답 피하기**

① [표2]에서 2018년 세계 평균 환경 위기 시각은 9시 47분으로 '매우 불안함'에 해당한다. 그리고 [표2]에 제시된 나라들의 환경 위기 시각은 모두 '매우 불안함'에 해당한다. 따라서 전 세계적으로 환경 문제는 심각하다고 할 수 있다.

③ 위 글에서 '환경 위기 시계는 환경 전문가들이 느끼는 인류 존속의 위기감을 시간으로 표시한 것'이라 하였는데, 환경 전문가들이 누구인지는 언급되어 있지 않으므로 ③과 같이 생각할 수 있다.

④ '환경 위기감'의 평가 기준이 구체적으로 제시되어 있지 않으므로 ④와 같이 생각할 수 있다.

⑤ 환경 위기 시각의 신뢰성을 확보하려면 충분한 수의 사람들이 설문에 참여해야 하므로 ⑤와 같이 생각할 수 있다.

## 34 　　　　　　　　　　　정답 ④

**제시문유형** 실용문(소개문)

**문제유형** 읽기 – 사실적 이해 – 세부 정보의 파악

**해설**

'골드먼환경상'의 사회적 의의는 언급되지 않았다.

**오답 피하기**

① 1문단에서 언급되었다.

② 마지막 문단에서 언급되었다.

③ 2문단에서 언급되었다.

⑤ 2문단에서 언급되었다.

## 35 　　　　　　　　　　　정답 ④

**제시문유형** 실용문(소개문)

**문제유형** 읽기 – 추론 – 사례 및 구체적 상황 추리

**해설**

3문단에서 관료의 경우엔 고유 업무 이외의 활동만 심사 대상이 된다고 했으므로 자신의 업무에 최선을 다한 것은 수여 대상 요건이 아니다.

---

**오답 피하기**

①·②·③·⑤는 2문단의 수여 대상자 요건인 '멸종 위기 종의 보전, 공해 추방, 손상된 생태계의 복원, 시민에 대한 환경 의식 고취 등에서 공적이 인정되는 사람'의 예에 해당하므로 수여 대상자가 될 수 있다.

## 36 정답 ②

**제시문유형** 시사 교양(사회)
**문제유형** 읽기 – 추론 – 필자의 태도 및 관점 추리

**해설**

지속적으로 석유(혹은 유전)의 중요성을 언급하는 가운데, 마지막 문단에서 유전 개발을 위한 기술의 중요성을 강조하고 있으므로 ②가 적합하다.

## 37 정답 ③

**제시문유형** 시사 교양(사회)
**문제유형** 읽기 – 사실적 이해 및 비판 – 세부 내용 및 논지 전개 방식 파악

**해설**

다른 에너지원과의 비교를 통해 석유의 단점을 부각하는 것이 아니라, 석유를 대체할 마땅한 에너지원이 없다는 것을 밝히고 있다.

**오답 피하기**

① 2문단에서 석유를 '검은 금'에 비유하고 있다.
② 1문단의 '해외 유전 개발에 뛰어들었지만 낮은 기술력과 부족한 장비로 무시당하기 일쑤였고, 참여 기회조차 잡기 힘들었다.'는 부분에서 알 수 있다.
④ 3문단의 '이미 지구상에는 쉽게 개발이 가능한 유전이 단 한군데도 남아 있지 않은 상태이다. 향후 유전 사업은 점점 깊은 곳으로 이동할 것이고, 이를 위해서 세계 각국은 탐사 및 채굴 기술에 막대한 투자를 하고 있다.'는 부분에서 알 수 있다.
⑤ 3문단의 '셰일 유전'과 관련된 부분에서 알 수 있다.

## 38 정답 ③

**제시문유형** 시사 교양(사회)
**문제유형** 읽기 – 사실적 이해 및 추론 – 세부 정보의 파악

**해설**

석유를 얻기 위해 오랜 세월에 걸쳐 힘겨운 고생을 겪어 왔으므로, '오랜 세월에 걸쳐 겪어 온 힘겨운 고생'이라는 뜻으로 만고풍상(萬古風霜)이 가장 적합하다.

**오답 피하기**

① 곡학아세(曲學阿世): 자기가 배운 것을 올바르게 펴지 못하고 그것을 굽혀가면서 세속에 아부하여 출세하려는 태도나 행동을 가리키는 말.
② 부화뇌동(附和雷同): 우레 소리에 맞추어 천지 만물이 함께 울린다는 뜻으로, 자기 생각이나 주장 없이 남의 의견에 동조한다는 말.

④ 어부지리(漁夫之利): 두 사람이 이해관계로 서로 싸우는 사이에 엉뚱한 사람이 애쓰지 않고 이익을 가로챈다는 말.
⑤ 사분오열(四分五裂): 여러 갈래로 갈기갈기 찢어짐.

## 39 정답 ④

**제시문유형** 학술(예술)
**문제유형** 읽기 – 사실적 이해 – 세부 정보의 파악

**해설**

2문단에서 설명된 '자동기술법'은 무의식 속에 떠오르는 생각들을 다듬지 않고 그대로 표현하는 기법이고, 마지막 문단에서 설명된 '데페이즈망' 기법은 물체끼리의 기이한 만남을 연출시키는 기법이다. 이러한 예에서 알 수 있듯이 초현실주의자들의 표현 기법은 논리적인 것과는 거리가 멀다.

**오답 피하기**

① 1문단에서 '초현실주의란 프로이트 정신분석의 영향을 받아, 무의식의 세계 또는 꿈 속 세계의 표현을 지향하는 20세기의 예술 사조를 말한다.'고 했으므로 ①은 맞는 진술이다.
② 1문단에서 '기존의 통념을 깨는 새로운 표현 기법의 등장'이라고 했으므로 ②는 맞는 진술이다.
③ 3문단에서 에른스트는 프로타주 기법을 통해 현실에서는 볼 수 없는 것들이 주는 공포심이나 불안감을 표현하고자 했다고 했으므로 ③은 맞는 진술이다.
⑤ 마지막 문단에서 C. 로트레아몽의 시구는 데페이즈망을 묘사한 것이므로 서로 어울리지 않는 사물들을 함께 배치하는 기법과 관련이 있다. 따라서 ⑤는 맞는 진술이다.

## 40 정답 ④

**제시문유형** 학술(예술)
**문제유형** 읽기 – 추론 – 사례 및 구체적 상황 추리

**해설**

2문단에서 설명된 '자동기술법'은 무의식 속에 떠오르는 생각이나 이미지를 다듬지 않고 그대로 표현하는 기법으로, 습관이나 고정관념, 이성의 영향을 배제하고 손이 움직이는 대로 그림을 그리는 것을 말한다. 따라서 눈의 결정을 세밀하게 묘사하는 것과 같이 사실적인 그림 그리기 방식은 자동기술법과 거리가 멀다.

① 3문단의 프로타주 기법은 요철이 있는 사물 위에 종이를 놓고 문지르는 기법이므로 적합하다.
② 1문단에서 초현실주의는 이성의 지배를 받지 않는 공상의 세계를 중요시 했다고 했으므로 적합하다.
③ 마지막 문단에서 데페이즈망 기법은 어울리지 않는 곳에 물체를 배치함으로써 합리적인 의식을 초월한 세계를 전개시키고자 했다고 했으므로 적합하다.
⑤ 4문단의 데칼코마니 기법을 적용한 예로 적합하다.

## 41

정답 ④

**제시문유형** 시사 교양(사회)

**문제유형** 읽기 – 사실적 이해 및 추론 – 세부 정보 파악 및 구체적 상
황 추리

**해설**

마지막 문단에서 '엘리베이터는 그 폐쇄성과 속도, 운동 방향
등을 놓고 보았을 때 엄연한 특수 설비다.'라고 하였으므로, 특
수 설비의 범주에 들지 않는다는 말은 옳지 않다.

**오답 피하기**

① 1문단에서 알 수 있다.
② 1문단에서 알 수 있다.
③ 2문단에서 알 수 있다.
⑤ 1문단에서 알 수 있다.

## 42

정답 ⑤

**제시문유형** 시사 교양(사회)

**문제유형** 읽기 – 추론 – 이어질 내용의 추리

**해설**

마지막 문단에서 '너무나 자주, 너무나 편리하게 이용하다 보
니 대부분의 사람들은 엘리베이터가 주의를 기울이며 이용해
야 하는 설비라는 사실을 까맣게 잊은 채 살아가고 있다. 하지
만 엘리베이터는 그 폐쇄성과 속도, 운동 방향 등을 놓고 보았
을 때 엄연한 특수 설비다.'라고 하였으므로, '엘리베이터 이용
시 주의를 기울여야 한다는 사실'과 관련된 내용이 이어질 것
으로 추론할 수 있다.

## 43

정답 ①

**제시문유형** 학술(인문)

**문제유형** 읽기 – 사실적 이해 및 비판 – 세부 내용 파악 및 평가

**해설**

1문단에 '루소는 당시 사회가 인간의 선한 본질을 무시한 제도
위에 유지되고 있고, 그 결과 인간에게 부자유나 불평등이 초
래되었다고 보았다.'란 서술이 있으므로 루소는 당대 사회 제
도에 대해 부정적으로 생각했다고 할 수 있다.

**오답 피하기**

② 2문단에서 루소의 자연주의 교육이 아이를 제멋대로 내버려두는 방
임을 의미하지는 않는다고 하였다. 오히려 교사는 아이를 세심하게 관
찰하여야 한다고 했으므로 교사가 학생에게 무관심할 때 교육 결과가
좋다고 생각했다고 볼 수 없다.
③ 1문단에서 루소는 '이 세상 만물이 창조자의 손에서 나올 때는 선하
나 인간의 손에 와서 타락한다.'고 보았다는 진술이 있으므로 루소는
인간의 본성을 선하게 보았다고 할 수 있다.
④ 3문단에서 '타인의 생각을 머릿속에 주입시킨다는 점에서 독서 교육
을 금한 것도 눈여겨볼 만하다.'라는 진술이 있으므로 어릴 때부터 다
양한 책을 많이 읽어야 한다는 것은 루소의 주장과 반대된다.

⑤ 마지막 문단에서 루소는 '남자를 즐겁게 하는 것이 여성의 임무'라고
보았다는 설명이 나오므로 루소는 남녀평등 사상의 소유자라고 할
수 없다.

## 44

정답 ③

**제시문유형** 학술(인문)

**문제유형** 읽기 – 추론 – 생략된 정보의 추리

**해설**

2문단에서 '루소에 따르면, 교사는 아이를 세심하게 관찰하여
아이가 그릇된 방향으로 나아가고 있다고 판단될 때는 올바른
방향으로 유도해 가야 한다. 단지, 그 방식이 직접적인 훈계나
강압에 이루어지는 게 아닐 뿐이다.'라고 하였다. 따라서 '직접
적인 훈계나 강압'이 아닌 방법으로 아이의 언어 습관을 고치
도록 유도한 답을 찾아야 한다. ③은 교사가 직접적으로 훈계
하거나 강압한 것이 아니라, 자신이 행동의 모범을 보임으로써
아이가 자발적으로 언어 습관을 고치게 한 예에 해당하므로 적
절한 답이라 할 수 있다.

**오답 피하기**

① 아이가 잘못된 표현을 할 때마다 바로 지적을 하면서 정확히 알려 주
는 것은 직접적인 훈계에 해당한다.
② 벌을 주는 것은 강압적인 방식에 해당하므로 적절하지 않다.
④ 여러 번 반복해 말하도록 지시하는 것은 직접적인 훈계에 해당하므
로 적절하지 않다.
⑤ 올바른 언어를 사용하는 사람과 그렇지 않은 사람의 차이점을 교사
가 설명해 주면서 올바른 언어를 사용하는 사람을 모범으로 삼아야
한다고 말하는 것은 직접적인 훈계에 속하므로 적절하지 않다.

## 45

정답 ⑤

**제시문유형** 학술(인문)

**문제유형** 읽기 – 사실적 이해 및 추론 – 세부 정보 파악 및 구체적 상
황 추리

**해설**

㉠의 '자연벌'이란 아이가 잘못했을 때 교사가 그 잘못을 직접
지적하기보다는, 아이가 자신의 잘못으로 인해 불편을 겪음으
로써 잘못을 깨닫게 하는 것이다. ⑤처럼 다른 장난감을 바로
주지 않음으로써, '장난감을 부수면 가지고 놀 수 있는 장난감
이 없어지는구나.'라고 느끼게 하는 것은, 교사가 잘못을 지적
하지 않고 아이가 불편을 겪음으로써 잘못을 깨달은 예에 해당
한다고 할 수 있다.

**오답 피하기**

① 체벌을 가하는 것은 교사가 잘못을 직접 지적하는 행동이므로 적절
하지 않다.
② 듣기 좋은 말이라도 타이르는 것은 교사가 잘못을 직접 지적하는 행
동이라 할 수 있으므로 적절하지 않다.
③ 다른 장난감을 사준다면 아이가 불편을 겪는다고 할 수 없으므로 적
절하지 않다.

④ 장난감은 부수어서는 안 되는 소중한 물건이라고 교사가 말하는 것은 잘못을 직접 지적하는 행동이므로 적절하지 않다.

# 46
**정답 ②**

**제시문유형** 시[(가) 강은교, 「우리가 물이 되어」, (나) 윤동주, 「쉽게 씌어진 시」, (다) 김광균, 「추일서정」]

**문제유형** 읽기 – 비판 – 문학 작품의 감상 및 작품의 유사성 분석

**해설**

(가)의 화자는 '물'로 만나길 원하나 '불'로 만나는 현실을 안타까워하고 있다. (나)의 화자는 인생은 살기 어려운데 시가 쉽게 씌어지는 것에 부끄러워하고 있다. (다)의 화자는 자연을 바라보며 황량한 생각을 하고 있다. 따라서 (가)~(다)의 화자는 모두 주어진 현실에 만족하지 못하고 있다고 할 수 있다.

**오답 피하기**

① (가)~(다) 모두 과거를 반성하고 있지는 않다. (나)에는 자신에 대한 반성이 드러나 있지만, 과거에 대한 반성이라기보다 현재의 자신에 대한 반성이라고 할 수 있다.
③ (가)는 화자가 생각하는 이상적인 상황이 '바다', '넓고 깨끗한 하늘'로 표현되어 있다고 할 수 있고, (나)는 '아침'으로 표현되어 있다고 할 수 있으나, (다)에는 화자가 생각하는 이상적인 상황이 제시되어 있지 않다.
④ (가)~(다) 모두 점층적인 반복은 드러나 있지 않다.
⑤ (가)와 (나)에는 화자의 의지가 어느 정도 드러난다고 할 수 있으나, (다)에는 화자의 강한 의지가 드러난다고 할 수 없다.

# 47
**정답 ①**

**제시문유형** 시[(가) 강은교, 「우리가 물이 되어」, (나) 윤동주, 「쉽게 씌어진 시」, (다) 김광균, 「추일서정」]

**문제유형** 읽기 – 비판 – 문학 작품의 감상 및 시어의 비교

**해설**

㉠의 '바다'는 화자가 생각하는 이상적 상태를 의미한다고 할 수 있으나, ㉡·㉢·㉣·㉤은 어둡거나 황량한 이미지로, 이상적 상태와는 거리가 멀다.

**오답 피하기**

① 가을의 경치가 시선의 이동에 따라 묘사되어 있다.
② 이 작품은 1행~11행까지 경치의 묘사가 두드러지고, 12행~마지막 행까지 정서의 표현이 두드러지는 '선경후정' 구조라고 할 수 있다.
③ '폴란드 망명 정부의 지폐', '도룬 시', '셀로판지' 등 이국적 소재를 사용하여 현대적인 감각을 드러낸다고 할 수 있다.
⑤ 낙엽과 지폐, 길과 넥타이처럼 이질적인 것처럼 보이는 사물들의 공통점을 파악하여 비유한 점이 참신하다고 할 수 있다.

# 48
**정답 ④**

**제시문유형** 시[(가) 강은교, 「우리가 물이 되어」, (나) 윤동주, 「쉽게 씌어진 시」, (다) 김광균, 「추일서정」]

**문제유형** 읽기 – 비판 – 문학 작품의 감상

**해설**

(다)에 형상화된 자연은 '폴란드 망명 정부의 지폐', '포화에 이지러진 도룬 시의 가을 하늘' 등 황량하고 쓸쓸한 이미지로 형상화되었기 때문에 '아름다운 자연'과는 거리가 멀다.

# 49
**정답 ①**

**제시문유형** 시사 교양(사회)

**문제유형** 읽기 – 사실적 이해 – 핵심 정보 파악

**해설**

제시문은 절대평가 제도가 부활될 것을 알리며, 절대평가 부활의 긍정적인 면과 우려되는 면을 분석·예측한 글이다. ①의 '명암'은 긍정적인 면과 우려되는 면을 의미하는 말로 볼 수 있으므로 ①이 적절하다.

② 절대평가 제도의 도입 시 우려되는 점도 언급하고 있으므로 절대평가가 가장 이상적인 내신 제도라고 단정하는 글이라고 보기는 어렵다.
③ 상대평가의 문제점을 분석하는 글이라기보다 절대평가 제도의 도입에 관한 글이다.
④ 교육 정책의 변동 사례가 언급되어 있긴 하지만, 일관성 없는 교육 정책을 비판하는 글은 아니다.
⑤ 상대평가와 절대평가 중 어느 것을 선택해야 하느냐가 제시문의 화제가 아니라, 절대평가 제도의 도입이 제시문의 화제라 할 수 있다.

# 50
**정답 ②**

**제시문유형** 시사 교양(사회)

**문제유형** 읽기 – 추론 – 필자의 태도 및 관점 추리

**해설**

마지막 문단에서 필자는 '학교 교육에서 대입이 그 무엇보다 중요하게 여겨지는 우리나라의 현실을 고려할 때, 절대평가 제도의 도입이 교육의 본질적 목적을 회복하게 해줄지는 의문이다.'라고 말했기 때문에 필자 역시 교육의 본질적 목적을 이루는 데 난관이 있을 것이라 예상한다고 할 수 있다. 따라서 ②는 필자가 비판할 주장이 아니라, 필자와 같은 입장의 주장이다.

**오답 피하기**

① 3문단에서 필자는 학생들 간의 경쟁심을 조장하는 교육을 부정적으로 보고 있다.
③ 마지막 문단에서 필자는 사교육의 기승을 우려하는 입장을 취하고 있기 때문에 사교육을 옹호하는 주장을 비판할 것이라 예측할 수 있다.
④ 마지막 문단에서 필자는 고교등급제의 부활, 대입에서의 특목고 강세를 우려하고 있기 때문에 대학이 학생 선발 시 특목고를 우대해야 한

다는 주장을 비판할 것이라 예측할 수 있다.

⑤ 3문단에서 필자는 성적으로 한 줄 세우기식 교육은 학업 스트레스를 유발하여 교육의 본질적 목적을 해칠 수 있다고 보고 있기 때문에 학업 스트레스의 원인으로 교육 제도보다 학생들의 정신력을 지적하는 주장을 비판할 것이라 예측할 수 있다.

## 51
정답 ④

**제시문유형** 시사 교양(사회)

**문제유형** 읽기 – 사실적 이해 및 비판 – 논지 전개 양상 파악 및 평가

**해설**

'유추'는 말하고자 하는 바를 유사한 속성이 있는 다른 예나 사물에 빗대어 설명하는 방식이다. 제시된 글에 유추의 방식은 사용되지 않았다.

**오답 피하기**

① 절대평가와 상대평가 내신 제도를 대조하며 분석하고 있다.

② 2문단에서 과거에 절대평가 방식 하에서 성적 부풀리기 폐해가 일어났음을 지적하였고, 마지막 문단에서 이미 문제가 된 적이 있었던 성적 부풀리기를 우려하였으므로 과거에 발생했던 부작용 때문에 내신 제도의 전환을 우려하고 있다고 할 수 있다.

③ 2문단에서 내신 제도의 변천 과정을 객관적으로 서술하고 있다.

⑤ 마지막 문단에서 절대평가 도입으로 예상되는 문제점을 제시하면서, '절대평가 제도의 도입이 교육의 본질적 목적을 회복하게 해줄지는 의문이다.'라는 진술을 통해 절대 평가 제도의 교육적 실효성에 대한 회의를 드러내고 있다.

## 52
정답 ①

**제시문유형** 학술(경제)

**문제유형** 읽기 – 추론 – 사례와 구체적 상황 추리

**해설**

①은 자신을 과시하기 위한 행동으로, 다른 사람들을 따라, 유행에 따라 상품을 구입하는 '밴드왜건 효과'의 예라고 할 수 없다. ② · ③ · ④ · ⑤는 모두 다른 사람들을 따라, 유행에 따라 상품을 구입하는 '밴드왜건 효과'의 예이다.

## 53
정답 ④

**제시문유형** 학술(경제)

**문제유형** 읽기 – 사실적 이해 – 세부 정보의 파악

**해설**

'밴드왜건 효과'는 다른 사람을 따라, 유행에 따라 상품을 구입하는 현상을 말하므로 '친구 따라 강남 간다'가 적절하다.

**오답 피하기**

① 한강에 돌 던지기: 어떤 사물이 지나치게 미미하여 일을 하는 데에 효과나 영향이 전혀 없다는 말.

② 주머닛돈이 쌈짓돈: 쌈지에 든 돈이나 주머니에 든 돈이나 다 한가지라는 뜻으로, 그 돈이 그 돈이어서 구별할 필요가 없음을 비유적으로

이르는 말.

③ 빈 수레가 요란하다: 실속 없는 사람이 겉으로 더 떠들어 댐을 비유적으로 이르는 말.

⑤ 사또 덕분에 나팔 분다: 사또와 동행한 덕분에 나팔 불고 요란히 맞아 주는 호화로운 대접을 받는다는 뜻으로, 남의 덕으로 당치도 아니한 행세를 하게 되거나 그런 대접을 받고 우쭐대는 모양을 비유적으로 이르는 말.

## 54
정답 ②

**제시문유형** 학술(경제)

**문제유형** 읽기 – 추론 – 생략된 정보 추리

**해설**

'스놉 효과'는 남들이 많이 사는 것은 구입하기 싫어하는 소비 심리에 의해 비롯된 현상으로, 자신과 남이 다르다는 생각을 가지고 소비하는 현상이다. 따라서 '스놉 효과'에 따르면 소비자는 '값이 비싸고 희귀한' 상품을 산다고 하는 것이 가장 적절하다.

**오답 피하기**

① 실용적이고 편리한 상품이라면 많은 사람들이 구입할 것이다.

③ 심미적이면서 경제적인 상품이라면 많은 사람들이 구입할 것이다.

④ 신뢰감을 주고 검증된 상품 역시 많은 사람들이 구입하길 원할 것이다. 이런 상품이 동시에 가격이 비싸다면 남들이 많이 살 수 없겠지만, 가격이 비싸다는 말은 없으므로 '신뢰감을 주고 검증된'은 남들과 다르다는 생각을 가진 사람들이 사는 상품을 대표하는 말이라 할 수 없다.

⑤ 품질이 좋고 격조 높은 상품 역시 많은 사람들이 구입하길 원할 것이다. 이런 상품이 동시에 가격이 비싸다면 남들이 많이 살 수 없겠지만, 가격이 비싸다는 말은 없으므로 '품질이 좋고 격조 높은'이란 말이 남들과 다르다는 생각을 가진 사람들이 사는 상품을 대표하는 말이라 할 수는 없다.

## 55
정답 ③

**제시문유형** 소설(이태준, 「돌다리」)

**문제유형** 읽기 – 비판 – 문학 작품의 감상

**해설**

아버지의 말을 살펴보면, "너두 그런 소릴 허는구나. 나무가 돌만허다든?", "글 읽으러 댕겼다." 등 방언과 구어적 표현이 많이 사용되었다.

**오답 피하기**

① 인물의 외양 묘사는 나타나지 않았다.

② 서술자는 3인칭으로 일정하다.

④ 위 글에서는 아버지와 아들이 같은 장소에서 대화를 나누는 장면만 나온다.

⑤ 풍자적 어조라 할 수도 없고, 인물이 비극적 상황에 처해 있다고 할 수도 없다.

## 56

**제시문유형** 소설(이태준, 「돌다리」)

**문제유형** 읽기 – 비판 – 문학 작품의 감상

**해설**

제시문은 대부분 아버지와 아들의 대화로 이루어져 있는데, 주로 아버지가 길게 말을 하면서 땅에 대한 자신의 관점을 드러내고 땅을 우습게 여기는 아들을 훈계하고 있다.

**오답 피하기**

② 아버지는 주로 자신의 생각을 이야기하며, 아들을 이해하려 노력하진 않는다.

③ 아버지와 아들의 의견이 절충되지는 않고, 아버지가 자신의 의견을 아들에게 일방적으로 이야기하고 있다.

④ 아버지에 대한 아들의 불만을 직접적으로 표출하는 말은 나타나지 않는다.

⑤ 마지막 문단에서 아들이 자신의 생각이 자기 본위였던 것을 깨닫긴 했으나, 자신의 가치관까지 바꾸었다고 보기는 어렵다.

## 57

**제시문유형** 소설(이태준, 「돌다리」)

**문제유형** 읽기 – 비판 – 문학 작품의 감상

**해설**

'거름'은 인위적으로 자연을 개발하는 것이 아니라, 자연적으로 자연을 가꾸는 방법에 해당한다.

**오답 피하기**

① 아들은 실용적인 '나무다리'가 있는데 아버지가 어렵게 '돌다리'를 고치는 것을 의아해한다. 따라서 '나무다리'는 실용성을 중시하는 아들 세대를 상징한다고 할 수 있다.

② 아버지는 인정이란 사람한테만 쓰는 것이 아니라고 여기고, 가족의 추억이 담겨 있는 '돌다리'를 고쳤다. 따라서 '돌다리'는 실리보다 인정을 중시하고, 인정을 '돌'이나 '땅'과 같은 자연에도 적용하는 자연 중심적 가치관을 지닌 아버지 세대를 상징한다고 할 수 있다.

③ 아들은 땅을 팔기를 원하고, 아버지는 땅을 팔기를 원하지 않는다. 따라서 땅은 부자간의 갈등을 일으키는 매개물이라 할 수 있다.

⑤ 아버지는 아들과 같은 신의들의 주사침에 대해 비판적인 시각을 가지고 있다. 따라서 '주사침'은 편리함과 눈앞의 이윤만을 추구하는 아들 세대를 상징한다고 할 수 있다.

**참고** 금비(金肥): '돈을 주고 사서 쓰는 거름'이란 뜻으로 '화학 비료'로 순화된다.

| 01 | 02 | 03 | 04 | 05 | 06 | 07 | 08 | 09 | 10 |
|----|----|----|----|----|----|----|----|----|----|
| ① | ⑤ | ② | ② | ⑤ | ④ | ④ | ④ | ④ | ③ |
| 11 | 12 | 13 | 14 | 15 | 16 | 17 | 18 | 19 | 20 |
| ③ | ③ | ⑤ | ③ | ④ | ③ | ③ | ② | ② | ④ |
| 21 | 22 | 23 | | | | | | | |
| ② | ② | ⑤ | | | | | | | |

**주관식 1** 에스크로는 구매자와 판매자 사이에서 제3자가 상거래를 중계하는 매매 보호 서비스로, 판매자와 구매자 사이의 신뢰감을 높이고 사기 피해에 대한 구매자의 불안감을 덜어주며, 현금 결제의 안정성을 확보하여 중소형 쇼핑몰의 판매를 활성화시킨다.

**주관식 2** ※ 찬성하는 경우
　　－ 타 문화와의 교류가 중요한 세계화 시대에 외국인 이민자를 수용하면 그들을 통해 자연스럽게 타 문화를 배우고 우리의 문화를 다른 나라 사람들에게 전할 수 있으므로 외국인 이민자 수용을 확대해야 한다.
　　－ 외국인 이민자 중 상당수는 한국인들이 기피하는 3D 업종에 종사하기 때문에 외국인 이민자를 수용하면 한국인 기피 업종의 노동력 부족 문제를 해결할 수 있으므로 외국인 이민자 수용을 확대해야 한다.
　　－ 저출산과 인구의 고령화로 인해 머지않아 우리나라에는 노동 인구가 감소할 우려가 있다. 외국인 이민자를 수용하면 우리나라의 노동 인구를 확보할 수 있기 때문에 외국인 이민자 수용을 확대해야 한다.
　　※ 반대하는 경우
　　－ 현재 우리나라는 구직난이 심각하다. 그런데 외국인 이민자 수용을 확대하면 한국인들의 일자리는 더욱 줄어들 것이므로 외국인 이민자 수용을 확대해선 안 된다.

**주관식 3** 학부모, 남녀공학에 비해 학업 성취도 높은 단성학교 선호해

**주관식 4** 미래의 불확실한 이익을 기대하면서 막대한 예산이 소요되는 우주개발 산업을 적극적으로 육성하는 것은 옳지 않다. 우주개발 산업에 소요될 많은 재원을 대학의 비싼 등록금 문제, 노숙자 문제, 비정규직 노동자 문제, 환경오염 문제, 노인 복지 문제 등을 해결하는 데 투자한다면 우리나라 당면 과제의 상당 부분을 해결할 수 있기 때문이다.

**주관식 5** － 창조력의 원천이 되고 윤리적 문제의 판단 기준을 제공하는 인문학을 살려야 한다.
　　－ 인문학은 창조력의 원천이 되고 윤리적 문제의 판단 기준을 제공하므로 인문학을 장려해야 한다.

**주관식 6** 우리에게는 자신이 생각하는 바를 말로 표현할 자유가 있다. 하지만 자신이 한 말이 다른 이의 인격을 모독하거나 명예를 훼손했을 때는 인격 모독이나 명예 훼손에 대한 법적인 책임을 져야 한다.

**주관식 7** 2. 세로 ( 간사 )　3. 가로 ( 각오 )　6. 가로 ( 미소 )　9. 가로 ( 원근법 )

**주관식 8** － 환경을 보호하기 위해서는 비닐봉지를 쓰지 말고 장바구니를 애용해야 한다. 비닐봉지가 분해되는 데는 오랜 시간이 걸리기 때문이다.
　　－ 환경을 보호하기 위해서는 승용차를 이용하기보다 걷거나 자전거 타기를 생활화해야 한다. 승용차 이용으로 인한 이산화탄소 배출량을 줄일 수 있기 때문이다.

**주관식 9** 느릿느릿 걸어도 황소걸음이라는 말과 같이 어떤 일을 천천히 진행하더라도 실수 없이 완벽하게 해내는 것이 중요하다.

**주관식 10** 본래 '하옥'이라는 말은 공연한 짓을 해서 사태를 악화시키는 일을 의미했다. 그런데 오늘날에는 나무랄 데 없이 훌륭하거나 좋은 것에 있는 사소한 흠을 이르는 말로 그 의미가 바뀌었다.

## 01

정답 ①

**발화유형** 강연

**문제유형** 듣기 – 추론 – 생략된 정보 추리

**📋 해설**

마지막 말이 '이로 인한 폐단도 꽤 많습니다.'이므로 '빨리빨리 문화'로 인한 폐단에 관한 내용이 이어져야 한다. ①은 '과도한 조기 교육'은 교육조차 지나치게 빨리 하려는 것이기 때문에 '빨리빨리 문화'의 예라고 할 수 있고, '아동의 정서적 발달에 악영향을 끼친다.'는 '빨리빨리 문화'의 폐단이라고 할 수 있다.

② 부정부패는 '빨리빨리 문화'의 예가 아니다.

③ '21세기 정보화 사회에서 정보의 신속한 처리 능력이 요구된다.'는 것은 '빨리빨리 문화'가 정보화 사회에서 유리한 이유가 되므로 '빨리빨리 문화'의 폐단이 아니다.

④ '학력을 중시하는 사회적 분위기'는 '빨리빨리 문화'의 예가 아니다.

⑤ '문화적 사대주의'는 '빨리빨리 문화'의 예가 아니다.

## 02

정답 ⑤

**발화유형** 낭독

**문제유형** 듣기 – 사실적 이해 – 중심 내용 파악

**📋 해설**

사람이 만든 조각품에서는 사람이 사자의 목을 조르고 있었지만, 사자는 사자가 조각품을 만들었다면 사람이 사자 발밑에 깔려 있을 것이라고 말했다. '사람과 사자의 능력'이라는 동일한 현상에 대해서 사람은 사람이 더 뛰어나다는 관점을 반영하여 조각품을 만들고, 사자는 사자가 더 뛰어나다는 관점을 반영하여 조각품을 만드는 것이다. 동일한 현상에 대한 평가는 그 현상을 바라보는 사람의 관점에 따라 다르다는 것을 알 수 있다.

## 03

정답 ②

**발화유형** 방송 뉴스

**문제유형** 듣기 – 추론 – 생략된 정보 추리

**📋 해설**

이 뉴스는 바쁜 현대 사회에서 음식만은 느긋하게 즐기자는 '슬로푸드 운동'에 관한 것이므로 '느긋하게 앉아 음식을 즐긴다는 건 상상도 할 수 없는 일'이라는 인터뷰는 적절하지 않다.

**✅ 오답 피하기**

① 김치, 된장찌개 같은 전통 음식이 건강에 좋다는 내용이 있으므로 ①은 삽입할 만하다.

③ 채소를 손수 재배하는 주부들이 늘고 있다고 했으므로 ③은 삽입할 만하다.

④ 슬로푸드 운동과 관련된 책이 발간된다고 했으므로 ④는 삽입할 만하다.

⑤ 채소를 손수 재배하는 주부들이 늘고 있다고 했으므로 ⑤는 삽입할 만하다.

## 04

정답 ②

**발화유형** 인터뷰

**문제유형** 듣기 – 사실적 이해 – 세부 내용 파악

**📋 해설**

여자는 아역 배우로부터 바통을 이어받아, 청소년기부터 중년의 시기까지 한 여인의 삶을 연기하였다.

**✅ 오답 피하기**

① 뮤지컬 '어제의 기억'은 6 · 25 전쟁 중에 가족들과 헤어져 고아원에서 자란 여인에 관한 이야기이므로 이산가족 문제를 다루고 있다고 할 수 있다.

③ 여자는 고등학생 때 뮤지컬을 접하고 난 후 무대 생각만 하느라 등수가 중간 이하로 내려갔다.

④ 여자는 대학 시절 학과 공부를 위해 읽은 문학 작품이 배우에게 필요한 감수성을 키워 주었다고 했다.

⑤ 여자가 대학에 진학할 무렵에는 무대에서 노래하고 춤을 춘다고 하면 딴따라라고 했지만, 요즘 젊은 친구들은 부모님의 응원 속에서 연기를 시작한다고 했다.

## 05

정답 ⑤

**발화유형** 방송 뉴스

**문제유형** 듣기 – 사실적 이해 및 비판 – 세부 내용 파악 및 평가

**📋 해설**

여러 지하철역을 다녀 봐도 '두줄타기' 운동을 알리는 팻말이나 안내문을 거의 찾아보기 힘들다고 했으므로 활발한 홍보 활동을 벌였다고 보긴 어렵다.

**✅ 오답 피하기**

① '한줄타기'는 서둘러 오르내리다 보니 사고가 잦고, 무게가 한쪽으로 쏠리다 보니 에스컬레이터 고장도 많이 일어난다고 하였다.

② 2002년 월드컵을 전후해서 '한줄타기' 운동이 벌어졌고 대부분의 시민들이 이를 따라왔는데, 이후 '두줄타기' 운동으로 바뀌어 4년째에 접어들었지만 아직도 '두줄타기'가 정착되지 않아 혼란이 벌어지고 있다고 했다.

③ '두줄타기'에 대해 얘기는 들었는데, 출근길이 바빠 지키지 못한다고 했다.

④ '두줄타기'를 지키려고 왼쪽에 가만히 서 있으면 뒤에 오는 사람들이 빨리 가라고 자꾸 재촉을 하기 때문에 할 수 없이 지키지 못한다고 했다.

## 06

정답 ④

**발화유형** 인터뷰

**문제유형** 듣기 – 추론 – 생략된 정보 추리

**📋 해설**

작가는 늘 우리 주변의 소소한 일들을 소재로 한 드라마를 쓰고 싶다는 생각을 했고, 어떻게 보면 진부하기도 한 반복되는 날마다의 생활, 그 속에 담긴 감동에 대해 말하고 싶었다고 했

으므로 일상적인 이야기로 감동을 안겨 주었다고 볼 수 있다.

✅ **오답 피하기**
① 초창기 작품들의 시청률이 저조하여 작가로서의 역량을 의심 받았기에 의기소침했다고 했으므로 시청률에 구애 받지 않는다고 할 수는 없다.
② 기발한 소재보다는 일상적인 소재를 다루어 흥행에 성공했다.
③ 이전 드라마 집필이 끝나고 바로 이번 드라마 집필에 들어갔다고 했다.
⑤ 배우들의 연기력이 훌륭했던 것도 드라마의 성공 요인이었다는 말이 나오는데, 그 배우들이 유명 배우인지 아닌지는 언급되지 않았다.

## 07 정답 ④

**발화유형** 강연
**문제유형** 듣기 – 사실적 이해 – 세부 내용 파악

📋 **해설**
다른 사람의 시선보다 나의 안위를 걱정한다는 말은 나오지 않는다. 오히려 다른 사람의 시선을 신경 쓰는 인간의 속성에 대한 언급만 나와 있다.

✅ **오답 피하기**
① 목격자가 많아질수록 책임이 분산되어 어려움에 처한 사람을 도와줄 확률이 낮아진다고 했으므로 개인의 책임 의식은 집단의 규모에 반비례한다고 할 수 있다.
② 제노비스 신드롬은 키티 제노비스란 여인이 칼에 찔려 사망한 사건으로부터 비롯되었으므로 제노비스란 여인의 이름을 딴 용어라 할 수 있다.
③ 우리는 다른 사람의 생각을 모르기 때문에, 다른 사람이 도와주지 않는 이유는 도와줘야 할 만큼 위급한 상황이 아니라고 판단했기 때문이라 생각해 버린다고 했다. 따라서 우리는 다른 사람이 어떠한 생각을 하는지 멋대로 판단하는 경향이 있다고 할 수 있다.
⑤ 사람들은 자신이 도우러 갔는데 별일이 아니었을 경우에 수치심이 들 것을 우려하여 도움 주길 꺼린다고 하였다. 따라서 어느 정도로 위급한 상황인지 확신이 서지 않을 경우 다른 사람을 도와주길 꺼려한다고 할 수 있다.

## 08 정답 ④

**발화유형** 대화
**문제유형** 듣기 – 사실적 이해 – 세부 내용 파악

📋 **해설**
남자와 여자 모두 오디션 프로그램들이 비슷한 형식으로 진행된다고 생각한다.

✅ **오답 피하기**
① 남자는 오디션 프로그램을 볼 때마다 경쟁을 강요하는 우리 사회의 단면을 엿보는 것 같아 씁쓸하다고 했고, 여자는 어차피 경쟁 사회에 살고 있는 상황에서 오디션 프로그램은 건강한 경쟁 문화를 만들어 가는 데 기여한다고 했다. 따라서 둘 다 우리 사회가 경쟁 사회라는 점에 동의하고 있다고 할 수 있다.
② 남자는 시종일관 오디션 프로그램에 대해 부정적인 언급을 하고 있다.

③ 여자는 프로그램 출연자들의 모습이 시청자들에게 용기와 희망을 준다고 했고, 남자는 오디션 프로그램이 시청자들에게 공연히 헛된 꿈을 꾸게 한다고 보고 있다. 따라서 둘 다 오디션 프로그램이 시청자들의 삶에 영향을 미친다고 보고 있다고 할 수 있다.
⑤ 남자는 출연자들 중에 결국 우승자는 한 명이고, 나머지 사람들은 모두 들러리이기 때문에 오디션 프로그램은 시청자들에게 공연히 헛된 꿈을 꾸게 한다고 하였다. 이를 통해 남자는 오디션 프로그램의 승패 여부에 초점을 맞추어 오디션 프로그램의 의의를 평가한다고 할 수 있다.

## 09 정답 ④

**발화유형** 방송 뉴스
**문제유형** 듣기 – 사실적 이해 및 비판 – 세부 내용 파악 및 평가

📋 **해설**
휴대전화가 뇌종양의 발병률을 높일 수 있다는 언급은 있으나, 뇌종양의 주된 원인이라는 말은 없다. 아직 휴대전화의 전자파가 생물에게 미치는 영향에 대한 연구 결과 중 확실한 것은 없다고 했다.

✅ **오답 피하기**
① 어른보다 어린이의 전자파 흡수율이 더 높다고 하였다.
② 전자파의 영향을 덜 받으려면 휴대전화를 가까이 두지 말라고 하였다.
③ 전자파 방출이 적은 제품을 골라 사용하라고 했으니, 전자파의 방출 정도를 어떻게 확인하는지 궁금해 할 수 있다.
⑤ 문자 메시지를 활용하는 것이 전자파의 영향을 덜 받는 방법이라고 하였다. 이를 통해 휴대전화로 전화 통화를 하는 것보다 문자 메시지를 보낼 때 전자파의 영향을 더 적게 받는 것이라고 추론할 수 있다.

## 10 정답 ③

**발화유형** 강연
**문제유형** 듣기 – 사실적 이해 – 중심 내용 파악

📋 **해설**
'프레이밍 효과'란 표현 방법, 즉 정보를 제공 받는 틀에 따라 인간의 의사 결정이 달라지는 현상을 말하므로 같은 내용이라도 상대가 말을 어떻게 하느냐에 따라 인간의 의사 결정이 달라진다고 할 수 있다. 따라서 인간은 자신이 합리적 판단에 의해 의사 결정을 한다고 착각하지만, 사실은 감성적 판단에 의해 의사 결정을 내린다고 할 수 있다.

## 11 정답 ③

**발화유형** 강연
**문제유형** 듣기 – 사실적 이해 – 중심 내용 파악

📋 **해설**
'프레이밍 효과'란 표현 방법, 즉 정보를 제공 받는 틀에 따라 인간의 의사 결정이 달라지는 현상을 말하므로 같은 내용이라도 상대가 말을 어떻게 하느냐에 따라 인간의 의사 결정이 달라진다고 할 수 있다. 따라서 '말이란 같은 내용이라도 표현하

는 데 따라서 아주 다르게 들린다는 말'을 일컫는 '말이란 아 해 다르고 어 해 다르다.'가 가장 적합하다.

✅**오답 피하기**

① 말은 보태고 떡은 뗀다: 말은 퍼질수록 더 보태어지고, 음식은 이 손 저 손으로 돌아가는 동안 없어지는 것이라는 말.

② 발 없는 말이 천 리 간다: 말은 비록 발이 없지만 천 리 밖까지도 순식간에 퍼진다는 뜻으로, 말을 삼가야 함을 비유적으로 이르는 말.

④ 말은 해야 맛이고 고기는 씹어야 맛이다: 마땅히 할 말은 해야 한다는 말.

⑤ 말은 바른 대로 하고 큰 고기는 내 앞에 놓아라: 거짓말을 하거나 남을 속이려 하지 말고 솔직하게 털어놓으라고 이르는 말.

## 12
정답 ③

**발화유형** 토론
**문제유형** 듣기 – 사실적 이해 – 세부 내용 파악

📋**해설**

성형수술이 성행하고 있다는 언급은 있지만 성형수술을 받는 노년층의 인구가 급증하고 있다는 언급은 없다.

✅**오답 피하기**

① 여자의 말에서 오늘날에는 개인의 자유가 중요시되고 있다는 언급이 있다.

② 남자의 말에서 우리 사회에 외모를 중시하는 풍조가 있는 것은 인정한다는 언급이 있다.

④ 여자의 말에서 외모에 대한 자신감은 원만한 인간관계를 맺게 해 준다는 언급이 있다.

⑤ 남자의 말에서 성형수술을 받은 여성들의 외모가 획일화되어 있다는 언급이 있다.

## 13
정답 ⑤

**발화유형** 토론
**문제유형** 듣기 – 사실적 이해 및 비판 – 세부 내용 파악 및 평가

📋**해설**

남자는 외모를 중시하는 사람들의 인식 변화를 위해 우리 사회와 개인이 꾸준히 노력해 가야 한다고 말했으므로 사람들의 인식 변화가 쉽게 이루어지는 것이라 생각하고 있다고 할 수 없다.

✅**오답 피하기**

① 남자는 성형 중독의 결과 얼굴이 선풍기처럼 부풀어 오른 여성의 예를 언급했고, 여자도 지나친 성형수술의 부작용에 대해 언급했다.

② 남자는 '신체발부수지부모'란 옛말도 있듯이, 부모님으로부터 받은 자신의 얼굴을 함부로 변형하는 것은 옳지 않다고 말했다.

③ 여자는 개인의 자유가 중시되는 오늘날, 자신의 외모를 원하는 대로 가꾸며 개성을 추구하는 것은 개인의 기본적인 권리라고 하며 성형수술을 옹호했기 때문에 성형수술이 개성을 추구하는 행위라고 생각한다 할 수 있다.

④ 여자는 외모에 대한 자신감은 원만한 인간관계를 맺게 해주고, 매사 자신감 있게 일을 추진하는 데 도움이 된다는 점을 들어 성형수술을

옹호하고 있으므로 자신감이 긍정적인 덕목이라는 전제하에 주장을 전개하고 있다고 할 수 있다.

## 01 주관식

**발화유형** 방송 보도
**문제유형** 듣기 – 사실적 이해 – 중심 내용 파악 및 요약

**>>정답 예시**

에스크로는 구매자와 판매자 사이에서 제3자가 상거래를 중계하는 매매 보호 서비스로, 판매자와 구매자 사이의 신뢰감을 높이고 사기 피해에 대한 구매자의 불안감을 덜어주며, 현금 결제의 안정성을 확보하여 중소형 쇼핑몰의 판매를 활성화시킨다.

**>>정답 기준**

① 에스크로의 정의(구매자와 판매자 사이에서 제3자가 상거래를 중계하는 매매 보호 서비스)가 나와 있는가.

② 에스크로의 장점(판매자와 구매자 사이의 신뢰감을 높임, 구매자의 불안감을 덜어줌, 중소형 쇼핑몰의 판매를 활성화시킴 등)이 나와 있는가.

③ 어문 규범을 지켜 100자 내외로 썼는가.

| 등급 | 등급 기준 |
|---|---|
| A | ① · ② · ③을 모두 만족한 경우 |
| B | ①과 ②를 모두 만족하였으나, ③을 만족시키지 못한 경우 |
| C | • ①과 ② 중 하나만을 만족하고, 그 내용이 충실한 경우<br>• ①과 ②를 모두 제시하였으나, 그 내용이 완전하지 못하거나 분명하지 않은 경우 |
| D | ①이나 ② 중 하나만을 만족하였으나, 그 내용이 완전하지 못하거나 분명하지 않은 경우 |

## 02 주관식

**발화유형** 방송 보도
**문제유형** 듣기 – 창의 – 주장 및 대안 쓰기

**>>정답 예시**

※ 찬성하는 경우

– 타 문화와의 교류가 중요한 세계화 시대에 외국인 이민자를 수용하면 그들을 통해 자연스럽게 타 문화를 배우고 우리의 문화를 다른 나라 사람들에게 전할 수 있으므로 외국인 이민자 수용을 확대해야 한다.

– 외국인 이민자 중 상당수는 한국인들이 기피하는 3D 업종에 종사하기 때문에 외국인 이민자를 수용하면 한국인 기피 업종의 노동력 부족 문제를 해결할 수 있으므로 외국인 이민자 수용을 확대해야 한다.

– 저출산과 인구의 고령화로 인해 머지않아 우리나라에는 노동 인구가 감소할 우려가 있다. 외국인 이민자를 수용하면 우리나라의 노동 인구를 확보할 수 있기 때문에 외국인 이민자 수용을 확대해야 한다.

※ 반대하는 경우
  – 현재 우리나라는 구직난이 심각하다. 그런데 외국인 이민
   자 수용을 확대하면 한국인들의 일자리는 더욱 줄어들 것
   이므로 외국인 이민자 수용을 확대해선 안 된다.

## >>정답 기준
① 주장이 찬성이나 반대, 어느 하나로 뚜렷하게 드러나는가.
② 자신의 주장에 대한 근거가 적절한가.
③ 어문 규범을 지켜 100자 내외로 썼는가.

| 등급 | 등급 기준 |
| --- | --- |
| A | ①·②·③을 모두 만족한 경우 |
| B | ①과 ②를 모두 만족하였으나, ③을 만족시키지 못한 경우 |
| C | ①은 만족하였으나, ②의 내용이 완전하지 못하거나 분명하지 않은 경우 |
| D | ①이나 ② 중 하나만을 만족한 경우 |

## 14
정답 ③

**문제유형** 어법 – 의미의 중복

**해설**

③은 의미의 중복이 나타나지 않는다.

**오답 피하기**

① '기간'과 '동안'은 의미의 중복.
② '마음먹었다'는 '생각했다'의 의미이므로 '생각'과 '마음먹었다'가 의미의 중복.
④ '근절'이란 말에 '완전히'란 의미가 들어 있으므로 의미의 중복.
⑤ '열중'이란 말에 '열심히'란 의미가 들어 있으므로 의미의 중복.

## 15
정답 ④

**문제유형** 어법 – 문장 성분의 호응

**해설**

④는 문장 성분 간의 호응이 잘 이루어졌다.

**오답 피하기**

① 너를 싫어서 → 너를 싫어해서
② 음악을 즐겨 듣는다 → 인간은 음악을 즐겨 듣는다.
   ('음악을 즐겨 듣는다.'에서 문장의 주어는 '음악은'이 아니라 '인간은'이 되어야 하므로)
③ 목걸이와 값비싼 옷을 입으며 → 목걸이를 하고 값비싼 옷을 입으며
   ('목걸이'는 입는 것이 아니므로)
⑤ 있다고 생각한다 → 있다고 생각하기 때문이다 ('공부하는 것은'이란 말과 호응이 되려면 '있다고 생각하기 때문이다'와 같이 이유를 나타내는 말이 와야 하므로)

## 16
정답 ③

**문제유형** 어법 – 문장 성분의 호응

**해설**

'풀리도록'은 이미 피동 표현이다. '풀려지도록'이라고 하면 이중피동이 되므로 원래대로 '풀리도록'이라고 하는 것이 맞다.

**오답 피하기**

① 아버지가 철수에게 짐을 지도록 시키는 것이기 때문에 사동 표현을 쓰는 것이 맞다.
② 시간적 선후 관계를 나타낼 때는 '나서'라고 해야 자연스럽다.
④ '절대로'는 부정 표현과 어울리는 부사이다.
⑤ '몇 년 전'은 과거이므로 '착한'은 과거를 나타내는 '착하던'이라고 쓰는 것이 맞다.

## 17
정답 ③

**문제유형** 어법 – 문장의 중의성

**해설**

③은 중의성을 띠지 않는다.

**오답 피하기**

① 친구들이 한 명도 안 왔다.
   친구들이 오긴 왔으나 일부만 왔다.
② 오빠가 장화를 신은 상태이다.
   오빠가 장화를 신는 동작을 하고 있다.
④ 나는 내일 공항에서 그가 아닌 다른 사람을 만날 것이다.
   나는 내일이 아닌 다른 날 공항에서 그를 만날 것이다.
   나는 내일 공항이 아닌 다른 장소에서 그를 만날 것이다. 등
⑤ 그녀가 예쁘다.
   그녀의 동생이 예쁘다.

## 18
정답 ②

**문제유형** 어법 – 높임법

**해설**

주체와 관련된 대상을 통해 주체를 간접적으로 높이는 간접 높임이 드러난 문장으로, 맞는 표현이 사용되었다.

**오답 피하기**

① 아버지가 오래 → '아버지께서 오라셔' 혹은 '아버지께서 오라고 하셔'
③ 할머니를 데리고 → 할머니를 모시고
④ 효도할 수 있으십니다 → 효도할 수 있습니다
⑤ 선물을 주고 → 선물을 드리고

## 19
정답 ②

**문제유형** 쓰기 – 창의 – 자료 수집과 활용

**해설**

〈자료 1〉을 통해 기존 산업에 비해 실버산업 성장률이 높을 것이라 전망된다는 사실을 알 수 있고, 〈자료 2〉를 통해 국내 분만 건수가 과거에 비해 줄어들었다는 것을 알 수 있다. 따라서

두 자료를 종합하면 출산율 저하로 인해 인구가 고령화되고, 따라서 실버산업이 성장할 것이라는 결론을 이끌어낼 수 있다. 그러므로 〈자료 1〉, 〈자료 2〉를 모두 근거로 제시한 글의 주제로는 ②가 가장 적합하다.

✅오답 피하기
① 〈자료 1〉을 반영하지 못한다.
③ 실버산업의 활성화가 출산율 증가를 위한 것이라 볼 수 없다.
④ 〈자료 2〉를 반영하지 못한다.
⑤ 세대 간 갈등 문제는 〈자료 1〉, 〈자료 2〉를 통해 알 수 없다.

## 20 정답 ④

문제유형 쓰기 – 비판 – 자료 수집과 활용

해설

ⓒ은 실험실에서 일어나는 사고의 원인에 대한 자료로, '인간의 삶을 위해 행해지는 동물 실험은 중단돼야 한다.'는 주제와 관련된 자료가 아니다.
㉠ 동물 실험을 중단해야 한다는 주장의 근거가 되므로 자료로 활용할 수 있다.
㉡ 동물 실험을 위해 희생된 동물들의 현황을 보여주는 자료이므로 활용할 수 있다.
㉣ 동물 실험을 중단해야 한다는 주장의 근거가 되므로 자료로 활용할 수 있다.
㉤ 동물 실험을 금지한 다른 나라의 예로, 동물 실험을 중단해야 한다는 주장의 근거가 되므로 활용할 수 있다.

## 21 정답 ②

문제유형 쓰기 – 창의 – 뒷받침 문장 쓰기

해설

연예인의 사회 참여 활동은 환영할 만한 일이라고 하였으므로 소셜테이너 활동의 긍정적 효과를 언급하거나, 소셜테이너의 활동을 정당화하는 문장이 와야 한다. ②는 소셜테이너로 인한 부정적 효과를 보여주는 문장이므로 적절하지 않다.

✅오답 피하기
① 소셜테이너의 활동을 정당화하는 근거이다.
③ 소셜테이너 활동의 긍정적 효과이다.
④ 소셜테이너 활동의 긍정적 효과이다.
⑤ 우리나라 소셜테이너의 활동을 정당화하는 근거이다.

## 22 정답 ②

문제유형 쓰기 – 창의 – 자료 수집과 활용

해설

남녀의 전통적인 성역할에 대한 고정관념을 깨뜨린 사례는 단성학교를 지지하는 글의 자료라고 할 수 없다. 단성학교를 지지하는 사람들은 성별의 특성에 맞는 교육을 해야 한다고 주장

하므로 남녀의 특성이 다르다는 것을 전제하기 때문이다.

✅오답 피하기
① 〈표 2〉에서 '성별의 특성에 알맞은 수업이 이루어지기 어려움.' 항목과 관련이 있다.
③ 〈표 2〉에서 '남학생이 여학생에 비해 수행평가에서 불리함.' 항목과 관련이 있다.
④ 〈표 2〉에서 '남녀 구분이 필요한 공간 마련 및 시설 유지를 위한 별도의 비용이 듦.' 항목과 관련이 있다.
⑤ 〈표 2〉에서 '이성에 대한 호기심으로 인해 학업 집중력이 저하됨.' 항목과 관련이 있다.

## 23 정답 ⑤

문제유형 쓰기 – 비판 – 개요의 수정 및 보완

해설

제시된 개요를 바탕으로 쓴 글은 '우주개발 산업 육성의 필요성'을 강조하는 글이 되어야 하므로 결론에서 우주개발 산업의 실패 가능성을 잊지 말아야 한다는 점을 강조해서는 안 된다. 결론에서는 우주개발 산업의 실패 가능성에 주목하기보다는 우주 개발 산업이 가져다 줄 엄청난 이익에 주목해야 한다는 것을 강조해야 한다.

✅오답 피하기
① 관련 산업이 발전할 수 있다고 했으므로 그 산업들의 구체적인 예를 제시하는 것은 적절하다.
② Ⅲ-1.2는 군사력 증강과 관련 있는 내용이므로 Ⅲ-2의 하위 항목으로 옮기는 것이 적절하다.
③ 우주개발에 열중하는 주변국에 뒤쳐지지 않는 군사력을 확보할 수 있다는 주장의 근거로 ③은 적절하다.
④ 본론에서 반대 입장을 살짝 다루고 난 후 반대 입장을 반박했으므로 ④는 적절하다.

## 03 주관식

문제유형 쓰기 – 창의 – 자료의 수집과 활용

>>정답 예시
학부모, 남녀공학에 비해 학업 성취도 높은 단성학교 선호해

>>정답 기준
① 불필요한 성분을 제외하고 신문 기사의 제목 형식으로 썼는가.
② 남녀공학과 단성학교를 비교하는 내용을 포함했는가.
③ 어문 규범을 지켜 20자 내외로 작성했는가.

| 등급 | 등급 기준 |
| --- | --- |
| A | ① · ② · ③을 모두 만족하고, ①, ②의 내용이 제시된 자료와 부합하면서 완전하고 명확할 경우 |
| B | ①, ②를 모두 만족하고 ①, ②의 내용이 제시된 자료와 부합하면서 명확하지만, ③을 만족시키지 못한 경우 |
| C | ①이나 ② 중 하나만 만족하고, 그 내용이 제시된 자료와 부합하면서 완전하고 명확할 경우 |

| 등급 | 등급 기준 |
|---|---|
| D | ①이나 ② 중 하나만을 만족하면서 그 내용이 완전하지 않거나 불분명할 경우 |

## 04 주관식

**문제유형** 쓰기 – 창의 – 뒷받침 문장 쓰기

### >>정답 예시

미래의 불확실한 이익을 기대하면서 막대한 예산이 소요되는 우주개발 산업을 적극적으로 육성하는 것은 옳지 않다. 우주개발 산업에 소요될 많은 재원을 대학의 비싼 등록금 문제, 노숙자 문제, 비정규직 노동자 문제, 환경오염 문제, 노인 복지 문제 등을 해결하는 데 투자한다면 우리나라 당면 과제의 상당 부분을 해결할 수 있기 때문이다.

### >>정답 기준

① 우주개발 산업 육성을 비판하는 관점이 드러나도록 썼는가.
② 우주개발 산업 육성을 비판하는 근거가 드러나도록 썼는가.
③ 우주개발 산업 육성 외에 우리나라가 해결해야 할 당면 과제를 언급했는가.
④ 어문 규범을 지켜 두 문장으로 썼는가.

| 등급 | 등급 기준 |
|---|---|
| A | ①·②·③·④를 모두 만족하며, ①·②·③의 내용이 충실한 경우 |
| B | ①, ②를 모두 만족하였으나, ③의 내용이 완전하지 못하거나 구체적이지 않은 경우 |
| C | ①은 만족하였으나, ②나 ③의 내용이 완전하지 못하거나 구체적이지 않은 경우 |
| D | ①만 만족한 경우 |

## 05 주관식

**문제유형** 쓰기 – 창의 – 중심 문장 쓰기

### >>정답 예시

– 창조력의 원천이 되고 윤리적 문제의 판단 기준을 제공하는 인문학을 살려야 한다.
– 인문학은 창조력의 원천이 되고 윤리적 문제의 판단 기준을 제공하므로 인문학을 장려해야 한다.

### >>정답 기준

① 글쓴이의 주장인 '인문학을 장려해야 한다.', '인문학을 살려야 한다.'라는 입장이 드러나게 썼는가.
② '인문학이 창조력의 원천이 되고 윤리적 판단 기준을 제공한다.'라는 근거가 드러나게 썼는가.
③ '~해야 한다'의 정책 명제로 썼는가.
④ 어문 규범을 지켜 한 문장으로 썼는가.

| 등급 | 등급 기준 |
|---|---|
| A | ①·②·③·④를 모두 만족하며, ①·②의 내용이 충실한 경우 |
| B | ①·②를 모두 만족하였으나, ③·④를 만족시키지 못한 경우 |
| C | ①은 만족하였으나, ②의 내용이 완전하지 못하거나 분명하지 않은 경우 |
| D | ①이나 ② 중 하나만을 만족한 경우 |

## 06 주관식

**문제유형** 쓰기 – 창의 – 뒷받침 문장 쓰기

### >>정답 예시

우리에게는 자신이 생각하는 바를 말로 표현할 자유가 있다. 하지만 자신이 한 말이 다른 이의 인격을 모독하거나 명예를 훼손했을 때는 인격 모독이나 명예 훼손에 대한 법적인 책임을 져야 한다.

### >>정답 기준

① 제시된 상황에서 자유와 책임이 어떤 식으로 공존하는지 서술했는가.
② 앞 문장과의 연결이 자연스러운가.
③ 어문 규범을 지켜 두 문장으로 썼는가.

| 등급 | 등급 기준 |
|---|---|
| A | ①·②·③을 모두 만족하며, ①의 내용이 충실한 경우 |
| B | ①·②를 만족하였으나, ③을 만족시키지 못한 경우 |
| C | ②는 만족하였으나 ①의 내용이 완전하지 못하거나 분명하지 않은 경우 |
| D | ①이나 ② 중 하나만을 만족한 경우 |

## 07 주관식

**문제유형** 어휘 – 사실적 이해 및 추론 – 십자말풀이

### >>정답

2. 세로 ( 간사 )
3. 가로 ( 각오 )
6. 가로 ( 미소 )
9. 가로 ( 원근법 )

**해설**

십자말풀이를 완성하면 다음과 같다.

| 一 | 대 | 장 | 간 | |
|---|---|---|---|---|
| 각 | 오 | | 사 | 실 |
| 선 | | | | 타 |
| 미 | 소 | | 술 | 래 |
| | 원 | 근 | 법 | |

>>정답 기준

| 등 급 | 답안 개수 |
| --- | --- |
| A | 4개 |
| B | 3개 |
| C | 2개 |
| D | 1개 |

## 08 주관식

**문제유형** 쓰기 – 창의 – 중심 문장과 뒷받침 문장 쓰기

### >>정답 예시

– 환경을 보호하기 위해서는 비닐봉지를 쓰지 말고 장바구니를 애용해야 한다. 비닐봉지가 분해되는 데는 오랜 시간이 걸리기 때문이다.

– 환경을 보호하기 위해서는 승용차를 이용하기보다 걷거나 자전거 타기를 생활화해야 한다. 승용차 이용으로 인한 이산화탄소 배출량을 줄일 수 있기 때문이다.

### >>정답 기준

① 구체적인 실천 방안을 제시했는가.
② 주장과 논거가 유기적으로 연결되도록 썼는가.
③ '~해야 한다'는 형태를 활용하여 썼는가.
④ 어문 규범을 지켜 두 문장으로 썼는가.

| 등 급 | 등급 기준 |
| --- | --- |
| A | ①·②·③·④를 모두 만족하며, ①·②의 내용이 충실한 경우 |
| B | ①·②를 모두 만족하였으나, ③이나 ④를 만족시키지 못한 경우 |
| C | ①은 만족하였으나, ②의 내용이 완전하지 못하거나 분명하지 않은 경우 |
| D | ①이나 ② 중 하나만을 만족한 경우 |

## 09 주관식

**문제유형** 어휘 – 창의 – 짧은 글 짓기

### >>정답 예시

<u>느릿느릿 걸어도 황소걸음</u>이라는 말과 같이 어떤 일을 천천히 진행하더라도 실수 없이 완벽하게 해내는 것이 중요하다.

**참고** '느릿느릿 걸어도 황소걸음'이란 속도는 느리나 오히려 믿음직스럽고 알차다는 뜻이다.

>>정답 기준

| 등 급 | 등급 기준 |
| --- | --- |
| A | 빈칸에 알맞은 속담과 단어를 사용하여 완성도 있는 문장을 쓴 경우 |
| B | 빈칸에 알맞은 속담과 단어를 사용하였으나 문장의 호응이 맞지 않는 경우 |
| C | 빈칸에 알맞은 속담과 단어 중 하나만 사용하여 문장의 호응에 맞게 완성한 경우 |
| D | 빈칸에 알맞은 속담과 단어 중 하나만 사용하였는데 문장의 호응이 맞지 않는 경우 |

## 10 주관식

**문제유형** 쓰기 – 비판 – 비교·평가하여 쓰기

### >>정답 예시

본래 '하옥'이라는 말은 공연한 짓을 해서 사태를 악화시키는 일을 의미했다. 그런데 오늘날에는 나무랄 데 없이 훌륭하거나 좋은 것에 있는 사소한 흠을 이르는 말로 그 의미가 바뀌었다.

### >>정답 기준

① '하옥'이라는 말의 본래 의미가 드러나도록 썼는가.
② '하옥'이라는 말의 오늘날 의미가 드러나도록 썼는가.
③ 본래의 의미와 오늘날의 의미 차이를 비교하는 언급이 들어가도록 썼는가.
④ 어문 규범에 맞게 두 문장으로 썼는가.

| 등 급 | 등급 기준 |
| --- | --- |
| A | ①·②·③·④를 모두 만족하며, ①·②·③의 내용이 충실한 경우 |
| B | ③이나 ④를 만족시키지 못한 경우 |
| C | ①·②를 만족하였으나 내용이 완전하지 못하거나 분명하지 않은 경우 |
| D | ①이나 ② 중 하나만을 만족한 경우 |

| 01 | 02 | 03 | 04 | 05 | 06 | 07 | 08 | 09 | 10 |
|---|---|---|---|---|---|---|---|---|---|
| ① | ① | ⑤ | ② | ② | ① | ③ | ① | ④ | ③ |
| 11 | 12 | 13 | 14 | 15 | 16 | 17 | 18 | 19 | 20 |
| ① | ④ | ① | ③ | ④ | ③ | ① | ② | ② | ④ |
| 21 | 22 | 23 | 24 | 25 | 26 | 27 | 28 | 29 | 30 |
| ④ | ② | ③ | ② | ② | ② | ④ | ① | ⑤ | ③ |
| 31 | 32 | 33 | 34 | 35 | 36 | 37 | 38 | 39 | 40 |
| ③ | ④ | ③ | ④ | ③ | ④ | ③ | ② | ① | ⑤ |
| 41 | 42 | 43 | 44 | 45 | 46 | 47 | 48 | 49 | 50 |
| ④ | ⑤ | ⑤ | ② | ⑤ | ④ | ② | ⑤ | ② | ③ |
| 51 | 52 | 53 | 54 | 55 | 56 | 57 | | | |
| ② | ② | ⑤ | ⑤ | ⑤ | ② | ③ | | | |

## 01
정답 ①

**문제유형** 어휘 – 단어 형성(접두사)

**해설**

'참–'은 '품질이 우수한'의 뜻을 더하는 접두사로 사용되기도 하고, '진짜, 또는 진실하고 올바른'의 뜻을 더하는 접두사로 사용되기도 한다. ①은 '품질이 우수한'의 뜻으로 사용되어, '참 먹'의 의미는 '품질이 아주 좋은 먹'이란 뜻이다. ②·③·④· ⑤는 모두 '진짜, 또는 진실하고 올바른'의 의미로 사용되었다.

**오답 피하기**

② '참사랑'의 의미: 순수하고 진실한 사랑.
③ '참말'의 의미: 사실과 조금도 틀림이 없는 말.
④ '참값'의 의미: 일정한 측정에 의하여 얻은, 길이·무게·부피 따위의 정확한 값.
⑤ '참뜻'의 의미: 거짓이 없고 진실한 뜻.

## 02
정답 ①

**문제유형** 어휘 – 단어의 관계

**해설**

①은 '부분–전체 관계'이고, 나머지는 '유의 관계'이다.

## 03
정답 ⑤

**문제유형** 어휘 – 단어의 의미(사전적 의미)

**해설**

〈보기〉의 뜻풀이와 예문에 알맞은 단어는 '치장'이다.

**오답 피하기**

① 가장: 태도를 거짓으로 꾸밈.
② 미장: 건축 공사에서 벽이나 천장, 바닥 따위에 흙이나 회, 시멘트 따위를 바름. 또는 그런 일.
③ 변장: 본래의 모습을 알아볼 수 없게 하기 위하여 옷차림이나 얼굴, 머리 모양 따위를 다르게 바꿈.
④ 분장: 등장인물의 성격, 나이, 특징 따위에 맞게 배우를 꾸밈. 또는 그런 차림새.

## 04
정답 ②

**문제유형** 어휘 – 단어의 의미(문맥적 의미)

**해설**

〈보기〉와 ②의 '갈다'는 모두 '날카롭게 날을 세우거나 표면을 매끄럽게 하기 위하여 다른 물건에 대고 문지르다.'의 의미로 사용되었다.

**오답 피하기**

①·③ '잘게 부수기 위하여 단단한 물건에 대고 문지르거나 단단한 물건 사이에 넣어 으깨다.'의 의미.

④ '윗니와 아랫니를 맞대고 문질러 소리를 내다.'의 의미.
⑤ '먹을 풀기 위하여 벼루에 대고 문지르다.'의 의미.

## 05
정답 ②

**문제유형** 어휘 – 단어의 의미(문맥적 의미)

**해설**

〈보기〉와 ②의 '가시'는 모두 '바늘처럼 뾰족하게 돋친 것.'의 의미이다.

**오답 피하기**

① '식물의 줄기나 잎 또는 열매를 싸고 있는 것의 겉면에 바늘처럼 뾰족하게 돋아난 것.'의 의미.
③ '살에 박힌 나무 따위의 가늘고 뾰족한 거스러미.'의 의미.
④ '남을 공격하거나 불평불만의 뜻을 담은 표현을 비유적으로 이르는 말.'의 의미.
⑤ '물고기의 잔뼈.'의 의미.

## 06
정답 ①

**문제유형** 어휘 – 단어의 관계

**해설**

'무릇'은 '대체로 헤아려 생각하건대'의 의미이므로 '행동이나 대상 따위가 일정한 조건에 어울릴 정도로 알맞게' 혹은 '흡족하게 마음에 들 정도로'란 의미의 '마땅히'와 바꾸어 쓸 수 없다.

**오답 피하기**

②·③·④·⑤는 모두 서로 바꾸어 쓸 수 있는 말이다.

## 07
정답 ③

**문제유형** 어휘 – 단어의 의미(한자어의 의미)

**해설**

'함구(緘口)하다'는 '말하지 아니하다.'의 의미이다.

**오답 피하기**

①·②·④·⑤는 모두 적절하다.

## 08
정답 ①

**문제유형** 어휘 – 관용어

**해설**

'코가 빠지다'는 '근심에 싸여 기가 죽고 활기가 없다.'의 의미이므로 문맥에 어울리지 않는다.

**오답 피하기**

② 손에 걸리다: 어떤 사람의 손아귀에 잡혀들다. 너무 흔하여 어디에나 있다. ≒ 손에 잡히다
③ 살을 붙이다: 바탕에 여러 가지를 덧붙여 보태다.
④ 배에 기름이 오르다: 살림이 넉넉해지다.
⑤ 미역국을 먹다: 시험에 떨어지다. 직위에서 떨려 나다. 퇴짜를 맞다.

## 09
정답 ④

**문제유형** 어휘 – 한자성어

**해설**

'자나 깨나 잊지 못하고'의 의미를 나타내는 한자성어는 '오매불망(寤寐不忘)'이고, '이리저리 뒤척이며 잠을 이루지 못했다.'의 의미를 나타내는 한자성어는 '전전반측(輾轉反側)'이다.

**오답 피하기**

① 망양지탄(亡羊之歎): 갈림길이 매우 많아 잃어버린 양을 찾을 길이 없음을 탄식한다는 뜻으로, 학문의 길이 여러 갈래여서 한 갈래의 진리도 얻기 어려움을 이르는 말.
　풍전등화(風前燈火): 바람 앞의 등불이라는 뜻으로, 사물이 매우 위태로운 처지에 놓여 있음을 비유적으로 이르는 말.
② 상사불망(相思不忘): 서로 그리워하여 잊지 못함.
　와신상담(臥薪嘗膽): 불편한 섶에 몸을 눕히고 쓸개를 맛본다는 뜻으로, 원수를 갚거나 마음먹은 일을 이루기 위하여 온갖 어려움과 괴로움을 참고 견딤을 비유적으로 이르는 말.
③ 애이불비(哀而不悲): 슬프지만 겉으로는 슬픔을 나타내지 아니함.
　절치부심(切齒腐心): 몹시 분하여 이를 갈며 속을 썩임.
⑤ 혼정신성(昏定晨省): 밤에는 부모의 잠자리를 보아 드리고 이른 아침에는 부모의 밤새 안부를 묻는다는 뜻으로, 부모를 잘 섬기고 효성을 다함을 이르는 말.
　자강불식(自强不息): 스스로 힘써 몸과 마음을 가다듬어 쉬지 아니함.

## 10
정답 ③

**문제유형** 어휘 – 단어의 용법

**해설**

'열쭝이'는 '겁이 많고 나약한 사람을 비유적으로 이르는 말.'이므로 문맥에 어울리지 않는다.

**오답 피하기**

① 만무방: 염치가 없이 막된 사람.
② 샘바리: 샘이 많아서 안달하는 사람.
④ 감바리: 잇속을 노리고 약삭빠르게 달라붙는 사람.
⑤ 나이배기: 겉보기보다 나이가 많은 사람을 낮잡아 이르는 말.

## 11
정답 ①

**문제유형** 어휘 – 단어의 용법

**해설**

'회심(會心)'은 '마음에 흐뭇하게 들어맞음. 또는 그런 상태의 마음.'이므로 문맥에 어울리지 않는다.

**오답 피하기**

② 의타심(依他心): 남에게 의지하려는 마음.
③ 의구심(疑懼心): 믿지 못하고 두려워하는 마음.
④ 의협심(義俠心): 남의 어려움을 돕거나 억울함을 풀어 주기 위하여 자신을 희생하려는 의로운 마음.
⑤ 미심(未審): 일이 확실하지 아니하여 늘 마음을 놓을 수 없음.

## 12

정답 ④

**문제유형** 어휘 – 단어의 의미(사전적 의미)

**해설**

'흉'의 사전적 의미는 '남에게 비웃음을 살 만한 거리.'라는 뜻이다.

**오답 피하기**

①·②·③·⑤의 사전적 의미는 모두 적절하다.

## 13

정답 ①

**문제유형** 어휘 – 단어의 용법

**해설**

㉠ 응시: '눈길을 모아 한 곳을 똑바로 바라봄.'의 의미.
㉡ 좌시: '참견하지 아니하고 앉아서 보기만 하다.'의 의미.
㉢ 투시: '막힌 물체를 환히 꿰뚫어 보다. 또는 대상의 내포된 의미까지 보다.'의 의미.

## 14

정답 ③

**문제유형** 어문 규정 – 표준어 규정

**해설**

표준어 규정 제14항에 의해, '똬리'는 표준어이다.

**참고** [표준어 규정 제14항] 준말이 널리 쓰이고 본말이 잘 쓰이지 않는 경우에는 준말만을 표준어로 삼는다. 예 똬리, 귀찮다, 김 등

**오답 피하기**

① 표준어 규정 제12항에 의해 '위쪽'이 되어야 한다.
**참고** [표준어 규정 제12항] '웃–' 및 '윗–'은 명사 '위'에 맞추어 '윗–'으로 통일하지만, 된소리나 거센소리 앞에서는 '위–'로 한다. 예 위짝, 위쪽, 위층 등

② 표준어 규정 제8항에 의해 '깡충깡충'이 되어야 한다.
**참고** [표준어 규정 제8항] 양성 모음이 음성 모음으로 바뀌어 굳어진 다음 단어는 음성 모음 형태를 표준어로 삼는다. 예 깡충깡충, 발가숭이, 보통 등

④ 표준어 규정 제10항에 의해 '미루나무'가 되어야 한다.
**참고** [표준어 규정 제10항] 다음 단어는 모음이 단순화한 형태를 표준어로 삼는다. 예 미루나무, 괴팍하다 등

⑤ 표준어 규정 제7항에 의해 '수꿩'이 되어야 한다.
**참고** [표준어 규정 제7항] 수컷을 이르는 접두사는 '수–'로 통일한다. 예 수꿩, 수놈, 수소 등

## 15

정답 ④

**문제유형** 어문 규정 – 한글 맞춤법

**해설**

④의 '설거지'는 올바른 맞춤법이다.

## 오답 피하기

① 주십시요 → 주십시오
종결 어미 '–오'는 '요'로 소리 나더라도 '–오'로 쓴다.
② 날으는 → 나는
'날다'와 같이 어간이 'ㄹ'로 끝나는 용언은 활용 시 '–느–, –ㄴ, –ㅂ–, –오, –시–' 앞에서 'ㄹ'이 탈락된다.
③ 몇 일 → 며칠
'몇 일'로 적으면 [면닐]이라는 비표준 발음을 인정하게 되므로 옳지 않다.
⑤ 가까와 → 가까워
어간이 2음절 이상인 'ㅂ 불규칙 용언'은 '–워' 형으로 적는다.

## 16

정답 ③

**문제유형** 어문 규정 – 한글 맞춤법

**해설**

헷갈리기 쉬운 맞춤법을 묻는 문제이다. 단어의 의미를 구분해 쓰면 다음과 같다.
㉠ 맞히다/맞추다
• 맞히다: '맞다(침, 주사 따위로 치료를 받다. 자연 현상에 따라 내리는 눈, 비 따위의 닿음을 받다. 문제에 대한 답이 틀리지 아니하다. 쏘거나 던지거나 한 물체가 어떤 물체에 닿다.)'의 사동사.
예 프로야구 우승팀을 맞히다, 화살로 과녁을 맞히다, 정답을 맞히다, 비를 맞히다, 예방 주사를 맞히다.
• 맞추다: 서로 떨어져 있는 부분을 제자리에 맞게 대어 붙이다. 둘 이상의 일정한 대상들을 나란히 놓고 비교하여 살피다. 서로 어긋남이 없이 조화를 이루다.
예 정답과 내가 쓴 답을 맞추어 보다, 양복을 맞추다, 음식의 간을 맞추다.
㉡ –던/–든
• –던: 과거의 뜻.
예 어제 학교에 왔던 사람, 얼마나 슬펐던지 계속 울었다.
• –든: 선택의 뜻.
예 귤이든(지) 참외든(지) 알아서 먹어라.
㉢ 달이다/다리다
• 달이다: 액체 따위를 끓여서 진하게 만들다.
예 약을 달이다.
• 다리다: 옷이나 천 따위의 주름이나 구김을 펴고 줄을 세우기 위하여 다리미나 인두로 문지르다.
예 옷을 다리다.
㉣ '허옇다'의 활용형은 '허얘'가 아니라 '허예'이다.

## 17

정답 ①

**문제유형** 어문 규정 – 한글 맞춤법

**해설**

한글 맞춤법 제30항에 의해, 순우리말로 된 합성어나 순우리말과 한자어로 된 합성어로서 앞말이 모음으로 끝난 경우, 뒷

말의 첫소리가 된소리로 나면 사이시옷을 받치어 적지만, 한자로 이루어진 합성어의 경우에는 대부분 사이시옷을 적지 않는다. (곳간, 셋방, 숫자, 찻간, 툇간, 횟수의 경우에는 사이시옷을 적음.) 따라서 원래대로 '개수'라고 써야 한다.

**오답 피하기**

②·③·④·⑤는 모두 맞는 설명이다.

## 18 정답 ②

**문제유형** 어문 규정 – 외래어 표기법

**해설**

외래어 표기법 제3항의 2번에 의해 '세'가 되고, 1번에 의해 '리프'가 된다. 따라서 ②의 옳은 표기는 '셰리프'이다.

**오답 피하기**

① [외래어 표기법 제3항] 3에 의해 맞는 표기이다.
③ [외래어 표기법 제3항] 1에 의해 맞는 표기이다.
④ [외래어 표기법 제3항] 2에 의해 맞는 표기이다.
⑤ [외래어 표기법 제3항] 1에 의해 맞는 표기이다.

## 19 정답 ②

**제시문유형** 실용문(법률 개정안)

**문제유형** 읽기 – 사실적 이해 및 추론 – 세부 정보의 파악 및 의도의 추리

**해설**

제시된 개정안 내용은 약사 외에 일정한 요건을 갖춘 자를 안전상비의약품 판매자로 인정하는 것과 관련된 사항이다. 안전상비의약품 판매자로 등록하려는 자는 24시간 연중무휴(無休) 점포를 갖춘 자로서 지역 주민의 이용 편리성, 위해의약품의 회수 용이성 등을 고려하여 보건복지부령으로 정하는 등록기준을 갖추어야 한다. 따라서 제시된 개정안에는 국민들이 심야 시간이나 공휴일에도 편리하게 의약품을 구입할 수 있도록 하려는 의도가 드러나 있다고 할 수 있다.

**오답 피하기**

① 약사가 아닌 사람도 안전상비의약품을 판매할 수 있으므로 약사의 전문성이 더욱 발휘되는 것과는 거리가 멀다.
③ 제시된 개정안은 약국 운영과 관련된 내용이 아니다.
④ 제시된 개정안은 약국 운영과 관련된 내용이 아니다.
⑤ 약사가 아닌 사람도 조제를 할 수 있다는 언급은 없다. 안전상비의약품을 판매할 수 있을 뿐이다.

## 20 정답 ④

**제시문유형** 실용문(법률 개정안)

**문제유형** 읽기 – 사실적 이해 – 세부 정보의 파악

**해설**

안전상비의약품을 판매하는 점포는 연중무휴여야 하므로 공휴

일에도 영업을 해야 한다.

**오답 피하기**

① 1회 판매 수량 제한, 연령에 따른 판매 제한 등 판매 시 안전관리에 관하여 보건복지부령으로 정하는 사항을 지켜야 한다.
② 안전상비의약품을 판매하는 점포는 24시간 연중무휴여야 한다.
③ 안전상비의약품 판매자로 등록하려는 자는 미리 안전상비의약품의 안전성 확보와 품질관리에 관한 교육을 받아야 한다.
⑤ 휴업 기간이 1개월 미만인 경우를 제외하고, 안전상비의약품의 판매 업무를 휴업하거나 휴업 이후 그 업무를 재개한 경우에는 시장·군수·구청장에게 신고하여야 한다.

## 21 정답 ④

**제시문유형** 실용문(광고문)

**문제유형** 읽기 – 사실적 이해 – 세부 정보의 파악

**해설**

쿠션이 기존 안마 의자에 비해 두툼하고 폭신하다는 말은 있지만, 높이 조절이 가능하다는 언급은 없다.

**오답 피하기**

① 접이식으로 설계되어, 휴대 및 공간 활용이 어려웠던 기존 안마 의자의 단점을 보완했다는 언급이 있다.
② 온열 기능이 가능하다.
③ 의자 커버는 탈·부착이 가능하다.
⑤ 구매 후 일주일 내에 반품하면 상품을 사용했더라도 100퍼센트 환불을 해준다.

## 22 정답 ②

**제시문유형** 실용문(안내문)

**문제유형** 읽기 – 사실적 이해 – 세부 정보 파악

**해설**

황사 정보, 황사 주의보, 황사 경보를 나누는 기준은 황사가 건강에 주는 영향이 아니라 황사로 인한 1시간 평균 미세 먼지 농도(2시간 이상 지속 예상 시)로, '황사 주의보'가 발령되는 때는 '황사로 인한 1시간 평균 미세 먼지 농도(2시간 이상 지속 예상 시)'가 400μg/m³이상일 때다.

**오답 피하기**

① '황사 정보' 시에는 호흡기 질환자 실외 활동 자제를 권고한다.
③ '황사 경보' 시에는 유치원·초등학교 실외 활동 금지 및 수업 단축 및 휴업 등의 학생 보호 조치 강구를 권고한다.
④ '황사 경보'의 경우이므로 실외 운동 경기 중지 및 연기를 권고한다.
⑤ '황사 주의보'의 경우이므로 유치원·초등학교 실외 활동 금지를 권고한다.

## 23 정답 ③

**제시문유형** 수필(이희승, 「딸깍발이」)

**문제유형** 읽기 – 사실적 이해 – 문학 작품의 감상

**해설**

인간관계는 언급되지 않았다.

**오답 피하기**

① 4문단에서 언급되었다.
② 마지막 문단에서 언급되었다.
④ 3문단에서 언급되었다.
⑤ 1문단에서 언급되었다.

## 24 정답 ②

**제시문유형** 수필(이희승, 「딸깍발이」)

**문제유형** 읽기 – 사실적 이해 및 추론 – 문학 작품의 감상설

**해설**

㉠에서는 뼈대만 엉성한 호리호리한 체격이어도 없는 기색을 드러내지 않고 도도한 태도로 체통을 차리는 남산골 샌님의 면모 드러난다. 따라서 '양반은 체통을 차리느라고 없는 기색을 숨긴다.'는 의미의 '양반은 죽을 먹어도 이를 쑤신다.'가 적절하다.

**오답 피하기**

① 가난한 양반 향청에 들어가듯: 가난한 양반이 주눅이 들어 향청에 들어갈 때처럼, 행색이 떳떳하지 못하고 머뭇거리면서 쩔쩔매는 모습을 비유적으로 이르는 말. 혹은 하기 싫은 일을 마지못하여 기운 없이 함을 비유적으로 이르는 말.
③ 떡 사먹을 양반은 눈꼴부터 다르다: 어떤 일을 할 사람은 보기만 해도 다르다는 말.
④ 수염이 석 자라도 먹어야 양반이다: 아무리 점잖은 사람이라도 먹어야 산다는 말.
⑤ 가난한 양반 씻나락 주무르듯 한다: 일의 갈피를 잡지 못하고 우물쭈물하며 결말을 짓지 못하는 모양을 이를 때 쓰이는 말.

## 25 정답 ②

**제시문유형** 시사 교양(사회)

**문제유형** 읽기 – 사실적 이해 – 세부 정보의 파악

**해설**

4문단을 보면 현재 우리나라 게임 산업의 수출액은 국내 문화 콘텐츠 산업 총 수출액의 53%를 차지한다고 되어 있으나, 국내 산업 총 수출액의 절반 이상을 차지하는지의 여부는 언급되어 있지 않다.

**오답 피하기**

① '셧다운제'는 개인 정보를 요구하는 게임에 적용되므로 개인 정보가 필요 없는 게임은 여전히 심야에 즐길 수 있다는 점을 필자는 지적하고 있다. 따라서 온라인 게임 중에는 개인 정보 없이 접속해서 즐길 수 있는 것도 있다고 할 수 있다.
③ '셧다운제'는 청소년과 관련된 규제 제도이므로 성인과는 상관이 없어서 게임 이용 시간에 제한이 없다.
④ '셧다운제'는 0시부터 오전 6시 사이에 청소년의 온라인 게임을 규제하는 제도이므로 낮 시간에는 온라인 게임 접속이 가능하다.

⑤ 2문단을 보면 '셧다운제'에 찬성하는 사람들은 게임의 이러한 부정적 기능을 강조한다는 언급이 있다.

## 26 정답 ②

**제시문유형** 시사 교양(사회)

**문제유형** 읽기 – 추론 – 생략된 정보의 추리

**해설**

명분은 그럴 듯하지만 사실은 실효성이 없다는 의미의 말이 들어가야 하므로 '빛 좋은 개살구'가 적절하다. '빛 좋은 개살구'는 겉만 번지르르하고 그에 맞는 알찬 내용이나 실속이 없음을 이르는 말이다.

**오답 피하기**

① 마구 뚫은 창: 질서나 순서도 없이 되는대로 함부로 하는 행동을 이르는 말.
③ 가마솥에 든 고기: 꼼짝없이 죽게 된 신세를 비유적으로 이르는 말.
④ 하지 지난 뜸부기: 힘이 왕성한 한창때가 지나 버린 사람을 비유적으로 이르는 말.
⑤ 다 가도 문턱 못 넘기: 애써 일을 하였으나 끝맺음을 못하여 보람이 없게 됨을 비유적으로 이르는 말.

## 27 정답 ④

**제시문유형** 시사 교양(사회)

**문제유형** 읽기 – 사실적 이해 – 논지 전개 양상 파악

**해설**

'셧다운제'의 문제점은 언급하고 있지만, 해결책을 제시하지는 않았다.

**오답 피하기**

① 1문단에서 '셧다운제'의 정의를 서술했다.
② 4문단에서 게임 산업 수출액이 '국내 문화 콘텐츠 산업 총 수출액의 53%를 차지한다.'라고 하면서 게임 산업의 중요성을 강조했다.
③ '셧다운제'에 대한 찬성 의견과 반대 의견을 제시하여 분석했다.
⑤ 4문단에서 한 외국의 언론도 셧다운제를 '뒤로가기' 정책이라 칭하며 한국 게임 산업의 퇴보를 우려한 바 있다는 서술을 하였다.

## 28 정답 ①

**제시문유형** 시사 교양(과학)

**문제유형** 읽기 – 사실적 이해 – 세부 정보 파악

**해설**

역사는 언급되지 않았다.

**오답 피하기**

② 마지막 문단에서 언급되었다.
③ 4문단에서 언급되었다.
④ 5문단에서 언급되었다.
⑤ 4문단에서 언급되었다.

## 29
**정답** ⑤

**제시문유형** 시사 교양(과학)

**문제유형** 읽기 – 사실적 이해 및 비판 – 세부 정보 파악 및 평가

**📑 해설**

정형행동은 야생에 비해 단조로운 동물원에서의 생활 속에서 남은 에너지를 발산하기 위해, 동물들이 틀에 박힌 듯이 반복되는 행동을 하는 것을 의미한다. 솔방울 사이에 먹이를 끼워 주었을 때 침팬지가 도구를 이용해 먹이를 빼먹는 것은 먹이 풍부화의 예이다.

**✅ 오답 피하기**

① 동물원에서 본성이 억압된 동물들에게는 동물원병이나 정형행동이 나타난다.

② 따돌림 받는 개체의 피난처를 제공해 주는 것은 야생에서 무리를 이루어 생활하는 동물들에게 적합한 사회적 구조를 갖추게 해주는 기법과 관련이 있으므로 사회 풍부화의 예이다.

③ 코끼리에게 진흙 목욕이 가능한 구덩이를 만들어 주는 것은 전시장의 물리적 환경에 변화를 줌으로써 동물의 행동을 풍부하게 만드는 환경 풍부화이다.

④ 포식자의 울음소리를 들려주어 천적의 공격에 대비하게 하는 것은 생존을 위해 감각 기관을 사용하는 동물들의 본능을 일깨우는 방법이므로 감각 풍부화이다.

## 30
**정답** ③

**제시문유형** 시사 교양(사회)

**문제유형** 읽기 – 추론 – 필자의 태도 및 관점 추리

**📑 해설**

필자는 여성 안전칸의 도입에 비판적 입장을 취하고 있다. 여성 안전칸의 도입이 오히려 여성들이 성범죄에 노출될 가능성을 높이는 결과를 가져올 수 있다는 점을 우려하고 있으므로 여성 안전칸의 도입이 지하철 내 여성 대상 성범죄의 심각성을 알리는 홍보가 될 수 있다는 것은 필자가 할 만한 주장이 아니다.

**✅ 오답 피하기**

① 필자는 여성 안전칸 도입은 또 다른 형태의 남녀차별이라 할 수 있으므로 남녀 간의 위화감을 조성할 우려가 있다고 보고 있다.

② 필자는 여성 안전칸의 도입이 오히려 여성들이 성범죄에 노출될 가능성을 높이는 결과를 가져올 수 있다는 점을 지적하고 있다.

④ 필자는 여성 안전칸을 도입하는 것보다 지하철 보안관을 도입하는 것이 현실성 있는 방안이라고 여기고 있다.

⑤ 필자는 여성들만을 위한 칸을 만든다는 발상에는 모든 남성을 잠재적 범죄자로 보는 시각이 전제되어 있다고 보고 있다.

## 31
**정답** ③

**제시문유형** 시사 교양(사회)

**문제유형** 읽기 – 사실적 이해 – 세부 정보 파악

**📑 해설**

㉠은 실효성을 의심한다는 의미의 말과 바꾸어 써야 하므로 '믿지 아니하고 의심하여 고개를 이리저리 돌리다.'란 뜻의 '고개를 꼬았다'가 적절하다.

**✅ 오답 피하기**

① 활개를 치다: 의기양양하게 행동하다.

② 가슴을 저미다: 생각이나 느낌이 매우 심각하고 간절하여 가슴을 칼로 베는 듯한 아픔을 느끼게 하다.

④ 머리를 모으다: 중요한 이야기를 하기 위하여 서로 바투 모이다.

⑤ 어깨를 겨누다: 서로 비슷한 지위나 힘을 가지다.

## 32
**정답** ④

**제시문유형** 실용문(계약서)

**문제유형** 읽기 – 사실적 이해 – 세부 정보 파악

**📑 해설**

계약 만료일로부터 1개월 이내에 투자 원금의 전액 상환이 이루어지지 않았을 경우, 미상환 투자 원금에 대해서는 별도의 이자가 가산되는 것이지, 투자일로부터 투자 원금에 대한 이자가 가산되는 것은 아니다.

**✅ 오답 피하기**

① 계약 조건 4번 항목과 관련된 사항이다.

② 투자 수익금의 지급 1번 항목과 관련된 사항이다.

③ 계약의 종료 3번 항목과 관련된 사항이다.

⑤ 계약의 종료 2번 항목과 관련된 사항이다.

## 33
**정답** ③

**제시문유형** 실용문(안내문)

**문제유형** 읽기 – 사실적 이해 – 세부 정보 파악

**📑 해설**

③ 1문단을 보면 진짜 노벨상 수상자들이 심사와 시상을 맡기도 하므로 노벨상 수상자들에게 외면당한다고 보긴 어렵다.

**✅ 오답 피하기**

① 5문단에서 언급되었다.

② 1문단을 보면 사회, 평화 등의 부분에서도 수상자를 선정한다.

④ 2문단을 보면 '이그노벨상'의 공식 포스터에는 로댕의 '생각하는 사람' 조각상이 바닥에 등을 대고 누워 있는 그림이 그려져 있는데, 이 그림은 발상의 전환을 보여주는 그림이므로 기발한 발상을 높이 평가하자는 이 상의 취지와 잘 맞아떨어진다고 할 수 있다.

⑤ 멋대로 핵실험을 감행한 프랑스 대통령에게 시상한 것에는 그의 행위에 대한 비판, 조롱의 의미가 담겨 있다고 할 수 있다.

## 34
**정답** ④

**제시문유형** 실용문(안내문)

**문제유형** 읽기 – 사실적 이해 및 추론 – 세부 정보 파악 및 필자의 의도 추리

일반적으로 상은 잘한 사람에게만 수여되는 것이지만, 이그노벨상은 비난을 받는 사람에게도 풍자적 의미를 부여하며 수여된다는 점에서 상에 대한 통념을 뒤엎는다.

**오답 피하기**

① 노벨상 수상자가 시상 대상에서 제외된다는 언급은 없다.
② 이그노벨상은 상금이 없다.
③ 창의적인 업적을 남긴 사람에게 이그노벨상이 수여되긴 하지만, 다른 상들이 창의적인 업적을 남긴 사람들에게 수여되지 않는 것은 아니므로 적절하지 않다.
⑤ 훌륭한 업적을 남긴 사람에게 이그노벨상이 수여되지 않는 것은 아니다.

## 35  정답 ③

**제시문유형** 학술(정치)
**문제유형** 읽기 – 추론 – 필자의 태도 추리

**해설**

마지막 문단에서 필자는 직접 민주주의의 실현 가능성에 대해 너무 비관적으로 생각하지 말자고 하면서, 전자 민주주의를 직접 민주주의의 실현 가능성을 높이는 정치 참여 방식으로 제시했다. 따라서 직접 민주주의가 실현되기를 바라는 것은 헛된 망상에 불과하다고 생각한다고는 할 수 없다.

**오답 피하기**

① 마지막 문단에서 대의 민주주의의 한계를 극복하고 직접 민주주의 이상을 실현할 수 있는 방법으로 전자 민주주의를 제시했다.
② 2문단에서 루소의 「사회계약설」을 인용한 부분에서는 대의 민주주의의 한계가 드러난다.
④ 1문단에서 현대 사회에서는 국민들이 대표자를 선출해 간접적으로 정치에 참여하는 대의 민주주의가 보편적이라는 서술이 나온다.
⑤ 2문단에서 대의 민주주의 하에서는, 국민들은 정치에 무관심하여 정치 활동이라고는 고작 몇 년에 한 번씩 대표를 뽑는 일이 전부거나, 그마저도 하지 않는 경우가 허다하다고 하였다.

## 36  정답 ④

**제시문유형** 학술(정치)
**문제유형** 읽기 – 추론 – 사례와 구체적 상황 추리

**해설**

필자는 전자 민주주의가 직접 민주주의의 실현 가능성을 높이는 정치 참여 방식이라고 보고 있다. ④와 같이 국가가 국민들을 통제하는 수단으로 인터넷을 이용한다는 것은 국민의 직접 정치 참여의 예라고 할 수 없다.

**오답 피하기**

①·②·③·⑤는 모두 인터넷을 통해 국민의 정치 참여를 높이는 방안이므로 필자의 주장을 뒷받침하는 예로 적절하다.

## 37  정답 ③

**제시문유형** 학술(경제)
**문제유형** 읽기 – 사실적 이해 – 세부 정보 파악

**해설**

4문단에서 국제적인 분쟁이나 유가 상승, 장기적인 경기 침체 등의 요인으로 인해 산타랠리 현상이 일어나지 않는 경우도 있다고 하였다.

**오답 피하기**

① 2문단에서 언급되었다.
② 2문단에서 언급되었다.
④ 2문단과 마지막 문단에서 다양한 요인이 언급되었다.
⑤ 3문단을 보면, '캘린더 효과'는 해마다 일정한 시기에 따라 증시의 흐름이 좋아지거나 나빠지는 현상을 말한다고 되어 있다.

## 38  정답 ②

**제시문유형** 학술(경제)
**문제유형** 읽기 – 추론 – 사례와 구체적 상황 추리

**해설**

'캘린더 효과'는 해마다 일정한 시기에 증시의 흐름이 좋아지거나 나빠지는 현상을 말한다. 한류 열풍으로 인해 문화 콘텐츠 관련 업종의 주가가 급등하는 것은 해마다 일정한 시기에 증시의 흐름이 좋아지는 사례가 아니다.

**오답 피하기**

①·③·④·⑤는 모두 일정한 시기에 증시의 흐름이 좋아지거나 나빠지는 현상이므로 캘린더 효과에 해당한다.

## 39  정답 ①

**제시문유형** 학술(경제)
**문제유형** 읽기 – 사실적 이해 – 세부 정보 파악

**해설**

유가 상승은 4문단에서, 캘린더 효과의 일종인 산타랠리 현상을 일어나지 않게 하는 요인으로 언급되었다.

**오답 피하기**

② 2문단에서 언급되었다.
③ 2문단에서 언급되었다.
④ 마지막 문단에서 언급되었다.
⑤ 마지막 문단에서 언급되었다.

## 40  정답 ⑤

**제시문유형** 학술(인문)
**문제유형** 읽기 – 사실적 이해 – 세부 내용 파악

**해설**

3, 4문단을 보면 교육의 단계를 나누고, 선발된 자들이 다음 단계로 나아가도록 했다는 것을 알 수 있다.

**오답 피하기**

① 마지막 문단에서 각 계급별로 받을 수 있는 교육의 범위를 한정지었다고 서술되어 있다.
② 3문단에서 음악과 시, 체육 등을 놀이 삼아 배우게 함으로써 저마다 무엇에 적합한 성향을 타고났는지를 볼 수 있도록 해야 한다고 했다.
③ 마지막 문단에서 여성들 역시 자질을 충분히 지니고 태어났다면 위와 같은 교육 과정을 거쳐 통치자가 될 수 있다고 보았다고 했다.
④ 3문단에서 강제로 배우게 해서는 안 되며, 놀이 삼아 배우도록 함으로써 저마다 무엇에 적합한 성향을 타고났는지를 볼 수 있도록 해야 한다고 했다.

## 41
**정답 ④**

**제시문유형** 학술(인문)
**문제유형** 읽기 – 추론 – 사례와 구체적 상황 추리

**해설**

동굴 안에 있던 사람은 동굴에서 벗어나 자신이 보았던 모든 것의 원인이 되는 태양을 보게 되는데, 동굴 안의 세계는 가시적인 현상의 영역을 의미하고, 동굴 밖의 세계는 지성에 의해서만 알 수 있는 영역으로 이 영역에서 각고 끝에 최종적으로 보게 되는 것이 선의 이데아라 하였다. 따라서 '태양'은 선의 이데아를 의미한다고 할 수 있는데, 플라톤은 교육이란 동굴 안과 같은 가시적인 현상의 세계에서 벗어나 선의 이데아를 인식한 철인, 즉 철학자를 양성하기 위한 것이라 보았다 했으므로 선의 이데아는 교육의 목적에 해당한다. 그러므로 태양 역시 교육 목적에 해당한다고 할 수 있다.

## 42
**정답 ⑤**

**제시문유형** 학술(인문)
**문제유형** 읽기 – 추론 – 생략된 정보 추리

**해설**

동굴 안의 사람들이 실물을 볼 수 없었던 것은 시력이 없기 때문이 아니라 그릇된 방향을 보고 있었기 때문이었다고 했다. 여기서 '시력'이란 볼 수 있는 능력에 해당한다고 할 수 있다. 따라서 교육이란, 능력은 있는데 그릇된 방향을 보고 있는 사람으로 하여금 선의 이데아를 향하게 하는 것이라고 할 수 있다.

## 43
**정답 ⑤**

**제시문유형** 학술(과학)
**문제유형** 읽기 – 사실적 이해 – 세부 정보 파악

**해설**

5문단을 보면, 사람들은 자연 방사선은 위험하지 않으나 인공 방사선은 위험하다고 생각하지만, 방사선의 성질과 인체에 미치는 영향을 살펴보면 두 방사선의 차이가 없다고 하였다.

**오답 피하기**

① 마지막 문단에서 언급되었다.
② 3문단에서 언급되었다.
③ 2문단에서 언급되었다.
④ 4문단에서 언급되었다.

## 44
**정답 ②**

**제시문유형** 학술(과학)
**문제유형** 읽기 – 사실적 이해 및 추론 – 핵심 내용 파악 및 필자의 의도 추리

**해설**

마지막 문단에서 적정량의 방사선 이용은 우리 삶에 도움을 주지만 일시에 너무 많은 방사선에 노출되면 여러 가지 장애가 나타날 수 있다고 하였다. 따라서 '지나친 것은 미치지 못한 것과 같다.'는 의미의 '과유불급'이 적절하다.

**오답 피하기**

① 가공망상(架空妄想): 터무니없는 상상이나 근거 없는 생각.
③ 점입가경(漸入佳境): 가면 갈수록 경치가 더해진다는 뜻으로, 일이 점점 더 재미있는 지경으로 돌아가는 것을 비유하는 말로 쓰임.
④ 마부작침(磨斧作鍼): 도끼를 갈아 바늘을 만든다는 뜻으로, 아무리 어려운 일이라도 끈기 있게 노력하면 이룰 수 있음을 비유하는 말.
⑤ 백해무익(百害無益): 해롭기만 하고 하나도 이로울 것이 없음.

## 45
**정답 ⑤**

**제시문유형** 학술(과학)
**문제유형** 읽기 – 사실적 이해 – 논지 전개 양상 파악

**해설**

비슷한 특성을 지닌 친숙한 사물에 빗대어 설명한 부분은 없다.

**오답 피하기**

① 일본 후쿠시마 원전 폭발 사고를 언급했다.
② 인공 방사선의 예로 공항의 보안 검색 장치, 병원의 X선 장치, 전자 제품, 원자력 발전소 등에서 나오는 방사선을 언급하는 등 다양한 예를 열거한 부분들이 있다.
③ 2문단에서 사용된 방법이다.
④ 5문단을 보면, 일반적으로 사람들은 자연 방사선은 위험하지 않으나 인공 방사선은 위험하다고 생각하지만 방사선의 성질과 인체에 미치는 영향을 살펴보면 두 방사선의 차이가 없다는 언급이 나온다.

## 46
**정답 ④**

**제시문유형** 시[(가) 이육사, 「절정」, (나) 이육사, 「꽃」, (다) 이육사, 「교목」]
**문제유형** 읽기 – 비판 – 문학 작품의 이해

**해설**

(가), (나)는 겨울의 이미지, (다)는 봄의 이미지를 통해 화자의 생각을 드러내고 있다.

**오답 피하기**

① (다)에만 해당한다.
② (가)~(다) 모두 해당 없다.
③ (나)에만 해당한다.
⑤ (가)~(다) 모두 자연물이 소재로 사용되었지만, 자연물을 활용하여 인간과 자연의 조화를 추구하는 것은 아니다.

## 47　정답 ②

**제시문유형** 시[(가) 이육사, 「절정」, (나) 이육사, 「꽃」, (다) 이육사, 「교목」]
**문제유형** 읽기 – 비판 – 문학 작품의 이해

**해설**

'겨울은 강철로 된 무지갠가 보다'에서 드러나는 역설적인 표현을 통해 절망적인 현실의 비극성을 강조하는 것이 아니라, 비극적 현실이라도 희망적으로 이겨내려는 의지를 강조한다.

**오답 피하기**

① '오다', '서다', '없다' 등 현재형 시제를 사용하여 상황의 긴박함을 드러내고 있다.
③ '채찍', '강철' 등 강렬하고 감각적인 시어의 사용으로 화자의 정서를 표현한다.
④ '북방 → 고원 → 서릿발 칼날 진 그 위'에서 점점 극한 상황으로 치닫는 면모를 보여주므로 점층적인 시상 전개를 통해 화자가 처한 극한 상황을 강조한다고 할 수 있다.
⑤ '강철'과 '무지개'와 같이 이질적인 이미지를 지닌 시어들을 결합하여 겨울을 단순한 시련의 시간으로 파악하는 것이 아니라, 재생과 희망을 위한 시련의 과정으로 인식하는 면모가 드러난다.

## 48　정답 ⑤

**제시문유형** 시[(가) 이육사, 「절정」, (나) 이육사, 「꽃」, (다) 이육사, 「교목」]
**문제유형** 읽기 – 비판 – 문학 작품의 이해 .

**해설**

㉠~㉣은 모두 희망적이고 긍정적인 의미를 내포하고 있지만, ㉤은 죽음의 이미지를 내포하고 있다.

## 49　정답 ②

**제시문유형** 시사 교양(경제)
**문제유형** 읽기 – 사실적 이해 및 비판 – 세부 내용 파악 및 평가

**해설**

3문단에서 노이즈 마케팅은 주로 새로 출시되거나 인지도가 낮은 상품의 판매에 유용한데, 이 기법이 많이 쓰이는 대표적인 분야로 연예계를 들 수 있다고 했다. 무명 연예인은 인지도가 낮기 때문에 이런 연예인이 납치 자작극을 펼치는 것은 노

이즈 마케팅의 예라 할 수 있다.

**오답 피하기**

① 2문단에서 대부분의 마케팅들이 판매하려는 상품의 긍정적 이미지를 부각시키는 데 비해, 노이즈 마케팅은 부정적 이미지조차 마케팅에 이용하는 것이 특징으로, 화제가 되는 내용이 긍정적인 경우보다 반대의 경우가 더 많다고 했다.
③ 마지막 문단에서 의도적으로 노이즈 마케팅을 펼친다는 인상을 소비자가 받으면 그 상품에 대해 거부감을 느끼게 된다고 했다.
④ 마지막 문단에서 호기심이 생명인 노이즈 마케팅이 빈번하게 이루어지면 소비자의 관심을 끌지 못한다고 하였으므로 장기간에 걸쳐 노이즈 마케팅을 펼치는 것은 좋지 않다고 할 수 있다.
⑤ 마지막 문단에서 화제의 내용이 지나치게 부정적인 경우 상품에 대한 신뢰감 상실로 이어질 수 있다고 하였다.

## 50　정답 ③

**제시문유형** 시사 교양(경제)
**문제유형** 읽기 – 추론 – 생략된 정보의 추리

**해설**

노이즈 마케팅은 적절하게 사용하면 상품 판매를 증가시키지만 잘못 사용하면 정반대의 효과를 가져 온다고 했으므로 잘 활용하면 이로우나 잘못 쓰이면 해가 될 수 있는 사물이나 현상의 양면성을 가리키는 '양날의 검'이 적절하다.

**오답 피하기**

① 입의 혀: 일을 시키는 사람의 뜻대로 움직여 줄 때 쓰는 말이다.
② 눈엣가시: 몹시 밉거나 싫어 늘 눈에 거슬리는 사람을 일컬을 때 쓰는 말이다.
④ 깨어진 그릇: 다시 본래대로 바로잡거나 돌이킬 수 없는 일을 비유적으로 이르는 말이다.
⑤ 도마 위의 고기: 꼼짝없이 죽게 된 처지를 일컫는 말이다.

## 51　정답 ②

**제시문유형** 시사 교양(경제)
**문제유형** 읽기 – 사실적 이해 – 세부 정보의 파악

**해설**

많은 화제가 된 상품의 질이 떨어지는 경우이므로 떠들썩한 소문이나 큰 기대에 비하여 실속이 없거나 소문이 실제와 일치하지 아니하는 경우를 비유적으로 이르는 말인 '소문난 잔치에 먹을 것 없다.'가 적절하다.

**오답 피하기**

① 말만 귀양 보낸다: 말을 하여도 상대편의 반응이 없으므로 기껏 한 말이 소용없게 되는 경우를 이르는 말.
③ 말 꼬리에 파리가 천 리 간다: 남의 세력에 의지하여 기운을 편다는 말.
④ 가지 많은 나무 바람 잘 날 없다: 가지가 많고 잎이 무성한 나무는 살랑거리는 바람에도 잎이 흔들려서 잠시도 조용한 날이 없다는 뜻으로, 자식을 많이 둔 어버이에게는 근심, 걱정이 끊일 날이 없음을 비

유적으로 이르는 말.

⑤ 바다는 메워도 사람의 욕심은 못 메운다: 아무리 넓고 깊은 바다라도 메울 수는 있지만 사람의 욕심은 끝이 없어 메울 수 없다는 뜻으로, 사람의 욕심이 한이 없음을 비유적으로 이르는 말.

## 52

정답 ②

**제시문유형** 시사 교양(예술)

**문제유형** 읽기 – 사실적 이해 – 핵심 정보 파악

**해설**

제시된 글은 무비컬이 성행하는 현상에 대해 기술한 후, 무비컬은 쉽게 제작할 수 있다는 장점이 있지만 한계 또한 지니고 있어서, 창작 뮤지컬의 발전을 위해서는 처음부터 뮤지컬을 염두에 두고 창작된 작품을 제작하는 것이 바람직하다는 태도를 보이고 있다. 따라서 ②가 적절하다.

## 53

정답 ⑤

**제시문유형** 시사 교양(예술)

**문제유형** 읽기 – 사실적 이해 – 핵심 정보 파악

**해설**

⑤는 언급되지 않았다.

**오답 피하기**

① 2문단에서 언급되었다.
② 4문단에서 언급되었다.
③ 3문단에서 언급되었다.
④ 2문단에서 언급되었다.

## 54

정답 ⑤

**제시문유형** 시사 교양(예술)

**문제유형** 읽기 – 추론 – 필자의 의도 추리

**해설**

필자가 궁극적으로 말하고자 하는 바는 마지막 문단에 드러나 있다. 즉, '창작 뮤지컬의 발전을 위해서는 처음부터 뮤지컬을 염두에 두고 창작된 작품을 제작하는 것이 바람직하다.'는 것이 필자가 말하고자 하는 바라 할 수 있다.

## 55

정답 ⑤

**제시문유형** 소설(황순원, 「학」)

**문제유형** 읽기 – 비판 – 문학 작품의 감상

**해설**

제시된 글에서 등장인물 간의 대화는 거의 나타나지 않는다. 그리고 이 글에 두드러지는 갈등은 등장인물 간의 갈등이라기보다 성삼이의 내적 갈등이다.

**오답 피하기**

① '삼팔 접경의 북쪽 마을'이라는 배경이 명시되어 있다.
② 주로 성삼이의 시각으로 사건이 전개되고 있다.
③ 삼팔 접경, 동란, 임시 치안대 등 남북 분단 상황과 전쟁 상황임을 알 수 있는 어휘들이 나타나고 있다.
④ 성삼이는 밤나무에 오르다가 혹부리 할아버지에게 혼나던 과거, 덕재와 어린 시절에 어른들 몰래 담배를 나눠 피던 과거를 회상하고 있다.

## 56

정답 ②

**제시문유형** 소설(황순원, 「학」)

**문제유형** 읽기 – 비판 – 문학 작품의 감상

**해설**

성삼이의 부모가 동란 중 세상을 떠났다는 언급은 없다.

**오답 피하기**

① '동네 전체로는 이번 동란에 깨어진 자국이라곤 별로 없었다. 그러나 어쩐지 자기가 어려서 자란 옛 마을은 아닌 성싶었다.', '그 혹부리 할아버지도 그새 세상을 떠났는가, 몇 사람 만난 동네 늙은이 중에 뵈지 않았다.' 등의 부분을 통해 성삼이가 동네를 떠났다가 돌아왔다는 것을 짐작할 수 있다.
③ '어려서 단짝 동무였던 덕재'라는 언급이 있으므로, 성삼이와 덕재가 어린 시절 친한 친구였음을 알 수 있다.
④ 치안 대원이 덕재를 가리켜 '농민 동맹 부위원장을 지낸 놈'이라고 했다는 부분이 나온다.
⑤ 혹부리 할아버지네 밤을 훔치려다 도망쳤을 때, 덕재가 자기 밤을 한 줌 꺼내어 성삼이에게 나누어준 것으로 보아, 덕재는 착한 심성의 소유자임을 알 수 있다.

## 57

정답 ③

**제시문유형** 소설(황순원, 「학」)

**문제유형** 읽기 – 비판 – 문학 작품의 감상

**해설**

성삼이는 붙잡힌 농민 동맹 부위원장이 자신의 친구 덕재라는 것을 알고 담배를 피워 문다. 그리고 덕재를 호송하면서 담배 맛을 모르면서도 연거푸 담배를 피운다. 따라서 담배는 적으로 만난 어린 시절의 친구를 어떻게 처리해야 하는지에 대해 갈등하는 성삼이의 갈등을 드러내는 소재라고 할 수 있다.

**오답 피하기**

① 담배로 인해 분위기가 바뀌는 것은 아니다.
② 담배가 앞날을 암시하는 역할을 하진 않는다.
④ 담배로 인해 인물들이 대화를 시작하는 것은 아니다.
⑤ 담배가 전쟁의 비극성을 드러내진 않는다.

| 01 | 02 | 03 | 04 | 05 | 06 | 07 | 08 | 09 | 10 |
|----|----|----|----|----|----|----|----|----|----|
| ④ | ⑤ | ④ | ② | ⑤ | ① | ④ | ④ | ② | ④ |
| 11 | 12 | 13 | 14 | 15 | 16 | 17 | 18 | 19 | 20 |
| ① | ② | ③ | ④ | ⑤ | ② | ⑤ | ③ | ④ | ③ |
| 21 | 22 | 23 | | | | | | | |
| ④ | ③ | ④ | | | | | | | |

**주관식 1** 공유지의 비극은 자신의 이익을 극대화하려는 인간의 이기심 때문에 일어나며, 공유지의 비극이 주는 교훈은 자기 이익만 추구하면 자신과 공동체 전체가 피해를 입게 된다는 것이다.

**주관식 2** – 언어는 단순한 수단이 아니라 민족의 정체성을 반영하고 있는 문화유산이므로 우리 민족의 정체성 상실을 야기하는 영어 공용화를 해서는 안 된다.
– 세계는 다문화 사회로 나아가는데 영어 공용화는 다양한 언어 교육을 가로막아 오히려 세계화에 역행하는 일이므로 영어 공용화를 해서는 안 된다.
– 영어를 공용화한 나라들의 국가 경쟁력이 모두 우수한 것은 아니므로 영어 공용화를 하기보다 다른 전문성을 키우는 데 주력해야 한다.

**주관식 3** 상대의 감정에 공감해 주는 공감적 말하기 기술을 갖춰야 한다.

**주관식 4** 학교 폭력을 근절하기 위해서는 경쟁 위주의 교육 체제를 개선하고 협동 교육을 강화해야 한다.

**주관식 5** – 경제적인 풍요가 항상 행복을 보장하는 것은 아니다.
– 부유함이 항상 행복을 보장하는 것은 아니다.
– 행복이 경제적인 풍요와 반드시 비례하는 것은 아니다.

**주관식 6** 2. 세로 ( 지정 )   3. 세로 ( 장의사 )   8. 가로 ( 가발 )   9. 가로 ( 기내식 )

**주관식 7** 오랫동안 기다렸던 편지가 도착하자, 나는 <u>가물에 단비</u>를 만난 듯 기쁨에 겨워 <u>눈물</u>을 흘렸다.

**주관식 8** – 문화적 상대주의는 인간의 존엄성을 해치지 않는 범위 내에서만 허용돼야 한다.
– 문화적 상대주의가 극단적으로 작용하여 어떤 문화든지 무조건 허용해야 한다는 태도를 버려야 한다.

**주관식 9** 한때는 누구보다 인기가 많았지만 이제는 은퇴만을 기다리는 운동선수

**주관식 10** ※ 찬성하는 경우
　　　　조기 유학을 하면 다른 나라의 문화에 대한 이해를 넓힐 수 있고 다른 나라에까지 인맥을 넓힐 수 있으며 외국어를 유창하게 할 수 있게 되기 때문에, 국제화 시대에 걸맞은 인재를 양성하기 위해 조기 유학은 필요하다. 이른 나이에 받을 문화적 충격이나 가족 간의 유대감이 약해지는 것을 우려하는 목소리도 있으나 아직 사고가 고정되지 않은 이른 나이이기 때문에 문화적 충격을 받기보다는 새로운 문화에 빨리 적응할 수 있으며, 통신 매체의 발달로 SNS 등 여러 수단을 통해 가족끼리 수시로 연락을 주고받을 수 있어 가족 간의 유대감도 계속 형성해 갈 수 있다. 또 동반자 없이 홀로 조기 유학을 간 경우엔 부모의 보호 없이 자신의 일을 해나가는 과정에서 자립심과 책임감을 기를 수 있으므로 조기 유학은 바람직하다.

**주관식 10** ※ 반대하는 경우
　　　　조기 유학을 하면 갑자기 낯선 환경에 노출되고 새로운 언어에 숙달될 때까지 타인과의 의사소통이 원활하지 않아 깊은 인간관계를 맺기 어려우므로 정서적 안정을 얻지 못할 가능성이 크고, 조기 유학 실패 후 다시 본국으로 돌아와도 적응을 하

지 못하는 경우가 많다. 타 문화에 대한 이해 및 외국어 습득을 이유로 조기 유학에 찬성하는 목소리도 있으나, 오늘날에는 굳이 유학을 가지 않더라도 인터넷의 발달로 다른 나라의 문화를 쉽게 접할 수 있고, 여러 교육 기관, 교육 자료 등을 통해 외국어를 공부할 수 있는 기회를 갖는 것도 어려운 일이 아니다. 따라서 가족과 함께하는 가운데 정서적 안정을 느낄 수 있는 본국에서, 자국의 문화 및 언어에 대한 이해를 공고히 하면서도 다른 나라의 문화 및 언어에 대한 이해를 넓힌다면 충분히 국제화 시대에 걸맞은 인재로 거듭날 수 있을 것이다.

---

## 01
**정답** ④

**발화유형** 방송 뉴스
**문제유형** 듣기 – 사실적 이해 – 세부 내용 파악

**해설**

개명 신청자들의 개명 신청 이유 중 하나로 '너무 흔하다'가 언급되었는데, 이 이유로 기각될 확률이 높다는 언급은 없다.

**오답 피하기**

① 이전에는 개명 조건과 절차가 까다로웠으나, 2005년 대법원 판결에서 개명 신청자에게 범죄를 숨기거나 법적 제재를 피하려는 의도가 없다면, 개인 의사를 존중하고 개인의 행복 추구권을 보장하는 차원에서 개명을 허가해야 한다고 했다. 따라서 2005년 이후 개명 허가율이 증가했을 것을 추측할 수 있다.

② 2005년 대법원 판결 이후 개명이 쉬워졌기 때문에 그 이후 개명 신청자가 증가했다고 할 수 있다.

③ 최근 개명 신청의 급증 현상은 불경기와도 큰 관련이 있다고 했으므로 적절하다.

⑤ 개명 허가 여부를 결정할 때는 개명 신청자에게 범죄를 숨기거나 법적 제재를 피하려는 의도가 없다는 것을 파악해야 하므로 적절하다.

## 02
**정답** ⑤

**발화유형** 대화
**문제유형** 듣기 – 사실적 이해 – 세부 내용의 파악

**해설**

남자가 실제 상품의 색상과 다른 색상의 사진을 올려놓았다기보다 여자의 모니터 상태 때문에 상품의 색상이 다르게 보였다고 할 수 있다.

**오답 피하기**

② 여자는 남자에게 '이런 식으로 나오면 소비자보호 협회에 고발하겠다.'며 협박조로 말하고 있다.

## 03
**정답** ④

**발화유형** 낭독
**문제유형** 듣기 – 사실적 이해 – 세부 내용 파악

**해설**

'나'는 유진이를 돌보면서, 세상의 엄마들이 딸에게 하는 헌신에 대해 나열하며, 그들이 무한의 자제력을 가진 괴물로 보인다고

했다. 따라서 세상 엄마들의 노고를 절감했다고 할 수 있다.

**오답 피하기**

① '나'는 동네 분식집들과 배달 광고 전단지들이 아니었다면 일찌감치 굶어죽었을지도 모른다고 했으므로 요리 솜씨가 원래 뛰어나다고 할 수 없다.

② 고시 공부를 포기했다는 언급은 없다.

③ 유진이를 맡아야 할지를 망설였다고 했다.

⑤ 딸의 재롱 때문에 힘듦을 잊을 수 있다는 입장을 취하고 있지 않다. 엄마와 딸의 관계는 불공평한 거래를 하는 관계라고 생각하고 있다.

## 04
**정답** ②

**발화유형** 인터뷰
**문제유형** 듣기 – 사실적 이해 – 세부 내용의 파악

**해설**

여자가 일하는 카페는 바닥에 미끄럼 방지 처리가 되어 있고, 편리한 작동 방식의 커피 머신을 사용하기 때문에 근무하는 데 큰 어려움이 없다고 하였으므로 근무 환경이 열악하지 않다.

**오답 피하기**

① · ③ · ④ · ⑤는 모두 언급된 내용이다.

## 05
**정답** ⑤

**발화유형** 강연
**문제유형** 듣기 – 사실적 이해 및 비판 – 세부 내용 파악 및 평가

**해설**

포레 족의 식인 풍습은 산 사람이 죽은 사람의 몸을 먹으면 죽은 사람이 산 사람의 일부가 돼 계속 살아간다고 믿었던 데서 비롯된 것이다. 따라서 이들의 식인 풍습은 증오의 감정에 의한 것이 아니라 오히려 사랑의 감정에서 비롯된 것이라 할 수 있다.

**오답 피하기**

① 포레 족의 식인 풍습은 쿠루라는 질병을 낳았다.

② 포레 족의 식인 풍습이 금지된 이후로 이 종족 가운데 쿠루 병은 점차 사라졌다.

③ 포레 족의 식인 풍습은 산 사람이 죽은 사람의 몸을 먹으면 죽은 사람이 산 사람의 일부가 돼 계속 살아간다고 믿었던 데에서 비롯된 것이다.

④ 연구에 따르면, 한 부족이 자신들의 경쟁 부족을 식인종이라고 일컬

었기 때문에 사실 여부와는 상관없이 상대 부족이 식인종으로 기록되었다고 한다.

## 06
정답 ①

**발화유형** 우화
**문제유형** 듣기 – 사실적 이해 – 중심 내용 파악

**해설**

이 우화는 공작새는 아름다운 날개를 가졌지만, 높이 날지 못한다는 이야기로, 실용적인 것이 겉치레보다 훨씬 더 중요하고 가치가 있다는 교훈을 준다. 따라서 공작새의 처지를 가리키는 말로는, 속에는 아무 실속이 없이 겉만 그럴 듯한 것을 비유하여 이르는 말인 '속 빈 강정'이 가장 적합하다.
② 초록은 동색: 처지가 같은 사람들끼리 한 패가 되는 것.
③ 뚝배기보다 장맛: 겉보기에는 하잘것없으나 내용은 훌륭하다는 말.
④ 같은 값이면 다홍치마: 값이 같거나 같은 노력을 한다면 품질이 좋은 것을 택한다는 말.
⑤ 밑 빠진 독에 물 붓기: 아무리 하여도 한이 없고 보람이 보이지 않는 경우에 이르는 말.

## 07
정답 ④

**발화유형** 대화
**문제유형** 듣기 – 사실적 이해 및 비판 – 세부 내용 파악 및 평가

**해설**

④와 같은 언급은 없다.

**오답 피하기**
① 남자는 시종일관 팩션 드라마가 사실적이지 않다는 점을 들어 비판하고 있다.
② 여자는 팩션 드라마가 인기를 얻으면 원작 소설이나 드라마 삽입곡들의 판매율도 높아져 침체된 문화 시장에 활기를 불어넣어 준다는 점을 들어 팩션 드라마를 옹호하고 있다.
③ 여자는 팩션 드라마에 허구적 내용이 가미된다는 점, 말투나 의상이 완전히 그 당시의 것과 똑같을 수는 없다는 점을 인정하고 있다.
⑤ 남자와 여자 모두 팩션 드라마를 통해 사람들이 역사에 흥미를 느낄 수 있다는 데 공감하고 있다.

## 08
정답 ④

**발화유형** 방송 보도
**문제유형** 듣기 – 사실적 이해 – 세부 내용 파악

**해설**

정부는 승부 조작을 막기 위해 '공정하고 투명한 스포츠 환경 조성을 위한 대책'을 내 놓았다.

**오답 피하기**
①·②·③·⑤는 모두 맞는 진술이다.

## 09
정답 ②

**발화유형** 대화
**문제유형** 듣기 – 사실적 이해 및 비판 – 핵심 내용 파악 및 평가

**해설**

여자는 남자가 커피전문점으로 들어간 지 5분쯤 뒤에 은지가 그리로 들어갔다는 사실 때문에 둘이 사귄다고 생각했다. 따라서 단순한 선후 관계를 인과 관계로 잘못 파악했다고 볼 수 있다.

## 10
정답 ④

**발화유형** 토론
**문제유형** 듣기 – 사실적 이해 – 세부 내용 파악

**해설**

④는 맞는 진술이다.

**오답 피하기**
① 현재 사형 제도가 남아 있는 나라는 중국, 일본, 미국 등 50여 개국에 불과하다고 했다.
② 형벌의 목적이 응보에서 교화로 옮겨가는 것은 세계적인 추세라고 했다.
③ 우리나라에는 사형 제도가 존재하지만 1997년 이후 사형 집행이 이루어진 적은 없다고 했다.
⑤ 미국에선 사형 제도가 없는 10개 주의 살인 범죄 발생률이, 사형 제도가 있는 다른 주보다 더 낮다고 했다.

## 11
정답 ①

**발화유형** 토론
**문제유형** 듣기 – 사실적 이해 및 비판 – 세부 내용 파악 및 평가

**해설**

여자는 벌의 목적이 교화로 옮겨가야 한다고 보고 있지만, 흉악범의 교화가 가능하다 확신한다고 말할 수는 없다.

**오답 피하기**
② 여자는 사형 제도가 인간의 존엄성을 해치는 잔혹한 제도라고 생각하고, 남자는 인간의 존엄성이 중요한 가치라고 말했으므로 둘 다 인간의 존엄성을 중요한 가치로 여기고 있다고 할 수 있다.
③ 남자는 응보적 관점에서, 여자는 교화적 관점에서 형벌의 목적을 바라보고 있다.
④·⑤ 역시 모두 적절한 진술이다.

## 12
정답 ②

**발화유형** 강연
**문제유형** 듣기 – 사실적 이해 – 핵심 내용 파악

**해설**

섭식 장애의 종류로 거식증과 폭식증을 제시하고, 치료법에 대해 설명하고 있다.

## 13

**발화유형** 강연

**문제유형** 듣기 – 사실적 이해 및 비판 – 세부 내용 파악 및 평가

정답 ③

**해설**

폭식증을 앓고 있는 사람은 음식 섭취 후 설사약, 이뇨제 등을 섭취하거나 인위적으로 구토를 하는 경우가 많은데, 그 결과 신장 질환, 위의 손상, 영양 결핍 등이 생길 수 있다고 했다.

**오답 피하기**

① 둘 다 여성에서 많이 나타난다.
② 거식증은 갑작스런 체중 증가에 대한 불안감을 막기 위해 열량이 높지 않은 식사를 하는 것이 좋다.
④ 폭식 행동은 혼자 있을 때 비밀스럽게 이루어지는 경우가 많으므로 가족들은 항상 폭식증 환자와 함께하면서 세심한 관심을 기울여 줘야 한다.
⑤ 폭식증은 순간적으로 굉장히 많은 양의 음식을 섭취한 후, 수치심을 느껴 섭취한 음식을 제거하기 위한 행동을 하는 것이 특징이므로 살을 찌우고 싶다는 열망 때문에 생긴다고 보기 어렵다.

## 01 주관식

**발화유형** 강연

**문제유형** 듣기 – 사실적 이해 – 중심 내용 파악 및 요약

**>>정답 예시**

공유지의 비극은 자신의 이익을 극대화하려는 인간의 이기심 때문에 일어나며, 공유지의 비극이 주는 교훈은 자기 이익만 추구하면 자신과 공동체 전체가 피해를 입게 된다는 것이다.

**>>정답 기순**

① 공유지의 비극이 일어나는 원인을 제시했는가.
② 공유지의 비극이 주는 교훈을 제시했는가.
③ 어문 규범을 지켜 100자 내외로 썼는가.

| 등 급 | 등급 기준 |
|---|---|
| A | ① · ② · ③을 모두 만족하며, ① · ②의 내용이 충실한 경우 |
| B | ① · ②를 모두 만족하였으나, ③을 만족시키지 못한 경우 |
| C | • ①과 ② 중 하나만을 만족하고, 그 내용이 충실한 경우<br>• ①과 ②를 모두 제시하였으나, 그 내용이 완전하지 못하거나 분명하지 않은 경우 |
| D | ①이나 ② 중 하나만을 만족하였으나, 그 내용이 완전하지 못하거나 분명하지 않은 경우 |

## 02 주관식

**발화유형** 강연

**문제유형** 듣기 – 창의 – 주장 및 대안 쓰기

**>>정답 예시**

– 언어는 단순한 수단이 아니라 민족의 정체성을 반영하고 있는 문화유산이므로 우리 민족의 정체성 상실을 야기하는 영어 공용화를 해서는 안 된다.

– 세계는 다문화 사회로 나아가는데 영어 공용화는 다양한 언어 교육을 가로막아 오히려 세계화에 역행하는 일이므로 영어 공용화를 해서는 안 된다.
– 영어를 공용화한 나라들의 국가 경쟁력이 모두 우수한 것은 아니므로 영어 공용화를 하기보다 다른 전문성을 키우는 데 주력해야 한다.

**>>정답 기준**

① 연사의 주장에 대한 반론을 제시했는가.
② 자신의 주장에 대한 근거를 제시했는가.
③ 주장과 근거가 유기적으로 연결되게 썼는가.
④ 어문 규범에 맞게 60자 내외로 썼는가.

| 등 급 | 등급 기준 |
|---|---|
| A | ① · ② · ④ · ⑤를 모두 만족하며, ① · ②의 내용이 충실한 경우 |
| B | ① · ②를 모두 만족하였으나, ③이나 ④를 만족시키지 못한 경우 |
| C | ①과 ②를 모두 제시하였으나, 그 내용이 완전하지 못하거나 분명하지 않은 경우 |
| D | ①이나 ② 중 하나만을 만족한 경우 |

## 14

**문제유형** 어법 – 필요한 성분

정답 ④

**오답 피하기**

① '강풍'에 어울리는 서술어는 '불다'이므로, '강풍과'를 '강풍이 불고'로 고쳐야 한다.
② '순응하기도'의 앞에 부사어인 '자연에'가 필요하다.
③ '잘 따랐다'의 앞에 목적어인 '언니를'이 필요하다.
⑤ '음악을'의 앞에 주어인 '인간은'이 필요하다.

## 15

**문제유형** 어법 – 문장 성분의 호응

정답 ⑤

**해설**

⑤는 문장 성분 간의 호응이 잘 이루어졌다.

**오답 피하기**

① 그 물건은 ~ 회상한다 ⇒ 그 물건은 ~ 회상하게 한다
② 네가 항상 유념해야 할 점은 ~ 이어진다 ⇒ 네가 항상 유념해야 할 점은 ~ 이어진다는 점이다
③ 야생동물들을 ~ 갇히면 ⇒ 야생동물들을 ~ 가두면
④ 우리가 지켜야 할 규칙에는 ~ 것이다 ⇒ 우리가 지켜야 할 규칙은 ~ 것이다

## 16

**문제유형** 어법 – 문장 성분의 호응

정답 ②

**해설**

내가 제 삼자로 하여금 그녀를 소개하도록 하는 것이 아니라, 내가 직접 소개해 주는 것이므로 원래 문장 그대로 놔두는 것

이 맞다.

①·③·④·⑤의 설명은 모두 맞는 내용이다.

## 17
정답 ⑤

문제유형 어법 – 문장의 중의성

해설
⑤의 문장은 중의성을 띠지 않는다.

① 그가 말을 하지 않은 것이 확실하다.
　 그가 말을 하긴 했는데 확실하게 말을 한 것은 아니다.
② '나는 언니와' 오빠를 만나러 갔다.
　 나는 '언니와 오빠'를 만나러 갔다.
③ '아이들이 많은' 놀이 공원에 가 보았다.
　 아이들이 '많은 놀이 공원'에 가 보았다.
④ '그는 눈물을 흘리며' 달려가던 그녀를 따라잡았다.
　 그는 '눈물을 흘리며 달려가던 그녀'를 따라잡았다.

## 18
정답 ③

문제유형 어법 – 높임 표현

해설
③은 높임 표현이 적절하다.

① 계시겠습니다 ⇒ (원칙) 있으시겠습니다(간접 높임에서는 '계시다'가
　 아닌 '있으시다'를 쓴다.)
　 (허용) 있겠습니다
② 편찮으십니다 ⇒ 아프십니다(간접 높임에서는 '편찮으시다'가 아닌
　 '아프시다'를 쓴다.)
④ 할머니에게 ⇒ 할머니께
⑤ 먹는 ⇒ 드시는, 잡수시는

## 19
정답 ④

문제유형 쓰기 – 비판 – 자료의 수집 및 활용

해설
백화점과 대형마트의 관계는 제시된 표를 통해 알 수 없다.

① 대형마트의 매출액이 해마다 증가하는 이유는 대형마트의 장점 때문
　 에 소비자들이 많이 이용하기 때문이라고 할 수 있다. 따라서 대형마
　 트의 장점을 분석할 때 이 표를 활용할 수 있다.
② 재래시장의 상인들은 대부분 영세 상인들인데, 재래시장의 매출액이
　 감소하면 이들의 경제적 상황은 어려워지게 된다. 따라서 정부가 영
　 세 상인을 보호하기 위해 대형마트의 영업을 규제할 필요가 있다고
　 주장하는 데 이 표를 활용할 수 있다.

③ 재래시장의 매출액은 급격히 감소하고 있다. 그런데 재래시장의 상인
　 들은 대부분 영세 상인들이므로 영세 상인들의 경제적 상황이 어려
　 워지고 있음을 우려하는 글을 쓰는 데 이 표를 활용할 수 있다.
⑤ 재래시장의 매출액이 급격히 감소한다는 것은 그만큼 소비자들이 이
　 용하지 않는다는 것이므로 재래시장이 살아나려면 재래시장의 변화
　 가 필요하다 할 수 있다. 따라서 재래시장의 판매 방식, 판매 환경, 서
　 비스의 질 등을 재고해야 할 필요성이 있음을 주장하는 글을 쓰는 데
　 이 표를 활용할 수 있다.

## 20
정답 ③

문제유형 쓰기 – 비판 – 개요의 수정 및 보완

해설
ⓒ에서는 우리나라 음식 맛이 다른 나라 사람들 입맛에 맞지
않는 예를 제시해야 한다. 우리나라에서 인기를 끌고 있는 다
른 나라 음식은 한식의 세계화와 관련이 없다.

①·②·④·⑤는 적절하다.

## 21
정답 ④

문제유형 쓰기 – 비판 – 고쳐쓰기

해설
〈보기〉는 퇴근 후 자기 계발에 관한 글인데, ⓔ은 이와 관련이
없다.

## 22
정답 ③

문제유형 쓰기 – 창의 – 구성과 전개

해설
본론에는 인력 고령화에 대한 기업의 대책이 논의되어야 한다.
그런데 서론에서 인력이 고령화되면 인력 관리 및 유지를 위한
기업의 비용이 증대된다는 것이 문제점으로 지적되었다. ③처
럼 고령의 근로자를 위한 복지 혜택을 늘리고 이를 위해 필요한
예산을 확보하면, 기업의 인력 관리 및 유지를 위한 비용이 증
대되게 된다. 따라서 ③은 인력 고령화의 대책이라 할 수 없다.

① 좋은 퇴직 조건을 제시하면 고령의 근로자 중 퇴직을 희망하는 사람
　 들이 많아지게 된다. 따라서 인력의 고령화에 대한 대책이라 할 수
　 있다.
② 퇴직 후의 생계를 걱정하는 고령 근로자에게 퇴직 전후의 창업 및 전
　 직 지원 서비스는 퇴직에 대한 대비를 할 수 있게 해준다. 따라서 고
　 령 근로자의 퇴직을 장려할 수 있으므로 인력의 고령화에 대한 대책
　 이라 할 수 있다.
④ 퇴직 후의 생계를 걱정하는 고령 근로자에게 퇴직 후에도 회사와 관
　 련하여 일을 할 수 있다는 점은 반가운 일이다. 또 기업의 입장에서
　 도 고령 근로자를 계약직 직원으로 활용한다면 인력 유지를 위한 비
　 용은 절약하면서 고령 근로자의 노하우를 활용할 수 있다. 따라서 ④

는 인력의 고령화에 대한 대책이라 할 수 있다.

⑤ 서론에서 고령 근로자의 높은 봉급이 인력 유지를 위한 비용을 증대시켜 기업의 경쟁력을 약화시키는 요인으로 지적되었는데, 일정 연령이 되어 임금을 삭감하는 대신 정년을 보장하면 기업 입장에서는 인력 유지를 위한 비용을 절약하고, 고령 근로자의 입장에서는 오랫동안 생계를 위한 일을 할 수 있다. 따라서 ⑤는 인력의 고령화에 대한 대책이라 할 수 있다.

## 03 주관식

**문제유형** 쓰기 – 창의 – 중심 문장 쓰기

### >>정답 예시

상대의 감정에 공감해 주는 공감적 말하기 기술을 갖춰야 한다.

### >>정답 기준

① '공감'이란 말, 혹은 그와 의미가 통하는 말을 사용하여 서술했는가.
② 정책 책 명제('~해야 한다')의 형태로 썼는가.
③ 어문 규범을 지켜 한 문장 이내로 썼는가.

| 등 급 | 등급 기준 |
|---|---|
| A | ① · ② · ③을 모두 만족한 경우 |
| B | ①을 만족하였으나, ② · ③을 만족시키지 못한 경우 |
| C | ①을 어느 정도 만족하였으나, 그 내용이 완전하지 못하거나 분명하지 않고, ② · ③은 만족한 경우 |
| D | ①을 어느 정도 만족하였으나, 그 내용이 완전하지 못하거나 분명하지 않고, ② · ③을 만족시키지 않은 경우 |

## 23 정답 ④

**문제유형** 쓰기 – 연결어의 활용

### 해설

㉠에는 최근 학교 폭력 사건의 사례를 추가적으로 언급할 때 쓸 수 있는 말이 와야 한다. ㉡에는 앞의 내용을 긍정하는 말이 와야 한다. ㉢에는 앞 내용이 뒤 내용의 이유가 될 때 두 말을 이어주는 말이 와야 한다. 이러한 조건을 모두 만족하는 것은 ④이다.

## 04 주관식

**문제유형** 쓰기 – 창의 – 중심 문장 쓰기

### >>정답 예시

학교 폭력을 근절하기 위해서는 경쟁 위주의 교육 체제를 개선하고 협동 교육을 강화해야 한다.

### >>정답 기준

① 학교 폭력의 원인에 '경쟁 위주의 교육 체제'라는 언급을 했는가.
② 학교 폭력을 근절하기 위해 협동 교육을 강화해야 한다는 입장이 드러나도록 썼는가.
③ 어문 규범을 지켜 한 문장 이내로 썼는가.

| 등 급 | 등급 기준 |
|---|---|
| A | ① · ② · ③을 모두 만족하며, ① · ②의 내용이 충실한 경우 |
| B | ① · ②를 모두 만족하였으나, ③을 만족시키지 못한 경우 |
| C | ① · ②를 만족하였으나, 그 내용이 완전하지 못하거나 분명하지 않은 경우 |
| D | ①이나 ② 중 하나만을 만족한 경우 |

## 05 주관식

**문제유형** 쓰기 – 창의 – 주제문 쓰기

### >>정답 예시

– 경제적인 풍요가 항상 행복을 보장하는 것은 아니다.
– 부유함이 항상 행복을 보장하는 것은 아니다.
– 행복이 경제적인 풍요와 반드시 비례하는 것은 아니다.

### >>정답 기준

① '행복'의 요건과 관련하여 썼는가.
② '경제적 풍요', '부유함'을 언급했는가.
③ '경제적 풍요', '부유함'과 '행복'의 관계가 잘 드러나도록 썼는가.
④ 어문 규범을 지켜 한 문장 이내로 썼는가.

| 등 급 | 등급 기준 |
|---|---|
| A | ① · ② · ③ · ④를 모두 만족하는 경우 |
| B | ① · ② · ③을 모두 만족하였으나, ④를 만족시키지 못한 경우 |
| C | ① · ②를 만족하였으나, ③이 완전하지 않을 경우 |
| D | ① · ② · ③이 어느 정도는 반영되어 있으나, 그 내용이 완전하지 않거나 불명확할 경우 |

## 06 주관식

**문제유형** 어휘 – 사실적 이해 및 추론 – 십자말풀이

### >>정답

2. 세로 ( 지정 )
3. 세로 ( 장의사 )
8. 가로 ( 가발 )
9. 가로 ( 기내식 )

### 해설

십자말풀이를 완성하면 다음과 같다.

|   | 도 | 화 | 지 |
|---|---|---|---|
| 장 | 마 |   | 정 | 설 |
| 의 |   |   |   | 레 |
| 사 | 위 |   | 가 | 발 |
|   | 기 | 내 | 식 |   |

## >>정답 기준

| 등 급 | 답안 개수 |
|---|---|
| A | 4개 |
| B | 3개 |
| C | 2개 |
| D | 1개 |

| 등 급 | 등급 기준 |
|---|---|
| A | ①·②·③·④를 모두 만족하는 경우 |
| B | ①·②·③을 모두 만족하였으나, ④를 만족시키지 못한 경우 |
| C | ②·③은 만족하였으나, ①·④를 만족시키지 못한 경우 |
| D | ②만 만족하는 경우 |

## 07 주관식

**문제유형** 어휘 – 창의 – 짧은 글 짓기

### >>정답 예시

오랫동안 기다렸던 편지가 도착하자, 나는 <u>가물에 단비</u>를 만난 듯 기쁨에 겨워 <u>눈물</u>을 흘렸다.

**참고** '가물에 단비'는 가뭄이 들어 곡식이 다 마를 때에 기다리던 비가 온다는 뜻으로, 기다리고 바라던 일이 마침내 이루어짐을 이르는 말이다.

### >>정답 기준

| 등 급 | 등급 기준 |
|---|---|
| A | 빈칸에 알맞은 속담과 단어를 사용하여 완성도 있는 문장을 쓴 경우 |
| B | 빈칸에 알맞은 속담과 단어를 사용하였으나 문장의 호응이 맞지 않는 경우 |
| C | 빈칸에 알맞은 속담과 단어 중 하나만 사용하여 문장의 호응에 맞게 완성한 경우 |
| D | 빈칸에 알맞은 속담과 단어 중 하나만 사용하였는데 문장의 호응이 맞지 않는 경우 |

## 08 주관식

**문제유형** 쓰기 – 창의 – 중심 문장 쓰기

### >>정답 예시

- 문화적 상대주의는 인간의 존엄성을 해치지 않는 범위 내에서만 허용돼야 한다.
- 문화적 상대주의가 극단적으로 작용하여 어떤 문화든지 무조건 허용해야 한다는 태도를 버려야 한다.

### >>정답 기준

① '문화적 상대주의'를 주어로 쓰고 주어와 서술어의 호응이 잘 이루어지도록 썼는가.
② 문화적 상대주의가 모든 경우 용인되어서는 안 된다는 입장이 드러나도록 썼는가.
③ '인간의 존엄성'에 대한 언급이나 '문화적 상대주의의 극단적 작용'에 대한 언급이 드러나도록 썼는가.
④ 어문 규범을 지켜 한 문장으로 썼는가.

## 09 주관식

**문제유형** 쓰기 – 추론 및 창의 – 생략된 문장 추리하여 쓰기

### >>정답 예시

한때는 누구보다 인기가 많았지만 이제는 은퇴만을 기다리는 운동선수

### >>정답 기준

① 예전에는 많은 이들의 관심을 받았으나 이제는 그렇지 않다는 특성이 드러나도록 썼는가.
② ①의 특성을 드러낼 수 있는 비유적 표현을 썼는가.
③ 어문 규범을 지켜 20자 내외로 썼는가.

| 등 급 | 등급 기준 |
|---|---|
| A | ①·②·③을 모두 만족하는 경우 |
| B | ①·②를 모두 만족하였으나, ③을 만족하지 못한 경우 |
| C | ①은 만족하였으나, ②의 내용이 완전하지 못하거나 분명하지 않은 경우 |
| D | ①이나 ② 중 하나만을 만족한 경우 |

## 10 주관식

**문제유형** 쓰기 – 창의 – 주장 및 대안 쓰기

### >>정답 예시

※ 찬성하는 경우

　조기 유학을 하면 다른 나라의 문화에 대한 이해를 넓힐 수 있고 다른 나라에까지 인맥을 넓힐 수 있으며 외국어를 유창하게 할 수 있게 되기 때문에, 국제화 시대에 걸맞은 인재를 양성하기 위해 조기 유학은 필요하다. 이른 나이에 받을 문화적 충격이나 가족 간의 유대감이 약해지는 것을 우려하는 목소리도 있으나 아직 사고가 고정되지 않은 이른 나이이기 때문에 문화적 충격을 받기보다는 새로운 문화에 빨리 적응할 수 있으며, 통신 매체의 발달로 SNS 등 여러 수단을 통해 가족끼리 수시로 연락을 주고받을 수 있어 가족 간의 유대감도 계속 형성해 갈 수 있다. 또 동반자 없이 홀로 조기 유학을 간 경우엔 부모의 보호 없이 자신의 일을 해나가는 과정에서 자립심과 책임감을 기를 수 있으므로 조기 유학은 바람직하다.

※ 반대하는 경우

　조기 유학을 하면 갑자기 낯선 환경에 노출되고 새로운 언어에 숙달될 때까지 타인과의 의사소통이 원활하지 않아 깊

은 인간관계를 맺기 어려우므로 정서적 안정을 얻지 못할 가능성이 크고, 조기 유학 실패 후 다시 본국으로 돌아와도 적응을 하지 못하는 경우가 많다. 타 문화에 대한 이해 및 외국어 습득을 이유로 조기 유학에 찬성하는 목소리도 있으나, 오늘날엔 굳이 유학을 가지 않더라도 인터넷의 발달로 다른 나라의 문화를 쉽게 접할 수 있고, 여러 교육 기관, 교육 자료 등을 통해 외국어를 공부할 수 있는 기회를 갖는 것도 어려운 일이 아니다. 따라서 가족과 함께하는 가운데 정서적 안정을 느낄 수 있는 본국에서, 자국의 문화 및 언어에 대한 이해를 공고히 하면서도 다른 나라의 문화 및 언어에 대한 이해를 넓힌다면 충분히 국제화 시대에 걸맞은 인재로 거듭날 수 있을 것이다.

## >>정답 기준

① 주장이 찬성이나 반대, 어느 하나로 뚜렷하게 드러나는가.
② 자신의 주장에 대한 근거가 적절한가.
③ (가)와 (나) 중 자신의 입장과 반대 되는 입장의 의견을 하나 이상 적절히 반박했는가.
④ 어문 규범을 지켜 세 문장으로 썼는가.

| 등급 | 등급 기준 |
|---|---|
| A | ① · ② · ③ · ④를 모두 만족하는 경우 |
| B | ① · ② · ③을 모두 만족하였으나, ④를 만족하지 못한 경우 |
| C | ①을 만족하고, ②나 ③ 중 하나만을 만족한 경우 |
| D | ① · ② · ③ 중 하나만을 만족한 경우 |

**60**분 **57**문항

| 01 | 02 | 03 | 04 | 05 | 06 | 07 | 08 | 09 | 10 |
|----|----|----|----|----|----|----|----|----|----|
| ④ | ⑤ | ④ | ② | ④ | ① | ① | ③ | ④ | ③ |
| 11 | 12 | 13 | 14 | 15 | 16 | 17 | 18 | 19 | 20 |
| ③ | ② | ⑤ | ③ | ④ | ④ | ① | ③ | ④ | ③ |
| 21 | 22 | 23 | 24 | 25 | 26 | 27 | 28 | 29 | 30 |
| ④ | ② | ⑤ | ④ | ③ | ④ | ③ | ② | ① | ① |
| 31 | 32 | 33 | 34 | 35 | 36 | 37 | 38 | 39 | 40 |
| ③ | ③ | ④ | ② | ⑤ | ⑤ | ⑤ | ④ | ② | ④ |
| 41 | 42 | 43 | 44 | 45 | 46 | 47 | 48 | 49 | 50 |
| ③ | ① | ③ | ③ | ④ | ③ | ② | ④ | ⑤ | ③ |
| 51 | 52 | 53 | 54 | 55 | 56 | 57 | | | |
| ① | ④ | ④ | ③ | ② | ① | ⑤ | | | |

## 01

**정답** ④

**문제유형** 어휘 – 단어의 형성(접미사)

**해설**

접미사 '–장'은 '얇고 넓적한 조각'의 뜻을 더하는 접미사, '증서' 또는 '편지'의 뜻을 더하는 접미사 등으로 사용된다. ④의 '얼음장'에서 접미사 '–장(張)'은 '얇고 넓적한 조각'의 뜻을 더하는 접미사로 사용되어 '얼음장'은 '좀 넓은 얼음 조각'이란 의미가 되었다. 반면, ①·②·③·⑤에서는 '–장(狀)'이 '증서' 또는 '편지'의 뜻을 더하는 접미사로 사용되었다.

① '도전장'의 의미: 상대에게 정면으로 맞서 싸우고자 하는 뜻을 적어 보내는 글.

② '소개장'의 의미: 사람이나 사물을 소개하는 내용의 편지나 문서.

③ '임명장'의 의미: 어떤 사람을 무엇으로 임명한다는 내용을 적은 문서.

⑤ '초청장'의 의미: 초청하는 내용을 적은 글월.

**참고** '–장'은 그 외에도 다음과 같이 쓰인다.

• '어른'의 뜻을 더하는 접미사. 예 노인장, 주인장
• '책임자', '우두머리'의 뜻을 더하는 접미사. 예 공장장, 위원장
• '장부'의 뜻을 더하는 접미사. 예 매입장, 매출장
• '공책'의 뜻을 더하는 접미사. 예 단어장, 연습장
• '장례'의 뜻을 더하는 접미사. 예 고려장, 삼일장
• '장소'의 뜻을 더하는 접미사. 예 공사장, 경기장

## 02

**정답** ⑤

**문제유형** 어휘 – 단어의 관계

**해설**

⑤는 유의 관계이고, ①·②·③·④는 반의 관계이다.

## 03

**정답** ④

**문제유형** 어휘 – 단어의 의미(사전적 의미)

**해설**

〈보기〉의 뜻풀이에 알맞은 단어는 '유출'이다.

**오답 피하기**

① 누출: 액체나 기체 따위가 밖으로 새어 나옴.

② 방출: 비축하여 놓은 것을 내놓음.

③ 송출: 사람을 해외로 내보냄. 물품, 전기, 전파, 정보 따위를 기계적으로 전달함.

⑤ 추출: 전체 속에서 어떤 물건, 생각, 요소 따위를 뽑아냄.

## 04

**정답** ②

**문제유형** 어휘 – 단어의 의미(문맥적 의미)

**해설**

〈보기〉와 ②의 '차다'는 모두 '날쌔게 빼앗거나 움켜 가지다.'의 의미로 쓰였다.

**✅오답 피하기**

① 허끝을 입천장 앞쪽에 붙였다가 떼어 소리를 내다.
③ 발을 힘껏 뻗어 사람을 치다.
④ 발로 힘 있게 밀어젖히다.
⑤ 발로 내어 지르거나 받아 올리다.

## 05

**정답 ④**

**문제유형** 어휘 – 단어의 의미(문맥적 의미)

**📑해설**

〈보기〉와 ④의 '날'은 '지구가 한 번 자전하는 동안'의 의미이다.
① '날씨'의 의미.
② '하루 중 환한 동안'의 의미.
③ '날짜'의 의미.
⑤ '어떠한 시절이나 때'의 의미.

## 06

**정답 ①**

**문제유형** 어휘 – 단어의 관계

**📑해설**

①의 '불가불'은 '하지 아니할 수 없어'의 뜻이므로, '어쩔 수 없이' 정도가 적절하다.

## 07

**정답 ①**

**문제유형** 어휘 – 관용어 및 단어의 의미

**📑해설**

'어깨를 나란히 하다'는 '서로 비슷한 지위나 힘을 가지다.'의 의미이다. '비견하다'는 '낫고 못할 것이 없이 정도가 서로 비슷하게 하다.'란 의미로 '앞서거나 뒤서지 않고 어깨를 나란히 한다.'는 뜻에서 나온 말이므로 '비견하다'가 적절하다.

**✅오답 피하기**

② 비교하다: 둘 이상의 사물을 견주어 서로 간의 유사점, 차이점, 일반 법칙 따위를 고찰하다.
③ 비유하다: 어떤 현상이나 사물을 직접 설명하지 아니하고 다른 비슷한 현상이나 사물에 빗대어서 설명하다.
④ 대항하다: 굽히거나 지지 않으려고 맞서서 버티거나 항거하다.
⑤ 대비하다: 두 가지의 차이를 밝히기 위하여 서로 맞대어 비교하다.

## 08

**정답 ③**

**문제유형** 어휘 – 관용어

**📑해설**

'가마를 태우다'는 '그럴듯하게 추어올려 얼렁뚱땅 넘어가거나 속여 넘기다.'라는 의미로 문맥에 어울리지 않는다.

**✅오답 피하기**

① 사개(가) 맞다: 말이나 사리의 앞뒤 관계가 빈틈없이 딱 들어맞다.
② 바람(을) 넣다: 남을 부추겨서 무슨 행동을 하려는 마음이 생기게 만들다.
④ 낙동강 오리알: 무리에서 떨어져 나오거나 홀로 소외되어 처량하게 된 신세를 비유적으로 이르는 말.
⑤ 가닥을 잡다: 분위기, 상황, 생각 따위를 이치나 논리에 따라 바로 잡다.

## 09

**정답 ④**

**문제유형** 어휘 – 속담

**📑해설**

④는 무슨 일이든지 거기 필요한 준비가 있어야 그 결과를 얻을 수 있다는 말로 ㉠에 적절하다.

## 10

**정답 ③**

**문제유형** 어휘 – 단어의 용법

**📑해설**

'옴팡지다'는 '아주 심하거나 지독한 데가 있다.'의 의미로, 문맥에 어울리지 않는다.

**✅오답 피하기**

① 간드러지다: 목소리나 맵시 따위가 마음을 녹일 듯이 예쁘고 애교가 있으며, 멋들어지게 보드랍고 가늘다.
② 야무지다: 사람의 성질이나 행동, 생김새 따위가 빈틈이 없이 꽤 단단하고 굳세다.
④ 산드러지다: 태도가 맵시 있고 말쑥하다.
⑤ 차지다: 성질이 야무지고 까다로우며 빈틈이 없다.

## 11

**정답 ③**

**문제유형** 어휘 – 단어의 용법

**📑해설**

'초개시(草芥視)'는 '보잘것없는 것으로 여김.'의 의미이므로 문맥에 어울리지 않는다.
① 등한시(等閑視): 소홀하게 보아 넘김.
② 적대시(敵對視): 적으로 여겨 봄.
④ 청안시(靑眼視): 남을 달갑게 여겨 좋은 마음으로 봄.
⑤ 사갈시(蛇蝎視): 뱀이나 전갈을 보듯이 한다는 뜻으로, 어떤 대상을 몹시 싫어함을 이르는 말.

## 12

**정답 ②**

**문제유형** 어휘 – 한자어의 의미 및 단어의 용법

**📑해설**

'간박(簡朴)하다'는 '간소하고 순박하다.'의 의미로, 문맥에 어울리지 않는다.
① 간구(懇求)하다: 간절히 바라다.

③ 간주(看做)하다: 상태, 모양, 성질 따위가 그와 같다고 보거나 그렇다고 여기다.
④ 간과(看過)하다: 큰 관심 없이 대강 보아 넘기다.
⑤ 간파(看破)하다: 속내를 꿰뚫어 알아차리다.

## 13 정답 ⑤

문제유형 어휘 – 단어의 용법

해설

문맥적으로 ㉠, ㉡, ㉢에 들어갈 수 있는 단어는 각각 '곤혹', '곤욕', '고충'이다.
㉠ 곤혹: 곤란한 일을 당해서 어찌할 바를 모른다는 뜻.
㉡ 곤욕: 심한 모욕, 참기 힘든 일.
㉢ 고충: 괴로운 심정이나 사정.

## 14 정답 ③

문제유형 어문 규정 – 한글 맞춤법

해설

한글 맞춤법 제5항에 의해, 'ㄱ, ㅂ' 받침 뒤에서 나는 된소리는, 같은 음절이나 비슷한 음절이 겹쳐 나는 경우가 아니면 된소리로 적지 아니하므로 '싹둑'이 맞다.

참고 [한글 맞춤법 제5항] 한 단어 안에서 뚜렷한 까닭 없이 나는 된소리는 다음 음절의 첫소리를 된소리로 적는다.
1. 두 모음 사이에서 나는 된소리
2. 'ㄴ, ㄹ, ㅁ, ㅇ' 받침 뒤에서 나는 된소리
다만, 'ㄱ, ㅂ' 받침 뒤에서 나는 된소리는 같은 음절이나 비슷한 음절이 겹쳐 나는 경우가 아니면 된소리로 적지 아니한다.

✅오답 피하기
① 'ㄴ, ㄹ, ㅁ, ㅇ' 받침 뒤에서 나는 된소리는 된소리로 적으므로 맞다.
② 'ㄴ, ㄹ, ㅁ, ㅇ' 받침 뒤에서 나는 된소리는 된소리로 적으므로 맞다.
④ 두 모음 사이에서 나는 된소리는 된소리로 적으므로 맞다.
⑤ 'ㄱ, ㅂ' 받침 뒤에서 나는 된소리는, 같은 음절이나 비슷한 음절이 겹쳐 나는 경우가 아니면 된소리로 적지 아니하므로 맞다.

## 15 정답 ④

문제유형 어문 규정 – 한글 맞춤법

해설

'빌어'라고 잘못 쓰는 경우가 많지만, '빌려'가 맞는 표현이다.

✅오답 피하기
① 기본형이 '설레다'이므로 '설레었다'혹은 '설렜다'가 맞다.
② '어쨌든'이 맞다.
③ '곰곰이'가 맞다.
⑤ '삼가하다'는 없는 말이고, '삼가다'가 맞는 말이므로 '삼가 주시기'가 맞다.

## 16 정답 ④

문제유형 어문 규정 – 한글 맞춤법

해설

헷갈리기 쉬운 맞춤법을 묻는 문제이다. 단어의 의미를 구분해 쓰면 다음과 같다.
㉠ 채/체
• 채: 이미 있는 상태 그대로 있다는 뜻을 나타내는 말.
• 체: 척(그럴듯하게 꾸미는 거짓 태도나 모양).
㉡ 아무려면/아무러면
• 아무려면: '아무렴'의 본말로, 말할 나위 없이 그렇다는 뜻의 감탄사. 상대편의 말에 강한 긍정을 보일 때 하는 말.
• 아무러면: 있기 어려운 경우나 상태를 가정하는 뜻을 나타내는 말. 어떤 사실에 대한 확신을 반어적인 의문문으로 나타낼 때 쓴다.
㉢ 지그시/지긋이
• 지그시: 1. 슬며시 힘을 주는 모양. 2. 조용히 참고 견디는 모양.
• 지긋이: 1. 나이가 비교적 많아 듬직하게. 2. 참을성 있게 끈지게.
㉣ 반드시/반듯이
• 반드시: 틀림없이 꼭.
• 반듯이: 작은 물체, 또는 생각이나 행동 따위가 비뚤어지거나 기울거나 굽지 아니하고 바르게.
따라서 ㉠·㉡·㉢·㉣에 들어갈 말은 각각 '체', '아무러면', '지긋이', '반듯이'이다.

## 17 정답 ①

문제유형 어문 규정 – 한글 맞춤법

해설

①은 '내로라'가 맞다.

✅오답 피하기
②·③·④·⑤는 맞는 설명이다.

## 18 정답 ③

문제유형 어문 규정 – 로마자 표기법

해설

'굳히다'는 [구치다]로 발음되므로 'guchida'라고 적어야 한다.

✅오답 피하기
① '굳이'는 [구지]로 발음되므로 맞다.
② '같이'는 [가치]로 발음되므로 맞다.
④ '붙이다'는 [부치다]로 발음되므로 맞다.
⑤ '맞히다'는 [마치다]로 발음되므로 맞다.

## 19

**정답** ④

**제시문유형** 실용문(안내문)

**문제유형** 읽기 – 사실적 이해 – 세부 정보의 파악

**해설**

2문단에 나와 있는 내용이다.

**오답 피하기**

① 땅이 크게 흔들릴 때 가스레인지의 불을 끄러 가면 가스레인지에서 요리 중인 그릇 등이 떨어질 수 있어 위험하다. (3문단)

② 대문 기둥이나 담에 기대는 행위는 위험하다. 무너질 우려가 있기 때문이다. (4문단)

③ 지진이 일어났다고 해서 서둘러 집 밖으로 뛰어나가는 행위는 금물이다. (4문단)

⑤ 자동판매기 등 고정되지 않아 넘어질 우려가 있는 사물에는 가까이 가서는 안 된다. (4문단)

## 20

**정답** ③

**제시문유형** 실용문(계약서)

**문제유형** 읽기 – 사실적 이해 – 세부 정보의 파악

**해설**

계약 조건의 5번 항목을 보면, 증판 시에는 증판 후 2개월 이내에 증판 본 인세의 50%, 다음 증판 시 50%를 지급하는 것을 원칙으로 한다.

**오답 피하기**

① 계약 조건의 3번 항목을 보면 출판 도서에 대한 인세는 출판물 정가의 30%로 하므로 적절하다.

② 계약 조건의 1, 2번 항목을 보면 계약을 체결함과 동시에 을은 갑에게 계약금을 지급하고, 갑은 계약서 작성 후 3달 이내로 원고를 을에게 전달하므로 저자는 완전한 원고를 넘기기 전에도 출판사로부터 받는 돈이 있다.

④ 이차적 저작물 2번 항목을 보면, 이차적 저작물에 대해서 출판사는 저자에게 매출액의 10%를 인세로 지급한다.

⑤ 계약은 2년이 되면 자동 종료되므로 2년 후에는 배타적 권리의 항목이 적용되지 않는다.

## 21

**정답** ④

**제시문유형** 실용문(광고문)

**문제유형** 읽기 – 사실적 이해 및 비판 – 설득 전략 파악 및 평가

**해설**

저자의 현장 경험을 강조했지만, 이론적 지식이 다루어진 책이라는 내용은 없다.

**오답 피하기**

① 15년 연속 '최고의 MC상'을 수상한 사람이라는 언급을 통하여 저자의 권위를 내세웠다.

② 음성 언어 활동이 언어생활의 75%를 차지한다고 함으로써, 화술과 관련된 이 책의 중요성을 강조했다.

③ '말 한 마디에 천 냥 빚도 갚는다.'와 같이 잘 알려진 관습적 표현을 사용하여 화술의 전략이 중요하다는 공감을 유도하고 있다.

⑤ 서평을 인용한 부분을 보면 이 책이 재미있고 실용적인 책이란 점을 알 수 있다.

## 22

**정답** ②

**제시문유형** 실용문(의료 상담)

**문제유형** 읽기 – 사실적 이해 – 세부 정보 파악

**해설**

환자는 잠들기 전에 운동을 하는데, 의사에 따르면 취침 전 운동은 오히려 수면을 방해할 수 있으므로 환자는 운동 시간을 다른 시간으로 조정해야 한다.

**오답 피하기**

① 견과류는 수면에 도움이 된다.

③ 편안한 잠자리를 위해서는 취침 시간과 기상 시간을 일정하게 유지해야 한다.

④ 술은 얕은 잠엔 빠지게 할 수 있으나 숙면을 방해하므로 편안한 수면을 위해선 피하는 게 좋다.

⑤ 침실을 서늘하게 하는 것이 좋다.

## 23

**정답** ⑤

**제시문유형** 수필(계용묵, 「구두」)

**문제유형** 읽기 – 사실적 이해 – 세부 정보의 파악

**해설**

여자는 '나'를 불량배로 오해하고 '나'에게서 멀리 떨어지기 위해 걸음을 빨리 하였고, 나는 여자를 뒤로 떨어뜨림으로써 안심을 주려고 한층 더 걸음에 박차를 가한 것이다. 따라서 ㉮는 상대에 대한 오해 때문이고 ㉯는 상대에 대한 배려 때문이라 할 수 있다.

## 24

**정답** ④

**제시문유형** 수필(계용묵, 「구두」)

**문제유형** 읽기 – 사실적 이해 – 세부 정보의 파악

**해설**

㉣은 남자의 발걸음이 빨라지자 남자로부터 더욱 멀리 떨어지려는 여자의 조바심이나 불안감을 나타낸다고 할 수 있다.

**오답 피하기**

① · ② · ③ · ⑤는 모두 적절하다.

## 25

**정답** ③

**제시문유형** 시사 교양(사회)

**문제유형** 읽기 – 사실적 이해 – 세부 정보 파악

4문단을 보면, 전자책 소유자 가운데 10% 정도만 종이책 읽는 것을 중단한 것으로 나타났다고 하면서, 전자책을 소유하는 사람이 늘어나고 있지만 아직까지 전자책 소유자들 중 대부분은 종이책을 이용하고 있다고 하였다.

✅오답 피하기

① 1문단을 보면, 스마트폰과 태블릿 PC가 점점 더 대중화되면서 전자책 시장도 더불어 성장했다고 했다.
② 1문단을 보면, 우리 정부는 초·중·고 교과서를 전자책으로 바꿔 나가겠다는 계획을 발표했다.
④ 2문단을 보면, 축음기가 처음 나왔을 때 모든 것은 음성으로 전해질 것이고 종이책은 사라질 것이라는 주장이 제기되었지만 종이책은 계속 건재해 왔다.
⑤ 1문단을 보면, 브리태니커가 "더 이상 종이 사전을 만들지 않겠다."고 선언했으므로 이러한 선언은 종이책이 사라질지도 모른다는 주장을 뒷받침하는 예가 될 수 있다.

## 26  정답 ④

제시문유형 시사 교양(사회)

문제유형 읽기 – 비판 – 필자의 주장 및 의도 평가

📋 해설

종이책은 인쇄의 과정을 거쳐야 하므로 전자책에 비해 내용의 개정이 신속하지 않다. 따라서 ④는 적절하지 않다.

✅오답 피하기

①·②·③·⑤는 모두 종이책을 옹호하는 근거로 적절하다.

## 27  정답 ③

제시문유형 시사 교양(사회)

문제유형 읽기 – 추론 – 생략된 정보 추리

📋 해설

새로운 매체의 등장 때문에 기존의 매체가 사라질 것이라는 예측이 빗나간 예가 나와야 하므로 ③이 적절하다.

✅오답 피하기

①·②·④·⑤는 모두 새로운 매체의 등장 때문에 기존의 매체가 타격을 받은 예에 해당하므로 적절하지 않다.

## 28  정답 ②

제시문유형 학술(인문)

문제유형 읽기 – 사실적 이해 및 추론 – 세부 정보 파악 및 구체적 상황 추리

📋 해설

장독립성은 사물을 인식할 때 그 사물을 둘러싼 배경, 즉 장의 영향을 별로 받지 않는 인지 양식으로, 장독립성의 사람은 분

석적 능력이 뛰어나다. 반면 장의존성은 장의 영향을 많이 받는 인지 양식을 말한다. 따라서 장의존적인 사람보다 장독립적인 사람이 숨은 그림 찾기에서 더 뛰어난 능력을 보여줄 것이라 추측할 수 있다.

✅오답 피하기

① 장의존적인 학습자에게는 장독립적인 교사가, 장독립적인 학습자에게는 장의존적인 교사가 어울린다고 되어 있다. (3문단, 5문단)
③ 장의존적인 학습자는 문제 해결을 위해 명료한 지시를 필요로 한다. (3문단)
④ 학습자끼리의 학습에 관한 언급은 없다.
⑤ 장의존적인 학습자는 외부의 비판에 영향을 많이 받지만, 장독립적인 학습자는 외부의 비판에 영향을 많이 받지 않는다. (3문단, 2문단)

## 29  정답 ①

제시문유형 학술(인문)

문제유형 읽기 – 사실적 이해 – 핵심 정보의 파악

📋 해설

장독립적 인지 양식은 사물을 인식할 때 그 사물을 둘러싼 배경, 즉 장의 영향을 별로 받지 않고 분석적 능력이 뛰어난 인지 양식이다. 따라서 전체보다 부분을 본다는 의미의 '숲보다 나무를 보는 사람'이 적절하다.

## 30  정답 ①

제시문유형 학술(예술)

문제유형 읽기 – 비판 – 필자의 의도 평가

📋 해설

제시된 글은 풍자와 해학의 공통점과 차이점을 설명한 후, 각각이 잘 드러난 작품의 예를 들어 풍자와 해학의 공통점과 차이점을 더욱 잘 이해하게 한다. 따라서 ①이 적절하다.

## 31  정답 ③

제시문유형 학술(예술)

문제유형 읽기 – 사실적 이해 – 세부 정보의 파악

📋 해설

1문단에서 풍자와 해학의 공통점으로 직접적이지 않고 우회적이라는 점을 언급하였다. 따라서 풍자는 직접적이 아닌 우회적으로 대상을 비판한다고 할 수 있다.

✅오답 피하기

① 1문단에서 언급되었다.
② 1문단에서, 해학에는 대상에 대한 작가의 애정과 동정이 스며들어 있다고 했고, 〈봄봄〉은 해학의 예로 제시된 작품이므로 적절하다.
④ 마지막 문단에서, 주인공의 어리석은 행동에도 불구하고 독자에게는 주인공의 어리석음을 비난할 마음이 조금도 일지 않는 이유는 작가의 어조가 주인공의 어리석음을 탓하지 않기 때문이라고 하였다. 따

라서 주인공을 묘사하는 작가의 어조는 주인공에 대한 독자의 호감
도에 영향을 미친다고 볼 수 있다.
⑤ 3문단에서, 〈치숙〉의 작가는 반어를 통해 화자의 어리석음을 은근히
비판한다고 했으므로 적절하다.

## 32

**정답** ③

**제시문유형** 실용문(법률)

**문제유형** 읽기 – 사실적 이해 – 세부 정보의 파악

**해설**

제13조-② 항목에 따르면 위원장은 대통령이 위촉하고 부위
원장은 문화체육부장관이 된다.

**오답 피하기**

① 제13조-③-2 항목과 관련이 있다.
② 제13조-⑥ 항목과 관련이 있다.
④ 제13조-① 항목과 관련이 있다.
⑤ 제13조-⑦ 항목과 관련이 있다.

## 33

**정답** ④

**제시문유형** 실용문(법률)

**문제유형** 읽기 – 사실적 이해 – 세부 정보의 파악

**해설**

제8조의2-③에 따르면, 관보 및 행정안전부 인터넷 홈페이지
에 공개하는 사항이 「공공기관의 정보공개에 관한 법률」 제9조
제1항 각 호의 어느 하나에 해당하는 경우에는 공개하지 아니
할 수 있다.

**오답 피하기**

① 제1조와 제2조에 어긋난다.
② 제7조에 어긋난다.
③ 제4조에 어긋난다.
⑤ 제8조-③에 어긋난다.

## 34

**정답** ②

**제시문유형** 실용문(수출입제안서)

**문제유형** 읽기 – 사실적 이해 – 세부 정보의 파악

**해설**

1-4에서 개조가 꼭 필요한 경우에는 당사에 개조를 의뢰하여
야 한다고 되어 있다.
① 1-2에서 언급되었다.
③ 1-3에서 언급되었다.
④ 1-5에서 언급되었다.
⑤ 1-6에서 언급되었다.

## 35

**정답** ⑤

**제시문유형** 학술(사회)

**문제유형** 읽기 – 사실적 이해 – 세부 내용의 파악

**해설**

구성원 간의 갈등이 조직에 미치는 영향은 언급되어 있지 않다.

**오답 피하기**

① 3문단에서 언급되었다.
② 2문단에서 언급되었다.
③ 마지막 문단에서 언급되었다.
④ 마지막 문단에서 언급되었다.

## 36

**정답** ⑤

**제시문유형** 학술(사회)

**문제유형** 읽기 – 추론 – 구체적 상황 및 예시 추리

**해설**

'집단 사고 증후군'이란 집단의 조직원들이 갈등을 최소화하고
의견의 일치를 유도하기 위해 비판적인 생각을 하지 않는 것을
말한다. '집단 사고 증후군'을 보이는 조직에서는 다수의 의견
을 지닌 사람들이 반대 의견을 무시하고 자신들이 편한 쪽으로
만 사태를 바라보며 자신들의 의견을 합리화한다. 그리고 반대
의견이 있는 사람은 조직에서 소외되거나 조직의 조화를 깨뜨
릴 것이 두려워 침묵하게 된다. 이러한 조직의 특성이 드러난
것은 ⑤이다.

## 37

**정답** ⑤

**제시문유형** 학술(사회)

**문제유형** 읽기 – 추론 – 구체적 상황 및 예시 추리

**해설**

'집단 사고 증후군'은 집단의 응집력과 외부로부터 고립된 정도
가 클수록, 시간의 압력이 높을수록, 지시적인 리더에 의해 의
사결정이 주도될수록 두드러진다. 따라서 지도자가 강력한 태
도로 문제 해결 방안을 제시해서는 안 된다.

**오답 피하기**

① 외부와 고립되지 않고 비판적으로 조직 내의 의견을 검토할 수 있다.
② 외부와 고립되지 않고 비판적으로 조직 내의 의견을 검토할 수 있다.
③ 반론이 무조건 무시되는 상황이 생기는 일을 방지할 수 있다.
④ 조직원들이 솔직하고 편안하게 의견을 낼 수 있어야 문제를 여러 측
면에서 검토할 수 있다.

## 38

**정답** ④

**제시문유형** 학술(과학)

**문제유형** 읽기 – 사실적 이해 – 세부 정보 파악

📋 해설

④는 언급되어 있지 않다.

✅ 오답 피하기

① 2, 3문단에서 언급되었다.
② 3문단에서 언급되었다.
③ 2문단에서 언급되었다.
⑤ 마지막 문단에서 언급되었다.

## 39
정답 ②

제시문유형 학술(과학)
문제유형 읽기 – 사실적 이해 – 논지 전개 양상 파악

📋 해설

문제 상황에 대한 해결책을 모색하는 내용은 없다.

✅ 오답 피하기

① 3문단에 인간의 냉동 보존 과정이 서술되고 있다.
③ 마지막 문단에서 냉동 인간의 부활이 좋기만 한 것일지에 대한 회의
감을 물음의 형식으로 드러내고 있다.
④ 가벼운 영화 이야기로 화제를 시작하면서 흥미를 끌고 있다.
⑤ 마지막 문단에서 냉동 인간의 부활이 가져올 문제점을 예측하여 제
시하고 있다.

## 40
정답 ④

제시문유형 학술(과학)
문제유형 읽기 – 추론 – 생략된 내용 추리

📋 해설

마지막 문단에서 냉동 인간의 부활에 따른 문제점을 제시하면
서 냉동 인간의 부활이 인류에게 이로운 것일까에 대한 회의감
을 드러내고 있다. 따라서 냉동 인간의 부활이 실현된다 해도
인류에게 꼭 좋은 것만은 아니라는 내용이 와야 한다.

## 41
정답 ③

제시문유형 학술(경제)
문제유형 읽기 – 사실적 이해 – 세부 정보 파악

📋 해설

마지막 문단에서 알 수 있듯이 체감 경쟁이 가장 치열한 것은
과점 시장이다.

① 3문단에서 알 수 있듯이 치킨 산업과 같은 경쟁적 시장에서
는 주로 가격 이외의 분야인 맛, 품질, 서비스 등에서 경쟁
을 하게 된다.
② 마지막 문단을 보면 정유 산업은 독과점 시장의 예이므로
공급자의 독점력이 크다.
④ 마지막 문단에서 독과점 시장은 공급자의 독점력이 큰 편이
라고 했으므로 공급자는 자신이 원하는 가격을 설정할 수
있는 힘이 크다고 할 수 있다.

## 42
정답 ①

제시문유형 학술(경제)
문제유형 읽기 – 사실적 이해 및 비판 – 세부 정보 파악 및 평가

📋 해설

과점 시장은 체감 경쟁이 가장 심한 시장의 형태이다.

✅ 오답 피하기

② 경쟁적 시장에서는 주로 가격 이외의 분야인 맛, 품질, 서비스 등에서
경쟁을 하게 되는데, 진입 장벽이 낮은 경쟁적 시장인 주유소에서 주
유 시 무료 세차권을 주는 것은 비가격 경쟁의 예라고 할 수 있다.
③ 1문단에서는 경쟁자가 없어진 시장에서 허생이 조선의 과일 값을 좌
우하게 되었다는 진술이 있다.
④ 막대한 초기 자본이 드는 산업은 공급자가 손쉽게 시장에 진입하기
가 어렵다. 따라서 이동 통신 산업은 공급자가 손쉽게 시장에 진입하
기 어려운 산업, 즉 진입 장벽이 높은 산업의 예라고 할 수 있다.
⑤ 3문단에서 알 수 있듯이, 경쟁적 시장은 진입의 장벽이 존재하지 않
거나 아주 낮은 시장으로서, 공급자들의 시장 진입과 퇴출이 쉬운 시
장을 말한다. 자장면 산업은 제시된 치킨 산업과 비슷한 특성이 있는
경쟁적 시장의 예라고 할 수 있다.

## 43
정답 ③

제시문유형 시사 교양(과학)
문제유형 읽기 – 사실적 이해 – 핵심 정보 파악

📋 해설

제시된 글은 이상 한파 관련 화제로 시작해서 홍수, 가뭄, 그로
인한 식량 부족 등 지구 온난화로 인한 문제점들을 언급하고,
지구 온난화가 인간의 활동에 의한 것이라는 점을 지적하고 있
다. 따라서 ③이 가장 적절하다.

## 44
정답 ③

제시문유형 시사 교양(과학)
문제유형 읽기 – 사실적 이해 – 세부 정보 파악

📋 해설

2문단에서 제트기류의 회전력이 약해져 한파가 발생한다고 하
였다.

✅ 오답 피하기

① 한반도뿐 아니라 동유럽, 일본, 중국 등에서도 이상 한파 현상이 일어
나고 있다.
② 2문단에서 언급되었다.
④ 마지막 문단에서 언급되었다.
⑤ 3문단에서 언급되었다.

## 45

정답 ④

**제시문유형** 시사 교양(과학)

**문제유형** 읽기 – 추론 – 생략된 정보 추리

**해설**

세계 각국이 급격한 지구 온난화를 막기 위해 서로 협력하려는 움직임을 보이고 있다는 내용으로 글을 끝내고 있으므로 뒷부분에는 그와 관련된 내용이 나와야 한다. 따라서 이어질 내용으로 ④가 가장 적절하다.

## 46

정답 ③

**제시문유형** 시[(가) 김영랑, 「끝없는 강물이 흐르네」, (나) 천상병, 「귀천」, (다) 조지훈, 「승무」]

**문제유형** 읽기 – 비판 – 문학 작품의 감상

**해설**

'끝없는', '빤질한' 등을 2행, 4행에 배치하지 않고, 한 행 앞에 배치함으로써 변화 있는 3음보의 율격을 형성하고 있다.
① '내 마음의 어딘듯 한 편에 끝없는 강물이 흐르네'를 앞부분과 뒷부분에 배치한 수미상관 형식을 사용했다.
② '강물', '은결' 등 'ㄹ, ㄴ, ㅁ, ㅇ'과 같은 유음과 비음이 많이 사용되었다.
④ 각행의 끝에 '–네', '–ㄴ', '듯'을 반복적으로 사용함으로써 각운을 형성하고 있다.
⑤ '도도네'에서 양성 모음을 중첩하여 사용함으로써 밝은 분위기를 조성하였다.

## 47

정답 ②

**제시문유형** 시[(가) 김영랑, 「끝없는 강물이 흐르네」, (나) 천상병, 「귀천」, (다) 조지훈, 「승무」]

**문제유형** 읽기 – 비판 – 문학 작품의 감상

**해설**

(다)는 화자가 표면에 드러나지 않지만, (나)는 '나'라는 화자가 드러나고 있다.

**오답 피하기**

① · ③ · ④ · ⑤는 맞는 진술이다.

## 48

정답 ④

**제시문유형** 시[(가) 김영랑, 「끝없는 강물이 흐르네」, (나) 천상병, 「귀천」, (다) 조지훈, 「승무」]

**문제유형** 읽기 – 비판 – 문학 작품의 감상

**해설**

ⓒ에는 정지 동작이 나타나 있다.

## 49

정답 ⑤

**제시문유형** 시사 교양(경제)

**문제유형** 읽기 – 사실적 이해 – 세부 정보 파악

**해설**

⑤ 바이럴 마케팅을 활용한 기업의 예는 제시되어 있지 않다.

**오답 피하기**

① 2문단에서 언급되었다.
② 2문단에서 언급되었다.
③ 1문단에서 언급되었다.
④ 4문단에서 언급되었다.

## 50

정답 ③

**제시문유형** 시사 교양(경제)

**문제유형** 읽기 – 추론 – 생략된 정보의 추리

**해설**

'광고가 상업적인 냄새를 풍길 때엔 소비자들의 반감을 사게 된다.'는 언급이 앞에 있으므로 바이럴 마케팅은 비상업적이라는 인상을 풍겨야 한다는 진술이 와야 한다.

## 51

정답 ①

**제시문유형** 시사 교양(경제)

**문제유형** 읽기 – 사실적 이해 – 핵심 정보 파악

**해설**

'파워블로거지'는 자신이 파워블로거라 하면서 식당에서 공짜 음식, 파격 할인, 특별 서비스 등을 요구하는 사람들이므로 ①이 적절하다.

## 52

정답 ④

**제시문유형** 학술(인문)

**문제유형** 읽기 – 사실적 이해 – 세부 정보 파악

**해설**

2문단에서 개인적 인문주의는 교수가 중심이 되어 교과서를 강의하거나 훈육을 하는 방법으로 이루어졌다고 하였다.

**오답 피하기**

① 마지막 문단에서 언급되었다.
② 4문단에서 언급되었다.
③ 마지막 문단에서 언급되었다.
⑤ 3문단에서 언급되었다.

## 53

정답 ④

**제시문유형** 학술(인문)

**문제유형** 읽기 – 사실적 이해 및 비판 – 논지 전개 양상 파악 및 평가

**해설**

교육이 앞으로 나아가야 할 바는 제시되어 있지 않다.

**오답 피하기**

① 개인적 인문주의, 사회적 인문주의, 종교개혁 등 근대 교육에 영향을 미친 요소들을 분석하고 있다.
② 2, 3문단에서 개인적 인문주의와 사회적 인문주의의 정의를 서술하고 있다.
③ 마지막 문단에서 종교 개혁으로 인해 성경의 모국어 출판이 이루어지면서 교육의 대중화가 이루어졌다는 언급을 하였다.
⑤ 개인적 인문주의와 사회적 인문주의의 차이가 드러나도록 서술을 하여 각각의 특성을 잘 이해할 수 있게 하였다.

## 54 정답 ③

**제시문유형** 학술(인문)
**문제유형** 읽기 – 추론 – 구체적 상황 추리

**해설**

인문주의 교육이 점차 고전에 담겨 있는 내용이나 정신을 계승하기보다는 단순히 그 문장을 암송하거나 모방하는 데에 치중하게 되었다는 언급이 바로 앞에 있으므로 이와 관련된 내용이 나와야 한다. 따라서 ③이 가장 적절하다.

## 55 정답 ②

**제시문유형** 소설(김정한, 「모래톱 이야기」)
**문제유형** 읽기 – 비판 – 문학 작품의 감상

**해설**

인물들의 대화를 통해 상황을 구체적으로 보여줌과 동시에, 줄표(—) 이하 부분에서는 과거에 일어났던 일을 요약적으로 서술해 주고 있다.

**오답 피하기**

① 과거의 일에 관한 서술이 드러나지만, 그것이 서정적 분위기를 자아내지는 않는다.
③ 1문단의 '나는 거기서 누구에게도 보장을 받아 오지 못한 절박한 생활을 읽었다. 한 표의 값어치로서가 아니라, 다만 살기 위해서 스스로 죽을 모험을 무릅쓰는 그러한 행위는, 부질없이 그것을 경계하거나 방해하는 힘을 물리침으로써만 오히려 목숨 그 자체를 이어갈 수 있다는 산 증거 같기도 했다.'와 같은 부분에서는 주관적 논평이 드러난다.
④ 서술자는 주인공이라기보다 관찰자라 할 수 있다.
⑤ 여러 시점에서 서술되고 있지 않다.

## 56 정답 ①

**제시문유형** 소설(김정한, 「모래톱 이야기」)
**문제유형** 읽기 – 비판 – 문학 작품의 감상

**해설**

폭풍우로 인해 유력자의 앞잡이와 갈밭새 영감 사이의 갈등이

**오답 피하기**

② 폭풍우로 인해 조마이섬 사람들은 극한 상황에 처하게 되므로 폭풍우는 조마이섬에 긴박한 분위기를 조성한다고 할 수 있다.
③ 둑을 그대로 두었다가 물이 더 불었을 때 갑자기 터진다면 영락없이 온 섬이 떼죽음을 했을 텐데도, 유력자의 앞잡이는 갈밭새 영감이 둑을 허무는 것을 방해한다. 따라서 폭풍우는 부당한 권력의 횡포가 드러나는 계기라 할 수 있다.
④ 폭풍우로 인해 조마이섬 사람들은 죽을지도 모르는 위기에 처하게 된다.
⑤ 갈밭새 영감은 유력자의 앞잡이와 실랑이를 하다가 그를 물속에 빠뜨리는 극단적 행동을 하게 된다.

## 57 정답 ⑤

**제시문유형** 소설(김정한, 「모래톱 이야기」)
**문제유형** 읽기 – 비판 – 문학 작품의 감상

**해설**

갈밭새 영감의 투옥을 막기 위해 섬사람들이 애절하게 하소연했지만, 갈밭새 영감은 기약 없는 감옥살이를 하게 되었다. 따라서 섬사람들이 할아버지가 투옥되도록 내버려두었다고 할 수 없다.

**오답 피하기**

① '있능기요', '안 끌려갔능기요' 등의 사투리가 사용되어 사실감과 현장감이 느껴진다.
② 경찰 앞에서 서슴지 않고 두 손을 내민 것에서 인물의 강인하고 당당한 성격이 드러난다.
③ 처음에만 호들갑을 떨고 곧 관심을 갖지 않는 언론에 대한 비판 의식이 드러나고 있다.
④ 조마이섬에 일어난 일의 근본적 문제는 권력자의 횡포라고 할 수 있으므로 다소의 금액과 옷가지가 문제의 근본적 해결책이 될 수는 없다.

| 01 | 02 | 03 | 04 | 05 | 06 | 07 | 08 | 09 | 10 |
|----|----|----|----|----|----|----|----|----|----|
| ⑤ | ⑤ | ② | ③ | ③ | ② | ② | ② | ① | ③ |
| 11 | 12 | 13 | 14 | 15 | 16 | 17 | 18 | 19 | 20 |
| ① | ② | ② | ⑤ | ① | ③ | ⑤ | ② | ⑤ | ② |
| 21 | 22 | 23 | | | | | | | |
| ⑤ | ④ | ③ | | | | | | | |

**주관식 1** 선의의 거짓말은 그것이 좋은 결과를 가져온다는 보장도 없고, 거짓말이 들통 났을 때는 상황이 더 악화될 수도 있다. 그리고 선의의 거짓말은 상대방과 나 사이의 신뢰를 무너뜨리기 때문에 우리는 선의의 거짓말을 해서는 안 된다.

**주관식 2** 인터넷 실명제는 표현의 자유를 위축시키고, 개인 신상 정보 노출에 의한 사생활 침해를 야기하므로 폐지돼야 한다. 인터넷 실명제를 하지 않아도 IP 추적 등을 통해 사이버 폭력을 제재할 수 있으므로 인터넷 실명제는 불필요하다.

**주관식 3** 개인의 재능은 활용 방식에 따라 사회에 해가 될 수도 있고, 보탬이 될 수도 있다.

**주관식 4** 꿈은 창조적 영감의 원천이 될 수 있다.

**주관식 5** 상대방이 원하는 방식으로 사랑을 베풀어야 한다

**주관식 6** 사람에 따라 맛에 대한 기호가 다르기 때문에 모든 사람을 만족시킬 수 있는 맛집은 존재하지 않는다.

**주관식 7** 2. 세로 ( 거실 )   3. 세로 ( 소화기 )   8. 가로 ( 도청 )   9. 가로 ( 회초리 )

**주관식 8** 학생들의 학업 능력의 향상을 위해서 교사는 학생들이 공부를 잘할 수 있다는 기대감을 갖고 학생들에게 칭찬과 격려를 해 주어야 한다. 교사의 긍정적 기대와 격려에 힘입은 학생들은 열심히 공부하여 학업 능력이 향상될 수 있기 때문이다.

**주관식 9** 올해 대학 졸업생들의 취업 경쟁이 치열해서 좋은 직장에 들어가는 것은 하늘의 별 따기이다.

**주관식 10** ※ 찬성하는 경우

– 어린이집에 CCTV를 설치하면 어린이집의 보육 환경 및 어린이집에서 이루어지는 활동을 확인할 수 있으므로, 어린이집 서비스의 질이 향상되고 아동학대가 예방될 수 있다. 따라서 부모들이 안심하고 자녀를 어린이집에 맡길 수 있다. 또 어린이집에서 사고가 일어났을 때 원인 분석이 용이하므로 어린이집 CCTV 설치를 의무화해야 한다.

※ 반대하는 경우

– 어린이집에 CCTV를 설치하면 보육교사들은 감시를 받고 있다는 중압감에 시달릴 수 있다. 그 결과 아이들을 진심 어린 사랑의 마음으로 돌볼 수 없을 것이다. 또한 교사의 일거수일투족이 공개되는 것은 인권 침해에 해당하므로 어린이집 CCTV 설치를 의무화해서는 안 된다.

---

# 01

**정답** ⑤

**발화유형** 방송 뉴스

**문제유형** 듣기 – 사실적 이해 – 세부 내용 파악

**해설**

연구진은 두 발로 걷는 물고기의 관찰을 통해, 모든 동물의 보행은 폐어로부터 시작된 것으로 추측하고 있다.

**오답 피하기**

① 두 발로 걷는 물고기는 육지에서 숨을 쉬는 폐어의 한 종류라고 했다.

② 폐어는 뒷지느러미 두 개를 번갈아 이용해 걸을 수 있고, 뒷지느러미 두 개를 동시에 이용해 뛸 수 있지만 앞지느러미는 걷거나 뛰는 동작에 관여하지 않는다고 했다.

③ 폐어가 뒷지느러미만으로도 온몸을 지탱할 수 있는 것은 폐 속에 가득 찬 공기가 부력을 제공하기 때문인 것으로 추정된다고 했다.

④ 폐어는 뒷지느러미 두 개를 번갈아 이용해 걸을 수 있고, 뒷지느러미 두 개를 동시에 이용해 뛸 수 있다고 했다.

## 02                                                  정답 ⑤

**발화유형** 방송 뉴스

**문제유형** 듣기 – 추론 – 생략된 정보 추리

**해설**

렌터독 서비스는 애완견을 대여해 주는 서비스이다. ⑤는 애완견을 대여하는 것이 아니라 구입하는 것과 관련된 내용이므로 적절하지 않다.

**오답 피하기**

①·②·③·④는 모두 렌터독 서비스에 대한 의견이므로 적절하다.

## 03                                                  정답 ②

**발화유형** 강연

**문제유형** 듣기 – 사실적 이해 – 핵심 내용의 파악

**해설**

웃음이 여러 측면에서 우리 건강에 좋은 영향을 끼친다는 점을 말하고 있으므로 ②가 적절하다.

## 04                                                  정답 ③

**발화유형** 인터뷰

**문제유형** 듣기 – 사실적 이해 – 세부 정보의 파악

**해설**

남자는 안정된 직장을 그만둘 때 조금 망설였지만, 애초 계획대로 무대 미술 공부를 하기 위해 직장을 그만두었다.

**오답 피하기**

①·②·④·⑤는 모두 언급되었다.

## 05                                                  정답 ③

**발화유형** 토론

**문제유형** 듣기 – 사실적 이해 및 비판 – 세부 내용 파악 및 평가

**해설**

남자는 평가가 수시로 이루어진다면 평가 횟수가 늘어나기 때문에, 학업에 대한 학생들의 부담은 오히려 더 늘어난다는 점을 우려하고 있다. 따라서 남자가 성장 과정에서 어느 정도의 스트레스는 필요하다고 생각한다고 보긴 어렵다.

**오답 피하기**

① 남자는 교사들이 자율적으로 학생들을 평가한다면 평가 결과가 과연 학생들의 학업 성취도를 객관적으로 알려 줄 수 있는 준거가 될 수

있을까를 우려하고 있다. 따라서 객관성 여부를 중요하게 생각한다고 볼 수 있다.

② 여자가 주장하는 평가 방식은 학급을 이끌어가는 교사가 수시로, 그리고 자율적으로 학생들을 평가하는 방식이기 때문에 교사 개개인의 역량이 중시된다.

④ 여자는 평가가 각 교사의 재량에 맡겨진다면 교사마다 서로 다른 시험 도구로 평가를 하기 때문에 사교육이 줄어들 것이라고 말하고 있으므로 정기고사가 사교육을 조장한다고 보고 있다 할 수 있다. 또 남자는 여자가 주장하는 평가 방식에선 객관적인 학업 성취도 평가를 받기 위해 학생들이 사교육에 더욱 의존할 것이라 말하고 있으므로 남녀 모두 상대방이 주장하는 평가 방식이 사교육을 조장할 것이라 생각한다 할 수 있다.

⑤ 여자는 한창 다양한 경험을 쌓아야 할 시기에 정기고사에 대한 부담감 때문에 체험 활동을 포기하는 학생들이 있다고 하였고, 남자는 평가가 수시로 이루어진다면 평가 횟수가 늘어나기 때문에 학업에 대한 학생들의 부담은 오히려 더 늘어난다는 점을 우려했다. 따라서 남녀 모두 상대가 주장하는 평가 방식이 학생들에게 부담을 줄 것이라고 생각한다.

## 06                                                  정답 ②

**발화유형** 토론

**문제유형** 듣기 – 비판 – 토론 내용 및 방법 평가

**해설**

여자는 남자가 제주도 여행 때 유채꽃을 꺾고, 수목원에서 담배를 피운 일을 언급하면서 남자를 비난하고 있다. 따라서 인신공격적 발언을 하면서 논제에서 벗어나고 있다고 할 수 있다.

**오답 피하기**

① 의견이 절충되지 않았다.

③ 여자는 케이블카가 설치되면 편안하게 앉아서 산의 경치를 둘러볼 수 있다는 점을 근거로, 남자는 자연이 파괴될 것이라는 점을 근거로 들어 자신의 의견을 주장하고 있다.

④ 스스로 묻고 답하는 방법은 사용되지 않았다.

⑤ 비유적 표현은 사용되지 않았다.

## 07                                                  정답 ②

**발화유형** 대화

**문제유형** 듣기 – 사실적 이해 및 비판 – 세부 내용 파악 및 평가

**해설**

여자는 병행 수입 상품이 원 제조사에서 만들어진 정품이라고 했다.

**오답 피하기**

① 여자는 정부가 수입품의 가격 인하를 유도하기 위해 병행 수입을 더욱 활성화할 계획이라 했다.

③ 여자는 병행 수입 상품에 대해 가격이 싸다는 장점, A/S 보장이 안 된다는 단점을 모두 언급하고 있다.

④ 여자는 뭐니 뭐니 해도 정품을 싸게 사는 게 가장 좋은 일이라 했다.

⑤ 남자는 주로 병행 수입에 대한 질문을 하고, 여자가 답을 하면서 병

행 수입에 대한 정보를 제공하고 있다.

## 08 정답 ②

**발화유형** 강연

**문제유형** 듣기 – 비판 – 비판의 적절성 평가

**해설**

스마트워크를 옹호하는 강연이므로 스마트워크의 단점을 적절하게 지적하는 내용(①·③·④·⑤)이 반론이 될 수 있다. ②는 스마트워크의 단점에 해당하지 않는다.

## 09 정답 ①

**발화유형** 강연

**문제유형** 듣기 – 추론 – 구체적 상황 및 사례 추리

**해설**

인간이 인지 요소의 부조화 상태에 빠지면 인지를 변화시켜 조화 상태를 유지하고자 하는데, 이때 인간은 인지 부조화를 해소하기 위해 자신의 결정을 합리화하게 된다. ①은 바람직하지 못한 생각을 없애려는 노력을 보여주는 예로, 인지적 부조화를 설명하는 예라 할 수 없다.

**오답 피하기**

② 금연을 해야 한다는 인지와 금연을 할 수 없다는 인지가 부조화를 이루어, 금연을 포기하는 이유를 합리화하고 있다.

③ 내가 산 물건이 좋은 물건일 것이라는 인지와 좋지 않는 물건이라는 인지가 부조화를 이루어, 잡지에 혹평이 실린 이유를 합리화하고 있다.

④ 이성에게 고백을 하면 사랑이 받아들여질 것이라는 인지와 사랑을 거절당했다는 인지가 부조화를 이루어, 이성과 사귀지 않게 된 이유를 합리화하고 있다.

⑤ 종말이 와야 한다는 인지와 종말이 오지 않았다는 인지가 부조화를 이루어, 종말이 오지 않은 이유를 합리화하고 있다.

## 10 정답 ③

**발화유형** 토론

**문제유형** 듣기 – 사실적 이해 – 세부 내용의 파악

**해설**

우리나라에는 소극적 안락사를 허용한 판례가 있는가 하면, 소극적 안락사를 행한 의사 및 보호자에게 살인죄를 선고한 경우도 있으므로 소극적 안락사가 법적 제재를 받지 않는다고 할 수 없다.

## 11 정답 ①

**발화유형** 토론

**문제유형** 듣기 – 사실적 이해 및 비판 – 세부 내용의 파악 및 평가

**해설**

남자는 기준을 엄격히 정하고, 그 기준에 따라 안락사의 허용

여부를 신중하게 결정한다면 안락사가 악용될 소지를 최소화할 수 있다고 말했다. 따라서 남자는 안락사의 악용 가능성을 어느 정도 인정하고 있다고 볼 수 있다.

**오답 피하기**

② '인명재천'이라는 관습적 표현을 사용했다.

③ 남녀 모두 인간의 생명이 소중하다는 점을 언급했다.

④ 남자는 최근 영국의 사례를 처음에 언급했다.

⑤ 여자는 치유가 불가능할 것이라는 인간의 판단이 언제나 옳은 것은 아니며, 안락사의 대상이 기적적으로 회복될 수도 있다고 언급했다.

## 12 정답 ②

**발화유형** 강연

**문제유형** 듣기 – 사실적 이해 – 세부 내용의 파악

**해설**

공정 여행의 성과는 언급되지 않았다.

**오답 피하기**

①·③·④·⑤는 모두 언급되었다.

## 13 정답 ②

**발화유형** 강연

**문제유형** 듣기 – 추론 – 구체적 상황 및 사례 추리

**해설**

'공정 여행'이란 여행자들이 현지 문화와 생태계를 보존하고 현지인들의 삶을 존중하며, 여행자들의 소비로 인한 이득이 현지인에게 돌아가도록 하는 여행이다. 하이브리드 자동차를 이용하는 것은 환경을 고려한 행동이므로 공정 여행을 실천한 일이라 할 수 있다.

**오답 피하기**

① 물건 구입 시엔 정당한 비용을 지불해야 한다.

③ 유명 호텔보다는 현지인이 운영하는 숙소를 이용해야 현지인들에게 이득이 돌아간다.

④ 패스트푸드를 먹는 것은 현지 문화와 생태계를 보존하고 현지인들의 삶을 존중하는 공정 여행과 거리가 멀다.

⑤ 구걸하는 어린이의 모습을 사진으로 찍는 것은 현지인들의 삶을 존중하는 행동에 해당한다고 하기 어렵다.

## 01 주관식

**발화유형** 강연

**문제유형** 듣기 – 사실적 이해 – 중심 내용 파악 및 요약

**>>정답 예시**

선의의 거짓말은 그것이 좋은 결과를 가져온다는 보장도 없고, 거짓말이 들통 났을 때는 상황이 더 악화될 수도 있다. 그리고 선의의 거짓말은 상대방과 나 사이의 신뢰를 무너뜨리기 때문에 우리는 선의의 거짓말을 해서는 안 된다.

## >>정답 기준

① '선의의 거짓말'에 대한 강연자의 주장이 드러나 있는가.
② 주장에 대한 근거가 드러나 있는가.
③ 어문 규범에 맞게 100자 이내로 서술하였는가.

| 등급 | 등급 기준 |
|---|---|
| A | ① · ② · ③을 모두 만족한 경우 |
| B | ① · ②를 모두 만족하였으나, ③을 만족시키지 못한 경우 |
| C | • ①과 ② 중 하나만을 만족하고, 그 내용이 충실한 경우<br>• ①과 ②를 모두 제시하였으나, 그 내용이 완전하지 못하거나 분명하지 않은 경우 |
| D | ①이나 ② 중 하나만을 만족하였으나, 그 내용이 완전하지 못하거나 분명하지 않은 경우 |

**참고** 오 헨리의 소설 제목을 관습적으로 '마지막 잎새'라고 하지만, 맞춤법 규정상 '잎새'가 아니라 '잎사귀'가 올바른 말이다.

## 02 주관식

**발화유형** 방송 보도
**문제유형** 듣기 – 창의 – 주장 및 대안 쓰기

### >>정답 예시

인터넷 실명제는 표현의 자유를 위축시키고, 개인 신상 정보 노출에 의한 사생활 침해를 야기하므로 폐지돼야 한다. 인터넷 실명제를 하지 않아도 IP 추적 등을 통해 사이버 폭력을 제재할 수 있으므로 인터넷 실명제는 불필요하다.

### >>정답 기준

① 반대하는 입장이 명확히 드러나는가.
② 자신의 주장에 대한 근거가 적절한가.
③ 어문 규범을 지켜 100자 내외로 썼는가.

| 등급 | 등급 기준 |
|---|---|
| A | ① · ② · ③을 모두 만족한 경우 |
| B | ① · ②를 모두 만족하였으나, ③을 만족시키지 못한 경우 |
| C | ①은 만족하였으나, ②의 내용이 완전하지 못하거나 분명하지 않은 경우 |
| D | ①이나 ② 중 하나만을 만족한 경우 |

## 14 정답 ⑤

**문제유형** 어법 – 의미의 중복

**해설**

⑤에는 불필요한 요소의 중복이 없다.

**오답 피하기**

① '재고'는 '다시 생각함'의 뜻이므로 '다시 재고해'는 의미의 중복이다. 따라서 '다시 재고해'를 '재고해', 혹은 '다시 생각해'로 고쳐야 한다.
② '온정'은 '따뜻한 사랑이나 인정'의 뜻이므로 '따뜻한 온정'은 의미의 중복이다. 따라서 '따뜻한 온정'을 '온정'으로 고쳐야 한다.

③ '표출'은 '겉으로 나타냄'의 뜻이므로 '겉으로 표출하는'은 의미의 중복이다. 따라서 '겉으로 표출하는'을 '겉으로 나타내는', 혹은 '표출하는'으로 고쳐야 한다.
④ '예고'는 '미리 알림'의 뜻이므로 '미리 예고했다'는 의미의 중복이다. 따라서 '미리 예고했다'를 '예고했다', 혹은 '미리 알렸다'로 고쳐야 한다.

## 15 정답 ①

**문제유형** 어법 – 문장 성분의 호응

**해설**

①은 문장 성분 간의 호응이 잘 이루어졌다.

**오답 피하기**

② '좀처럼'은 부정어와 어울리므로 '같다'와 호응하지 않고, '같지 않다'와 호응한다.
③ '여간'은 부정어와 어울리므로 '어려운 일이다'와 호응하지 않고, '어려운 일이 아니다'와 호응한다.
④ '하물며'는 '더군다나'의 의미로 앞의 사실과 비교하여 뒤의 사실에 더 강한 긍정을 나타낸다. 따라서 '인정사정없지 않다'는 의미가 뒤에 와야 하므로 '사람은 인정사정없다'가 아니라, '사람이 인정사정없을까'가 되어야 한다.
⑤ '틀림없이'는 확신을 나타내므로 불확실한 추측을 나타내는 '~수도 있다'와 어울리지 않는다. 따라서 '그는 틀림없이 그 사안에 대해 이의를 제기할 것이다'가 자연스럽다.

## 16 정답 ③

**문제유형** 어법 – 문장 성분의 호응

**해설**

'경기가 좋아질 전망입니다'란 문장에서 '전망'은 '앞날을 헤아려 내다 봄'이란 의미이다. 이는 인간이 하는 행위에 해당하므로 '전망입니다'라는 서술어는 '경기가'라는 주어와 호응하지 않는다. 따라서 원래 문장 그대로 '앞으로 경기가 좋아질 것으로 전망됩니다'가 맞는 표현이다.

## 17 정답 ⑤

**문제유형** 어법 – 문장의 중의성

**해설**

⑤는 중의성을 띠고 있지 않다.

**오답 피하기**

① 아버지가 넥타이를 매고 있는 중이다.
　아버지가 넥타이를 맨 상태이다.
② (그가 공을 찰 리 없는데) 그가 공을 찬다는 사실 자체가 이상하다.
　그가 공을 차는 방법(모습)이 이상하다.
③ 그녀가 나를 좋아하기보다는 드라마를 더 좋아한다.
　내가 드라마를 좋아하는 정도보다 그녀가 드라마를 좋아하는 정도가 더 크다.

④ 그가 수박 하나, 복숭아 하나를 사 주었다.
　그가 수박 하나, 복숭아 두 개를 사 주었다.

## 18
**정답** ②

**문제유형** 어법 – 높임 표현

**해설**

손자의 대사에서 주체인 아버지가 화자보다 높지만 청자인 할아버지보다 낮으므로 '아버지가 곧 온대요.'가 맞다.

## 19
**정답** ⑤

**문제유형** 쓰기 – 창의 – 자료의 수집 및 활용

**해설**

2011년 자료를 보면 4인 가구가 전체 가구 형태 중 가장 많은 비율을 차지하고 있다.

**오답 피하기**

① 2인 가구 이상은 2006년에 비해 2011년에 모두 감소하였다.
② 1인 가구만 2006년에 비해 2011년에 5%나 상승했다.
③ 1인 가구가 증가하고 있으므로 주거 면적은 소형화될 것이라고 예측할 수 있다.
④ 만혼율, 이혼율, 독거노인 가구가 증가하면 1인 가구가 많아질 것이므로 제시된 표가 만혼율, 이혼율, 독거노인 가구의 증가로 인한 결과를 보여준다고 할 수 있다.

## 20
**정답** ②

**문제유형** 쓰기 – 비판 – 고쳐쓰기

**해설**

표준어 규정을 폐지하는 주장의 근거가 소개되고 있는데, ⓒ은 교양 있는 행동의 중요성에 대한 내용이므로 논지 전개의 일관성을 해친다.

## 21
**정답** ⑤

**문제유형** 쓰기 – 비판 – 개요의 수정 및 보완

**해설**

비만 청소년들이 주눅 들지 않고 자신감 있게 살아가는 것은 '청소년 비만을 극복하기 위한 노력'에 해당하지 않으므로 ⑤는 적절하지 않다.

**오답 피하기**

① · ② · ③ · ④는 각각 ㉠ · ㉡ · ㉢ · ㉣을 뒷받침할 수 있는 진술이다.

## 22
**정답** ④

**문제유형** 쓰기 – 창의 – 뒷받침 문장 쓰기

**해설**

육교는 교통난 해소를 위해 설치된 것으로, 육교로 인해 운전자의 운전 속도가 느려지는 것은 아니다. ④는 육교가 아니라, 횡단보도와 관련된 내용이라 할 수 있다.

**오답 피하기**

① · ② · ③ · ⑤는 모두 육교의 문제점이라 할 수 있다.

## 03 주관식

**문제유형** 쓰기 – 창의 – 중심 문장 쓰기

**>>정답 예시**

개인의 재능은 활용 방식에 따라 사회에 해가 될 수도 있고, 보탬이 될 수도 있다.

**>>정답 기준**

① 재능은 활용 방식에 따라 결과가 다르다는 사실이 언급되어 있는가.
② 긍정적인 결과와 부정적인 결과가 모두 언급되어 있는가.
③ 어문 규범을 지켜 한 문장으로 썼는가.

| 등급 | 등급 기준 |
| --- | --- |
| A | ① · ② · ③을 모두 만족한 경우 |
| B | ① · ②를 모두 만족하였으나, ③을 만족시키지 못한 경우 |
| C | ①은 만족하였으나, ②의 내용이 완전하지 못하거나 분명하지 않은 경우 |
| D | ①만 만족한 경우 |

## 04 주관식

**문제유형** 쓰기 – 창의 – 소주제문 쓰기

**>>정답 예시**

꿈은 창조적 영감의 원천이 될 수 있다.

**>>정답 기준**

① '꿈'과 관련하여 서술하였는가.
② '창조적 영감의 원천'과 같은 언급을 하였는가.
③ 어문 규범을 지켜 한 문장으로 썼는가.

| 등급 | 등급 기준 |
| --- | --- |
| A | ① · ② · ③을 모두 만족한 경우 |
| B | ① · ②를 모두 만족하였으나, ③을 만족시키지 못한 경우 |
| C | ①은 만족하였으나, ②의 내용이 완전하지 못하거나 분명하지 않은 경우 |
| D | ①만 만족한 경우 |

## 05 주관식

**문제유형** 쓰기 – 창의 – 중심 문장 쓰기

### >>정답 예시

상대방이 원하는 방식으로 사랑을 베풀어야 한다.

### >>정답 기준

① '사랑'이란 단어를 사용해 썼는가.
② '사랑의 방식'이 어떠해야 하는지 적절하게 썼는가.
③ 정책 명제('~해야 한다')와 같은 형태로 썼는가.
④ 어문 규범을 지켜 한 문장으로 썼는가.

| 등급 | 등급 기준 |
|------|-----------|
| A | ①·②·③·④를 모두 만족한 경우 |
| B | ①·②를 모두 만족하였으나, ③·④를 만족시키지 못한 경우 |
| C | ①은 만족하였으나, ②의 내용이 완전하지 못하거나 분명하지 않은 경우 |
| D | ①을 만족하였고, 필자가 언급한 내용이 어느 정도 반영되어 있으나 '사랑의 방식'과 관련지어 서술하지 않은 경우 |

## 23
정답 ③

**문제유형** 쓰기 – 추론 – 연결어의 활용

### 해설

㉠에는 앞의 내용과 상반된 내용을 이끌 때 쓰는 연결어가, ㉡에는 앞의 문장을 부연 설명할 때 쓰는 연결어가, ㉢에는 내용을 첨가할 때 필요한 연결어가 와야 한다. 이러한 조건을 모두 만족하는 것은 ③이다.

## 06 주관식

**문제유형** 쓰기 – 창의 – 중심 문장 쓰기

### >>정답 예시

사람에 따라 맛에 대한 기호가 다르기 때문에 모든 사람을 만족시킬 수 있는 맛집은 존재하지 않는다.

### >>정답 기준

① '맛집'에 대한 필자의 입장이 드러나도록 썼는가.
② 사람에 따라 맛에 대한 기호가 다르다는 언급을 하였는가.
③ 어문 규범을 지켜 한 문장으로 썼는가.

| 등급 | 등급 기준 |
|------|-----------|
| A | ①·②·③을 모두 만족한 경우 |
| B | ①·②를 모두 만족하였으나, ③을 만족시키지 못한 경우 |
| C | ①은 만족하였으나, ②의 내용이 완전하지 못하거나 분명하지 않은 경우 |
| D | ①이나 ② 중 하나만을 만족한 경우 |

## 07 주관식

**문제유형** 어휘 – 사실적 이해 및 추론 – 십자말풀이

### >>정답

2. 세로 ( 거실 )
3. 세로 ( 소화기 )
8. 가로 ( 도청 )
9. 가로 ( 회초리 )

### 해설

십자말풀이를 완성하면 다음과 같다.

|   | 자 | 전 | 거 |   |
|---|---|---|---|---|
| 소 | 유 |   | 실 | 기 |
| 화 |   |   |   | 상 |
| 기 | 밀 |   | 도 | 청 |
|   | 회 | 초 | 리 |   |

### >>정답 기준

| 등급 | 답안 개수 |
|------|-----------|
| A | 4개 |
| B | 3개 |
| C | 2개 |
| D | 1개 |

## 08 주관식

**문제유형** 쓰기 – 창의 – 논지를 뒷받침하는 내용 쓰기

### >>정답 예시

학생들의 학업 능력의 향상을 위해서 교사는 학생들이 공부를 잘할 수 있다는 기대감을 갖고 학생들에게 칭찬과 격려를 해 주어야 한다. 교사의 긍정적 기대와 격려에 힘입은 학생들은 열심히 공부하여 학업 능력이 향상될 수 있기 때문이다.

### >>정답 기준

① '학업 능력 향상'과 관련지은 예가 드러나 있는가.
② 주장에 대한 근거가 합당한가.
③ 주장과 근거의 관계가 유기적으로 연결되어 있는가.
④ 어문 규범을 지켜 100자 내외로 썼는가.

| 등급 | 등급 기준 |
|------|-----------|
| A | ①·②·③·④를 모두 만족한 경우 |
| B | ①·②·③을 모두 만족하였으나, ④를 만족시키지 못한 경우 |
| C | ①·②를 만족하였으나, ③·④를 만족시키지 못한 경우 |
| D | ①만 만족한 경우 |

## 09 주관식

**문제유형** 어휘 – 창의 – 짧은 글 짓기

### >>정답 예시

올해 대학 졸업생들의 취업 경쟁이 치열해서 좋은 직장에 들어가는 것은 하늘의 별 따기이다.

**참고** '하늘의 별 따기'는 무엇을 얻거나 성취하기가 매우 어려운 경우를 비유적으로 이르는 말이다.

### >>정답 기준

| 등급 | 등급 기준 |
|---|---|
| A | 3단어를 모두 문맥에 맞게 적용하여 완성도 있는 문장을 쓴 경우 |
| B | 2단어만 문맥에 맞게 적용하여 문장의 호응에 맞게 완성한 경우 |
| C | 2단어만 문맥에 맞게 적용하였는데 문장의 호응이 맞지 않는 경우 |
| D | 1단어만 문맥에 맞게 적용한 경우 |

## 10 주관식

**문제유형** 쓰기 – 창의 – 주장 및 대안 쓰기

### >>정답 예시

※ 찬성하는 경우
- 어린이집에 CCTV를 설치하면 어린이집의 보육 환경 및 어린이집에서 이루어지는 활동을 확인할 수 있으므로, 어린이집 서비스의 질이 향상되고 아동학대가 예방될 수 있다. 따라서 부모들이 안심하고 자녀를 어린이집에 맡길 수 있다. 또 어린이집에서 사고가 일어났을 때 원인 분석이 용이하므로 어린이집 CCTV 설치를 의무화해야 한다.

※ 반대하는 경우
- 어린이집에 CCTV를 설치하면 보육교사들은 감시를 받고 있다는 중압감에 시달릴 수 있다. 그 결과 아이들을 진심 어린 사랑의 마음으로 돌볼 수 없을 것이다. 또한 교사의 일거수일투족이 공개되는 것은 인권 침해에 해당하므로 어린이집 CCTV 설치를 의무화해서는 안 된다.

### >>정답 기준

① 주장이 찬성이나 반대, 어느 하나로 뚜렷하게 드러나는가.
② 자신의 주장에 대한 근거가 적절한가.
③ 어문 규범을 지켜 세 문장으로 썼는가.

| 등급 | 등급 기준 |
|---|---|
| A | ① · ② · ③을 모두 만족한 경우 |
| B | ① · ②를 모두 만족하였으나, ③을 만족시키지 못한 경우 |
| C | ①은 만족하였으나, ②의 내용이 완전하지 못하거나 분명하지 않은 경우 |
| D | ①이나 ② 중 하나만을 만족한 경우 |

PART

5

듣기대본

※ 1번부터 4번까지는 문제와 선택지를 듣고 푸는 문항입니다. 잘 듣고 물음에 답하세요.

**01** 다음은 강연의 일부입니다. 잘 듣고 물음에 답하세요.

> 한국인을 특징짓는 대표적인 말 중 하나는 바로 '빨리빨리 문화'입니다. 우리나라에 체류하는 외국인들이 가장 처음 익히는 말이 '빨리빨리'라는 우스갯소리도 있듯이, 한국인은 성격이 굉장히 급합니다. 무슨 일을 하든지 속전속결을 추구하죠. 불과 200년 전만 하더라도 우리는 빨리빨리 문화와 거리가 멀었습니다. 양반걸음을 떠올려 보세요. 느릿느릿 걷는 그 모습에서 급한 성격을 엿볼 수는 없습니다. 그럼 어쩌다 빨리빨리 문화가 우리 가운데 자리 잡게 되었을까요? 아마도 하루빨리 전쟁 후의 혼란을 극복하고 급속히 산업화를 이루고자 하는 열망이 '빨리빨리 문화'를 탄생시킨 것으로 추정됩니다. '빨리빨리 문화'가 단기간에 국가 경쟁력을 높이는 데 큰 기여를 한 것은 사실입니다. 그러나 이로 인한 폐단도 꽤 많습니다.

잘 들으셨지요? 다음에 이어질 강연 내용으로 적절한 것은 무엇입니까?

① 과도한 조기 교육이 아동의 정서적 발달에 악영향을 끼친다.
② 정치인들의 부정부패로 정치인들이 국민들의 신뢰를 잃었다.
③ 21세기 정보화 사회에서는 정보의 신속한 처리가 요구된다.
④ 학력을 중시하는 사회적 분위기는 학력 위조 사건을 야기한다.
⑤ 문화적 사대주의에 빠져 선진국의 문화를 일방적으로 좇고 있다.

**02** 다음은 우화의 일부입니다. 잘 듣고 물음에 답하세요.

> 한 마리의 사자와 한 사람이 여행을 가게 되었습니다. 처음에 사이좋게 길을 떠난 그들은 곧 다투기 시작했습니다. 사자가 뛰어날까, 사람이 뛰어날까 이야기를 나누던 중, 서로 자기가 더 뛰어나다고 주장했기 때문입니다.
> 그러다가 그들은 한 마을 입구에 다다랐습니다. 그런데 거기에는 조각품이 세워져 있었습니다. 바로 어떤 사람이 사자의 목을 조르고 있는 모습을 형상화한 작품이었습니다.
> 그 조각품을 본 사람이 말했습니다.
> "봐라. 사람이 얼마나 뛰어난가! 사자가 동물의 왕이라지만, 사람에겐 꼼짝 못하는구나!"
> 그러자 사자가 콧방귀를 뀌며 말했습니다.
> "이 조각품을 만든 게 누구지? 바로 인간이다. 만약 사자가 조각품을 만들었다면 틀림없이 사자 발밑에 사람이 깔려 있었을 것이다."

잘 들으셨지요? 우화에 대한 설명으로 적절한 것은 무엇입니까?

① 자연을 경시하는 인간의 자만심에 경종을 울리는 우화이다.
② 자기주장이 너무 강하면 나중에 큰 화를 입는다는 것을 알려주는 우화이다.
③ 고단한 여행길도 동행자가 있으면 시름을 잊게 된다는 것을 깨닫게 해 주는 우화이다.
④ 사회의 분열을 방지하기 위해서는 구성원 간의 의사소통이 중요함을 강조하는 우화이다.
⑤ 동일한 현상에 대한 평가가 평가하는 사람의 관점에 따라 달라짐을 깨닫게 해 주는 우화이다.

**03** 다음은 뉴스의 일부입니다. 잘 듣고 물음에 답하세요.

> 남: 최근 슬로푸드 운동이 확산되고 있습니다. 슬로푸드 운동은 손이 많이 가더라도 품질 좋은 재료들로 정성을 다해 만든 전통 음식을 먹자는 운동인데요, 이 운동이 확산됨에 따라 채소를 손수 재배하고, 몸에 좋은 전통 음식을 식탁에 올리는 주부들이 늘고 있습니다.
> 가축병 파문이 일면서 햄버거와 같은 패스트푸드를 먹는 것이 썩 내키지 않았던 주부들은, 손으로 직접 음식을 만들어 먹음으로써 편안한 마음으로 음식의 맛을 즐기고 있습니다.
> 김치, 된장찌개 같은 전통 음식은 우리 입맛에 맞을 뿐 아니라 건강에도 좋다는 점을 고려해, 자녀들에게 슬로푸드를 먹여야겠다는 생각을 하는 주부들도 늘고 있습니다.
> 슬로푸드 운동의 의의와 이 운동을 실천하는 방법을 소개하는 책들도 발간되었는데요, 바쁜 현대 사회에서 음식만은 느긋하게 즐기면서 삶의 여유를 되찾을 수 있었으면 좋겠습니다.

**잘 들으셨지요? 이 뉴스에 삽입될 인터뷰로 적절하지 않은 것은 무엇입니까?**

① 여(48세 식품 전문가): 어려서부터 발효 식품을 즐겨 먹는 습관을 들이는 것이 아이들의 건강 증진에 도움이 됩니다.

② 여(36세 회사원): 매일매일 야근에, 눈뜨면 출근하기 바빠서 느긋하게 앉아 음식을 즐긴다는 건 상상도 할 수 없는 일이에요.

③ 여(55세 주부): 식재료를 사면서도 농약을 많이 치진 않았을까 늘 불안했어요. 결국 직접 식재료를 재배해 보자 결심하게 됐죠.

④ 남(39세 출판 편집자): 패스트푸드를 거부하는 움직임을 반영한 책들이죠. 독자들의 삶에 도움을 주고자 이 책의 출판을 기획했습니다.

⑤ 남(40세 회사원): 집사람이 우리 집 옥상을 텃밭으로 꾸몄어요. 텃밭에서 기른 여러 가지 채소를 날마다 먹으니, 진짜 병원 갈 일이 없더라고요.

**04** 다음은 인터뷰의 일부입니다. 잘 듣고 물음에 답하세요.

> 남(기자): 오늘 '만나고 싶은 사람' 코너에서는 이번 한국 뮤지컬 대상 시상식에서 여우주연상을 수상한 박소희 씨를 모셨습니다. 박소희 씨, 안녕하세요? 시청자 여러분께 인사 한마디 부탁드립니다.
> 여(뮤지컬 배우): 안녕하세요? 뮤지컬 '어제의 기억'에서 이진숙 역을 맡은 박소희입니다.
> 남(기자): 정말 반갑습니다. 이야기가 나온 김에, 우선 작품 설명을 좀 해 주시죠.
> 여(뮤지컬 배우): 네, 뮤지컬 '어제의 기억'은 6·25 전쟁 중에 가족들과 헤어져 고아원에서 성장한 이진숙이란 여인이, 가족들과 재회할 그날을 기다리며 역경을 극복해 가는 이야기예요. 우리 민족사의 비극을 보여주면서도 따뜻한 가족애를 느끼게 해주는 작품이죠.
> 남(기자): 저도 어제 극장에서 이 뮤지컬을 봤는데요, 박소희 씨 정말 연기를 잘하시더군요. 아역 배우로부터 바통을 이어받아 청소년기부터 중년의 시기까지 한 여인의 삶을 훌륭히 표현해 내셨죠. 타고난 배우란 생각이 들었는데, 어떤 계기로 뮤지컬 배우가 되신 거죠?
> 여(뮤지컬 배우): 전 고등학교 때 처음 뮤지컬을 접했어요. 그전까지는 꽤 공부를 잘했는데 뮤지컬을 보고 나니 머릿속에 무대밖에 생각이 안 나더군요. 등수가 중간 이하로 내려갔죠. 연극영화과로 진학하고 싶었지만, 부모님의 반대가 너무 심했어요. 그때는 무대에서 노래하고 춤을 춘다고 하면 딴따라라고 하던 시대였죠. 요즘 젊은 친구들이 부모님의 응원 속에서 연기를 시작하는 것을 보면 정말 부러워요. 어쨌든, 그래서 국문학과에 진학했어요. 처음에는 불만이었는데 지금은 다행이라고 생각해요. 대학 시절에 학과 공부를 위해 읽은 문학 작품이 배우에게 필요한 감수성을 키워 주었거든요.
> 남(기자): 그렇군요. 당연히 연기를 전공하셨을 거라고 생각했는데, 정말 대단하십니다.

**잘 들으셨지요? 이 인터뷰에 대한 반응으로 적절하지 않은 것은 무엇입니까?**

① 여자가 출연하는 뮤지컬은 이산가족 문제를 다루고 있군.

② 여자가 맡은 역할의 청소년 시절은 아역 배우가 연기하였군.

③ 여자는 고등학생 시절에 뮤지컬을 처음 접하고 난 후 학업 성적이 떨어졌군.

④ 여자는 대학 시절의 전공이 뮤지컬 배우 생활에 도움을 주고 있다고 생각하는군.

⑤ 여자가 대학에 진학할 무렵의 뮤지컬에 대한 인식과 지금의 인식에는 차이가 있군.

※ 5번부터 13번까지는 내용을 들은 후, 시험지에 인쇄된 문제와 선택지를 보고 푸는 문항입니다. 잘 듣고 물음에 답하세요.

## 05 다음은 방송의 일부입니다. 잘 듣고 물음에 답하세요.

남(사회자): 지하철 에스컬레이터 '두줄타기' 운동이 펼쳐진 지 4년째에 접어들었습니다. 그런데 아직도 '두줄타기'가 정착되지 않아 혼란이 벌어지고 있다고 합니다. 박은영 리포터가 전합니다.

여(리포터): 서울 지하철 2호선 신촌역. 이곳은 지금 출근하는 시민들로 붐비고 있습니다. 그런데 보시다시피 지하철에서 내린 인파 중 일부는 에스컬레이터의 오른편에 서 있고, 일부는 왼쪽으로 걸어가고 있습니다. 시민들을 만나 보시죠.

남(시민 1): '두줄타기' 얘기는 들었는데, 바쁜 출근길에 어떻게 에스컬레이터에서 가만히 서 있습니까?

여(시민 2): 왼쪽에 가만히 서 있으니까 뒤에 오는 사람들이 빨리 가라고 자꾸 재촉을 하더라고요. 할 수 없이 저도 걸어서 올라갔죠.

여(리포터): 2002년 월드컵을 전후해서 '한줄타기' 운동이 벌어졌고 대부분의 시민들이 이를 따라왔습니다. 그런데 '두줄타기'로 바뀐 이유는 무엇일까요?

남(지하철 관계자): 서둘러 오르내리다 보니 사고가 잦고, 무게가 한쪽으로 쏠리다 보니 에스컬레이터 고장도 많이 일어나서 '두줄타기'로 바꾼 거죠.

여(리포터): 하지만 '한줄타기'에 익숙한 시민들에게 '두줄타기'는 오히려 불편을 안겨주고 있습니다. 또 아직도 '두줄타기' 자체를 모르는 시민들이 꽤 있습니다.

남(시민 3): '두줄타기'요? 처음 들어보는데요? 원래 왼쪽은 걸어가는 게 맞지 않나요?

여(리포터): 여러 지하철역을 다녀 봐도 '두줄타기' 운동을 알리는 팻말이나 안내문은 거의 찾아보기 힘든데요, '두줄타기'를 정착시키기 위해서는 지속적인 홍보를 펼치는 것이 필요할 듯합니다.

## 06 다음은 인터뷰의 일부입니다. 잘 듣고 물음에 답하세요.

남(리포터): 얼마 전 드라마 '내 기억 속의 천사'가 높은 시청률을 기록하며 막을 내렸는데요, 소감이 어떠신지요?

여(방송작가): 홀가분합니다. 시청률이 잘 나와 드라마 방영 내내 기분이 좋았을 거라고들 생각하시는데, 사실 작품을 집필하는 동안 창작의 고통이 엄청 났거든요. 시청률이 높게 나올수록 더 잘 써야 한다는 부담감은 커지는데, 글이 쉽게 써지진 않아서 조금 힘들었습니다.

남(리포터): 쓰시는 작품마다 화제가 되는데요, 그 비결이 어디에 있다고 생각하십니까?

여(방송작가): 글쎄요. 사실 제가 쓴 작품이 모두 흥행에 성공한 건 아니었어요. 초창기의 작품들은 대부분 시청률이 매우 저조했거든요. 참신한 소재를 발굴해 심혈을 기울여 쓴 작품들이었는데, 이상하게 시청률은 잘 나오지 않더군요. 연달아 흥행에 실패하자, 작가로서의 역량을 의심받게 되었죠. 그래서 저도 의기소침했어요. 처음 흥행에 성공했던 '사랑'이라는 작품의 경우에는 '에라, 모르겠다.' 하는 심정으로 평범한 소재를 다루었는데 오히려 큰 인기를 얻었어요.

남(리포터): 그럼 이번 드라마는 어떻게 구상하게 되신 거죠?

여(방송작가): 저는 늘 우리 주변의 소소한 일들을 소재로 한 드라마를 쓰고 싶다는 생각을 해 왔어요. 어떻게 보면 진부하기도 한, 반복되는 날마다의 생활, 그 속에 담긴 감동에 대해 말하고 싶었죠. 이전 드라마 집필이 끝나고 쉴 새 없이 바로 이번 드라마 집필에 들어갔는데, 옛날부터 틈틈이 메모했던 내용들이 작품 완성에 큰 도움이 되었어요. 그리고 이번 드라마의 성공은 저 혼자만의 공이 아니에요. 주연 배우들의 탁월한 연기력은 평범한 이야기를 특별해 보이도록 한 주요인이라 할 수 있죠. 배우들에게 정말 고마워요.

## 07 다음은 강연의 일부입니다. 잘 듣고 물음에 답하세요.

얼마 전, 중국에서 차에 치여 쓰러진 아이를 무려 18명의 사람들이 그냥 지나쳤다는 뉴스가 우리를 놀라게 했습니다. 이처럼 주위에 사람이 많을수록 어려움에 처한 사람이 도움을 받지 못하는 현상을 '제노비스 신드롬'이라고 합니다. '제노비스 신드롬'이란 용어는, 1964년 키티 제노비스라는 여인이 한 남성으로부터 수십 차례 칼에 찔려 사망했는데, 38명이나 되는 목격자 중 도와준 사람이 아무도 없었던 데서 유래되었습니다. 연구에 따르면, 이들 사례에서처럼 목격자가 많아질수록 어려움에 처한 사람을 도와줄 확률이 낮아진다고 하는데요. 그 원인 중 하나는 '책임의 분산'이라고 할 수 있습니다. 즉, 내가 돕지 않아도 누군가가 어려움에 처한 사람을 도울 거라는 심리가 작용하는 거죠. 또 '평가에 대한 우려'도 원인으로 꼽을 수 있습니다. 즉, 사람들은 자신이 도우러 갔는데 별일이 아니었을 경우에 수치심이 들 것을 우려하여 도움 주길 꺼려하는 것이죠. 그리고 '다수의 무지'도 그 원인이라 할 수 있습니다. 즉, 우리는 다른 사람의 생각을 모르기 때문에 다른 사람이 도와주지 않는 이유는 도와줘야 할 만큼 위급한 상황이 아니라고 판단했기 때문이라 생각해 버리는 것이죠. 그래서 자신도 다른 사람의 행동을 따라 어려움에 처한 사람을 도와주러 가지 않는 것입니다.

**08** 다음은 대화의 일부입니다. 잘 듣고 물음에 답하세요.

> 여: 새로운 오디션 프로그램이 방영된다는 얘기 들었니? 이번 주에 시작한다는데, 정말 기대돼.
>
> 남: 또 오디션 프로그램이야? 비슷한 형식의 프로그램이 너무 많이 생기는 거 아니야?
>
> 여: 형식이 비슷한 건 사실이지만, 각 오디션 프로그램마다 항상 새로운 출연자들이 등장하잖아? 그래서 오디션 프로그램은 늘 참신하다는 생각이 들어. 평범한 사람들이 꿈을 이루기 위해 도전하는 모습을 보는 것도 즐겁고 말이야.
>
> 남: 글쎄. 출연자들 중에 결국 우승자는 한 명이고, 나머지 사람들은 모두 들러리 아니야? 오디션 프로그램은 시청자들에게 공연히 헛된 꿈을 꾸게 하는 것 같아.
>
> 여: 꼭 그렇게까지 생각할 필요가 있을까? 어려운 가정환경 속에서도 꿈을 잃지 않는 출연자, 고단한 삶을 음악으로 승화시키는 출연자들의 모습은 승패를 떠나서 시청자들에게 용기와 희망을 준다고 생각해.
>
> 남: 텔레비전이 보여주는 출연자들의 모습이 진짜 그들의 모습이 아닐 수도 있어. 시청자들이 출연자들을 보며 받는 감동은 의도된 편집에 의한 것일지도 몰라. 그리고 난 오디션 프로그램을 볼 때마다 경쟁을 강요하는 우리 사회의 단면을 엿보는 것 같아 씁쓸해.
>
> 여: 그래? 나는 서로 경쟁해야 하는 출연자들이 서로를 배려하고, 우정을 나누는 모습이 좋아 보이던데? 어차피 우리는 경쟁 사회에 살고 있잖아? 오디션 프로그램은 건강한 경쟁 문화를 만들어 가는 데 기여한다고 생각해.

**09** 다음은 뉴스의 일부입니다. 잘 듣고 물음에 답하세요.

> 지난 5월 31일, 세계보건기구는 휴대전화의 전자파가 뇌종양의 발병률을 높일 수 있다고 발표했습니다. 이 발표는 연구자들 사이에서 많은 논란을 불러일으켰는데, 그 이유는 휴대전화의 전자파가 생물에게 미치는 영향에 대한 연구 결과 중 확실한 것이 아직 없기 때문입니다. 휴대전화의 전자파가 암을 일으킬 수 있을 만큼 에너지가 크지 않다고 주장하는 연구자가 있는가 하면, 휴대전화는 여러 다른 기작을 통해 암을 발생시킬 수 있다고 주장하는 연구자도 있습니다.
>
> 많은 논란에도 불구하고 세계보건기구가 위와 같은 발표를 한 것은 휴대전화의 전자파가 뇌종양을 발생시킨다고 확실히 판명될 경우 그 파급력이 엄청날 것이고, 특히 어린이들에게 휴대전화가 더 위험할 수 있기 때문으로 추정됩니다.
>
> 휴대전화에 대한 몇 가지 연구의 공통된 결과는 휴대전화로 장시간 통화할 때 뇌종양의 일종인 신경교종에 걸릴 위험이 높아진다는 것입니다. 또 어른보다 어린이의 전자파 흡수율이 더 높다는 연구 결과는 전자파가 인간에게 유해할 경우 휴대전화가 어린이에게 치명적일 수 있다는 주장을 뒷받침합니다.
>
> 세계보건기구는 휴대전화를 사용하면서도 전자파의 영향을 덜 받을 수 있는 가이드라인을 다음과 같이 제시했습니다. 어린이들은 긴급한 경우가 아니면 사용하지 말 것, 가까이 두지 말 것, 장시간 통화할 때는 유선전화를 이용할 것, 전자파 방출이 적은 제품을 골라 사용할 것, 되도록 문자 메시지를 활용할 것 등입니다.
>
> 이제 휴대전화 없는 현대인의 삶은 생각하기 힘듭니다. 따라서 보다 안전한 휴대전화의 사용을 위해서는, 세계보건기구의 가이드라인을 따르는 소비자들의 실천과 함께 전자파가 인간에게 어떤 영향을 미치는지를 명확히 밝히려는 연구자들의 연구, 더욱 안전한 휴대전화를 개발하려는 업체들의 노력이 계속되어야 할 것입니다.

## 10~11

다음은 강연의 일부입니다. 잘 듣고 물음에 답하세요.

경제학 용어 중에 '프레이밍 효과'란 것이 있습니다. '프레이밍 효과'란 표현 방법, 즉 정보를 제공받는 틀에 따라 인간의 의사 결정이 달라지는 현상을 말합니다.

예를 들어 볼까요? 두 가게에 멋진 선글라스가 있습니다. 그런데 한 가게에는 60달러라는 가격표가 붙어 있고, 다른 가게에는 같은 선글라스에 60,000원이라는 가격표가 붙어 있습니다. 1달러를 1,000원이라고 가정합시다. 그렇다면 두 선글라스의 가격은 동일합니다. 여러분은 어떤 선글라스를 살 것입니까?

실험에 따르면, 사람들은 60달러라는 가격표가 붙은 선글라스를 살 확률이 높다고 합니다. 실질적으로 두 선글라스의 가격이 같다 해도 60보다 60,000이라는 단위를 더 크게 느끼기 때문이죠.

이처럼 인간은 자신이 합리적 판단에 의해 의사 결정을 한다고 착각하지만, 사실은 많은 경우 감성적 판단에 의해 의사 결정을 내립니다. 따라서 '프레이밍 효과'를 잘 활용하면 우리는 상대방의 의사 결정에 상당한 영향을 끼칠 수 있습니다. 그래서 '프레이밍 효과'는 마케팅 기법으로 자주 활용되곤 합니다. 하지만 '프레이밍 효과'는 경제 활동에만 적용되는 용어는 아닙니다. 우리는 일상생활에서도 '프레이밍 효과'를 적용해 볼 수 있습니다.

## 12~13

다음은 토론의 일부입니다. 잘 듣고 물음에 답하세요.

남: 요즘 우리나라에선 성형수술이 성행하고 있습니다. 수능을 치른 수험생들이 제일 먼저 하는 일이 쌍꺼풀 수술, 코 수술이란 말이 나올 정도로 성형수술이 일반화되고 성형수술을 처음 경험하는 연령 역시 어려지고 있습니다. 그런데 '신체발부수지부모'란 옛말도 있듯이, 부모님으로부터 받은 자신의 얼굴을 함부로 변형하는 것은 옳지 않다는 생각이 드는군요.

여: 글쎄요. 시대착오적인 말씀인 것 같습니다. 개인의 자유가 중시되는 오늘날, 자신의 외모를 원하는 대로 가꾸며 개성을 추구하는 것은 개인의 기본적인 권리 아닐까요?

남: 방금 개성에 대해 말씀하셨는데, 저는 성형수술이 오히려 개인의 개성을 죽이는 일이라 생각합니다. 성형수술을 받은 여성들의 얼굴을 한번 비교해 보십시오. 쌍꺼풀 있는 큰 눈, 오똑한 코, 소위 'V라인'이라고 하는 턱 선까지, 외모가 획일화되어 있습니다. 성형수술이 개성을 없애고 개인의 정체성을 상실시킨다는 것을 알 수 있죠.

여: 정체성 상실이라고 하셨는데요, 저는 성형수술이 개인의 긍정적 자아 정체성 확립에 도움을 준다고 생각합니다. 외모에 자신이 없으면 대인관계를 맺을 때 위축되게 마련입니다. 외모에 대한 자신감은 원만한 인간관계를 맺게 해주고, 매사 자신감 있게 일을 추진하는 데 도움이 됩니다.

남: 스스로에 대한 자신감을 꼭 외모에서 찾아야 한다고 생각하지 않습니다. 전문적인 기술을 습득한다든지, 교양을 쌓는다든지, 외모에 대한 집착을 버리고 다른 면을 통해 자신감을 회복하는 것이 바람직합니다.

여: 물론 외모 외의 경쟁력을 쌓는 것은 중요하겠죠. 하지만 취업을 위한 면접에서도 실력을 보기 전에 외모로 사람을 판단하는 경우가 많기 때문에, 자신의 실력을 선보일 기회조차 얻지 못하는 사람들이 있습니다.

남: 우리 사회에 외모를 중시하는 풍조가 있는 것은 인정합니다. 그렇다고 해서 성형수술을 합리화하기보다는, 외모를 중시하는 사람들의 인식 변화를 위해 우리 사회와 개인이 꾸준히 노력해 가야 한다고 생각합니다. 성형수술의 부작용은 사회적으로도 큰 문제이니까요. 성형 중독의 결과, 얼굴이 선풍기처럼 부풀어 오른 여성이 화제가 된 적도 있지 않습니까?

여: 지나친 성형수술이 부작용을 낳을 수 있다는 점은 저도 인정합니다. 그러나 신뢰할 만한 의료진으로부터 적절한 정도의 성형수술을 받는 것에 반대할 수는 없다고 생각합니다. 사람들의 인식이란 쉽게 바뀔 수 있는 것이 아니니까요.

※ 다음은 주관식 문제입니다. 잘 듣고 물음에 답하세요.

**주관식**

**01** 다음은 온라인 상거래를 주제로 한 방송의 일부입니다. 다음에서 설명하는 '에스크로'의 개념과 '에스크로'의 장점을 100자 내외로 쓰세요.

> 온라인 상거래가 나날이 활발해지고 있습니다. 그런데 이에 따라 온라인 쇼핑몰을 통한 구매자의 사기 피해 역시 증가했습니다. 온라인 상거래는 판매자의 신용 보증이 어렵고, 구매자가 피해를 입었을 때 법적 대응을 하는 것이 쉽지 않습니다. 그래서 도입된 것이 에스크로입니다.
>
> 에스크로란 인터넷 뱅킹 이체 서비스의 일종으로, 구매자와 판매자 사이에서 제3자가 상거래를 중계하는 매매 보호 서비스입니다.
>
> 에스크로를 이용하면 전자상거래 시 구매자가 지불한 대금을 은행과 같이 공신력 있는 제3자가 보관했다가, 배송이 정상적으로 완료되면 판매자의 계좌로 입금합니다. 만약 구매자가 물품을 받지 못했거나 반품을 할 경우에는 금융 기관이 즉시 환불을 해 줍니다.
>
> 따라서 에스크로는 판매자와 구매자 사이의 신뢰감을 높여주고, 사기 피해에 대한 구매자의 불안감을 덜어주며, 현금 결제의 안정성을 확보하여 중소형 쇼핑몰의 판매를 활성화시키는 효과가 있습니다.
>
> 이제 인터넷 쇼핑몰에서 5만 원 이상의 현금 거래 시에는 에스크로가 의무화되었습니다. 에스크로를 이용하여 편안한 마음으로 온라인 쇼핑을 즐기시기 바랍니다.

**주관식**

**02** 다음 보도를 잘 듣고, 외국인 이민자 수용의 확대에 대해 찬성하거나 반대하는 의견을 근거를 들어 100자 내외로 쓰세요.

> 최근 필리핀 출신으로 한국 국적을 취득한 여성이 국회의원에 당선되자, 그녀를 향해 인종차별적 비난을 퍼붓는 사람들이 있었습니다. 또 전 국민을 공포에 빠뜨린 토막살인 사건의 범인이 조선족이라는 사실이 알려지면서, 외국인 혐오증인 '제노포비아'가 확산되고 있습니다.
>
> 오늘날 우리나라에 거주하는 외국인의 수는 결코 적다고 할 수 없습니다. 조사에 따르면, 결혼을 통해 한국으로 이민 온 외국인 수는 21만 명이 넘고, 국내 체류 중인 외국인 노동자 수는 120만 명에 달한다고 합니다. 그리고 앞으로 우리나라로 이주해 오는 외국인들의 수는 더욱 증가할 것으로 보입니다.
>
> 그런데 외국인 이민자가 증가하는 현상에 대해서는 의견이 분분합니다. 어떤 사람들은 세계화 시대에 당연한 현상이라며 외국인 이민자가 증가하는 것을 반기는가 하면, 어떤 사람들은 한국인들의 일자리가 줄어든다는 이유로 외국인 이민자 수용이 확대돼선 안 된다고 주장합니다. 외국인 이민자 수용의 확대, 전 국민이 깊이 생각해 봐야 할 문제라 할 수 있습니다.

※ 1번부터 4번까지는 문제와 선택지를 듣고 푸는 문항입니다. 잘 듣고 물음에 답하세요.

## 01 다음은 방송의 일부입니다. 잘 듣고 물음에 답하세요.

> 남(사회자): 최근 우리나라에 개명 신청자 수가 급증하고 있다고 합니다. 개명 신청의 실태에 대해 안영신 리포터가 자세히 전합니다.
>
> 여(리포터): 저는 지금 개명 신청이 이루어지는 법원에 나와 있습니다. 2000년도에 3만여 건이었던 개명 신청 건수는 2009년에는 17만여 건으로, 10년 만에 5배 넘게 증가했는데요, 그 원인은 무엇일까요? 법원 관계자를 만나 보시죠.
>
> 남(법원 관계자): 이전에는 개명 조건과 절차가 꽤 까다로웠죠. 하지만 2005년 대법원 판결 이후 개명이 쉬워졌습니다. 개명 신청자에게 범죄를 숨기거나 법적 제재를 피하려는 의도가 없다면, 개인 의사를 존중하고 개인의 행복추구권을 보장하는 차원에서 개명을 허가해야 한다는 판결이었죠.
>
> 여(리포터): 이러한 대법원의 판결 이후, 개명 신청자는 폭발적으로 증가했습니다. 개명 신청자들의 개명 신청 이유는, 이름이 촌스럽다, 흉악범과 같다, 너무 흔하다, 성별 분간이 안 된다 등 다양합니다. 그런데 최근 개명 신청의 급증 현상은 불경기와도 큰 관련이 있습니다. 개명 신청자를 만나 보시죠.
>
> 남(개명 신청자): 연이어 사업이 실패했는데, 제 이름이 좋지 않기 때문이라는 말을 들었어요. 이름을 바꾸면 좋은 운이 따르지 않을까 싶어 개명을 신청했습니다.
>
> 여(리포터): 하지만 이렇게 개명을 하고 난 후에도 마음에 들지 않아 재개명 신청을 하는 경우가 적지 않습니다. 내 이름을 바꾸는 일, 신중을 기해야 할 것입니다.

**잘 들으셨지요? 방송 내용에 대한 반응으로 적절하지 않은 것은 무엇입니까?**

① 2005년 이후 이전에 비해 개명 허가율이 증가했겠군.

② 대법원의 판결은 개명 신청자 수의 증가에 영향을 미쳤군.

③ 최근 개명 신청자 수가 급증한 것은 경제 상황과 관련이 있군.

④ 너무 흔한 이름이라는 이유로 개명을 신청할 경우엔 기각될 확률이 높겠군.

⑤ 개명 허가 여부를 결정할 때는 개명 신청자의 신청 의도를 파악하는 일이 중요하겠군.

## 02 다음은 두 사람의 전화 통화 내용입니다. 잘 듣고 물음에 답하세요.

> 여: (따지는 말투로) 며칠 전에 온라인 쇼핑몰에서 치마를 구입한 사람인데요, 방금 상품 받았는데 치마가 이게 뭐죠?
>
> 남: (정중한 말투로) 무슨 문제가 있으십니까?
>
> 여: 아니, 색상이 사진하고 다르잖아요!
>
> 남: 그러세요? 무슨 색상을 구매하셨죠?
>
> 여: 보라색이요!
>
> 남: 보라색이 아니라 다른 색상으로 배송이 되었나요?
>
> 여: 그게 아니라, 보라색 치마가 오긴 했는데, 사진에서 본 것에 비해 색이 너무 진해요!
>
> 남: 아, 그게, 저희는 실제 상품의 색상과 똑같은 색상의 사진을 올렸다 하더라도, 고객님의 모니터 상태에 따라 사진 색상이 조금 다르게 보일 수가 있어요.
>
> 여: 어쨌든, 내가 원한 색상은 아니니 반품해야겠어요. 환불해 주세요.
>
> 남: 아, 네. 그러시다면 환불해 드려야죠. 그런데 반품 시 배송료는 고객님께서 부담해 주셔야 합니다.
>
> 여: 뭐라고요? 왜 내가 배송료를 부담해야 하죠?
>
> 남: 사이즈나 색깔이 마음에 들지 않아서 반품을 하실 경우엔 환불을 해드리지만, 반품 배송비는 고객님께서 부담하시는 것이 저희 쇼핑몰의 원칙입니다. 저희 사이트에 이 점이 명시되어 있습니다. 주문하실 때 보셨을 듯합니다만……
>
> 여: 아니, 색깔이 내 마음에 들지 않는 게 내 탓인가요? 사진과 실제 상품의 색이 다른 걸 어떻게 하란 말이에요!
>
> 남: 아까 말씀드렸지만, 그것은 저희 쪽 책임이 아니라, 고객님의 모니터 상태 때문입니다. 고객님이 구입하신 상품의 경우, 저희 쪽 모니터에서 사진을 보면 실제 상품과 색이 똑같거든요. 모니터에 따라 색깔이 다르게 보일 수 있다는 점 역시 저희가 사전에 사이트에 명시를 해놨습니다.
>
> 여: 기가 막히네요. 이런 식으로 나오면 소비자 보호협회에 고발하겠어요.

**잘 들으셨지요? 위 대화 내용으로 판단할 수 있는 내용이 아닌 것은 무엇입니까?**

① 여자는 보라색 치마를 구매하였다.

② 여자는 남자에게 협박조로 말을 하고 있다.

③ 남자는 상품의 반품 및 환불 정책을 사전에 명시하였다.

④ 남자는 반품 배송료를 여자가 내야 한다고 주장하고 있다.

⑤ 남자는 쇼핑몰 사이트에 실제 상품의 색상과 다른 색상의 사진을 올려놓았다.

## 03 다음은 수필의 일부입니다. 잘 듣고 물음에 답하세요.

> 언니와 형부가 해외로 이민을 가게 되면서 내 불행은 시작됐다. 언니에게는 유진이라는 딸이 있었다. 돌잔치가 엊그제 같은데, 마법의 약초라도 먹는 건지 볼 때마다 쑥쑥 크더니 어느새 여섯 살이 되어 있었다. 언니는 나에게 그곳에서 자리를 잡기까지 1년 정도만 유진이를 맡아 달라고 부탁을 했다.
>
> 언니는 어차피 고시 공부는 아이를 보면서도 할 수 있지 않느냐며, 생활비와 용돈도 넉넉하게 주겠다고 했다. 직업이 없다고는 해도 고시 공부 또한 직장을 다니는 것만큼 힘든 일이었다. 그 때문에는 나는 쉽게 마음의 결정을 할 수 없었는데, 언니는 덜커덕 유진이를 내게 던져주고 필리핀으로 떠났다.
>
> 그렇게 나는 내 의지와 상관없이 이모에서 엄마가 되어버렸다. 그리고 9개월이 지난 지금, 내 눈에는 세상의 모든 엄마들이 무한의 자제력을 가진 괴물로 보이고 있다.
>
> 엄마는 딸이 어린이집에 가기 전 목욕을 시켜주고 머리를 손질해 줘야 한다. 딸이 돌아올 시간에는 마중을 나가야 하고, 그 뒤에는 딸이 돌아와 벗어던지는 옷을 빨아야 한다.
>
> 아무리 맛있는 음식이 있어도 딸의 배를 먼저 채워줘야 하며 자신은 헌 옷을 입어도 딸에게는 철마다 새 옷을 사줘야 한다. 쓰러질 정도로 피곤해도 딸이 잠들기 전까지 옛날이야기를 해 줘야 하고, 반드시 딸이 잠든 것을 확인한 뒤 자야 한다. 좋아하는 연예인이 출연하는 드라마가 보고 싶어도 딸과 함께 뽀로로를 봐야 했으며, 친구들과 나들이를 가는 대신 딸과 함께 놀이공원에 가야 했다.

엄마는 요리 또한 잘해야 한다. 동네 분식집들과 배달 광고 전단지들이 아니었다면 일찌감치 굶어 죽었을지도 모르는 내게 이건 불가능에 가까운 일이었는데, 딸이 먹고 싶다고 하면 요리책과 인터넷의 레시피를 뒤져서라도 해 줘야 한다.

그에 반해 딸이 엄마를 위해 해 주는 일은 두 가지뿐이다. 어버이날에 카네이션 한 송이와 함께 뽀뽀를 해 주는 것이 그 첫째고, 엄마가 아프다고 하면 이마에 조막손을 가져다 대며 '많이 아파?' 하고 물어봐 주는 것이 그 둘째다.

이렇게 불공평한 거래가 이 하늘 아래 어디 있겠는가? 하지만 엄마는 아무런 불평을 해서는 안 된다. 엄마는 애초 어린 딸에게 불평을 할 수 없게 만들어진 존재인 것이다.

**잘 들으셨지요? 수필의 내용과 일치하는 것은 무엇입니까?**

① '나'는 원래 요리 솜씨가 뛰어난 편이었다.
② '나'는 유진이를 돌보기 위해 고시 공부를 포기했다.
③ '나'는 생활비와 용돈을 주겠다는 언니의 말에 기꺼이 유진이를 맡았다.
④ '나'는 유진이를 돌보는 경험을 통해 세상 엄마들의 노고를 절감하게 되었다.
⑤ '나'는 엄마의 역할이 힘들지만 딸의 재롱 때문에 힘듦을 잊을 수 있다고 생각한다.

**04** 다음은 인터뷰의 일부입니다. 잘 듣고 물음에 답하세요.

남(리포터): '실버 바리스타'라고 들어보셨나요? 60세 이상의 실버 세대가 이삼십 대의 직업이라 여겨졌던 바리스타에 도전하는 사례가 늘고 있는데요, 카페 '그린나래'에서 바리스타로 활동하시는 서정이 씨가 나오셨습니다. 언제부터 바리스타란 직업에 관심을 갖게 되셨나요?

여(실버 바리스타): 저는 원래 보험 설계사였어요. 직업의 특성상 여러 고객들을 상대했는데, 그러다 보니 고객들과 커피를 마실 일이 많았죠. 그런데 유난히 커피가 참 좋더라고요. 커피 향을 맡으면 괜히 일이 더 잘 되는 것 같았어요. 일을 그만두고 쉬다가, 취미 삼아 바리스타 교육 과정에 등록했어요. 그런데 커피의 종류를 파악하고, 원두를 고르고, 제조 과정을 익히는 일들이 굉장히 재미있는 거예요. 보험 설계사 일도 나름대로 보람이 있었지만, 바리스타 일은 몸에 딱 맞는 옷을 입은 것 같았죠. 그래서 3개월 간의 과정을 마치고 바리스타 자격증을 땄어요.

남(리포터): 그렇군요. 일하시긴 어떠신가요?
여(실버 바리스타): 굉장히 만족스러워요. 카페 이름 '그린나래'는 그림처럼 아름다운 날개라는 뜻인데, 노년기에도 날개를 펴고 하늘을 날듯이 꿈을 펼쳐야 한다는 의미가 담겨 있어요. 사장님의 경영 철학이죠.
남(리포터): 아, 그래서 10명의 바리스타 중 8명이 실버 바리스타 분들이시군요.
여(실버 바리스타): 그렇죠. 와 보셔서 알겠지만 우리 카페는 바닥에 미끄럼 방지 처리가 되어 있고, 편리한 작동 방식의 커피 머신을 사용하기 때문에, 근무하는 데 큰 어려움이 없어요.

**잘 들으셨지요? 이 인터뷰에서 알 수 있는 내용이 <u>아닌</u> 것은 무엇입니까?**

① 여자는 보험 설계사 일을 하면서 보람을 느꼈다.
② 여자는 열악한 근무 환경 속에서도 기쁜 마음으로 일한다.
③ 여자는 바리스타가 되기 전부터 남달리 커피를 좋아했다.
④ 여자가 일하는 카페 이름은 사장의 경영 철학을 담고 있다.
⑤ 여자가 일하는 카페엔 대부분 고령자들이 바리스타로 근무하고 있다.

※ 5번부터 13번까지는 내용을 들은 후, 시험지에 인쇄된 문제와 선택지를 보고 푸는 문항입니다. 잘 듣고 물음에 답하세요.

## 05 다음은 강연의 일부입니다. 잘 듣고 물음에 답하세요.

사람을 잡아먹는 '식인종' 이야기. 누구나 한 번쯤은 들어봤을 법합니다. 무시무시한 괴담에서부터 우스갯소리까지, 식인종과 관련된 많은 소문과 이야기가 있습니다. 그렇다면 과연 식인종은 실제로 존재할까요?

연구에 따르면, 식인종에 대한 과거의 기록 중 상당 부분은 경쟁 부족의 사람들로부터 들은 말에서 비롯되었다고 합니다. 즉, 한 부족이 자신들의 경쟁 부족을 식인종이라고 일컬었기 때문에, 사실 여부와는 상관없이 상대 부족이 식인종으로 기록되었다는 것이죠.

그렇다고 해서 식인 종족이 전혀 없었던 것은 아닙니다. 예를 들어, 파푸아 뉴기니에 살고 있는 포레 족에게는 식인 풍습이 있었습니다. 하지만 이들이 산 사람을 먹은 것은 아닙니다. 장례 절차의 하나로, 죽은 사람의 살과 뇌, 장기 등을 먹은 것이죠. 산 사람이 죽은 사람의 몸을 먹으면 죽은 사람이 산 사람의 일부가 돼 계속 살아간다고 믿었기 때문입니다. 따라서 이들의 식인 풍습은 잔인한 의도에서 비롯된 것이 아니라고 할 수 있습니다.

그런데 포레 족의 식인 풍습은 쿠루라는 질병을 낳았습니다. 이 병에 걸리면 운동장애, 무력증, 두통, 다리 경련 등이 생깁니다. 또 온몸이 떨리고, 얼굴 근육을 의지대로 움직일 수 없어 마치 웃음을 짓는 듯한 모습을 보이다 죽게 됩니다. 전문가들은 죽은 사람의 뇌를 먹은 결과 변형 프리온 단백질의 영향으로 쿠루가 발병한 것으로 추정하였죠. 포레 족의 식인 풍습이 금지된 이후로 이 종족 가운데 쿠루 병은 점차 사라졌습니다.

## 06 다음은 우화의 일부입니다. 잘 듣고 물음에 답하세요.

한 마리 공작새가 어느 날 학을 만났습니다. 공작새는 자신의 화려한 깃털을 학에게 자랑하기 위해 꼬리를 활짝 펴며 말했습니다.

"이만큼 아름다운 깃털을 본 적이 있니? 나의 깃털은 찬란한 무지갯빛이지만 너의 깃털들은 먼지처럼 초라한 회색빛이구나!"

그러자 학은 넓은 날개를 펴고 하늘을 향해 날아오르며 말했습니다.

"네 깃털이 그렇게 자랑스럽다면 너도 날개를 펴고 한번 날 따라와 봐."

하지만 학이 푸른 하늘 위로 높이 날아갈 동안, 높이 날지 못하는 공작새는 농가 안마당에 우두커니 서서 학을 바라볼 뿐이었습니다.

## 07 다음은 대화의 일부입니다. 잘 듣고 물음에 답하세요.

여: 난 요즘 팩션 드라마가 재미있더라.

남: 팩션 드라마? 그게 뭐야?

여: 사실과 허구가 결합된 드라마야. 예를 들어, 조선 시대 왕들을 주인공으로 한 사극 본 적 있지? 역사적인 사실과 허구적인 이야기가 결합돼 있잖아. 그런 드라마를 팩션 드라마라고 해.

남: 그렇군. 그런데 난 그런 드라마 별로야. 허구적 이야기가 큰 비중을 차지해서 역사를 왜곡하잖아?

여: 글쎄. 난 그렇게 생각하지 않아. 아무리 허구적인 내용이 가미된다 해도, 기본적으로는 역사적 사실을 바탕으로 하고 있잖아? 난 팩션 드라마가 사람들로 하여금 우리 역사에 흥미를 느끼게 해 주는 좋은 드라마라고 생각해.

남: 팩션 드라마를 통해 사람들이 역사에 흥미를 느낄 수 있다는 데는 동의해. 문제는 사람들이 역사를 잘못 이해할 수 있다는 거지. 드라마의 내용뿐 아니라 등장인물들의 말투도 그래. 분명히 조선 시대인데, 등장인물들은 오늘날 우리가 쓰는 말투를 쓰고 있잖아? 의상도 마찬가지야. 배우들의 의상이 그때 당시 입었던 옷과 완전히 일치한다고 보기 힘들지.

여: 물론 말투나 의상이 완전히 그 당시의 것과 똑같을 수는 없어. 하지만 나름대로 고증을 거쳐 말투나 의상을 결정하니 어느 정도는 비슷하다고 할 수 있지 않겠니? 그리고 요즘엔 우리 드라마가 해외로 수출되어 인기를 누리잖아? 난 팩션 드라마를 통해 우리 역사를 해외에 알릴 수 있다고 생각해.

남: 그러니까 더욱 문제야. 우리나라의 역사에 대한 잘못된 지식이 전 세계에 퍼져나간다고 생각해 봐.

여: 팩션 드라마가 미치는 긍정적 효과에 한번 주목해 봐. 팩션 드라마가 인기를 얻으면 원작 소설이나 드라마 삽입곡들의 판매율도 높아지지 않니? 난 팩션 드라마가 침체된 문화 시장에 활기를 불어넣어 줄 수 있다고 생각해.

## 08 다음은 방송의 일부입니다. 잘 듣고 물음에 답하세요.

여(사회자): 지난해 프로 축구의 승부 조작에 이어, 프로 배구, 프로 야구에서도 승부 조작이 있었음이 밝혀져 스포츠 팬들을 실망시키고 있습니다. 이 자리에 김민수 스포츠 전문 기자를 모셨는데요, 김민수 기자, 이렇게 프로 스포츠계에서 승부 조작이 발생하는 원인은 무엇입니까?

남(기자): 가장 큰 원인으로 손꼽히는 것은 불법 스포츠 도박 사이트입니다. 불법 스포츠 도박 사이트 베팅에서 더 많은 배당금을 받기 위해, 브로커들이 선수들을 포섭해 승부 조작을 하도록 하는 것이죠. 그런데 이런 불법 사이트는 대부분 해외에 서버를 두고 있기 때문에 단속이 어려워 더 큰 문제가 되고 있습니다.

여(사회자): 그렇군요. 그런데 승부 조작은 비단 우리나라만의 문제가 아니라고 하던데요?

남(기자): 네. 2006년 이탈리아에서는 축구 명문이라 불리는 축구팀들이 승부 조작에 관여하여 전 세계 축구 팬들을 충격에 빠뜨린 사건이 있었습니다. 또 지난해 일본에서는 스모 선수와 사범들이 돈을 받고 일부러 경기에 져 주는 일도 있었죠. 이 외에 미국, 중국 등의 나라에서도 승부 조작이 이루어진 적이 있습니다.

여(사회자): 세계적으로 큰 문제군요. 그렇다면 승부 조작을 막기 위해 어떤 대책이 논의되고 있나요?

남(기자): 우선, 정부에서는 '공정하고 투명한 스포츠 환경 조성을 위한 대책'을 내놓았습니다. 이에 따르면, 선수들은 1년에 4번씩 의무적으로 승부 조작 예방 교육을 받고, 승부 조작에 가담한 선수는 영구 제명이나 자격 정지 징계를 받게 됩니다. 또 승부 조작에 연루된 구단은 퇴출 처분을 받을 수 있고, 승부 조작 감시를 위해 내부 고발 포상금이 최대 1억으로 지정되었습니다. 물론, 불법 도박 사이트 운영자에 대한 단속도 강화될 것으로 보입니다.

여(사회자): 정정당당한 승부 겨루기는 스포츠 정신의 핵심이라고 할 수 있겠죠. 다시는 승부 조작 사건이 일어나지 않았으면 좋겠네요.

## 09 다음은 대화의 일부입니다. 잘 듣고 물음에 답하세요.

> 여: 너 은지랑 사귀지?
> 남: 응? 그게 무슨 말이야?
> 여: 지난번에 사거리에 있는 커피 전문점 간 적 있지?
> 남: 응.
> 여: 그때 내가 너를 봤어.
> 남: 그게 어때서?
> 여: 네가 커피 전문점으로 들어간 지 5분쯤 뒤에 은지가 그리로 들어가더라고.
> 남: 그런데?
> 여: 너랑 은지랑 데이트한 게 분명해. 그렇지 않으면 왜 같은 커피 전문점으로 들어갔겠어? 맞지?
> 남: 아니야. 내가 왜 은지랑 데이트를 해?
> 여: 같은 커피 전문점에 들어가는 걸 내 두 눈으로 똑똑히 봤어. 증거가 이렇게 명확한데도 발뺌할 셈이야?
> 남: 얘가 생사람을 잡네. 은지는 남자 친구가 있어. 은지가 예전에 남자 친구랑 찍은 사진도 보여줬잖아. 기억 안 나? 나는 그날 커피 전문점에서 초등학교 동창들을 만났어.
> 여: 정말? 잠깐. 그러고 보니 은지가 지난번에 같은 과 친구랑 사귀게 됐다고 했었지? 이런, 내가 괜한 오해를 했네.

## 10~11
### 다음은 토론의 일부입니다. 잘 듣고 물음에 답하세요.

> 남: 얼마 전 '묻지 마 살인 사건'이 또 다시 발생하여 많은 시민들을 공포에 빠뜨렸습니다. 이런 사건이 발생할 때마다 논란이 되는 것은 사형 제도의 존치 여부입니다. 우리나라에서는 사형 제도가 존재하지만 97년 이후 사형 집행이 이루어진 적은 없습니다. 하지만 흉악 범죄가 여전히 기승을 부리는 현실을 감안했을 때, 우리나라에 사형 제도는 반드시 필요하며, 사형 집행도 이루어져야 한다고 생각합니다.

> 여: 사형 제도가 존치한다고 하여 흉악 범죄가 없어지는 것은 아닙니다. 미국에선 사형 제도가 없는 10개 주의 살인 범죄 발생률이, 사형 제도가 있는 다른 주보다 더 낮다고 합니다. 이러한 사례를 볼 때 사형 제도가 흉악 범죄 예방에 효과가 있는지는 의문입니다. 오히려 사형 제도는 법을 빙자한 또 다른 살인 행위가 아닐까요? 저는 사형 제도가 인간의 존엄성을 해치는 잔혹한 제도라고 생각합니다.

> 남: 인간의 존엄성은 중요한 가치입니다. 하지만 사형의 대상이 되는 범죄자들은 살인을 저지르는 등 다른 사람의 존엄성을 무자비하게 해친 사람들입니다. 그런 사람들의 존엄성도 존중돼야 할까요? 타인의 생명을 박탈한 자에게는 동일한 응징을 해야 한다고 생각합니다.

> 여: 형벌의 목적이 응보에서 교화로 옮겨가는 것은 세계적인 추세입니다. 현재 사형 제도가 남아 있는 나라는 중국, 일본, 미국 등 50여 개국에 불과하죠. 저는 범죄자를 교화시키는 데 형벌의 초점이 맞추어져야 한다고 생각합니다.

> 남: 세계적 추세라 하여 무조건 따를 순 없습니다. 그리고 만약 사형 제도가 폐지되어 징역형을 받은 흉악범들이 사회로 복귀한다면 국민들은 불안에 떨게 될 것입니다.

> 여: 저도 흉악범들의 사회 복귀가 국민들을 불안에 떨게 할 수 있다고 생각합니다. 그래서 저는 절대적 종신형을 제안합니다. 현재 우리나라에는 가석방이 가능한 상대적 종신형이 있다고 할 수 있는데, 사형제를 폐지하는 대신 가석방이 불가능한 절대적 종신형을 도입하여 적용한다면 국민들이 불안에 떨 일은 없을 것입니다.

> 남: 하지만 범죄자들을 평생 수감하는 데는 많은 사회적 비용이 듭니다. 흉악범들이 교화될 것이라는 보장도 없는데, 그들의 생활을 위해 사회적 비용을 부담할 필요가 있을까요?

# 12~13

다음은 강연의 일부입니다. 잘 듣고 물음에 답하세요.

인형 같은 외모에 날씬한 몸매를 자랑했던 영화배우 A양. 그녀는 최근 연인과의 결별 후유증으로 심한 섭식 장애를 앓고 있다고 합니다. 자신이 살이 쪘기 때문에 연인과 헤어지게 되었다고 판단한 그녀는, 음식 섭취를 통 하지 않아 현재 뼈만 앙상하게 남은 모습이라고 합니다.

A양처럼 섭식 장애를 앓고 있는 사람들을 우리는 종종 만날 수 있는데, 대표적인 섭식 장애는 거식증과 폭식증입니다. 이 중 거식증은 신경성 식욕 부진증이라고도 하는데, 살이 찌는 것에 대한 극도의 두려움 때문에 음식 섭취를 기피하는 증세를 말합니다. 신경성 식욕 부진증을 앓고 있는 사람은 정상 체중이거나 저체중임에도 불구하고 스스로가 살이 쪘다고 생각합니다. 그래서 음식을 거부하다가 심한 경우에는 사망에 이를 수도 있습니다. 이 증세는 남성보다 여성에게서 훨씬 많이 나타납니다.

거식증인 경우에는 음식을 소량씩 자주 먹다가 서서히 그 양을 늘리는 것이 좋습니다. 또 끼니를 거르지 않고 다양한 음식을 골고루 섭취하되, 갑작스런 체중 증가에 대한 불안감을 막기 위해 열량이 높지 않은 식사를 하는 것이 좋습니다.

한편, 폭식증은 신경성 식욕 항진증이라고도 하는데 순간적으로 굉장히 많은 양의 음식을 섭취한 후, 수치심을 느껴 섭취한 음식을 제거하기 위한 행동을 하는 것이 특징입니다. 예를 들어 음식 섭취 후 설사약, 이뇨제 등을 섭취하거나 인위적으로 구토를 하는 경우가 많은데, 그 결과 신장 질환, 위 손상, 영양 결핍 등이 생길 수 있습니다. 폭식증 역시 남성보다 여성에게 많이 나타납니다.

폭식증인 경우에는 균형 잡힌 식사를 규칙적으로 하되, 하루에 필요한 열량의 범위를 넘지 않는 정도에서 간식을 먹는 것이 좋습니다. 그리고 폭식 행동은 혼자 있을 때 비밀스럽게 이루어지는 경우가 많으므로 가족들은 항상 폭식증 환자와 함께하면서 세심한 관심을 기울여 줘야 합니다.

---

※ 다음은 주관식 문제입니다. 잘 듣고 물음에 답하세요.

**주관식**

**01** 다음은 강연의 일부입니다. 강연에서 드러난 '공유지의 비극'이 일어나는 원인과, '공유지의 비극'에서 얻을 수 있는 교훈에 대해 100자 내외로 쓰세요.

남: 대개 사람들은 소유권이 분명치 않은 공동 소유물을 과도하게, 혹은 함부로 사용하는 경향이 있습니다. 내 집의 화장지보다 공중 화장실의 화장지를 더 많이 쓰고, 내 집의 물은 아껴 쓰면서 대중목욕탕의 물은 함부로 씁니다. 더 나아가 내 공장의 폐수를 흘려보내 물을 오염시키고, 내 자동차의 매연을 배출하여 공기를 오염시킵니다. 이런 현상을 가리켜 생물학자 가렛 하딘은 '공유지의 비극'이라 하였습니다. 즉, '공유지의 비극'은 물, 숲, 지하자원 등과 같이 소유권이 분명치 않은 자원을 공동으로 사용할 때, 그 자원이 남용되어 결국 고갈되는 현상을 말합니다. 이러한 '공유지의 비극'은 자신의 이익을 극대화하려는 인간의 이기심 때문에 일어난다고 할 수 있습니다. 전체에게 돌아가는 영향은 생각하지 않고, 자신만 보다 많은 혜택을 누리려고 하는 인간의 욕심이 결국 자원의 고갈을 야기하는 것이죠.

따라서 '공유지의 비극'은 인간이 계속해서 자기 이익만을 추구할 경우엔 결국 자신을 포함한 공동체 모두가 피해를 입게 된다는 가르침을 줍니다. 우리는 '공유지의 비극'이 우리에게 주는 교훈을 가슴에 새겨 공유물의 남용을 자제해야 할 것입니다.

주관식

**02** 다음 강연을 잘 듣고, 연사의 견해에 반대하는 입장의 주장을 60자 내외로 쓰세요.

---

오늘날 우리는 국제 사회와의 소통이 매우 중요한 시대에 살고 있습니다. 당연히 세계 공용어인 영어 구사력은 우리에게 꼭 필요한 능력이라고 할 수 있겠죠. 현재 국제기구의 85%는 영어를 공용어로 쓰고 있으며, 인터넷이 제공하는 정보의 80% 이상이 영어로 되어 있습니다. 이러한 상황에서 영어 구사력이 떨어진다면 우리는 국가 경쟁에서 낙오하게 될 것입니다. 그래서 저는 영어를 우리나라의 공식 언어로 택하는 영어 공용화를 제안하는 바입니다.

어떤 사람들은 영어 공용화가 한국 문화의 쇠퇴를 가져올 것이라고 주장합니다. 하지만 '구슬도 꿰어야 보배다'란 말이 있듯이, 우리의 학문이나 문화를 세계에 알리기 위해서는 영어가 필수입니다. 따라서 영어 공용화는 한국 문화의 쇠퇴를 가져오기는커녕 우리 문화를 세계에 알릴 수 있는 밑거름이 될 것입니다.

영어 공용화, 더 이상 늦추어서는 안 될 것입니다.

---

※ 1번부터 4번까지는 문제와 선택지를 듣고 푸는 문항입니다. 잘 듣고 물음에 답하세요.

**01** 다음은 방송의 일부입니다. 잘 듣고 물음에 답하세요.

> 남: 두 발로 걷는 물고기. 상상해 보신 적 있으십니까? 최근 미국 시카고 대학 연구진이 두 발로 걷는 물고기의 존재를 확인했습니다. 이 물고기는 육지에서 숨을 쉬는 폐어의 한 종류인데요, 연구진은 이 폐어가 바닥에서 몸을 일으켜 지느러미를 이용해 앞으로 나가는 것을 확인했다고 합니다.
> 보행에 사용되는 지느러미는 빈약해 보이는 뒷지느러미인데요, 이 폐어는 뒷지느러미 두 개를 번갈아 이용해 걸을 수 있고, 뒷지느러미 두 개를 동시에 이용해 뛸 수 있다고 합니다. 하지만 앞지느러미는 걷거나 뛰는 동작에 관여하지 않는다고 하는데요, 폐어가 이렇게 뒷지느러미만으로도 온몸을 지탱할 수 있는 것은, 폐 속에 가득 찬 공기가 부력을 제공하기 때문인 것으로 추정된다고 합니다. 연구진은 이 물고기의 관찰을 통해, 모든 동물의 보행은 폐어로부터 시작된 것으로 추측하고 있습니다.

**잘 들으셨지요? 위 방송에 대한 반응으로 적절한 것은 무엇입니까?**

① 두 발로 걷는 물고기라도 육지에서 숨을 쉴 수는 없겠군.

② 폐어는 보행을 위해서 모든 지느러미를 골고루 사용하는군.

③ 두 발로 걷는 물고기는 몸을 띄울 수 있는 부력이 필요 없겠군.

④ 보행이 가능한 물고기라도 뛰는 행동을 하는 것은 불가능하겠군.

⑤ 인간 보행의 기원이 물고기에서 시작되었다고 추측해 볼 수 있겠군.

**02** 다음은 방송의 일부입니다. 잘 듣고 물음에 답하세요.

> 여(리포터): 최근 애완견을 빌려주는 '렌터독' 서비스가 화제가 되고 있습니다. 주로 수도권을 중심으로 10개 이상의 업체가 영업 중인데요, 렌터독 서비스 업체 관계자를 만나 보시죠.
> 남(업체 관계자): 초기에는 드라마나 영화 촬영을 위해 저희 업체를 찾는 분들이 많았는데, 요즘엔 애완견을 키우고 싶어 하지만 여력이 안 되는 분들이 많이 찾아 주십니다. 자신이 원하는 시간에, 자신이 선택한 개와 함께 시간을 보낼 수 있다는 점에 매력을 느끼는 고객들이 많습니다. 3일에서 일주일 정도 대여를 해드리는데, 한 달 이상 대여하길 원하는 고객에게는 장기 대여 서비스도 제공하고 있습니다.
> 여(리포터): 그런데 '렌터독' 서비스에 대한 시민들의 의견은 분분합니다. 시민들을 만나 보시죠.

**잘 들으셨지요? 이 뉴스에 삽입될 인터뷰로 적당하지 않은 것은 무엇입니까?**

① 시민(남): 걸핏하면 주인이 바뀌니, 개가 얼마나 스트레스를 받겠어요?

② 시민(여): 개를 대여한다고요? 생명이 있는 동물을 자동차 같은 물건처럼 취급한다니, 동물 학대 아닌가요?

③ 시민(남): 서비스에 사용되던 개가 늙거나 병들면 어떻게 되는 거죠? 행여 무참히 버려지는 건 아닐까 우려되네요.

④ 시민(여): 개를 좋아하는데, 회사 일이 바빠기를 여유가 없어요. 휴가 때 서비스를 한 번 이용해 봤는데, 심신이 치유되는 것 같아 좋더라고요.

⑤ 시민(남): 자식들도 다 슬하를 떠나고, 적적한 노년에 위안을 얻고자 애완견을 샀어요. 자그마한 것이 어찌 애교가 많은지, 자식을 새로 얻은 것 같지요.

## 03 다음은 강연의 일부입니다. 잘 듣고 물음에 답하세요.

현대인은 하루하루 많은 스트레스에 시달립니다. 가정에서, 학교에서, 직장에서, 여러 가지 이유로 중압감을 느끼죠. 그러다 보니 찌푸린 얼굴로 생활하기 일쑤입니다. 하지만 이런 찌푸린 얼굴은 여러분의 건강에 백해무익합니다. 의식적으로라도 크게 웃어 보세요. 좋은 일이 생길 것입니다. 왜냐고요?

우선, 큰 소리로 자주 웃으면 심장과 폐의 기능이 좋아집니다. 웃음을 터트리면 횡격막의 상하 운동이 활발해져 폐의 구석까지 산소와 혈액이 공급되고, 혈액순환이 원활해지기 때문이죠. 또 웃으면 두통도 예방이 됩니다. 대개 두통은 산소 부족으로 생기는데, 웃으면 뇌로 가는 혈액량이 늘어 산소 공급이 원활해집니다. 웃음은 소화 역시 촉진시킵니다. 즉, 웃으면 위장과 관련된 뇌신경이 자극을 받아 소화액을 활발히 분비하게 됩니다. 또한 웃을 때 나오는 호르몬은 통증을 억제하고 근육의 발달을 도와 요통과 디스크, 관절염 등에도 효과가 있습니다.

'웃음이 보약보다 좋다.' 동의보감에 나온 말입니다. 여러분, 모두 웃으며 삽시다.

### 잘 들으셨지요? 강연의 제목으로 적절한 것은 무엇입니까?

① 웃음과 혈액순환
② 만병통치약, 웃음
③ 만병의 근원, 스트레스
④ 찌푸린 얼굴, 백해무익
⑤ 현대인의 중압감과 그 원인

## 04 다음은 인터뷰의 일부입니다. 잘 듣고 물음에 답하세요.

여(리포터): 이번 세계 연극 축제에서 우리 연극 '하늘 바다'가 대상을 받았습니다. 배우들의 훌륭한 연기도 호평을 받았지만, 많은 평론가들이 무대 미술에 대해 극찬했죠. 오늘 화제의 주인공, 무대 미술가 여승수 씨를 모셨습니다. 이번 무대를 디자인하실 때 가장 중점을 두었던 부분은 무엇인지요?

남(여승수): 무엇보다 인물들의 심리를 무대 미술로 표현하는 데 중점을 두었습니다. 예를 들어, 주인공이 행복을 느끼는 장면에서는 밝은 색감의 무대 장치를 사용하고, 주인공이 공포에 휩싸였을 때는 불규칙한 무늬로 이루어진 무대 장치를 사용해 불안한 정서를 표현했죠. 또 언제나처럼 조명과 무대 장치의 조화에도 신경을 많이 썼습니다. 조명과 무대 장치가 얼마나 조화를 잘 이루느냐에 따라 무대 미술의 질이 달라진다고 생각하니까요.

여(리포터): 그렇군요. 그런데 무대 디자인을 위한 영감은 주로 어디서 얻으시나요?

남(여승수): 저는 여행을 참 좋아합니다. 산, 강, 바다와 같은 자연으로 여행을 가서는 자연물들의 형태를 스케치하고 각 자연물들이 주는 느낌을 글로 적어 놓습니다. 또 여행지에서 만나는 사람들의 표정, 옷차림, 말투 등을 통해 그 사람의 성격을 추측해 보고, 그 사람에게 어울리는 무대 디자인은 어떤 것일까를 상상하곤 합니다.

여(리포터): 그렇군요. 대학에서도 무대 미술을 전공하셨나요?

남(여승수): 아니요. 대학에서는 경영학을 전공했습니다. 전공 공부에 별다른 열의 없이 지내다가 졸업을 앞두고 유럽에 배낭여행을 갔는데, 유럽의 건축물들에 완전히 매료되었습니다. '저런 건축물들을 한번 만들어 보고 싶다.'란 생각이 들었어요. 그러던 중 영국에서 뮤지컬을 보게 됐고, 전무릎을 탁 쳤죠. '무대 밖의 건축물도 좋지만, 무대 위의 세상을 내가 직접 만들어 보는 것도 의미있겠구나.' 싶었던 거죠. 여행에서 돌아와 바로 무대 미술 공부를 하고 싶었지만 학비를 댈 수가 없었어요. 그래서 대학을 졸업하고 직장 생활을 잠깐 했습니다. 꽤 안정된 직장이어서 그만둘 때 조금 망설였죠. 하지만 애초 계획대로 어느 정도 돈이 모이자 직장을 그만두고 대학원에 진학했어요.

**잘 들으셨지요? 이 인터뷰에서 알 수 있는 내용이 <u>아닌</u> 것은 무엇입니까?**

① 남자는 여행을 통해 무대 디자인을 위한 영감을 얻는다.
② 남자는 조명과 무대 장치의 조화를 중요하게 생각한다.
③ 남자는 틀에 박힌 생활을 견딜 수 없어 다니던 직장을 그만두었다.
④ 남자는 대학원 공부를 위한 학비를 벌기 위해 직장 생활을 시작했다.
⑤ 유럽 배낭여행의 경험은 남자가 진로를 결정하는 데 큰 영향을 주었다.

※ 5번부터 13번까지는 내용을 들은 후, 시험지에 인쇄된 문제와 선택지를 보고 푸는 문항입니다. 잘 듣고 물음에 답하세요.

**05** 다음은 토론의 일부입니다. 잘 듣고 물음에 답하세요.

여: 초등학교에 중간고사, 기말고사와 같은 정기 고사가 존재하는 것이 옳은가, 그렇지 않은가에 대한 논의가 활발합니다. 저는 초등학교에 정기고사가 없는 것이 좋다고 생각합니다. 정기고사 때문에 생기는 학업 스트레스는 어린 학생들의 정신 건강에 좋지 않은 영향을 끼칩니다. 또 한창 다양한 경험을 쌓아야 할 시기에 정기고사에 대한 부담감 때문에 체험 활동을 포기하는 학생들도 있습니다. 정말 안타까운 일이 아닐 수 없죠.

남: 하지만 정기고사가 없다면 학생들의 학업 능력을 어떻게 평가하죠?
여: 학급을 이끌어가는 교사가 수시로, 그리고 자율적으로 학생들을 평가하면 된다고 생각합니다. 그렇게 하면 학업 성취도뿐 아니라 창의력, 인성 등 학생들의 다양한 면을 골고루 평가할 수도 있습니다.
남: 교사들이 자율적으로 학생들을 평가한다면 평가 결과가 과연 학생들의 학업 성취도를 객관적으로 알려 줄 수 있는 준거가 될 수 있을까요? 또, 평가가 수시로 이루어진다면 평가 횟수가 늘어나기 때문에 학업에 대한 학생들의 부담은 오히려 더 늘어날 것입니다. 교사의 입장에서도 평가 횟수가 늘어나고 평가 기준의 마련이 어려워 부담이 가중될 것입니다.
여: 정기고사가 학생들에게 부담을 주는 이유는 단 몇 번의 시험으로 학생들의 능력을 평가하기 때문입니다. 수시로 평가가 이루어진다면, 한 번 좋지 않은 평가를 받았다 하더라도 만회할 수 있는 다음 기회가 많기 때문에 학생들이 부담을 느끼진 않을 것입니다. 그리고 평가가 각 교사의 재량에 맡겨진다면, 교사마다 서로 다른 시험 도구로 평가를 하기 때문에 사교육이 줄어들 것입니다.
남: 글쎄요. 앞에서 말씀드린 것같이 교사마다 다른 기준으로 다른 도구를 사용하여 평가를 한다면 평가의 객관성을 확보하기 어렵기 때문에 객관적인 학업 성취도 평가를 받기 위해 학생들이 사교육에 더욱 의존할 것입니다. 따라서 전 초등학교에 정기고사가 필요하다고 생각합니다.

**06** 다음은 토론의 일부입니다. 잘 듣고 물음에 답하세요.

> 여(사회자): 오늘은 우리 지역 국립공원에 케이블카를 설치하는 문제에 대해 토론해 봅시다. 각자 의견을 말씀해 주시기 바랍니다.
>
> 여(토론자): 저는 케이블카 설치에 찬성합니다. 국립공원으로 지정된 산은 풍경이 매우 아름답습니다. 하지만 지형이 너무 험해서, 걸어서 산을 오르기가 힘이 듭니다. 케이블카가 설치되면 편안하게 앉아서 산의 경치를 둘러볼 수 있으니, 케이블카 설치는 환영할 만한 일입니다.
>
> 남(토론자): 하지만 케이블카를 설치하면 자연이 파괴될 것입니다. 지금도 수많은 등산객들로 인해 자연 훼손이 심각한 상황인데, 케이블카를 설치하면 자연 파괴가 한층 심각해질 것입니다.
>
> 여(토론자): 어째서 케이블카를 설치하면 자연 파괴가 심각해진다는 거죠?
>
> 남(토론자): 케이블카를 설치하기 위해선 산의 일부를 깎아내야 합니다. 산이 파괴되는 것은 물론 동식물의 생태계도 교란될 수 있습니다.
>
> 여(토론자): 그렇게까지 자연을 생각하시는 분이 왜 지난번 제주도 여행 때 유채꽃을 마구 꺾으셨죠? 그건 자연 파괴 아닌가요?
>
> 남(토론자): 제가 꽃을 꺾었다고요? 저는 그런 적이 없습니다.
>
> 여(토론자): 발뺌하시는 건가요? 제 눈으로 분명히 봤습니다. 그리고 수목원에서 담배를 피우는 것도 자연 훼손 아닌가요? 지난번 수목원에 갔을 때 수시로 담배를 피우시던데요. 케이블카로 인한 자연 파괴를 걱정하기보다는 본인의 행동을 돌아봐야 할 것 같습니다.

**07** 다음은 대화의 일부입니다. 잘 듣고 물음에 답하세요.

> 여: 이 가방 좀 봐 줘. 이번에 새로 산 가방이야. 백화점 가격보다 훨씬 싸게 샀어.
>
> 남: 훨씬 싸게? 어떻게 그럴 수가 있지? 혹시 가짜 아니야?
>
> 여: 아, 병행 수입 제품이야. 해외 상품을 국내 독점 수입 업체를 거치지 않고 들여와 판매하는 거지. 원 제조사에서 만들어진 정품이야.
>
> 남: 그 병행 수입이란 거, 불법 아니야?
>
> 여: 아니야. 정부의 허가를 받은 거야. 게다가 정부는 수입품의 가격 인하를 유도하기 위해 병행 수입을 더욱 활성화할 계획이라던데?
>
> 남: 그런데 백화점이랑 가격 차이가 어떻게 그렇게 많이 나지?
>
> 여: 수입품이 백화점 같은 곳에서 판매되려면 원가에 인건비, 광고비, 입점비 등이 붙게 되지. 이런 비용이 빠지니까 병행 수입 제품은 가격이 싼 거야.
>
> 남: 그렇구나. 그럼 A/S도 확실히 해주는 거니?
>
> 여: 그렇지는 않아. 대개 A/S 보장이 안 된다는 점이 병행 수입 상품의 아쉬운 점이야. 하지만 일단 저렴하니까 그 정도는 감수할 수 있어. 뭐니 뭐니 해도 정품을 싸게 사는 게 가장 좋은 일 아니겠니?

**08** 다음은 강연의 일부입니다. 잘 듣고 물음에 답하세요.

'스마트워크'가 국내 기업에 도입되고 있습니다. 스마트워크는 정해진 시간에 사무실로 출퇴근하는 대신 정보통신 기술을 활용해 시간·장소에 구애받지 않고 일하는 자율 근무 방식입니다. 스마트폰, 태블릿 PC와 같은 정보통신 기기의 발달로 일본, 유럽, 미국 등에서는 스마트워크가 확대되는 추세이며, 우리 정부는 2015년까지 전체 근로 인구의 30%까지 스마트워크를 확대할 계획이라고 밝혔습니다.

스마트워크에는 여러 긍정적인 측면이 있습니다. 먼저, 기존의 근무 방식에서는 회사의 출퇴근 시간이 대부분 비슷하기 때문에 출퇴근 시간에 교통 정체가 극심하죠. 스마트워크가 도입되면 출퇴근 시간의 교통 혼잡 문제를 해결할 수 있습니다. 또 직장인들이 시간을 융통성 있게 활용함으로써 자기 계발을 위한 시간을 확보할 수 있습니다. 여성의 경우엔 자녀 양육과 직장 일을 병행할 수 있게 되죠. 스마트워크, 하루 빨리 일반화돼야 할 근무 방식입니다.

**09** 다음은 강연의 일부입니다. 잘 듣고 물음에 답하세요.

남: '여우와 신포도' 이야기를 아십니까? 굶주린 여우가 포도송이를 찾아냈으나 포도송이가 너무 높이 매달려 있어서 따 먹을 수가 없었죠. 그러자 여우는 "저 포도는 너무 시어서 안 먹어."라고 말하며 그 자리를 떠났다는 이야기죠. 여우의 이러한 태도는 '인지적 부조화 이론'으로 설명할 수 있습니다. 인지적 부조화 이론이란 태도 변화의 동기를 설명하는 이론으로, 인간은 인지 요소의 부조화 상태에 빠지면 인지를 변화시켜 조화 상태를 유지하고자 한다는 것을 말합니다. 이때 인간은 인지 부조화를 해소하기 위해 자신의 결정을 합리화하게 됩니다. 여우의 경우, 포도를 따 먹겠다는 인지와 따 먹을 수 없다는 인지가 부조화를 이루어 '나는 저 포도가 시기 때문에 따지 않는 거야'라고 합리화를 하는 것이죠.

# 10~11
다음은 토론의 일부입니다. 잘 듣고 물음에 답하세요.

남: 최근 영국에서 전신마비에 걸린 남자가 법원에 안락사를 허용해 달라는 소송을 내서 화제가 됐습니다. 이에 법적으로 안락사가 금지된 영국에서 안락사의 허용 여부에 대한 찬반 논쟁이 뜨겁습니다. 안락사는 환자의 생명 연장 조치를 중단하는 소극적 안락사와 환자에게 생명 단축 시술을 행하는 적극적 안락사로 나눌 수 있죠. 우리나라에는 소극적 안락사를 허용한 판례가 있는가 하면, 소극적 안락사를 행한 의사 및 보호자에게 살인죄를 선고한 경우도 있습니다. 보건복지부의 여론 조사에 따르면 응답자의 72.3%가 소극적 안락사에 찬성했다고 합니다.

여: 저는 안락사 허용에 반대합니다. 인간의 생명은 소중합니다. 인간에게는 다른 인간의 생명을 거둘 권리가 없습니다. 안락사는 이유야 어찌 됐든 명백한 살인 행위라고 생각합니다.

남: 물론 인간의 생명은 소중합니다. 하지만 생명의 연장을 무조건 주장하기보다는 삶의 질을 고려해야 하지 않을까요? 치유가 불가능한 것이 확실한 환자가 고통스럽게, 혹은 아무런 의식 없이 평생을 살아가는 것보다는 평온한 죽음을 맞이할 수 있게 하는 것이 생명의 존엄성을 지키는 일일 수 있습니다.

여: '인명재천'이란 말이 있습니다. 치유가 불가능할 것이라는 인간의 판단이 언제나 옳은 것은 아닙니다. 안락사의 대상이 기적적으로 회복될 수도 있지 않을까요? 그리고 치료 과정의 고통 때문에 안락사를 요청한 환자들 중 이후 고통이 가라앉아 안락사를 거부하는 경우도 있습니다. 따라서 안락사를 허용해서는 안 될 것입니다.

남: 하지만 불분명한 생존 가능성에 매달리는 가족들의 심적·경제적 부담도 우리는 고려해야 합니다.

여: 가족이란 구성원 중 누군가가 고통받을 때 함께 인내하고 이겨나가야 하는 공동체입니다. 가족들의 부담을 덜기 위해 안락사를 택하는 것은 옳지 않습니다.

남: 안락사가 인정되면 환자의 장기 이식이 가능해진다는 장점도 있습니다.

여: 한 사람의 생명을 앗아감으로써 다른 사람의 생명을 살리겠다는 생각은 너무 잔인합니다. 또 안락사는 장기 불법 매매 등을 위해 악용될 가능성도 있습니다.

남: 안락사를 무조건 허용하자는 것은 아닙니다. 기준을 엄격히 정하고, 그 기준에 따라 안락사의 허용 여부를 신중하게 결정한다면 안락사가 악용될 소지를 최소화할 수 있다고 생각합니다.

## 12~13
다음은 강연의 일부입니다. 잘 듣고 물음에 답하세요.

> 남: 요즘 '공정 여행'을 부르짖는 사람들이 늘어나고 있습니다. '공정 여행'이란 여행자들이 여행지에서 자신의 즐거움만을 추구하는 것이 아니라, 현지 문화와 생태계를 보존하고 현지인들의 삶을 존중하며, 여행자들의 소비로 인한 이득이 현지인에게 돌아가도록 하는 여행을 말합니다. 일명 착한 여행, 책임 여행, 윤리적 여행 등으로도 불립니다.
> 세계의 관광 산업은 매년 성장하지만, 관광의 경제적 이익 대부분은 현지인들에게 돌아가기보다 외국인 소유 호텔이나 관광 회사에 의해 해외의 선진국으로 빠져나가는 경우가 많습니다. 또 여행자들에 의해 현지의 환경이 오염되고 유적지가 파괴되는 일도 있습니다. 이러한 점들에 대한 반성의 목소리가 커지자 1992년 리우 정상 회의에서는 공정 여행의 필요성이 공론화되었고, 2000년대로 접어들면서 유럽을 중심으로 공정 여행이 급속히 확산되고 있습니다.
> 공정 여행을 주장하는 사람들은 현지인이 운영하는 숙소 이용하기, 물건 구입 시엔 정당한 비용을 지불하기, 간단한 현지어나 여행지의 문화적 특성을 미리 알아두기, 여행지에서 1회용품을 사용하지 않기 등의 방법으로 공정 여행을 실천하고 있습니다.

## ※ 다음은 주관식 문제입니다. 잘 듣고 물음에 답하세요.

**주관식**

**01** 다음은 강연의 일부입니다. '선의의 거짓말'에 대한 강연자의 주장과, 그 주장에 대한 근거를 100자 이내로 요약하세요.

> 어린 시절 누구나 한 번쯤은 읽어 봤을 소설 중에 미국의 소설가 오 헨리의 '마지막 잎새'란 작품이 있습니다. 폐렴에 걸린 한 여인이 창문 너머로 보이는 담벼락의 담쟁이덩굴 잎이 다 떨어지면 자신도 생명을 잃게 될 것이라 생각하죠. 어느 날 세찬 비바람이 몰아쳐 잎이 다 떨어지자, 그 여인이 실망할 것을 염려한 한 화가는 담벼락에 실물과 같은 잎을 하나 그려 넣습니다. 다음날 창밖을 내다 본 여인은 잎사귀 하나가 떨어지지 않고 나무에 붙어 있다고 생각하였고, 희망에 찬 그녀의 병세는 차차 호전됩니다.
> 이 이야기에서 잎을 그린 화가는 아픈 여인에게 희망을 심어주기 위해 거짓말을 한 셈입니다. 이 화가의 경우처럼 좋은 의도로 하는 거짓말을 우리는 '선의의 거짓말'이라고 합니다. 많은 사람들이 선의의 거짓말은 상대방을 위하는 마음으로 하는 것이기 때문에 해도 좋은 것이라 생각합니다.
> 하지만 선의의 거짓말이 어떤 결과를 가져 올지 우리는 확실히 알 수 없습니다. 내가 좋은 의도로 한 거짓말이 오히려 나쁜 결과를 가져올 수도 있습니다. 또 거짓말이 들통 났을 때 상황이 더욱 안 좋아질 수도 있습니다. 만약 '마지막 잎새'의 주인공이 그 잎이 가짜였다는 것을 알게 된다면, 충격으로 병세가 악화될 수도 있는 것이죠. 그리고 인간관계에서는 신뢰가 중요합니다. 내가 아무리 좋은 의도로 거짓을 말했다 해도 내가 거짓말을 했다는 사실을 상대가 알게 되면, 다음번엔 나의 말을 온전히 믿어주지 않을 것입니다. 그런데도 좋은 의도에서 비롯된 것이라며 거짓말을 용인해야 할까요?

**02** 다음 강연을 잘 듣고, 강연의 주장을 반대하는
입장에서 자신의 주장과 근거를 100자 내외로
쓰세요.

남: 그동안 많은 논란이 되었던 인터넷 실명제가 결국 폐지될 것으로 보입니다. 인터넷 실명제란 인터넷 이용자의 실명과 주민등록번호가 확인되어야만 인터넷 게시판에 글을 올릴 수 있는 제도를 말하죠. 최근 방송통신위원회는 인터넷 본인 확인 제도를 재검토할 계획이라고 밝혔고, 국내 한 유명 포털 사이트는 회원 가입 시 주민등록번호를 저장하도록 한 원칙을 폐지하겠다고 발표한 바 있으며, 다른 포털 사이트들도 연이어 주민등록번호 저장 원칙의 폐지안을 내놓고 있습니다. 더욱이 개인 정보를 저장하지 않는 소셜 네트워크 서비스들이 하나둘 등장하면서 인터넷 실명제는 유명무실해져 가고 있는 실정입니다.

하지만 인터넷 실명제는 인터넷이 우리의 삶 속에 깊숙이 파고든 오늘날, 꼭 필요한 제도라 할 수 있습니다. 가장 큰 이유는 인터넷 실명제가 인터넷상에서 이루어지는 사이버 폭력을 막아줄 수 있기 때문입니다. 인터넷의 익명성은 자신이 뱉은 말에 대한 책임 의식을 희석시키고, 그 결과 온라인에서는 타인의 인격, 명예, 사생활 등을 침해하는 일이 빈번히 일어나게 됩니다. 몇 년 전, 네티즌의 악성 댓글에 상처를 받은 인기 연예인이 스스로 목숨을 끊은 사례도 있지 않습니까? 더불어 인터넷 실명제가 폐지되면 사이버 폭력이 증가하는 것도 문제이지만, 폭력을 행한 가해자의 신원을 추적하기가 어려워진다는 점도 문제입니다. 이로 말미암아 가해자에 대한 처벌 역시 쉽지 않을 것이기 때문입니다. 인터넷 실명제는 평화롭고 수준 높은 인터넷 문화를 정립하는 데 없어서는 안 되는 제도라 할 수 있습니다.

MEMO

# 좋은 책을 만드는 길
# 독자님과 함께하겠습니다.

도서나 동영상에 궁금한 점, 아쉬운 점, 만족스러운 점이
있으시다면 어떤 의견이라도 말씀해 주세요.
시대고시기획은 독자님의 의견을 모아 더 좋은 책으로 보답하겠습니다.

## www.sidaegosi.com

## ToKL 국어능력인증시험 2주 만에 끝내는 초단기완성

| | |
|---|---|
| 개정9판1쇄 발행 | 2022년 02월 04일 (인쇄 2021년 12월 28일) |
| 초 판 발 행 | 2012년 08월 20일 (인쇄 2012년 06월 22일) |
| 발 행 인 | 박영일 |
| 책 임 편 집 | 이해욱 |
| 편 저 | 박소영 |
| 편 집 진 행 | 구설희 · 김서아 |
| 표 지 디 자 인 | 김도연 |
| 본 문 디 자 인 | 박지은 · 장성복 |
| 발 행 처 | (주)시대고시기획 |
| 출 판 등 록 | 제10-1521호 |
| 주 소 | 서울시 마포구 큰우물로 75 [도화동 538 성지 B/D] 9F |
| 전 화 | 1600-3600 |
| 팩 스 | 02-701-8823 |
| 홈 페 이 지 | www.sidaegosi.com |
| I S B N | 979-11-383-1527-2 (13710) |
| 정 가 | 19,000원 |

# 01 어휘 영역

## 1. 단어의 형성

단어를 분석할 때 실질적 의미를 나타내는 중심이 되는 부분('덮개' 의 '덮-')을 '어근' 이라고 하며, 단독으로 쓰이지 않고 항상 다른 어근이나 단어에 붙어 새로운 의미를 구성하는 부분('덮개' 의 '-개')을 '접사' 라고 한다.

| 단어 | | |
|---|---|---|
| 단일어 | 복합어 | |
| 하나의 어근으로 된 말<br>예 '하늘' , '땅' , '밥' | 하나의 어근에 접사가 붙거나 두 개 이상의 어근이 결합된 말. 합성어와 파생어로 나뉜다. | |
| | 합성어 | 파생어 |
| | 둘 이상의 어근이 결합하여 하나의 단어가 된 말<br>예 '집안' , '돌다리' | 어근에 접사가 결합하여 하나의 단어가 된 말<br>예 '덮개' , '덧버선' |

### 1) 복합어

① 합성어(어근+어근)

| 통사적 합성법 | '명사+명사, 관형어+명사, 주어+서술어' 등 일반적 단어 배열과 같은 유형의 합성을 말한다.<br>예 '돌다리' (명사+명사)나 '작은형' (관형어+명사) |
|---|---|
| 비통사적 합성법 | '용언의 어근+명사' 등 일반적 단어 배열에 어긋나는 합성을 말한다.<br>예 '늦더위' ( '늦다' 의 어근+명사) |

② 파생어(어근+접사/접사+어근)
 - 덮개 : 동사 어간 '덮-' 에 접미사 '-개' 가 붙음.
 - 덧버선 : 명사 '버선' 앞에 접두사 '덧-' 이 붙음.

> **Q** 단어의 형성 방법이 나머지와 <u>다른</u> 것은?
>
> ① 논길     ② 눈물     ③ 집안     ④ 칼날     ⑤ 개살구
>
> 정답 ⑤
>
> 해설 ⑤는 파생어이고, ①~④는 합성어이다.

## 2) 접두사와 접미사

접사에는 접두사(接頭辭)와 접미사(接尾辭)가 있다.

### ① 접두사

파생어를 만드는 접사로, 어근이나 단어의 앞에 붙어 새로운 단어가 되게 하는 말

- 필수 접두사

| | |
|---|---|
| 개- | ① (일부 명사 앞에 붙어) '야생 상태의' 또는 '질이 떨어지는', '흡사하지만 다른'의 뜻을 더하는 접두사 예 개금, 개꿀, 개떡, 개먹, 개살구, 개철쭉<br>② (일부 명사 앞에 붙어) '헛된', '쓸데없는'의 뜻을 더하는 접두사<br>예 개꿈, 개나발, 개수작, 개죽음<br>③ (부정적 뜻을 가지는 일부 명사 앞에 붙어) '정도가 심한'의 뜻을 더하는 접두사<br>예 개망나니, 개잡놈 |
| 군- | ① (일부 명사 앞에 붙어) '쓸데없는'의 뜻을 더하는 접두사<br>예 군것, 군글자, 군기침, 군말, 군살, 군침, 군불<br>② (일부 명사 앞에 붙어) '가외로 더한', '덧붙은'의 뜻을 더하는 접두사<br>예 군사람, 군식구 |
| 되- | ① '도로'의 뜻을 더하는 접두사 예 되돌아가다, 되찾다<br>② '도리어' 또는 '반대로'의 뜻을 더하는 접두사 예 되잡다<br>③ '다시'의 뜻을 더하는 접두사 예 되살리다, 되새기다, 되풀다 |
| 한- | ① (일부 명사 앞에 붙어) '큰'의 뜻을 더하는 접두사 예 한걱정, 한길, 한시름<br>② (일부 명사 앞에 붙어) '정확한' 또는 '한창인'의 뜻을 더하는 접두사<br>예 한가운데, 한겨울, 한낮, 한밤중, 한복판, 한잠<br>③ (일부 명사 앞에 붙어) '같은'의 뜻을 더하는 접두사 예 한패, 한마을, 한집안 |
| | ① (일부 명사 앞에 붙어) '바깥'의 뜻을 더하는 접두사 예 한데<br>② (일부 명사 앞에 붙어) '끼니때 밖'의 뜻을 더하는 접두사<br>예 한동자, 한음식, 한저녁, 한점심 |
| 헛- | ① (일부 명사 앞에 붙어) '이유 없는', '보람 없는'의 뜻을 더하는 접두사<br>예 헛걸음, 헛고생, 헛소문, 헛수고<br>② (일부 동사 앞에 붙어) '보람 없이', '잘못'의 뜻을 더하는 접두사<br>예 헛살다, 헛디디다, 헛보다, 헛먹다 |

---

**Q** 밑줄 친 부분의 의미가 다른 것은?

① 한길    ② 한겨울    ③ 한밤중    ④ 한복판    ⑤ 한가운데

정답 ①

해설 ①의 '한-'은 '큰'의 뜻을 더하는 접두사이고, ②~⑤의 '한-'은 '정확한' 또는 '한창인'의 뜻을 더하는 접두사이다.

## ② 접미사

파생어를 만드는 접사로, 어근이나 단어의 뒤에 붙어 새로운 단어가 되게 하는 말

– 필수 접미사

| | |
|---|---|
| –기(器) | ① (일부 명사 뒤에 붙어) '도구' 또는 '기구'의 뜻을 더하는 접미사<br>예 녹음기, 주사기<br>② (생물체의 활동을 나타내는 몇몇 명사 뒤에 붙어) '그러한 활동을 위한 기관'의 뜻을 더하는 접미사<br>예 생식기, 소화기, 호흡기 |
| –기(機) | (일부 명사 뒤에 붙어) '그런 기능을 하는 기계 장비'의 뜻을 더하는 접미사<br>예 비행기, 이앙기 |
| –내기 | ① (일부 명사 뒤에 붙어) 그 지역에서 태어나고 자라서 그 지역 특성을 지니고 있는 사람의 뜻을 더하는 접미사<br>예 서울내기, 시골내기<br>② (일부 어근이나 접두사 뒤에 붙어) 그런 특성을 지닌 사람의 뜻을 더하는 접미사. 흔히 그런 사람을 낮잡아 이를 때 쓴다.<br>예 신출내기, 여간내기 |
| –대(帶) | ① (일부 명사 뒤에 붙어) '띠 모양의 공간' 또는 '일정한 범위의 부분'의 뜻을 더하는 접미사<br>예 공감대, 기후대, 무풍대, 분리대, 삼림대, 성감대, 주파수대, 화산대<br>② (일부 명사 뒤에 붙어) '띠 모양의 물건'의 뜻을 더하는 접미사<br>예 구명대, 생리대, 정조대, 지혈대 |
| –형(型) | (일부 명사 뒤에 붙어) '그러한 유형' 또는 '그러한 형식'의 뜻을 더하는 접미사<br>예 이상형, 기본형, 최신형, 비만형 |
| –형(形) | (일부 명사 뒤에 붙어) '그런 모양'의 뜻을 더하는 접미사.<br>예 계란형, 방사형, 삼각형, 사각형 |

---

**Q** 밑줄 친 부분의 의미가 다른 것은?

① 공감대    ② 무풍대    ③ 삼림대    ④ 지혈대    ⑤ 화산대

정답 ④

해설 ④의 '–대'는 '띠 모양의 물건'의 뜻이고 ①·②·③·⑤의 '–대'는 '띠 모양의 공간' 또는 '일정한 범위의 부분'의 뜻이다.

## 2. 단어의 관계

### 1) 유의 관계, 반의 관계

#### ① 유의 관계

뜻이 서로 비슷한 말을 유의어라고 하는데, 유의어들은 서로 '유의 관계'에 있다.

– 유의 관계의 예

| |
|---|
| 각축(角逐) : 경합(競合) |
| 관점(觀點) : 견지(見地) |
| 나태(懶怠) : 태만(怠慢) |
| 망라(網羅) : 포함(包含) |
| 명확(明確) : 확연(確然) |
| 미혹(迷惑) : 현혹(眩惑) |
| 변환(變換) : 전환(轉換) |
| 거짓 : 허위(虛僞) |
| 반목(反目) : 질시(疾視) |
| 되새김하다 : 반추(反芻)하다 |
| 많다 : 지천(至賤)하다 |
| 맞다 : 상통(相通)하다 |
| 바꾸다 : 전환(轉換)하다 |
| 보다 : 진료(診療)하다 |
| 재다 : 계측(計測)하다 |
| 옹골차다 : 실하다 : 튼실하다 |
| 버겁다 : 벅차다 : 힘겹다 : 부치다 |

#### ② 반의 관계

뜻이 서로 정반대되는 관계에 있는 말을 반의어라고 하는데, 반의어에는 한 쌍의 말 사이에 서로 공통되는 의미 요소가 있으면서 동시에 서로 다른 한 개의 의미 요소가 있어야 한다. 반의어들은 서로 '반의 관계'에 있다.

– 반의 관계의 예

| |
|---|
| 남자(男子) : 여자(女子) |
| 비관(悲觀) : 낙관(樂觀) |
| 악담(惡談) : 덕담(德談) |
| 악의(惡意) : 선의(善意) |
| 익명(匿名) : 실명(實名) |
| 팽창(膨脹) : 수축(收縮) |
| 호전(好轉) : 악화(惡化) |
| 엄혹(嚴酷) : 인자(仁慈) |
| 작다 : 크다 |

**Q** 두 단어 간의 관계가 나머지와 다른 것은?

① 근거(根據) : 이유(理由)　　② 반목(反目) : 질시(疾視)　　③ 시세(市勢) : 시가(市價)

④ 엄혹(嚴酷) : 인자(仁慈)　　⑤ 제거(除去) : 척결(剔抉)

정답 ④

해설 ④는 반의 관계이고, ①·②·③·⑤는 유의 관계이다.

## 2) 상하 관계

두 단어 중, 한쪽이 의미상 다른 쪽을 포함하거나 다른 쪽에 포함되는 관계를 '상하 관계'라고 하는데, 이 중 포함하는 단어를 '상의어', 포함되는 단어를 '하의어'라고 한다.

– 상하 관계의 예

| |
|---|
| 감각 : 미각, 시각, 촉각 |
| 문학 : 소설, 시, 수필 |
| 예술 : 문학, 미술, 음악 |
| 음악 : 가요, 국악, 가곡 |
| 직업 : 공무원, 교사, 의사 |
| 품사 : 동사, 명사, 형용사 |

## 3) 전체와 부분의 관계

두 단어 중, 한쪽 단어의 의미가 다른 단어 의미의 구성 요소가 되는 관계를 '전체와 부분의 관계'라고 한다.

– 전체와 부분의 관계의 예

| |
|---|
| 나무 : 가지, 잎, 뿌리 |
| 시계 : 분침, 시침, 초침 |
| 얼굴 : 눈, 코, 입 |
| 옷 : 단추, 소매, 옷깃 |
| 자동차 : 바퀴, 의자, 전조등 |

**Q** 두 단어 간의 관계가 나머지와 다른 것은?

① 문학 : 시　　　　　② 몸 : 얼굴　　　　　③ 식물 : 나무

④ 직업 : 어부　　　　⑤ 품사 : 형용사

정답 ②

해설 ②는 부분 관계이고, ①·③·④·⑤는 상하 관계이다.

## 3. 다의어와 동음이의어

### 1) 다의어

두 가지 이상의 뜻을 가진 단어

- 다의어의 예

| | |
|---|---|
| 걸다 | ① 흙이나 거름 따위가 기름지고 양분이 많다. 예 벼를 잘 자라게 하려고 퇴비로 논을 걸게 만들었다.<br>② 음식 따위가 가짓수가 많고 푸짐하다. 예 이 음식점은 반찬이 걸게 나와서 항상 사람이 많다. |
| 다리 | ① 사람이나 동물의 몸통 아래 붙어 있는 신체의 부분. 서고 걷고 뛰는 일 따위를 맡아 한다. 예 다리가 굵다, 다리를 다치다.<br>② 물체의 아래쪽에 붙어서 그 물체를 받치거나 직접 땅에 닿지 아니하게 하거나 높이 있도록 버티어 놓은 부분 예 책상 다리가 부러졌다.<br>③ 오징어나 문어 따위의 동물의 머리에 여러 개 달려 있어, 헤엄을 치거나 먹이를 잡거나 촉각을 가지는 기관 예 오징어 다리를 씹다가 이가 빠졌다.<br>④ 안경의 테에 붙어서 귀에 걸게 된 부분 예 그는 다리가 부러진 안경을 쓰고 다녔다. |
| 대다 | ① 정해진 시간에 닿거나 맞추다. 예 조금 서두르면 기차 시간에 댈 수 있다.<br>② 어떤 것을 목표로 삼거나 향하다. 예 마을 사람들이 나무에 대고 돌을 던졌다.<br>③ 무엇을 어디에 닿게 하다. 예 그는 수화기를 귀에 대고 소리쳤다.<br>④ 차, 배 따위의 탈것을 멈추어 서게 하다. 예 그는 주차장에 차를 대다가 사고를 냈다.<br>⑤ 무엇을 덧대거나 뒤에 받치다. 예 그녀는 벽에 등을 대고 앉아서 울기 시작했다.<br>⑥ 어떤 것을 목표로 하여 총, 호스 따위를 겨냥하다. 예 그는 적에게 총부리를 대고 경고했다.<br>⑦ 어떤 사실을 드러내어 말하다. 예 약속 시간에 늦은 남자는 핑계를 대기 시작했다. |
| 들다 | ① 밖에서 속이나 안으로 향해 가거나 오거나 하다. 예 밖에 서 있지 말고 안으로 드시지요.<br>② 빛, 볕, 물 따위가 안으로 들어오다. 예 내 방에는 볕이 잘 들어 따뜻하다.<br>③ 어떤 일에 돈, 시간, 노력, 물자 따위가 쓰이다. 예 언 고기를 녹이려면 시간이 좀 든다.<br>④ 물감, 색깔, 물기, 소금기가 스미거나 배다. 예 가을 산에 단풍이 예쁘게 들었다. |
| 안다 | ① 두 팔을 벌려 가슴 쪽으로 끌어당기거나 그렇게 하여 품 안에 있게 하다. 예 엄마가 아기를 품에 안았다.<br>② 두 팔로 자신의 가슴, 머리, 배, 무릎 따위를 꼭 잡다. 예 라디오를 듣던 그는 배를 안고 웃었다.<br>③ 바람이나 비, 눈, 햇빛 따위를 정면으로 받다. 예 나는 눈을 안고 달렸다.<br>④ 손해나 빚 또는 책임을 맡다. 예 그 일로 아버지는 손해를 안았다.<br>⑤ 새가 알을 까기 위하여 가슴이나 배 부분으로 알을 덮고 있다. 예 닭이 알을 안고 있다.<br>⑥ 생각이나 감정 따위를 마음속에 가지다. 예 그는 큰 포부를 안고 사업을 시작했지만 망하고 말았다. |

| 잡다 | ① 손으로 움키고 놓지 않다. 예 산이 너무 험해서 밧줄을 잡고 올라갔다.<br>② 붙들어 손에 넣다. 예 그는 집에 들어온 도둑을 잡았다.<br>③ 짐승을 죽이다. 예 동생의 생일날 돼지를 잡아 잔치를 열었다.<br>④ 권한 따위를 차지하다. 예 그녀가 그와의 관계에서 주도권을 잡았다.<br>⑤ 돈이나 재물을 얻어 가지다. 예 몇 달만 더 고생하면 이백만 원 정도는 잡을 수 있을 것 같다.<br>⑥ 실마리, 요점, 단점 따위를 찾아내거나 알아내다. 예 드디어 사건의 단서를 잡았다. |
|---|---|

## 2) 동음이의어

소리는 같으나 뜻이 다른 단어

| 미치다¹ | ① 정신에 이상이 생겨 말과 행동이 보통 사람과 다르게 되다. 예 그녀는 세 살배기 자식을 잃고 미치고 말았다.<br>② 정신이 나갈 정도로 매우 괴로워하다. 예 그의 행동을 보면 답답해서 미칠 지경이다.<br>③ 어떤 일에 지나칠 정도로 열중하다. 예 주말마다 일본 드라마에 미쳐 살았다. |
|---|---|
| 미치다² | ① 공간적 거리나 수준 따위가 일정한 선에 닿다. 예 합격 점수에 못 미쳐 떨어졌다.<br>② 영향이나 작용 따위가 대상에 가하여지다. 또는 그것을 가하다. 예 이번 광고는 판매량을 높이는 데에 큰 영향을 미쳤다. |

| 지다¹ | 젖이 불어 저절로 나오다. 예 엄마는 아기에게 젖 먹일 시간이 되면 젖이 진다. |
|---|---|
| 지다² | ① 해나 달이 서쪽으로 넘어가다. 예 해가 지고 어둠이 찾아왔다.<br>② 꽃이나 잎 따위가 시들어 떨어지다. 예 낙엽이 진 걸 보니 가을도 다 갔다.<br>③ 묻었거나 붙어 있던 것이 닦이거나 씻겨 없어지다. 예 옷에 묻은 얼룩이 잘 안 진다. |
| 지다³ | ① 내기나 시합, 싸움 따위에서 재주나 힘을 겨루어 상대에게 꺾이다. 예 싸움에서 나보다 작은 아이에게 졌다.<br>② 어떤 요구에 대하여 마지못해 양보하거나 들어주다. 예 그는 너무 고집이 세서 내가 그에게 지고 말았다. |

| 차다¹ | ① 일정한 공간에 사람, 사물, 냄새 따위가 더 들어갈 수 없이 가득하게 되다.<br>예 오후가 되자 버스에 사람이 가득 찼다.<br>② 감정이나 기운 따위가 가득하게 되다. 예 시합에서 이긴 그는 기쁨에 찬 얼굴로 눈물을 흘렸다.<br>③ 정한 수량, 나이, 기간 따위가 다 되다. 예 그 강의는 정원이 다 차서 신청이 마감되었다. |
|---|---|
| 차다² | ① 발로 내어 지르거나 받아 올리다. 예 그는 공을 힘껏 찼다.<br>② 혀끝을 입천장 앞쪽에 붙였다가 떼어 소리를 내다. 예 아버지는 아들을 보며 혀를 끌끌 찼다.<br>③ 날쌔게 빼앗거나 움켜 가지다. 예 매가 병아리를 차서 하늘 높이 날아갔다. |

| 차다³ | ① 물건을 몸의 한 부분에 달아매거나 끼워서 지니다. 예 나는 세수를 한 뒤 손목에 시계를 찼다.<br>② 수갑이나 차꼬 따위를 팔목이나 발목에 끼우다. 예 죄인은 팔목에 수갑을 차고 구치소로 이송되었다. |
|---|---|

| 사상¹ | 思想(생각 사, 생각 상) : 어떤 사물에 대해 가지고 있는 구체적인 사고나 생각 예 이 영화는 직장인의 생활과 사상을 잘 담아내고 있다. |
|---|---|
| 사상² | 史上(역사 사, 위 상) : 역사에 나타나 있는 바 예 사상 최고의 매출을 기록하다. |
| 사상³ | 死傷(죽을 사, 다칠 상) : 죽거나 다침 예 이번 열차 사고로 백여 명의 사상자가 발생했다. |

**Q** 〈보기〉의 밑줄 친 단어의 문맥상 의미와 유사한 의미로 사용된 것은?

> 보기
> 그는 희망을 <u>안고</u> 대학에 들어갔다.

① 그는 평생 비밀을 <u>안고</u> 살았다.
② 그는 나를 <u>안아서</u> 의자에 앉혔다.
③ 아기는 엄마의 품에 <u>안겨</u> 잠이 들었다.
④ 그녀는 다시 돌아온 남편을 다정하게 <u>안아</u> 주었다.
⑤ 졸업식 날에 꽃다발을 가슴에 <u>안고</u> 사진을 찍었다.

정답 ①

해설 ①은 '생각이나 감정 따위를 마음속에 가지다.'의 뜻이고, ②·③·④·⑤는 '두 팔을 벌려 가슴 쪽으로 끌어당기거나 그렇게 하여 품 안에 있게 하다.'의 뜻이다.

## 4. 혼동하기 쉬운 어휘

| 가름 | 갈음 |
|---|---|
| 쪼개거나 나누어 따로따로 되게 하는 일. 승부나 등수 따위를 정하는 일 예 이기고 지는 것이 가름이 났다. | 다른 것으로 바꾸어 대신함. 예 여러분의 가정에 즐거운 일만 생기기를 기원하는 것으로 치사를 갈음합니다. |
| **가리키다** | **가르치다** |
| 손가락 따위로 어떤 방향이나 대상을 집어서 보이거나 말하거나 알리다. 예 그는 손가락으로 그녀의 이마를 가리키고 있었다. | 지식이나 기능, 이치 따위를 깨닫게 하거나 익히게 하다. 예 아버지는 나에게 운전을 가르쳐 주셨다. |
| **가진** | **갖은** |
| '가지다(손이나 몸 따위에 있게 하다.)'의 활용형 예 네가 가진 공은 얼마짜리니? | 골고루 다 갖춘. 또는 여러 가지의 예 갖은 양념을 넣은 닭볶음탕이 맛있게 익어갔다. |
| **너머** | **넘어** |
| 높이나 경계로 가로막은 사물의 저쪽. 또는 그 공간 예 산 너머 마을에 그녀가 산다. | 높은 부분의 위를 지나가다. 예 열쇠가 없어서 창문을 넘어 집에 들어갔다. |
| **들리다** | **들르다** |
| '듣다(사람이나 동물이 소리를 감각 기관을 통해 알아차리다.)'의 피동사 예 어디서 음악 소리가 들린다. | 지나는 길에 잠깐 들어가 머무르다. 예 퇴근길에 편의점에 들렀다가 친구를 만났다. |
| **맞추다** | **맞히다** |
| ① 서로 떨어져 있는 부분을 제자리에 맞게 대어 붙이다.<br>② 둘 이상의 일정한 대상들을 나란히 놓고 비교하여 살피다. 예 나는 가장 친한 친구와 답을 맞추어 보았다. | '맞다(문제에 대한 답이 틀리지 아니하다.)'의 사동사 예 그 문제의 정답을 맞혔다. |
| **무치다** | **묻히다** |
| 나물 따위에 갖은 양념을 넣고 골고루 한데 뒤섞다. 예 시금치를 무쳐 먹다. | '묻다(일을 드러내지 아니하고 속 깊이 숨기어 감추다.)'의 피동사 예 가슴속에 묻힌 비밀을 털어놨다. |
| **부치다** | **붙이다** |
| ① 편지나 물건 따위를 일정한 수단이나 방법을 써서 상대에게로 보내다. 예 편지를 부치다.<br>② 어떤 문제를 다른 곳이나 다른 기회로 넘기어 맡기다. 예 안건을 회의에 부치다.<br>③ 어떤 일을 거론하거나 문제 삼지 아니하는 상태에 있게 하다. 예 회의 내용을 극비에 부치다.<br>④ 먹고 자는 일을 제집이 아닌 다른 곳에서 하다. 예 삼촌 집에 숙식을 부치다. | ① '붙다(맞닿아 떨어지지 아니하다.)'의 사동사 예 편지에 우표를 붙이다.<br>② '붙다(불이 옮아 타기 시작하다.)'의 사동사 예 연탄에 불을 붙이다.<br>③ '붙다(조건, 이유, 구실 따위가 따르다.)'의 사동사 예 계약에 조건을 붙이다. |

안심Touch

| 분리 | 분할 |
|---|---|
| 서로 나뉘어 떨어짐. 또는 그렇게 되게 함. 예 민주주의에서는 입법, 행정, 사법이 명백히 분리되어야 한다. | 나누어 쪼갬. 예 도로에 의해 그 지역이 분할되어 사람들의 이동에 제한이 생겼다. |
| 일절(一切) | 일체(一切) |
| 아주, 전혀, 절대로의 뜻으로, 흔히 행위를 그치게 하거나 어떤 일을 하지 않을 때에 쓰는 말 예 나에게 일절 간섭하지 말았으면 좋겠어. | 모든 것 예 그는 재산 일체를 사회에 환원하였다. |
| 전래 | 전승 |
| ① 예로부터 전하여 내려옴. 예 전래 동요 ② 외국에서 전하여 들어옴. 예 목화의 전래 | 문화, 풍속, 제도 따위를 이어받아 계승함. 또는 그것을 물려주어 잇게 함. 예 그는 자신의 오랜 업을 아들에게 전승하려고 한다. |
| 지그시 | 지긋이 |
| 슬며시 힘을 주는 모양 예 그는 눈을 지그시 감았다. | 나이가 비교적 많아 듬직하게 예 그는 나이가 지긋이 들어 보인다. |
| 형성 | 생성 |
| 어떤 형상을 이룸. 예 깊은 대화로 세대의 공감대가 형성되었다. | 사물이 생겨남. 또는 사물이 생겨 이루어지게 함. 예 연구원의 실수로 유독성 물질이 생성되었다. |

---

**Q** 〈보기〉의 (    )에 들어갈 맞춤법에 맞는 단어끼리 짝지어진 것은?

> • 문제에 대한 답을 정확하게 (    ) 상품을 드립니다.
> • 그녀는 자기 부모님에 관한 이야기를 친한 친구에게도 (    ) 하지 않았다.
> • 인권 침해 책임자를 재판에 (    ) 처벌하였다.

① 맞히면 – 일절 – 부쳐      ② 맞히면 – 일체 – 붙여
③ 맞추면 – 일절 – 붙여      ④ 맞추면 – 일체 – 부쳐
⑤ 맞추면 – 일절 – 부쳐

**정답** ①

**해설** (    ) 안에는 각각 '문제에 대한 답이 틀리지 아니하다.', '아주, 전혀, 절대로', '어떤 문제를 다른 곳이나 다른 기회로 넘기어 맡기다.'의 의미를 지닌 단어가 들어가야 하므로 '맞히면', '일절', '부쳐'가 적절하다.

## 5. 고유어

**가납사니** ☐ ① 쓸데없는 말을 잘하는 사람 ② 말다툼을 잘하는 사람 예 그는 가납사니 같아서 사람들과 자주 싸운다.

**가랑눈** ☐ 조금씩 잘게 내리는 눈 예 올겨울에는 가랑눈만 몇 번 내렸을 뿐 아직까지 눈다운 눈은 한 번도 오지 않았다.

**개차반** ☐ 개가 먹는 음식인 똥이라는 뜻으로, 언행이 몹시 더러운 사람을 속되게 이르는 말 예 모두 개차반 같은 성질의 그를 가까이하기 싫어했다.

**거북살스럽다** ☐ 몹시 거북스럽다. 예 어제부터 매고 있던 넥타이가 갑자기 거북살스럽게 느껴져 한복을 입었다.

**거추장스럽다** ☐ ① 물건 따위가 크거나 무겁거나 하여 다루기가 거북하고 주체스럽다. 예 옷이 두꺼워 움직이기가 거추장스럽다. ② 일 따위가 성가시고 귀찮다.

**게걸스럽다** ☐ 몹시 먹고 싶거나 하고 싶은 욕심에 사로잡힌 듯하다. 예 나는 식탁 위에 밥을 차릴 겨를도 없이 닥치는 대로 게걸스럽게 식사를 해치웠다.

**고명딸** ☐ 아들 많은 집의 외딸 예 그녀는 고명딸로 태어나 귀염을 받고 자란 티가 났다.

**곰상스럽다** ☐ ① 성질이나 행동이 싹싹하고 부드러운 데가 있다. ② 성질이나 행동이 잘고 꼼꼼한 데가 있다. 예 모든 일에 곰상스럽게 마음을 쓰면 스트레스만 받는다.

**곱살스럽다** ☐ 얼굴이나 성미가 예쁘장하고 얌전한 데가 있다. 예 그녀는 늘 생글거리는 곱살스러운 얼굴이다.

**궁싯거리다** ☐ ① 잠이 오지 아니하여 누워서 몸을 이리저리 뒤척거리다. ② 어찌할 바를 몰라 이리저리 머뭇거리다. 예 선생님이 다그치자 학생이 대답을 못하고 궁싯거렸다.

**뇌까리다** ☐ ① 아무렇게나 되는 대로 마구 지껄이다. 예 그는 뚱딴지같은 소리를 뇌까렸다. ② 불쾌하다고 생각되는 상대편의 말이나 행동, 태도에 대하여 불쾌하다는 뜻을 담은 말을 거듭해서 자꾸 말하다.

**는개** ☐ 안개비보다는 조금 굵고 이슬비보다는 가는 비 예 골짜기마다 는개가 피어올랐다.

**늦깎이** ☐ 나이가 많이 들어서 어떤 일을 시작한 사람 예 늦깎이로 연기를 시작한 그는 무척 행복해 보였다.

**달포** ☐ 한 달이 조금 넘는 기간 예 그가 떠난 지 달포가량 지났다.

**뒤둥그러지다** ① 뒤틀려서 마구 우그러지다. ② 생각이나 성질이 비뚤어지다. 예 무엇이 마음에 안 드는지 잔뜩 뒤둥그러진 목소리로 말했다.

**마름하다** 옷감이나 재목 따위를 치수에 맞도록 재거나 자르다. 예 옷감을 마름하다.

**마파람** 뱃사람들의 은어로, '남풍(南風)'을 이르는 말 예 마파람에 게 눈 감추듯

**만무방** ① 염치가 없이 막된 사람 예 그는 원래 배운 데 없는 만무방이다.
② 아무렇게나 생긴 사람

**무릇** 대체로 헤아려 생각하건대 예 무릇 법도란 지키기 위해 존재하는 것이다.

**박우물** 바가지로 물을 뜰 수 있는 얕은 우물 예 그는 박우물에 헤엄칠 사람이다.

**사박스럽다** 성질이 보기에 독살스럽고 야멸친 데가 있다. 예 아내는 남편을 사박스럽게 몰아붙였다.

**사위스럽다** 마음에 불길한 느낌이 들고 꺼림칙하다. 예 나는 어쩐지 사위스러운 생각이 들어 발을 멈췄다.

**새삼스럽다** ① 이미 알고 있는 사실에 대하여 느껴지는 감정이 갑자기 새로운 데가 있다. 예 그날의 감회가 새삼스럽게 기억이 난다. ② 하지 않던 일을 이제 와서 하는 것이 보기에 두드러진 데가 있다. 예 지난 일을 이제 와서 새삼스럽게 꺼내고 그래?

**성에** 기온이 영하일 때 유리나 벽 따위에 수증기가 허옇게 얼어붙은 서릿발 예 차창에는 성에가 끼어서 밖이 뿌옇게 흐려 보였다.

**소담스럽다** ① 생김새가 탐스러운 데가 있다. 예 여기저기로 들국화가 소담스럽게 피었다. ② 음식이 풍족하여 먹음직한 데가 있다. 예 어머니는 작은 접시에 음식을 소담스럽게 담았다.

**손어림** 손으로 만지거나 들어 보아 대강 헤아림. 또는 그런 분량 예 가방 안에 든 돈은 손어림으로 대략 백만 원은 되어 보였다.

**수수하다** ① 물건의 품질이나 겉모양, 또는 사람의 옷차림 따위가 그리 좋지도 않고 나쁘지도 않고 제격에 어울리는 품이 어지간하다. 예 그의 부인은 수수한 한복 차림이었으나 상당한 미인이었다. ② 사람의 성질이 꾸밈이나 거짓이 없고 까다롭지 않아 수월하고 무던하다.

**스스럽다** ① 서로 사귀는 정분이 두텁지 않아 조심스럽다. 예 나와 그는 스스러운 사이이다. ② 수줍고 부끄러운 느낌이 있다. 예 그녀는 스스러운지 고개를 들지 않았다.

**실팍하다** ☐ 사람이나 물건 따위가 보기에 매우 실하다. 예 실팍한 몸집의 사내들이 가구 하나를 제대로 못 옮겼다.

**알겨먹다** ☐ 남의 재물 따위를 좀스러운 말과 행위로 꾀어 빼앗아 가지다. 예 동네 사람들에게 땅을 비싸게 팔아 주겠다며 사례비를 알겨먹은 사기꾼이 경찰에 붙잡혔다.

**앙그러지다** ☐ ① 하는 짓이 꼭 어울리고 짜인 맛이 있다. 예 이번 행사는 앙그러지게 구성된 듯하다. ② 모양이 어울려서 보기에 좋다. 예 아내가 살림을 앙그러지게 정리하여 좁은 집이 넓어 보였다. ③ 음식이 먹음직스럽다.

**앙증맞다** ☐ 작으면서도 갖출 것은 다 갖추어 아주 깜찍하다. 예 색동저고리를 입은 아이의 모습이 앙증맞다.

**앵돌아지다** ☐ ① 노여워서 토라지다. 예 여자 아이는 앵돌아진 표정으로 장난감 가게 앞에 주저앉아 있었다. ② 홱 틀려 돌아가다. 예 계획했던 일은 이미 누군가에 의해 앵돌아져 버린 것 같다. ③ 날씨가 끄물끄물해지다. 예 오전 내내 앵돌아졌던 하늘이 맑아졌다.

**얼추** ☐ ① 어지간한 정도로 대충 예 헤아려 보니 모인 사람이 얼추 500명은 되겠다. ② 어떤 기준에 거의 가깝게 예 도착할 시간이 얼추 다 되었다.

**여북** ☐ '얼마나', '오죽', '작히나'의 뜻으로 정도가 매우 심하거나 상황이 좋지 않을 때 쓰는 말 예 내가 여북 급하면 너에게 부탁하겠어?

**옴팡지다** ☐ ① 보기에 가운데가 좀 오목하게 쏙 들어가 있다. 예 그는 광대뼈가 튀어나온 데다 눈이 옴팡져서 더 매섭게 보였다. ② 아주 심하거나 지독한 데가 있다. 예 나는 뭔가 옴팡지게 속아 살아온 것 같은 기분이 들었다.

**을씨년스럽다** ☐ ① 보기에 날씨나 분위기 따위가 몹시 스산하고 쓸쓸한 데가 있다. 예 날씨가 을씨년스러운 게 곧 눈이라도 쏟아질 것 같다. ② 보기에 살림이 매우 가난한 데가 있다. 예 을씨년스럽던 살림살이가 나아졌다.

**자못** ☐ 생각보다 매우 예 여러분에 대한 기대가 자못 큽니다.

**작히** ☐ '어찌 조금만큼만', '얼마나'의 뜻으로 희망이나 추측을 나타내는 말. 주로 혼자 느끼거나 묻는 말에 쓰인다. 예 그렇게 해 주시면 작히 좋겠습니까?

**적이** ☐ 꽤 어지간한 정도로 예 나는 적이 당황했다.

**좀체** ☐ 여간하여서는 예 일자리가 좀체 구해지지 않는다.

안심Touch

| 지청구 | □ | ① 아랫사람의 잘못을 꾸짖는 말 예 지각해서 선생님께 지청구를 들었다. ② 까닭 없이 남을 탓하고 원망함. 예 형은 나를 떼 놓고 가려고 지청구를 퍼부었다. |
| 짐짓 | □ | ① 마음으로는 그렇지 않으나 일부러 그렇게 예 언니는 이미 다 알면서도 동생의 얘기에 짐짓 놀라는 표정을 지었다. ② 아닌 게 아니라 정말로. 주로 생각과 실제가 같음을 확인할 때에 쓴다. 예 먹어 보니, 짐짓 기가 막힌 음식이더라. |
| 짜장 | □ | 과연 정말로 예 그는 짜장 사실인 것처럼 이야기를 한다. |
| 투미하다 | □ | 어리석고 둔하다. 예 그는 성격이 투미해서 답답하기 짝이 없다. |
| 풋사랑 | □ | 어려서 깊이를 모르는 사랑 예 학창 시절 풋사랑의 대상이었던 선생님 |
| 하늬바람 | □ | 서쪽에서 부는 바람. 주로 농촌이나 어촌에서 이르는 말이다. 예 하늬바람에 나뭇가지가 흔들렸다. |
| 함초롬하다 | □ | 젖거나 서려 있는 모습이 가지런하고 차분하다. 예 풀잎이 이슬에 함초롬하게 젖어 있다. |
| 희나리 | □ | 채 마르지 아니한 장작 예 그는 연신 희나리에 불을 댕겼다. |

---

**Q** 밑줄 친 단어에 대한 뜻풀이가 바르지 않은 것은?

① 국물을 <u>자작하게</u> 졸였다. → 액체가 잦아들어 적게
② 그는 발을 헛디뎌 언덕 아래로 <u>뒤둥그러졌다.</u> → 아주 세게 넘어지면서 구르다.
③ 애송이 남녀는 <u>풋사랑</u>의 쓰라린 작별에 울고 또 울었다. → 처음으로 느끼거나 맺은 사랑
④ 가방 안에 든 돈은 <u>손어림</u>으로 대략 백만 원은 되어 보였다. → 손으로 만지거나 들어 보아 대강 헤아림.
⑤ 좁은 집이었지만 안주인이 살림을 퍽 <u>앙그러지게</u> 정리하여 넓어 보였다. → 모양이 어울려서 보기에 좋다.

정답 ③

해설 ③ '풋사랑'의 뜻은 '어려서 깊이를 모르는 사랑'이고, '처음으로 느끼거나 맺은 사랑'은 '첫사랑'의 뜻이다.

## 6. 한자어

**간교(奸巧)** ☐ 奸巧 간사할 간 · 공교할 교
간사하고 교활함. 예 그는 뱀처럼 간교한 사람이다.

**간파(看破)** ☐ 看破 볼 간 · 깨뜨릴 파
속내를 꿰뚫어 알아차림. 예 나의 약점이 그에게 간파되었다.

**감동(感動)** ☐ 感動 느낄 감 · 움직일 동
크게 느끼어 마음이 움직임. 예 그의 말에 감동을 받았다.

**감명(感銘)** ☐ 感銘 느낄 감 · 새길 명
감격하여 마음에 깊이 새김. 또는 그 새겨진 느낌. 예 그의 연설에 모두 감명하였다.

**감탄(感歎)** ☐ 感歎 느낄 감 · 탄식할 탄
마음속 깊이 느끼어 탄복함. 예 그의 작품은 감탄이 나올 만큼 멋졌다.

**경각심(警覺心)** ☐ 警覺心 경계할 경 · 깨달을 각 · 마음 심
정신을 차리고 주의 깊게 살피어 경계하는 마음 예 화재 기사는 불에 대한 경각심을 일깨워 주었다.

**경원시(敬遠視)** ☐ 敬遠視 공경 경 · 멀 원 · 볼 시
겉으로는 가까운 체하면서 실제로는 멀리하고 꺼림칙하게 여김. 예 회사의 여사원들은 모두 김 부장을 경원시하여, 험담을 늘어놓았다.

**공명심(功名心)** ☐ 功名心 공 공 · 이름 명 · 마음 심
공을 세워 자기의 이름을 널리 드러내려는 마음 예 그는 공명심에 사로잡혔다.

**공염불(空念佛)** ☐ 空念佛 빌 공 · 생각 염 · 부처 불
실천이나 내용이 따르지 않는 주장이나 말을 비유적으로 이르는 말 예 그의 공약은 공염불에 지나지 않았다.

**과중(過重)** ☐ 過重 지날 과 · 무거울 중
과중하다(지나치게 무겁다.)의 어근 예 짐을 과중하게 실어 일어난 사고

**구독(購讀)** ☐ 購讀 살 구 · 읽을 독
책이나 신문, 잡지 따위를 구입하여 읽음. 예 그는 잡지를 정기적으로 구독한다.

**구연(口演)** ☐ 口演 입 구 · 펼 연
동화, 야담, 만담 따위를 여러 사람 앞에서 말로써 재미있게 이야기함.
예 그는 구연 능력이 뛰어나다.

**노파심(老婆心)** □ 老婆心 늙을 노 · 할머니 파 · 마음 심
필요 이상으로 남의 일을 걱정하고 염려하는 마음 예 내가 노파심에서 하는 소린데, 오늘은 물을 조심해라.

**도외시(度外視)** □ 度外視 법도 도 · 바깥 외 · 볼 시
상관하지 아니하거나 무시함. 예 어머니의 말씀을 도외시해서는 안 된다.

**독파(讀破)** □ 讀破 읽을 독 · 깨뜨릴 파
많은 분량의 책이나 글을 처음부터 끝까지 다 읽음. 예 나는 아버지가 사오신 그 책들을 단숨에 독파했다.

**동일시(同一視)** □ 同一視 한가지 동 · 한 일 · 볼 시
둘 이상의 것을 똑같은 것으로 봄. 예 한 부분이 전체와 동일시될 수는 없다.

**문제시(問題視)** □ 問題視 물을 문 · 제목 제 · 볼 시
논의하거나 해결해야 할 문제의 대상으로 삼음. 예 회사의 비리가 문제시되었다.

**박절(迫切)** □ 迫切 핍박할 박 · 끊을 절
'박절하다(인정이 없고 쌀쌀하다./다급하다.)'의 어근 예 그의 거절하는 목소리가 박절하였다./나는 선약이 있어서 참석자들에게 박절한 마음으로 양해를 구하고 자리를 일어섰다.

**발급(發給)** □ 發給 필 발 · 줄 급
증명서 따위를 발행하여 줌. 예 해당 연령이 된 자에게 주민등록증이 발급된다.

**방만(放漫)** □ 放漫 놓을 방 · 흩어질 만
'방만하다(맺고 끊는 데가 없이 제멋대로 풀어져 있다.)'의 어근 예 조직이 지나치게 방만하다.

**백안시(白眼視)** □ 白眼視 흰 백 · 눈 안 · 볼 시
남을 업신여기거나 무시하는 태도로 흘겨봄. 예 동네 사람들의 백안시 때문에 괴로워하던 그는 결국 이사를 갔다.

**복마전(伏魔殿)** □ 伏魔殿 엎드릴 복 · 마귀 마 · 전각 전
비밀리에 나쁜 일을 꾸미는 무리들이 모이거나 활동하는 곳을 비유적으로 이르는 말 예 그는 복마전으로 알려진 창고에서 오후가 다 돼서야 나왔다.

**부심(腐心)** □ 腐心 썩을 부 · 마음 심
① 근심, 걱정으로 마음이 썩음. 예 동생이 밤 늦도록 들어오지 않아 부모님이 부심하고 계시다. ② 어떤 문제를 해결하기 위한 방안을 생각해 내느라고 몹시 애씀. 예 대책 마련에 부심하다.

**빈한(貧寒)** ☐ 貧寒 가난할 빈·찰 한
'빈한하다(살림이 가난하여 집안이 쓸쓸하다.)'의 어근 예 빈한한 가정에서 태어난 그는 일찍부터 일을 시작했다.

**사행심(射倖心)** ☐ 射倖心 쏠 사·요행 행·마음 심
요행을 바라는 마음 예 한편에서는 복권이 사행심만을 조장한다고 비판한다.

**생경(生硬)** ☐ 生硬 날 생·굳을 경
'생경하다(세상 물정에 어둡고 완고하다./글의 표현이 세련되지 못하고 어설프다./익숙하지 않아 어색하다.)'의 어근 예 그 이데올로기는 생경해서 현실에 대응할 수 없다./이 소설은 생경한 문장의 나열에 불과하다./낯선 도시의 풍경이 생경한 느낌으로 다가왔다.

**생성(生成)** ☐ 生成 날 생·이룰 성
사물이 생겨남. 또는 사물이 생겨 이루어지게 함. 예 우주의 생성과 소멸

**소소(小小)** ☐ 小小 작을 소·작을 소
'소소하다(작고 대수롭지 아니하다.)'의 어근 예 그것은 소소한 문제다.

**소원(疏遠)** ☐ 疏遠 소통할 소·멀 원
지내는 사이가 두텁지 아니하고 거리가 있어서 서먹서먹함. 예 무엇 하나라도 제대로 해 보려고 하니 다른 것에는 소원하게 되었다.

**수렴(收斂)** ☐ 收斂 거둘 수·거둘 렴
① 돈이나 물건 따위를 거두어들임. ② 의견이나 사상 따위가 여럿으로 나뉘어 있는 것을 하나로 모아 정리함. 예 의견 수렴에 들어가다. ③ 조세 따위를 거두어들임.

**야기(惹起)** ☐ 惹起 이끌 야·일어날 기
일이나 사건 따위를 끌어 일으킴. 예 당시 민란은 민초들의 경제적 파탄에서 야기된 것이었다.

**양성(養成)** ☐ 養成 기를 양·이룰 성
① 가르쳐서 유능한 사람을 길러 냄. 예 사범 대학은 교육자 양성을 목적으로 하는 학교이다. ② 실력이나 역량 따위를 길러서 발전시킴. 예 오랜 수련과 연습을 통해서 실력이 양성된다.

**어눌(語訥)** ☐ 語訥 말씀 어·말 더듬거릴 눌
'어눌하다(말을 유창하게 하지 못하고 떠듬떠듬하는 면이 있다.)'의 어근 예 그는 헷갈리는 얼굴로 어눌하게 물었다.

안심Touch

**여반장(如反掌)** □ 　如反掌 같을 여 · 돌이킬 반 · 손바닥 장
손바닥을 뒤집는 것 같다는 뜻으로, 일이 매우 쉬움을 이르는 말 예 수업을 열심히 들은 학생에게 이번 과제는 여반장이었다.

**위탁(委託)** □ 　委託 맡길 위 · 부탁할 탁
남에게 사물이나 사람의 책임을 맡김. 예 주인에게 그 물건을 위탁을 받고 보관 중이다.

**작파(作破)** □ 　作破 지을 작 · 깨뜨릴 파
어떤 계획이나 일을 중도에서 그만두어 버림. 예 그는 공사를 중도에서 작파하고 자취를 감추었다.

**장사진(長蛇陣)** □ 　長蛇陣 길 장 · 긴 뱀 사 · 진 칠 진
많은 사람이 줄을 지어 길게 늘어선 모양을 이르는 말 예 결승전의 입장권을 구입하려는 사람들이 새벽부터 장사진을 치고 있다.

**적당(適當)** □ 　適當 맞을 적 · 마땅 당
'적당하다(정도에 알맞다./엇비슷하게 요령이 있다.)'의 어근 예 자신에게 적당한 일을 찾다./그는 친구들에게 적당하게 둘러대고 자리를 떠났다.

**청사진(靑寫眞)** □ 　靑寫眞 푸를 청 · 베낄 사 · 참 진
미래에 대한 희망적인 계획이나 구상 예 미래 도시의 청사진을 제시하다.

**허영심(虛榮心)** □ 　虛榮心 빌 허 · 영화 영 · 마음 심
허영에 들뜬 마음 예 그에게는 뭔가를 과시하고 싶은 허영심이 있었다.

**험구(險口)** □ 　險口 험할 험 · 입 구
남의 흠을 들추어 헐뜯거나 험상궂은 욕을 함. 또는 그 욕 예 두 사람은 서로 서슴없이 험구를 내뱉었다.

**형성(形成)** □ 　形成 모양 형 · 이룰 성
어떤 형상을 이룸. 예 청소년기는 인격을 형성하는 데에 매우 중요한 시기다.

**확립(確立)** □ 　確立 굳을 확 · 설 립
체계나 견해, 조직 따위가 굳게 섬. 또는 그렇게 함. 예 새 왕조는 통치 체제의 확립에 주안점을 두었다.

**Q** 밑줄 친 단어의 쓰임이 바르지 <u>않은</u> 것은?

① 회사의 비리가 문제시(問題視)되었다.
② 어머니의 말씀을 도외시(度外視)해서는 안 된다.
③ 그에게는 뭔가를 과시하고 싶은 <u>사행심(射倖心)</u>이 있었다.
④ 동네 사람들의 백안시(白眼視) 때문에 괴로워하던 그는 결국 이사를 갔다.
⑤ 회사의 여사원들은 모두 김 부장을 경원시(敬遠視)하여, 험담을 늘어놓았다.

정답 ③

해설 허영에 들뜬 마음을 나타내는 단어는 '허영심(虛榮心)'이다. '사행심(射倖心)'은 요행을 바라는 마음이다.

## 7. 관용어와 속담

### 1) 관용어

① 신체와 관련된 관용어

- 가슴에 손을 얹다 : 양심에 근거를 두다.
- 가슴을 열다 : 속마음을 털어놓거나 받아들이다.
- 간을 빼먹다 : 겉으로는 비위를 맞추며 좋게 대하는 척하면서 요긴한 것을 다 빼앗다.
- 귀가 얇다 : 남의 말을 쉽게 받아들인다.
- 귓등으로 듣다 : 듣고도 들은 체 만 체하다.
- 눈이 가매지다 : 몹시 기다리는 모양을 비유적으로 이르는 말
- 눈이 높다 : 정도 이상의 좋은 것만 찾는 버릇이 있다. 안목이 높다.
- 머리에 쥐가 나다 : 싫고 두려운 상황에서 의욕이나 생각이 없어지다.
- 머리칼이 곤두서다 : 무섭거나 놀라서 날카롭게 신경이 긴장되다.
- 목구멍에 풀칠하다 : 굶지 않고 겨우 살아가다.
- 발길에 차이다 : 천대받고 짓밟히다.
- 발을 끊다 : 오가지 않거나 관계를 끊다.
- 발이 묶이다 : 몸을 움직일 수 없거나 활동할 수 없는 형편이 되다.
- 뱃가죽이 등에 붙다 : 먹은 것이 없어서 배가 홀쭉하고 몹시 허기지다.
- 손사래를 치다 : 거절이나 부인을 하며 손을 펴서 마구 휘젓다.
- 손에 익다 : 일이 손에 익숙해지다.
- 손을 씻다 : 부정적인 일이나 찜찜한 일에 대하여 관계를 청산하다.
- 손이 크다 : 씀씀이가 후하고 크다.
- 어깨가 무겁다 : 무거운 책임을 져서 마음에 부담이 크다.
- 어안이 벙벙하다 : 뜻밖에 놀랍거나 기막힌 일을 당하여 어리둥절하다.
- 얼굴이 두껍다 : 부끄러움을 모르고 염치가 없다.

- 오금을 펴다 : 마음을 놓고 여유 있게 지내다.
- 코가 높다 : 잘난 체하고 뽐내는 기세가 있다.
- 침이 마르다 : 다른 사람이나 물건에 대하여 거듭해서 말하다.

② 그 외 관용어
- 가시 돋치다 : 공격의 의도나 불평불만이 있다.
- 꽁무니를 빼다 : 슬그머니 피하여 물러나다.
- 난장을 치다 : 함부로 마구 떠들다.
- 몽니가 궂다 : 몽니(정당한 대우를 받지 못할 때 권리를 주장하기 위하여 심술을 부리는 성질)가 심하다.
- 바가지를 차다 : 거지가 되다. (=쪽박을 차다)
- 바람을 넣다 : 남을 부추겨서 무슨 행동을 하려는 마음이 생기게 만들다.
- 변죽을 울리다 : 바로 집어 말을 하지 않고 둘러서 말을 하다.
- 진을 치다 : 자리를 차지하다.
- 찬물을 끼얹다 : 잘되어 가고 있는 일에 뛰어들어 분위기를 흐리거나 공연히 트집을 잡아 헤살을 놓다.
- 파김치가 되다 : 몹시 지쳐서 기운이 아주 느른하게 되다.
- 허방 치다 : 바라던 일이 실패로 돌아가다.

2) 속담
- 가게 기둥에 입춘 : 격에 맞지 않는 것을 빗대어 이르는 말
- 개밥에 도토리 : 개는 도토리를 먹지 아니하기 때문에 밥 속에 있어도 먹지 아니하고 남긴다는 뜻에서, 따돌림을 받아서 여럿의 축에 끼지 못하는 사람을 비유적으로 이르는 말
- 군불에 밥 짓기 : 어떤 일에 곁따라 다른 일이 쉽게 이루어지거나 또는 다른 일을 해냄을 비유적으로 이르는 말
- 높은 가지가 부러지기 쉽다 : 높은 지위일수록 그 자리를 오래 지키기가 어려움을 비유적으로 이르는 말
- 돼지에 진주(목걸이) : 값어치를 모르는 사람에게는 보물도 아무 소용없음을 비유적으로 이르는 말
- 두부 먹다 이 빠진다 : 전혀 그렇게 될 리가 없음에도 일이 안되거나 꼬이는 경우를 비유적으로 이르는 말
- 마른하늘에 날벼락[생벼락] : 뜻하지 아니한 상황에서 뜻밖에 입는 재난을 이르는 말
- 믿는 도끼에 발등 찍힌다 : 잘되리라고 믿고 있던 일이 어긋나거나 믿고 있던 사람이 배반하여 오히려 해를 입음을 비유적으로 이르는 말
- 배 먹고 이 닦기 : 배를 먹으면 이까지 하얗게 닦아진다는 뜻으로, 한 가지 일에 두 가지 이로움이 있음을 비유적으로 이르는 말

- 비 오는 것은 밥 짓는 부엌에서 먼저 안다 : 비가 오려고 기압이 낮아지면 아궁이에 불이 잘 안 붙으므로 부엌의 아낙네들이 비 오는 것을 먼저 알게 된다는 말
- 빈 절에 구렁이 모이듯[끓이듯] : 먹을 것도 없는 빈 절에 쓸데없이 구렁이가 모여들어 와글거린다는 뜻으로, 언짢은 것들이 여기저기서 소리없이 모여 우글거리는 모양을 비유적으로 이르는 말
- 새 발의 피 : 새의 가느다란 발에서 나오는 피라는 뜻으로, 아주 하찮은 일이나 극히 적은 분량임을 비유적으로 이르는 말
- 썩어도 준치 : 본래 좋고 훌륭한 것은 비록 상해도 그 본질에는 변함이 없음을 비유적으로 이르는 말
- 아랫돌 빼어 윗돌 괴기 : 일이 몹시 급하여 임시변통으로 이리저리 둘러맞추어 일함을 비유적으로 이르는 말
- 약방에 감초 : 한약에 감초를 넣는 경우가 많아 한약방에 감초가 반드시 있다는 데서, 어떤 일에나 빠짐없이 끼어드는 사람 또는 꼭 있어야 할 물건을 비유적으로 이르는 말
- 언 발에 오줌 누기 : 언 발을 녹이려고 오줌을 누어 봤자 효력이 별로 없다는 뜻으로, 임시변통은 될지 모르나 그 효력이 오래가지 못할 뿐만 아니라 결국에는 사태가 더 나빠짐을 비유적으로 이르는 말
- 우물 안 개구리 : 넓은 세상의 형편을 알지 못하는 사람을 비유적으로 이르는 말
- 입추의 여지가 없다 : 송곳 끝도 세울 수 없을 정도라는 뜻으로, 발 들여놓을 데가 없을 정도로 많은 사람들이 꽉 들어찬 경우를 비유적으로 이르는 말
- 쥐 잡으려다가 쌀독 깬다 : 적은 이익이나마 얻으려고 한 일이 도리어 큰 손실을 입게 되었음을 비유적으로 이르는 말
- 침 먹은 지네 : 할 말이 있어도 못하고 있거나 겁이 나서 기를 펴지 못하고 꼼짝 못하는 사람을 비유적으로 이르는 말
- 콧구멍 같은 집에 밑구멍 같은 나그네 온다 : 가난하여 몹시 좁은 집에 반갑지 아니한 손님이 찾아옴을 비유적으로 이르는 말
- 큰 북에서 큰 소리 난다 : 크고 훌륭한 데서라야 무엇이나 좋은 일이 생길 수 있음을 비유적으로 이르는 말
- 태산을 넘으면 평지를 본다 : 어려운 일이나 고된 일을 겪은 뒤에는 반드시 즐겁고 좋은 일이 생긴다는 말
- 하던 짓도 멍석 펴 놓으면 안 한다 : 일껏 잘하던 일도 더욱 잘하라고 떠받들어 주면 안 한다는 말

> **Q** 밑줄 친 표현의 쓰임이 자연스럽지 <u>않은</u> 것은?
>
> ① 눈이 <u>가매지도록</u> 기다렸지만 그녀는 결국 오지 않았다.
> ② 그 남자는 일도 하지 않고 놀더니 결국 <u>바가지를 차고</u> 말았다.
> ③ 그는 남을 돕는 일에는 항상 <u>발이 묶이는</u> 사람이라 인기가 많다.
> ④ 엄마에게 혼이 난 아이는 <u>침 먹은 지네</u>처럼 아무 말도 하지 못했다.
> ⑤ <u>태산을 넘으면 평지를 본다</u>고 조금만 더 고생하면 좋은 날이 올 거야.
>
> 정답 ③
>
> **해설** ③에는 '적극적으로 나서다.' 라는 뜻의 관용어가 들어가야 한다. 올바른 관용어는 '발 벗고 나서다.' 이다.

## 8. 한자성어

**각주구검(刻舟求劍)** ☐ 새길 각 · 배 주 · 구할 구 · 칼 검
융통성 없이 현실에 맞지 않는 낡은 생각을 고집하는 어리석음을 이르는 말

**갈이천정(渴而穿井)** ☐ 목마를 갈 · 말 이을 이 · 뚫을 천 · 우물 정
목이 말라야 비로소 샘을 판다는 뜻으로, 미리 준비를 하지 않고 있다가 일이 지나간 뒤에는 아무리 서둘러 봐도 아무 소용이 없음. 또는 자기가 급해야 서둘러서 일을 함.

**갑론을박(甲論乙駁)** ☐ 갑옷 갑 · 논할 론 · 새 을 · 논박할 박
여러 사람이 서로 자신의 주장을 내세우며 상대편의 주장을 반박함.

**개과천선(改過遷善)** ☐ 고칠 개 · 지날 과 · 옮길 천 · 착할 선
지난날의 잘못이나 허물을 고쳐 올바르고 착하게 됨.

**고담준론(高談峻論)** ☐ 높을 고 · 말씀 담 · 높을 준 · 논할 론
뜻이 높고 바르며 엄숙하고 날카로운 말

**고식지계(姑息之計)** ☐ 시어머니 고 · 쉴 식 · 갈 지 · 셀 계
우선 당장 편한 것만을 택하는 꾀나 방법. 한때의 안정을 얻기 위하여 임시로 둘러맞추어 처리하거나 이리저리 주선하여 꾸며 내는 계책을 이르는 말

**곡학아세(曲學阿世)** ☐ 굽을 곡 · 배울 학 · 언덕 아 · 인간 세
바른 길에서 벗어난 학문으로 세상 사람에게 아첨함.

교언영색(巧言令色)　☐　공교할 교 · 말씀 언 · 하여금 영 · 빛 색
아첨하는 말과 알랑거리는 태도

금상첨화(錦上添花)　☐　비단 금 · 윗 상 · 더할 첨 · 꽃 화
비단 위에 꽃을 더한다는 뜻으로, 좋은 일 위에 또 좋은 일이 더
하여짐을 비유적으로 이르는 말

금의환향(錦衣還鄉)　☐　비단 금 · 옷 의 · 돌아올 환 · 시골 향
비단옷을 입고 고향에 돌아온다는 뜻으로, 출세를 하여 고향에
돌아가거나 돌아옴을 비유적으로 이르는 말

낭중지추(囊中之錐)　☐　주머니 낭 · 가운데 중 · 갈 지 · 송곳 추
주머니 속의 송곳이라는 뜻으로, 재능이 뛰어난 사람은 숨어 있
어도 저절로 사람들에게 알려짐을 이르는 말

난형난제(難兄難弟)　☐　어려울 난 · 형 형 · 어려울 난 · 아우 제
누구를 형이라 하고 누구를 아우라 하기 어렵다는 뜻으로, 두
사물이 비슷하여 낫고 못함을 정하기 어려움을 이르는 말

누란지세(累卵之勢)　☐　여러 누 · 알 란 · 갈 지 · 형세 세
층층이 쌓아 놓은 알의 형세라는 뜻으로, 몹시 위태로운 형세를
비유적으로 이르는 말

당구풍월(堂狗風月)　☐　집 당 · 개 구 · 바람 풍 · 달 월
서당에서 기르는 개가 풍월을 읊는다는 뜻으로, 그 분야에 대하
여 경험과 지식이 전혀 없는 사람이라도 오래 있으면 얼마간의
경험과 지식을 가짐을 이르는 말

막상막하(莫上莫下)　☐　없을 막 · 윗 상 · 없을 막 · 아래 하
더 낫고 더 못함의 차이가 거의 없음.

명불허전(名不虛傳)　☐　이름 명 · 아닐 불 · 빌 허 · 전할 전
명성이나 명예가 헛되이 퍼진 것이 아니라는 뜻으로, 이름날 만
한 까닭이 있음을 이르는 말

미봉책(彌縫策)　☐　두루 미 · 꿰맬 봉 · 꾀 책
눈가림만 하는 일시적인 계책

백중지간(伯仲之間)　☐　맏 백 · 버금 중 · 갈 지 · 사이 간
서로 우열을 가리기 힘든 형세

**불구대천(不俱戴天)** □ 아닐 불 · 함께 구 · 일 대 · 하늘 천
하늘을 함께 이지 못한다는 뜻으로, 이 세상에서 같이 살 수 없을 만큼 큰 원한을 가짐을 비유적으로 이르는 말

**사면초가(四面楚歌)** □ 넉 사 · 낯 면 · 초나라 초 · 노래 가
아무에게도 도움을 받지 못하는, 외롭고 곤란한 지경에 빠진 형편을 이르는 말

**시위소찬(尸位素餐)** □ 주검 시 · 자리 위 · 본디 소 · 밥 찬
재덕이나 공로가 없어 직책을 다하지 못하면서 자리만 차지하고 녹을 받아먹음을 비유적으로 이르는 말

**아전인수(我田引水)** □ 나 아 · 밭 전 · 끌 인 · 물 수
자기 논에 물 대기라는 뜻으로, 자기에게만 이롭게 되도록 생각하거나 행동함을 이르는 말

**어부지리(漁夫之利)** □ 고기 잡을 어 · 지아비 부 · 갈 지 · 이로울 리
두 사람이 이해관계로 서로 싸우는 사이에 엉뚱한 사람이 애쓰지 않고 가로챈 이익을 이르는 말

**여리박빙(如履薄氷)** □ 같을 여 · 밟을 리 · 엷을 박 · 얼음 빙
살얼음을 밟는 것과 같다는 뜻으로, 아슬아슬하고 위험한 일을 비유적으로 이르는 말

**연목구어(緣木求魚)** □ 인연 연 · 나무 목 · 구할 구 · 물고기 어
나무에 올라가서 물고기를 구한다는 뜻으로, 도저히 불가능한 일을 굳이 하려 함을 비유적으로 이르는 말

**오월동주(吳越同舟)** □ 성씨 오 · 넘을 월 · 한가지 동 · 배 주
서로 적의를 품은 사람들이 한자리에 있게 된 경우나 서로 협력하여야 하는 상황을 비유적으로 이르는 말

**이관규천(以管窺天)** □ 써 이 · 대롱 관 · 엿볼 규 · 하늘 천
대롱을 통해 하늘을 본다는 뜻으로, 우물 안 개구리

**일진월보(日進月步)** □ 날 일 · 나아갈 진 · 달 월 · 걸음 보
나날이 다달이 계속하여 진보 · 발전함.

**일취월장(日就月將)** □ 날 일 · 나아갈 취 · 달 월 · 장차 장
나날이 다달이 자라거나 발전함.

자가당착(自家撞着) □ 스스로 자·집 가·칠 당·붙을 착

같은 사람의 말이나 행동이 앞뒤가 서로 맞지 아니하고 모순됨.

정저지와(井底之蛙) □ 우물 정·밑 저·갈 지·개구리 와

우물 밑의 개구리. 소견이나 견문이 몹시 좁은 것

촌철살인(寸鐵殺人) □ 마디 촌·쇠 철·죽일 살·사람 인

한 치의 쇠붙이로도 사람을 죽일 수 있다는 뜻으로, 간단한 말로

도 남을 감동하게 하거나 남의 약점을 찌를 수 있음을 이르는 말

타산지석(他山之石) □ 다를 타·뫼 산·갈 지·돌 석

다른 산의 나쁜 돌이라도 자신의 산의 옥돌을 가는 데에 쓸 수

있다는 뜻으로, 본이 되지 않은 남의 말이나 행동도 자신의 지

식과 인격을 수양하는 데에 도움이 될 수 있음을 비유적으로 이

르는 말

탁상공론(卓上空論) □ 높을 탁·윗 상·빌 공·논할 론

현실성이 없는 허황한 이론이나 논의

호각지세(互角之勢) □ 서로 호·뿔 각·갈 지·형세 세

역량이 서로 비슷비슷한 위세

---

**Q** 다음 중 성어와 그 의미의 연결이 잘못된 것은?

① 가담항설(街談巷說) : 거리나 항간에 떠도는 소문
② 한담설화(閑談屑話) : 심심풀이로 하는 자질구레한 말
③ 탁상공론(卓上空論) : 현실성이 없는 허황한 이론이나 논의
④ 고담준론(高談峻論) : 우선 당장 편한 것만을 택하는 꾀나 방법
⑤ 갑론을박(甲論乙駁) : 여러 사람이 서로 자신의 주장을 내세우며 상대편의 주장을 반박함.

정답 ④

해설 '고담준론(高談峻論)'은 '뜻이 높고 바르며 엄숙하고 날카로운 말 또는 아무 거리낌 없
이 잘난 체하며 과장하여 떠벌리는 말'이라는 뜻이다. '우선 당장 편한 것만을 택하는
꾀나 방법'을 뜻하는 성어는 '고식지계(姑息之計)'이다.

# 02 어법 영역

## 1. 문장 성분

문장 성분이란, 한 문장을 구성하는 요소이다. 주어 · 서술어 · 목적어 · 보어 · 관형어 · 부사어 · 독립어 따위가 있다.

| | | | |
|---|---|---|---|
| 주성분 | 서술어 | 주어의 상태, 성질 따위를 서술하는 말 | 예 아기가 <u>운다</u>. |
| | 주어 | 서술어가 나타내는 동작이나 상태의 주체가 되는 말 | 예 <u>산이</u> 높이 솟아 있다. |
| | 목적어 | 문장에서 동사의 동작의 대상이 되는 말 | 예 나는 <u>과일을</u> 잘 먹는다. |
| | 보어 | 문장의 불완전한 곳을 보충하는 말 | 예 물이 <u>얼음이</u> 되었다. |
| 부속성분 | 관형어 | 체언을 꾸며 주는 말 | 예 춘향이가 <u>향단이의</u> 치마를 입었다. |
| | 부사어 | 용언의 내용을 한정하는 말 | 예 <u>다행히</u> 소풍날 비가 오지 않았다. |
| 독립성분 | 독립어 | 독립적으로 쓰이는 말 | 예 <u>아</u>, 세월이 잘도 가는구나. |

---

**Q** 다음 빈칸에 올바른 문장을 적어보시오.

**1) 문장 성분 갖추기**

① 주어 생략

학생을 가르치는 사람을 '선생님' 이라고 하는데, 선생님에게 많은 것을 배운다.

→ ( )

② 서술어 생략

내성적인 성격의 그는 쉬는 시간에도 친구들과 어울리지 않고 음악과 책을 읽었다.

→ ( )

③ 목적어 생략

친구들은 생각이 깊은 그를 존경했고, 그 또한 존중했다.

→ ( )

④ 부사어 생략

인간은 자연을 개발하기도 하고, 때로는 순응하며 산다.

→ ( )

**정답** ① 학생을 가르치는 사람을 '선생님' 이라고 하는데, (학생은) 선생님에게 많은 것을 배운다.

② 내성적인 성격의 그는 쉬는 시간에도 친구들과 어울리지 않고 음악을 (들으며) 책을 읽었다.

③ 친구들은 생각이 깊은 그를 존경했고, 그 또한 (다른 친구들을) 존중했다.

④ 인간은 자연을 개발하기도 하고, 때로는 (자연에) 순응하며 산다.

## 2) 문장 성분 호응

① 주어와 서술어의 호응

사람을 사귀는 데 있어서 가장 중요한 것은 무엇보다도 상대를 배려해야 한다.

→ (                                                                    )

② 목적어와 서술어의 호응

사회의 획일적인 기준에 맞추기보다는 자신의 개성이 살리는 것이 중요하다.

→ (                                                                    )

③ 부사어와 서술어의 호응

그 회사의 채용 절차가 여간 복잡했다.

→ (                                                                    )

> **정답** ① 사람을 사귀는 데 있어서 가장 중요한 것은 무엇보다도 상대를 배려해야 한다는 것이다.
>
> ② 사회의 획일적인 기준에 맞추기보다는 자신의 개성을 살리는 것이 중요하다.
>
> ③ 그 회사의 채용 절차가 여간 복잡한 것이 아니었다.

## 2. 시제

### 1) 과거 시제

일어난 일이 말하는 시점보다 앞서 있는 시제이다. 과거 시제는 '-았-/-었-'을 사용해 나타낼 수 있다.

예 예전에는 명절 선물로 설탕을 <u>주었다</u>.

### 2) 현재 시제

일어난 일의 시점과 말하는 시점이 일치하는 시제이다. 주로 '-는-/-ㄴ-'으로 나타낸다.

예 나는 지금 밥을 <u>먹는</u> 중이다.

### 3) 미래 시제

말하는 시점에 일이 아직 일어나지 않은 시제이다. 주로 '-겠-', '-(으)ㄹ 것이-' 등으로 나타낸다.

예 지금 떠나면 새벽에 <u>도착하겠구나</u>.

### 4) 동작상

동작상은 어떤 동작이 진행되고 있는지, 완전히 끝난 것인지를 나타낸다. 동작의 진행을 나타내는 진행상, 동작의 완료를 나타내는 완료상 등이 있다.

| 진행상 | 예 그는 집에 가고 있다. |
| --- | --- |
| 완료상 | 예 그는 집에 가 버렸다. |

27

> **Q** 다음 중 자연스럽지 <u>않은</u> 문장은?
>
> ① 그는 내일 병원에 갈 것이다.
> ② 그렇게 작던 아이가 이렇게 크다니.
> ③ 나는 지금 식당에서 늦은 점심을 먹는다.
> ④ 우리가 처음 만난 것은 12살 되는 해의 여름이었다.
> ⑤ 잠시 후면 대통령 내외분이 식장으로 입장하시겠습니다.
>
> **정답 ④**
>
> **해설** 과거의 일을 나타내고 있으므로 '우리가 처음 만난 것은 12살 되던 해의 여름이었다.' 라
> 고 써야 한다.

## 3. 높임 표현

### 1) 상대 높임법

일정한 종결 어미를 선택함으로써 상대편을 높여 표현한다. 즉, 화자가 듣는 이를 높이
거나 낮추어 말하는 방법이다.

| | | |
|---|---|---|
| **격식체** | **하십시오체** | 이 책을 <u>읽으십시오</u>. |
| | **하오체** | 이 책을 <u>읽으시오</u>. |
| | **하게체** | 이 책을 <u>읽게</u>. |
| | **해라체** | 이 책을 <u>읽어라</u>. |
| **비격식체** | **해요체** | 이 책을 <u>읽어요</u>. |
| | **해체** | 이 책을 <u>읽어</u>. |

### 2) 주체 높임법

서술의 주체가 화자보다 나이가 많거나 사회적 지위가 높을 때 서술의 주체를 높이는
표현이다. 용언의 어간에 높임의 선어말 어미 '-시-'를 붙여 문장의 주체를 높여 표현
한다.

예 어머니는 지혜로운 <u>분이십니다</u>. / 아버지<u>께서</u> 저녁을 <u>드십니다</u>.

| | |
|---|---|
| **간접 높임** | 주체의 신체 부분, 소유물, 생각 등을 높임으로써 주어를 간접적으로 높이는 방법으로, 간접 높임에서는 '계시다'를 쓰지 않고, '있으시다'를 사용한다.<br>예 교장 선생님의 말씀이 <u>있으시겠습니다</u>.<br>　　어머니께서는 눈이 <u>좋으십니다</u>. |
| **압존법** | 문장의 주체가 화자보다는 높지만 청자보다는 낮아, 그 주체를 높이지 못하는 어법이다.<br>예 할아버지, 아버지가 아직 안 왔습니다. |

### 3) 객체 높임법

화자가 문장의 목적어나 부사어가 지시하는 대상(객체)에 대하여 높임의 태도를 나타내는 문법 기능이다. 객체 높임법은 특정한 동사(뵙다, 드리다, 여쭈다, 모시다 등)에 의해 이루어지는 경우가 많다.

예 시골에서 할머니를 <u>보다</u>. → 시골에서 할머니를 <u>뵙다</u>.

---

**Q  높임법의 쓰임이 잘못된 문장은?**

① 손님, 그 구두는 품절되었습니다.
② 할아버지께서는 귀가 밝으십니다.
③ 선생님 제 의견을 말씀드리겠습니다.
④ 저는 할머니를 모시고 계단을 내려갔습니다.
⑤ 할아버지, 아버지께서 떡을 사 가지고 오셨어요.

정답 ⑤

해설 문장의 주체(아버지)가 화자(나)보다는 높지만 청자(할아버지)보다는 낮으므로 '할아버지, 아버지가 떡을 사 가지고 왔어요.'로 고쳐야 한다.

---

## 4. 사동 표현과 피동 표현

### 1) 사동 표현

① 주동 : 주체가 스스로 동작이나 행동을 하는 동사의 성질
② 사동 : 주체가 제3의 대상에게 동작이나 행동을 하게 하는 동사의 성질

| | |
|---|---|
| **파생적 사동법** | '동사, 형용사의 어근 + 사동 접미사(-이-, -히-, -리-, -기-, -우-, -구-, -추-)'가 결합된 파생어를 이용하여 사동문을 만든다.<br>예 나는 컵에 물을 가득 채웠다. |
| **통사적 사동법** | '-시키다', '-게 하다'를 사용하여 사동문을 만든다.<br>예 엄마는 아이에게 밥을 먹게 하였다. |

③ 불필요한 사동 표현

예 나는 불필요한 파일들을 <u>삭제시켰다</u>.(×)

'삭제시키다'의 동작 주체는 '나'이다. 즉, 주어('나')가 제3자를 시켜서 행위를 한 것이 아니라 주어 스스로 행한 것이므로 사동 표현을 쓸 수 없다. 올바른 표현은 다음과 같다.

예 나는 불필요한 파일들을 <u>삭제했다</u>.(○)

## 2) 피동 표현

① 능동 : 주체가 자발적으로 움직이는 동사의 성질

② 피동 : 주체가 다른 힘에 의하여 움직이는 동사의 성질

| 파생적 피동법 | '타동사의 어근 + 피동 접미사(-이-, -히-, -리-, -기-)' 가 결합된 파생어를 이용하여 피동문을 만든다.<br>예 도둑이 경찰에게 붙잡혀 감옥에 갇히다. |
|---|---|
| 통사적 피동법 | '-되다', '-어지다', '-게 되다' 를 사용하여 피동문을 만든다.<br>예 아름다운 우리말이 점점 파괴되고 있다. |

③ 불필요한 피동 표현

예 그는 이 사건의 범인으로 지목되어졌다.(×)

'지목되어지다' 는 '지목하다' 에 피동 접미사 '-되다' 와 보조 동사 '-어지다' 가 중복된 표현이다. 올바른 표현은 다음과 같다.

예 그는 이 사건의 범인으로 지목되었다.(○)

---

**Q** 다음 중 어법에 맞지 <u>않는</u> 문장은?

① 나는 그에게 그녀를 소개해 주었다.

② 무분별한 개발로 환경이 파괴되었다.

③ 현대인들은 기계적 생활 방식에 길들었다.

④ 아이에게 먹이기 위해 뜨거운 음식을 식혔다.

⑤ 너의 글은 문장이 길어서 잘 읽혀지지 않는다.

정답 ⑤

해설 '읽혀지지' 는 '읽다' 에 피동 접미사 '-히-' 와 피동 표현 '-어지다' 가 중복된 표현이다. 따라서 '너의 글은 문장이 길어서 잘 읽히지 않는다.' 로 써야 한다.

## 5. 중복 표현

- 가장 최근 : '가장' 과 '최(最 : 가장 최)' 의 의미가 중복된다.
- 간단하게 약술 : '간단하다' 와 '약(略 : 간략할 약)' 의 의미가 중복된다.
- 공기를 환기 : '공기' 와 '환기' 의 '기(氣 : 기운 기)' 의 의미가 중복된다.
- 과반수 이상 : '이상' 과 '과(過 : 지날 과)' 의 의미가 중복된다.
- 기간 동안 : '기간(어느 일정한 시기부터 다른 어느 일정한 시기까지의 사이)' 과 '동안(어느 한때에서 다른 한때까지 시간의 길이)' 의 의미가 중복된다.
- 남은 여생 : '남은' 과 '여(餘 : 남을 여)' 의 의미가 중복된다.
- 또다시 재연 : '다시' 와 '재(再 : 두 재)' 의 의미가 중복된다.
- 돌이켜 회고 : '돌이켜' 와 '회고(回顧 돌아올 회, 돌아볼 고)' 의 의미가 중복된다.
- 역전 앞 : '전(前 : 앞 전)' 과 '앞' 의 의미가 중복된다.
- 자리에 착석 : '자리' 와 '석(席 : 자리 석)' 의 의미가 중복된다.
- 지나친 과식 : '지나친' 과 '과(過 : 지날 과)' 의 의미가 중복된다.
- 파편 조각 : '편(片 : 조각 편)' 과 '조각' 의 의미가 중복된다.

---

**Q** 다음 중 중복 표현이 <u>없는</u> 문장은?

① 나는 방학 기간 동안 미국에 다녀왔다.
② 어제 저녁에 과식을 했더니 배가 아프다.
③ 이 끔찍한 사건이 또다시 재연돼서는 안 됩니다.
④ 공연이 시작되니 관객 여러분께서는 자리에 착석해 주시기 바랍니다.
⑤ 저의 개인적인 사견을 내놓자면, 이 사건의 범인은 여자인 것 같습니다.

정답 ②

해설 ①은 '기간' 과 '동안', ③은 '또다시' 와 '재(再 : 두 재)', ④는 '자리' 와 '석(席 : 자리 석)', ⑤는 '개인적' 과 '사(私 : 사사 사)' 의 의미가 중복된다.

---

## 6. 중의적 표현

### 1) 어휘적 중의성

- 동음이의어, 다의어에 의해 중의성이 발생한 경우

예 그는 배를 보고 있다.

배¹ : 사람이나 동물의 몸에서 위장, 창자, 콩팥 따위의 내장이 들어 있는 곳으로 가슴과 엉덩이 사이의 부위[腹]

배² : 사람이나 짐 따위를 싣고 물 위로 떠다니도록 나무나 쇠 따위로 만든 물건[船]

### 2) 구조적 중의성

– 문장의 구조 차이 때문에 문법적으로 중의성이 발생한 경우

예 형은 나보다 게임을 좋아한다.

해석1 내가 게임을 좋아하는 것보다 형이 게임을 더 좋아한다.

해석2 형은 나를 좋아하는 것보다 게임을 더 좋아한다.

예 아버지는 웃으면서 뛰어오는 아이를 안았다.

해석1 아버지는, 웃으면서 뛰어오는 아이를 안았다.

해석2 웃으면서 뛰어오는 아이를, 아버지는 안았다.

### 3) 부정문의 중의성

① 부정어의 초점에 의해 중의성이 생기는 경우

예 아이들이 학교에 가지 않았다. | 아이들은 학교에 가지 않았다.
아이들이 학교에는 가지 않았다.
아이들이 학교에 가지는 않았다.

② 국어의 특이한 현상으로 부정 표현으로 인해 중의성이 생기는 경우

예 잔치에 친구들이 다 오지 않았다.

해석1 친구들이 아무도 오지 않았다.

해석2 친구들 일부가 오지 않았다.(친구들이 다 온 것은 아니다.)

### 4) 상황에 따른 중의성

– 상황의 완료, 진행에 따라 중의성이 생기는 경우

예 그녀는 원피스를 입고 있다.

해석1 그녀는 원피스를 입는 중이다.

해석2 그녀는 원피스를 입은 상태다.

---

**Q** 다음 중 두 가지 의미로 풀이될 수 있는 문장은?

① 어머니는 나보다 동생을 더 믿는다.

② 나는 그녀의 예쁜 원피스를 쳐다보았다.

③ 나는 어제 길에서 친구의 멋진 애인을 보았다.

④ 그녀의 아름다운 목소리가 강당에 울려 퍼졌다.

⑤ 그녀의 결혼식에 대학 동기들이 아무도 오지 않았다.

정답 ①

해설 '어머니는 나를 믿는 것보다 동생을 더 믿는다.', '내가 동생을 믿는 것보다 어머니가 동생을 더 믿는다.' 두 가지로 해석될 수 있다.